新中国往事

XIN ZHONG GUO WANG SHI

策划、主编：刘未鸣　张剑荆

东方风来

中国文史出版社

图书在版编目（CIP）数据

东方风来 / 刘未鸣，张剑荆主编 . -- 北京 : 中国文史出版社，2021.7

ISBN 978-7-5205-3072-9

Ⅰ . ①东… Ⅱ . ①刘… ②张… Ⅲ . ①政治建设—成就—中国 Ⅳ . ① D6

中国版本图书馆 CIP 数据核字（2021）第 137690 号

执行主编：詹红旗

责任编辑：戴小璇

出版发行：**中国文史出版社**

社　　址：北京市海淀区西八里庄路 69 号院　　邮编：100142

电　　话：010—81136606　81136602　81136603（发行部）

传　　真：010—81136655

印　　装：北京朝阳印刷厂有限责任公司

经　　销：全国新华书店

开　　本：787 × 1092　1/16

印　　张：25.75

字　　数：355 千字

版　　次：2022 年 2 月北京第 1 版

印　　次：2022 年 2 月第 1 次印刷

定　　价：68.00 元

出版说明

1949年新中国成立，开辟了中国历史新纪元。70年，于历史长河只是一瞬，但这一瞬，却是“数风流人物还看今朝”的一瞬，却是“当惊世界殊”的一瞬，却是书写着中华民族从“站起来”到“富起来”到“强起来”、书写着中华民族伟大复兴壮丽诗篇的一瞬。也因此，这一瞬，注定永恒。

这套“新中国往事”丛书，主要通过亲历者口述形式，讲述新中国成立70年以来政治、经济、文化、科技、民生、基础设施、考古等领域一些标志性事件的决策、建设或发现的过程，旨在回顾新中国走过的曲折历程，反映70年的发展变化和巨大成就，展望中华民族伟大复兴的美好前景，而亲历、亲见、亲闻，以及较大的时间跨度、较广的内容涵盖，恰是这套丛书的价值所在。

本书在编辑出版过程中，借鉴使用了许多公开出版的文史资料，在此，对相关文章作者致以诚挚敬意。与此同时，疏漏之处亦敬请读者批评指正。

中国文史出版社

2021 年 8 月

新中国往事

目录

东方风来

目录

亲历中共中央“五一口号”首刊《晋察冀日报》

陈春森

1948年5月1日，中共中央“五一劳动节口号”首次刊登在《晋察冀日报》上，也是首次通过解放区的报纸向全国人民发出了迅速召开政治协商会议的号召。我当时在晋察冀日报社工作，有幸经历了这一伟大口号在《晋察冀日报》上刊载的过程。

1948年四五月间，人民解放战争进入取得决定性胜利的阶段，全中国的解放已为期不远。当时，聂荣臻任司令员的晋察冀军区司令部设在河北省阜平县城南庄，晋察冀中央局机关报晋察冀日报社驻在距城南庄二里地的新房子村。邓拓时任晋察冀日报社社长兼总编，我担任报社编委会编委、编辑部副部长。

1948年4月11日，毛泽东、周恩来、任弼时等中共中央领导人及党中央机关来到了河北省阜平县城南庄。那时，晋察冀中央局、晋察冀军区司令部和晋察冀日报社的同志们都兴高采烈地参加了迎接党中央到来的欢迎活动。党中央、毛主席离开陕北后，中共中央机关报《解放日报》停刊。到了城南庄后，中央的声音是通过《晋察冀日报》等媒体向全国和全世界传出的。一天早晨，晋察冀中央局打来电话，让邓拓去参加一个紧急会议。会上，毛主席与邓拓见了面，与他紧紧握手，并亲切地进行了交谈。

1948年的“五一”国际劳动节快要到了。当时，解放军如摧枯拉朽般地由北向南横扫，国民党军队一溃千里，全国政治、军事形势一片大好，人民解放军准备打过长江去，活捉蒋介石，解放全中国。那时，毛主席、党中央审时度势，提出要在1948年“五一”国际劳动节那天以中共中央名义发布“五一”口号。口号的主要内容是号召全党、全军和全国各阶层人士迅速行动起来，彻底打倒国民党反动派，建立人民当家作主的新中国。

1948年4月30日，中共中央在城南庄召开会议，会议通过了《中共中央纪念“五一”劳动节口号》。快到中午的时候，晋察冀日报社接到上级任务，中央要求“五一口号”一定要保证在5月1日当天见报。那天我是值班编辑，由于这个任务特别重要，邓拓也来到编辑室和我一起值班。从下午等到傍晚，稿件一直未到，我们心里不免有些着急。晚上10点刚过，毛主席审定的稿子终于送到了。我们翻开稿子，看到其中第五条“各民主党派、各人民团体、各社会贤达迅速召开政治协商会议，讨论并实现召集人民代表大会，成立民主联合政府”这段话是毛泽东亲笔写在原稿上的。事不宜迟，邓拓和我马上进行编排，迅速送印厂排出小样，我们再对小样反复校对，确保内容准确无误。“五一口号”被安排在报纸的头版头条发布，文前标的是“新华社陕北三十日电”。其实，当时新华社已经随中央到达晋察冀解放区，这样做完全是因为战争的需要。凌晨，刊登着中共中央“五一口号”的《晋察冀日报》在印刷厂开机印刷。那天晚上，从社长、总编到编辑、排版和印刷工人，大家都没有合眼，整整忙碌了一夜，待报纸印刷完毕已是东方大亮。我们按照党中央的要求，在5月1日那天迅速将刊登有“五一口号”的《晋察冀日报》发放出去。包括晋察冀解放区各县，延安、重庆等地，以及全国各个解放区，都在当天或近几天内见到了中央发布的“五一口号”。与此同时，新华社通过电台向全国进行了广播，各地报纸也陆续刊登了这个重大新闻，中共中央的“五一”口号迅速在全中国和全世界广泛传播开来，引起巨大反响。由于党中央、毛主席和晋察冀日报社都在城南庄，因此，《晋察冀日报》有条件成为首刊“五一口号”的报纸。

1949年3月，毛泽东主席等中央领导同志和中央机关从河北西柏坡进入北平，党中央在指挥人民解放军打垮国民党反动派的同时，开始了筹备政治协商会议和筹备成立中央人民政府的工作。9月21日，中国人民政治协商会议第一届全体会议在北平召开，人民政协诞生了。

2009 年 5 月

（选自《文史资料选辑》第 170 辑，
中国文史出版社 2017 年 12 月版）

新中国第一次大阅兵

杨成武

1949年的每一个日子，都是令人兴奋的。中国人民解放战争即将在全国取得胜利，一个新型的人民共和国就要诞生了。6月初，我在中南海受领第二十兵团布防平、津、塘、秦的任务时，听周恩来副主席谈了有关建国大计的内容。“七一”后，中共中央成立了以周恩来为主任，彭真、聂荣臻、林伯渠、李维汉等同志为副主任的开国大典筹备委员会，拟定开国大典包括三大项目：一、中华人民共和国中央人民政府成立典礼；二、中国人民解放军阅兵仪式；三、人民群众游行活动。

作为开国大典一个重大项目的阅兵仪式，是我军历史上最盛大、最庄严的一次庆典。朱德总司令任阅兵司令员，聂荣臻代总参谋长任阅兵总指挥，我和唐延杰、唐永健、刘仁、肖明、肖松等同志为副总指挥。下设阅兵指挥所，我兼指挥所主任，唐延杰兼副主任。

我与唐延杰受命后的第一项工作，是在军委首长指导下，主持起草《阅兵典礼方案》。方案的内容包括受阅部队的选调、编组，阅兵程序，阅兵礼乐以及受阅前的训练等。阅兵式分为两个部分，即检阅式和分列式。检阅式是指受阅部队在静止状态下，接受阅兵司令员的检阅；分列式则是指受阅部队在行进状态下，接受党和国家领导人、各界人民代表的检阅。《阅兵典礼方案》拟出后，毛泽东、朱德、刘少奇、周恩来和任弼时等中央领导同志，在中南海怀仁堂接见了负责阅兵事宜的有关人员。接见时，他们听取了聂荣臻同志有关阅兵仪式的基本设想以及我关于阅兵方案中主要内容的汇报。当时在座的中央领导人先后都讲了话，作了指示。毛泽东同志说，我们历来主张慎重初战，这次阅兵也是初战，开国第一次嘛，一定要搞好。

的确，举行阅兵式对当时的我军来说，是一个全新的课题。它显然不像在硝烟弥漫的战场上那样紧张、激烈，但是作为几百万中国人民解放军的代表，要在一定的时间和空间里表现出一往无前的英雄气概，以振奋民族精神，同样也是很不容易的。我想，对此决不能掉以轻心，丝毫也不能出问题，必须发动大家全力以赴把这项工作抓好。

我们阅兵指挥所的工作，基本上是以经过批准的《阅兵典礼方案》为依据进行的。按军委首长指示，指挥所的工作人员从华北军区、平津卫戍区和有关军兵种抽调。参加阅兵分列式的部队，其陆军大部分来自第二十兵团、平津卫戍部队；海军和空军的阅兵代表部队，则由有关部队的首长指定抽调。受阅部队的人员总计1.64万名。其序列为：一、海军代表部队：由海军学校与华东舰队各一个排编成。二、陆军代表部队：步兵师、炮兵师、战车师、骑兵师各一个，其中战车师包括摩托化步兵团、装甲车团、坦克团各一个。三、空军：飞机17架。

为圆满完成开国大典阅兵式这一从未有过的盛大仪礼，我不仅查阅了许多有关阅兵的资料，而且四方求教，走访了当时在北京的我军高级领导人。刘伯承司令员早年留学苏联，知悉莫斯科红场阅兵的情况。他对我谈了有关的细节后，通俗而又具有概括性地说：阅兵无非就是展示一种特定内容的仪礼，一种形式。这种形式搞好了，目的也就达到了。归根结底一句话，马粪外面光！他的这一诙谐比喻引得我们都笑了。我访问陈毅司令员时，他以富于鼓动性的声调说：没有什么了不起。多少大仗都打胜了，还愁搞不好一次阅兵？不就是队列嘛！通过队列，把我们的军威显示出来，让中国老百姓看看，这就是自己的军队，这就是新中国的军队。我还访问了原国民党东北军的几位老将军，了解他们以往阅兵的做法。当时在我国的苏联顾问，也为我们阅兵提出了一些很好的意见。

7月底，受阅部队分别集结于北京市郊，开始进行训练。训练期间，阅兵司令员朱德亲临西北郊炮兵驻地视察。阅兵部队的指战员见到朱老总，都说朱总司令像个老兵，很威严又慈祥，没有架子。第二十兵团炮团参谋黄云桥告诉我们一件事，说朱总司令乘坐的是一辆吉普车，由于道路不平，车子突然熄火了。这时，参加阅兵训练的部队指战员一拥而上，推着车走，使车子又重新发动起来。

受阅部队的训练，是按照总参谋部和阅兵指挥所的要求，按军种划分训练场地，由各部队首长负责组织实施的。为了了解情况，我和唐延杰经常分头到现场观看。在天坛阅兵训练场，我见到了来自天津警备部队的干部战士，他们是第二十兵团第一九九师的。天坛围墙外的空地就是他们的训练场，场地边沿搭着他们宿营的帐篷。战士都有一种光荣感，理解自己是代表人民解放军的整体接受检阅的，总担心别到时出个什么差错，影响军威，因而训练中都很认真。有的战士见了我，将鞋子脱下来说：司令员，你看！才穿几天的新布鞋底就破了。我说：还得磨破几双鞋！天天拔慢步，练分解动作，腰酸腿痛的，这对刚从枪林弹雨中冲杀过来的指战员来说，算不得什么苦。只是有些老兵认为太单调、太枯燥，用不着花几十天时间这样练，表现出急躁或满不在乎的情绪。队列课目难以训练，也难以讲解。它是一种形式，在特定时空里本身又是内容。我对战士们说：军队、军队，是军都有队，都讲究队列、队形。古代讲阵法，穆桂英大破天门阵，诸葛亮熟知八卦阵，那种“阵”实际上就是变化的队列，队列的变化。孙子练兵也很重视练“队”。我们军队即使打游击时，也还是讲究“队形”的。我们军队在20多年的浴血奋战中，养成一种优良作风，英雄气概，崇高品质。我们要通过我们的外形、我们的动作、我们的队列，将这种好的作风、气概和品质有形地展示出来，告诉全国和全世界人民，这就是打败国内外强大敌人的正义之师，这就是毛主席、朱总司令率领的英雄队伍！我们在开国大典中搞阅兵，其意义也就在这里。出于一种责任感，每到一个训练场，我都少不了要讲一讲这方面的道理。除了陆军的各兵种代表部队外，还到了空军和海军的阅兵训练驻地。海军分队中大都是刚刚穿上海军服的陆军战士，也有海校的教员，还有原国民党政府海军起义的官兵。空军的受阅飞行大队，我去看望过他们。飞行员们的经历都不简单，或是我国第一所航校即哈尔滨航校培养出来的第一代飞行员，或是从特殊地区归来的中共地下党员，或是国民党政府空军驾机起义者。陆军序列中的骑兵代表部队，由华北骑三师组成。这支部队的成员多数来自内蒙古大草原。他们在市郊沙河镇集结，由第六十八军参谋长宋学飞组织训练。

各军兵种在分训的基础上，均就地进行了合练。然后，阅兵指挥所在天安门前组织了两次地面部队合练。为不影响市区交通，每次合练都是在夜间进行的。

天安门城楼是开国大典的主席台，也是我们阅兵的检阅台。这座古朴壮丽的城楼坐北朝南，位于北京城的中轴线上。从结构上看，它与我国古代其他城楼一样，都是由台、楼两部分组成。但它的规模与气势之大，堪称天下第一。城楼竖立于城台之上，这两部分高近35米。巨大的红色圆柱，金黄的琉璃瓦，凌空飞檐，成排斗拱与金龙等多种图案彩绘，汇成了一派富丽堂皇、溢彩流金的景观。城台下有券门五阙，居中的券门最大。天安门前有金水河，河上的七座石桥都是由汉白玉构筑而成，河畔有石狮两对，蟠龙华表也是两对，竖立于城门前后。明清时，天安门是举行“颁诏”大典的地方，“颁诏”就是举行特定的仪式，颁布皇帝文告。当时天安门前11公顷范围内，是一个“T”形的场地，东、西、南三面都有围墙和牌楼。东、西牌楼各有券门三阙，我们称之为东三座门、西三座门。随着时间的推移和社会的进步，这片以红色高墙围成的皇家禁地，也难以再保持它的神圣和宁静。辛亥革命之后，人民群众多次在此举行爱国集会和游行。随着1949年1月北平和平解放，古城的名胜古迹已归属人民；天安门和它前面的“T”形广场，迎候着中华人民共和国诞生的盛典。

以天安门为中心点，长安街东西400米内将是阅兵分列式的行进路线。每次合练，都进行到拂晓才结束。9月的天安门广场之夜，经常是人山人海。除了阅兵部队，参加游行的群众队伍也分批来这里熟悉集会位置和进行游行演练。筹备委员会对集会时的位置都预先划定：天安门东西两侧观礼台为机关团体；集会联合指挥部设于西城台，另有几个指挥分所分别设于广场上；除长安街中段为阅兵分列式行进路线外，长安街中段南侧属于不参加分列式的武装部队集会区域，军乐队居于其中间部位；其后是以铁路工人为主的工人和农民；其余区域分别划归团中央、学生、工人和广大市民。人民群众集会与游行，主要由中共北京市委和市政府负责组织。军队人员中，如华北军区司令部作战训练处处长唐永健等同志也参加了群众场面的组织工作。

在阅兵仪式筹备过程中，聂荣臻同志事无巨细，非常认真，多次强调说，我们这支军队踏过雪山草地，从金沙江到黑龙江，从长白山到南海边，英勇作战，用鲜血和生命换来了今天的胜利，在这次阅兵中，我们一定要展示出这种精神面貌。他还多次听取了我们阅兵指挥所的工作汇报。他当时身兼数职，除了担任平津卫戍区司令员、华北军区司令员、代总参谋长等军队职务外，还担任了北京市市长的职务。繁忙之际，阅兵总指挥聂荣臻还是很周到地指导了阅兵筹备工作。谈到防空问题时，他下了一道极为严格的命令：万一遇到敌机空袭时，要原地不动，保持阵容，保持队形！他连队伍行进时车辆熄火与骡马失蹄、拉屎、拉尿的对应措施，也都一一询问到了。

北京市喜庆的气氛一天比一天浓厚。古老的新华门张灯结彩，红旗招展，门前欢声笑语不断。9月21日至30日，中国人民政治协商会议在中南海召开。我作为军队代表的成员，出席了这一历史性的盛会。会场正面，政协会徽高悬，会徽的两侧，分别挂着人民领袖毛泽东和革命先行者孙中山的画像。毛泽东同志在开幕词中庄严地宣布，这次会议将表明：占人类总数四分之一的中国人从此站立起来了。在论及国防建设时，他说：我们的国防将获得巩固，不允许任何帝国主义者再来侵略我们的国土。在英勇的经过了考验的人民解放军的基础上，我们的人民武装力量必须保存和发展起来。我们将不但有一个强大的陆军，而且有一个强大的空军和一个强大的海军。这次政协会议选出了中央人民政府委员会的成员，一致选举毛泽东为中华人民共和国中央人民政府主席，朱德、刘少奇、宋庆龄、李济深、张澜、高岗为副主席。

由于担负了阅兵指挥所的工作，政协会议期间我主要是出席全体会议。每一次出席全体会议，我都仿佛置身于温泉之中。选举的那天，各民族代表争相献花、献锦旗。锦旗上的献辞表达了人民群众的共同心声：有的写着“主权在民”，有的绣着“人民救星”。新疆代表向毛主席献了一套民族服装。儿童腰鼓队也进入会场，在座位间的通道上排成两路纵队，为代表们表演，天真的脸蛋，整齐的动作，脆嘣嘣的鼓点，令人激奋不已。

阅兵准备工作，在喜庆的日子里进行。为了迎接那举国欢庆的一天，我们认真地审定了阅兵的每一步骤乃至每一细节。

10月1日，1949年的10月1日，这个辉煌的划时代的日子就要来到了。

为统一行动，我和唐延杰受命以阅兵指挥所正、副主任的名义，预先向受阅的海、陆、空代表部队下达了一道命令，命令中规定了各部队入城路线、集结待阅地点、各指挥分所的位置，并重申了此前阅兵会议规定的注意事项。9月30日午夜，各部队开始入城集结。我的指挥位置设在天安门东侧的城墙根，以有线电话与各指挥分所联系。

10月1日下午2时，中南海内开始举行中央人民政府委员会第一次会议，正、副主席宣布就职，并选举林伯渠为秘书长；任命周恩来为政务院总理兼外交部长；毛泽东兼中央人民政府军事委员会主席；朱德兼人民解放军总司令；沈钧儒为最高人民法院院长；罗荣桓为最高人民检察署检察长。

30万军民聚集于天安门广场。人群和旗帜、彩绸、鲜花、灯饰，汇成了喜庆的锦绣的海洋。30万颗心都在迎候同一时刻。

下午3时，大地欢声雷动。毛泽东和朱德两位伟人一前一后，沿着西侧的古砖梯道，最先登上天安门城楼。

林伯渠宣布开会。在定为国歌的《义勇军进行曲》乐曲声中，中央人民政府主席、副主席和委员就位。

在国歌的乐曲声中，人民领袖毛泽东庄严宣布：中华人民共和国中央人民政府成立了！这个声音震动了全世界。

伟大人民领袖的声音，也是四万万同胞共同的高昂豪迈的声音，其中包含了无数先烈的夙愿。在此前一天，毛泽东同志为人民英雄纪念碑起草了碑文，周恩来同志书写。碑文是："三年以来在人民解放战争和人民革命中牺牲的人民英雄们永垂不朽三十年以来在人民解放战争和人民革命中牺牲的人民英雄们永垂不朽由此上溯到一千八百四十年从那时起为了反对内外敌人争取民族独立和人民自由幸福在历次斗争中牺牲的人民英雄们永垂不朽"。

在国歌的乐曲声中，毛泽东同志亲自开动有电线通往天安门广场中央国旗杆的电钮，升起了中华人民共和国第一面五星红旗。在那第一面国旗冉冉升起的时候，礼炮轰鸣，54门礼炮齐放28响，如报春惊雷回荡天地间。

升旗之后，毛泽东主席宣读中华人民共和国中央人民政府公告：自蒋介石国民党反动派政府背叛祖国，勾结帝国主义，发动反革命战争以来，全国人民处于水深火热的情况之中。幸赖我人民解放军在全国人民援助之下，为保卫祖国的领土主权，为保卫人民的生命财产，为解除人民的痛苦和争取人民的权利，奋不顾身，英勇作战，得以消灭反动军队，推翻国民政府的反动统治。现在人民解放战争业已取得基本的胜利，全国大多数人民业已获得解放。在此基础之上，由全国各民主党派、各人民团体、人民解放军、各地区、各民族、国外华侨及其他爱国民主分子的代表们所组成的中国人民政治协商会议第一届全体会议业已集会，代表全国人民的意志，制定了中华人民共和国中央人民政府组织法，选举了毛泽东为中央人民政府主席，朱德、刘少奇、宋庆龄、李济深、张澜、高岗为副主席，陈毅、贺龙、李立三、林伯渠、叶剑英、何香凝、林彪、彭德怀、刘伯承、吴玉章、徐向前、彭真、薄一波、聂荣臻、周恩来、董必武、赛福鼎、饶漱石、陈嘉庚、罗荣桓、邓子恢、乌兰夫、徐特立、蔡畅、刘格平、马寅初、陈云、康生、林枫、马叙伦、郭沫若、张云逸、邓小平、高崇民、沈钧儒、沈雁冰、陈叔通、司徒美堂、李锡九、黄炎培、蔡廷锴、习仲勋、彭泽民、张治中、傅作义、李烛尘、李章达、章伯钧、程潜、张奚若、陈铭枢、谭平山、张难先、柳亚子、张东荪、龙云为委员，组成中央人民政府委员会，宣告中华人民共和国的成立，并决定北京为中华人民共和国的首都。中华人民共和国中央人民政府委员会于本日在首都就职，一致决议：宣告中华人民共和国中央人民政府的成立，接受中国人民政治协商会议共同纲领为本政府的施政方针，互选林伯渠为中央人民政府委员会秘书长，任命周恩来为中央人民政府政务院总理兼外交部部长，毛泽东为中央人民政府人民革命军事委员会主席，朱德为人民解放军总司令，沈钧儒为中央人民政府最高人民法院院长，罗荣桓为中央人民政府最高人民检察署检察长，并责成他们从速组成各项政府机关，推行各项政府工作。同时决议：向各国政府宣布，本政府为代表中华人民共和国全国人民的唯一合法政府。凡愿遵守平等、互利及互相尊重领土主权等项原则的任何外国政府，本政府均愿与之建立外交关系。特此公告。公告宣读完毕，林伯渠秘书长宣布阅兵开始。阅兵司令员朱德身着戎装，走下天安门城楼，乘敞篷汽车通过金水桥，迎候在桥南的阅兵总指挥聂荣臻即致军礼并报告：受检阅的陆海空代表部队均已准备完毕，请总司令检阅！

在《三大纪律八项注意》《军队和老百姓》《保卫胜利果实》等军乐曲的连续鸣奏中，朱德总司令由聂荣臻总指挥同车陪同，检阅了肃立受阅的三军部队。当朱总司令向指战员问好时，指战员齐声响亮地回答："祝总司令健康！"

接着，朱总司令重登天安门城楼，宣读《中国人民解放军总部命令》，说：

"……我们中华人民共和国的武装部队，在反对美国帝国主义所援助的蒋介石反动政府的革命战争中，已经取得了伟大的胜利。敌人的大部分已经被歼灭，全国的大部分国土已经解放。这是我们全体战斗员、指挥员、政治工作人员和后勤工作人员一致努力英勇奋斗的结果。我向你们表示热烈的庆祝和感谢。

但是现在我们的战争任务还没有最后完成。残余的敌人还在继续勾引外国侵略者，进行反抗中华人民共和国的反革命活动。我们必须继续努力，实现人民解放战争的最后目的。

我命令中国人民解放军全体指战员、工作员，坚决执行中央人民政府和伟大的人民领袖毛主席的一切命令，迅速肃清国民党反动军队的残余，解放一切尚未解放的国土，同时肃清土匪和其他一切反革命匪徒，镇压他们的一切反抗和捣乱行为……”

检阅式完毕便是分列式。于是，我用电话向东三座门外的指挥分所发出相应的命令。那是最幸福的也是最紧张的时刻。党和国家领导人、各界民主人士都在注视我们，30万人民群众都在注视我们。我们将要把人民军队20多年的战斗历程，在短暂时间内的行进中显示出来，将要把整个人民军队的风貌，通过有限的行动反映出来。

最先通过天安门主席台前的是代表人民海军的水兵分队，他们身着崭新的水兵服，以“八一”军旗为前导，由东向西行进。当这支年轻的、英姿勃勃的队伍通过天安门主席台前时，欢呼声陡然高涨，使人想到澎湃的波涛声，这些沿海岛屿的解放者从此也就是中华人民共和国的保卫者。

紧接着的就是多兵种的陆军代表部队。步兵师的战士们经过千锤百炼的磨炼，踏着《八路军进行曲》的节奏，雄赳赳地走过来了。在《军队进行曲》和《坦克进行曲》的伴奏声中，炮兵师、战车师的队伍也相继隆隆地开过来了。战车师包括摩托化步兵团，轻、中型坦克团各一个，这支钢铁的队伍是在中国人民解放军“大反攻”中建立起来的。

当战车师行进在长安街中段时，人民空军的飞机分别以三机和双机编队，一批又一批地飞经天安门广场的上空。在天安门前，天上地上，浑然一体，形成雄伟的立体武装阵容。万众仰望，毛泽东、朱德、刘少奇、周恩来等中央领导人也兴奋地昂首注视祖国领空的保卫者。

机影还未完全消失，激越的《骑兵进行曲》引出了壮观的骑兵师队伍。三个骑兵团，后面还有一个挽拽野炮的炮兵营，共1900多匹战马，以六路纵队前进。各梯队装具整齐划一，军马的毛色或全红，或全白，或全黑；骑兵们身着草绿军服握枪挎刀，威风凛凛。

检阅式和分列式历经两个多小时。两个多小时，浓缩了我军以往的漫长战斗历程，也预示了未来的征途。我一分钟也未敢离开自己的指挥联络位置，而我的心神又似乎在随同分列式的队伍行进。

阅兵仪式之后，欢腾的群众游行队伍通过天安门前，向新的中央人民政府领导人致意，向高高飘扬的五星红旗致意。是啊，我们胜利了，这是人民的胜利。这个胜利是多么来之不易啊！为了迎来这一天，我们的党、我们的军队和我们的人民艰苦奋斗了几十年！无数的革命先烈也都是为了这一天的到来，献出了宝贵的生命啊！我注意到，这一天天气并不是很晴朗的，日光不强，云影朦胧，然而，自古以来中华民族又何曾有过如此光明辉煌的日子？入夜，火树银花，载歌载舞，首都北京的军民在尽情地欢度中华人民共和国的第一个夜晚。

开国大典和开国大典阅兵式，给我留下了难以忘怀的壮观图景，也给我留下了军人的光荣，当然还有军人的新的使命。的确，中华人民共和国成立了，这只是万里长征走完了第一步，我们要把新中国建设得更加繁荣、富强，不仅要珍惜革命胜利果实，还要保卫革命胜利果实！

（选自《新中国往事·第一解读》，
中国文史出版社 2011 年 1 月版）

我亲历的1949年

谢邦定

1949年，是中国历史上不同寻常的一年。我作为中华全国学生界的代表，有幸参加了第一届中国人民政治协商会议，并在开国大典之日登上天安门城楼，亲眼见证了新中国的诞生。60年虽已过去，但只要想起当年的往事，仍旧激动不已，难以忘怀。

一

抗日战争胜利后，我从昆明西南联大复员回北平，继续在北大地质系学习，并参加了反对国民党反动统治的学生运动。1948年10月，我按照地下党的指示，参加北大学生会竞选，并当选北大学生自治会常务理事，随后兼任北京大学迎接解放服务人民委员会主席团主席，和广大师生员工一起，从事“保护学校、挽留教授、迎接解放”的工作。

1949年1月31日，北平和平解放。1月底2月初，我和北大师生两次在前门、东交民巷、东单一线欢迎解放军入城。我们迎接人民的军队和战车，与入城战士们热烈握手、拥抱，师生们的心情无比激动和自豪。

2月21日，北平首届全市学生代表大会在国会街北大四院举行，我当选为市学生联合会主席。会前已得到通知：为迎接新中国的到来，党中央决定3月在北平召开中华全国学生第十四届代表大会，同时建立新的全国学联领导机构。中央青委负责人荣高棠同志和市学委负责同志专门找我谈话，让我做好进入学联领导机构并担任负责人的思想准备。

自“五四运动”以来，中国的学生运动始终与中国共产党领导的新民主主义革命紧密相连，在反对帝国主义、封建主义、官僚资本主义的斗争中发挥了重要的先锋和桥梁作用。毛主席曾对国统区的学生运动给予很高的评价，称之为“伟大的正义的学生运动”，是反对国民党反动统治的“第二条战线”。在中国革命即将取得全国胜利的重要时刻召开这次学代会，无疑具有承前启后的重要作用。

就在学代会开幕前的2月28日，收到党中央发来的贺电。贺电指出：中国学生在中国近代革命历史上有过光辉的贡献。现在中国学生和中国人民长期奋斗的第一步目标正在接近实现。中国学生已经有可能自由地与劳动人民相结合，自由地为人民共和国的革命和建设事业服务了。希望大会号召全国学生积极参加和援助中国人民解放斗争，使这个斗争迅速地获得最后胜利，同时努力学习，以便在建设人民民主的新中国的伟大事业中完成新的历史任务。

3月1日，中华全国学生第十四届代表大会隆重开幕。叶剑英同志代表中共中央、罗荣桓同志代表人民解放军亲临大会祝贺。在六天的会议中，来自解放区和国民党统治区的204名代表齐聚一堂，畅谈学习中央贺电的体会，回顾中国学生运动的伟大历程，交流各地学运经验，确定今后工作方针和任务。全体代表都对新中国的美好前景充满信心和期待。学代会闭幕当晚，在北大民主广场举行了有全体代表和北平市110所大中学校25000人参加的盛大营火晚会。我主持大会并讲话，决心不辜负毛主席、党中央对青年学生的殷切希望，认真按照中央贺电精神团结全国学生，为完成解放全中国、建设新中国的历史任务，努力学习，做好工作。

在这次会上，我当选为全国学联主席，晏福民等六位来自华北、东北、西北、华东、中原、上海区的学生代表当选为副主席，柯在铄担任秘书长。新成立的全国学联下设秘书处、宣传部、组织部、康乐部、女同学部、国外工作部、国统区学生运动工作委员会等部门。大会结束后，学联机关即迁入东长安街17号办公。

二

全国学联成立后的工作十分繁忙，但大家工作热情高涨。每天都在紧张地工作。我接到通知：于3月25日与北平各界代表一道到西苑机场迎接毛主席、党中央进入北平。毛主席、朱总司令在机场检阅了人民解放军部队，并接见了前往欢迎的各界代表人士。这是我第一次见到毛主席，心情格外激动。回到学联机关，我把见到毛主席的喜讯报告了大家。很多同志紧紧握着我的手不放，说这是和毛主席握过的手啊。

这里需要提到的是，在北平解放初期，全国的青年和学生工作由中央青委直接领导，青委负责人有参加过长征的冯文彬和廖承志同志，有参加过“一二·九”运动的蒋南翔和荣高棠同志。他们当时不过三十几岁，但都有着丰富的革命斗争经验，在青年和学生中有很高的威信和影响。在他们领导下工作，我受益颇多。1949年4月11日，中国新民主主义青年团第一次全国代表大会在北平召开。1949年4月18日，中国新民主主义青年团正式成立，冯文彬、廖承志、蒋南翔等同志当选团中央书记、副书记。5月12日，中华全国民主青年联合总会成立，廖承志同志当选全国青联主席。我被选为全国青联委员、常委。

记得我在4月参加筹备中华全国青年第一次代表大会期间，冯文彬同志要我推荐两位报告人，为大会做自然科学和社会科学方面的报告。我当时推荐了物理学家严济慈和历史学家吴晗。他们结合亲身经历，分别以《青年与科学》《青年与文化》为题，做了非常精彩的报告，受到与会代表的热烈欢迎。

全国学联成立初期，我重点抓了三项工作：

一是动员青年参军参战。三大战役结束后，随着解放军百万雄师过江，全国解放进程明显加快，动员大批知识青年到新解放区工作，是一项迫切的重要工作。从3月下旬到七八月间，全国学联根据中央精神，召开各种形式的动员会、演讲会，发动解放区内大中城市的大学生和高中生参加南下工作团，随解放军南下。经过几个月的集中学习，报名当选的团员们提高了政治觉悟，做好了各项准备。当时的北平市委书记彭真、军管会主任兼市长叶剑英对动员南下工作非常重视，出席在先农坛体育场召开的欢送南下工作团大会，鼓励团员们“锻炼自己，向工农兵学习，参加解放全中国的伟大事业”。我代表全国学联讲话，赞扬他们是全国同学的榜样，鼓励他们成为为人民服务的优秀战士。

二是接待安排海外青年参加革命工作。从1949年初起，大批海外青年和留学生陆续回国，来到北平，要求参加革命队伍，用自己的知识和专长报效祖国。为了做好这批青年的工作，中央青委负责人廖承志同志向我传达了周恩来同志的指示，要全国学联负责归口接待海外青年回国工作和学习深造事宜。接到指示后，我即布置学联有关部门分工负责，安排食宿、了解情况、填报志愿、分配工作和介绍学校。在他们当中，有青年学生、科学家、工程技术人员和文艺界人士。我自己也接谈、介绍了许多人。

三是准备参加新政协筹备会。早在1948年5月，中共中央就明确提出要在适当时候召开新政治协商会议，建立联合政府。1949年1月北平解放后，筹备新政协的步伐明显加快。4月初我接到中央统战部和中央青委通知：全国学联将作为共同发起召开新政协的单位之一，代表当时全国102万名学生参加新政协筹备会。我接受这一任务后心情难以平静，深感毛主席、党中央对学生工作的高度重视和期望。在学联主席团会议上，我传达了通知精神，要求学联各部门全力以赴，根据中央要求，做好参加会议的各项准备工作。

三

6月15日晚7时，新政治协商会议筹备会在中南海勤政殿召开。参加会议的包括中国共产党和各民主党派、无党派民主人士、人民解放军、各人民团体、国内少数民族、海外华侨代表共23个单位，134人。毛主席发表重要讲话，指出新政协筹备会的任务是“完成各项必要的准备工作，迅速召开新的政治协商会议，成立民主联合政府，以便领导全国人民，以最快的速度肃清国民党反动派的残余力量，统一全中国，有系统有步骤地在全国范围内进行政治的、经济的、文化的和国防的建设工作”。朱德总司令、李济深、沈钧儒、郭沫若、陈叔通、陈嘉庚随后先后讲话。朱总司令说：“中国的历史，从此将要进入一个新时代。”陈嘉庚说：“新政协会议筹备工作要我们23个单位承担，责任实在重大。日后参加新政协单位和人数自然要比现在多得多。本人以为选择新政协代表却应十分审慎，否则宁缺毋滥。”

会议经过审议，通过了《新政治协商会议筹备会组织条例》，选出新政协筹备会常务委员会，决定在筹备会下设六个小组，分别负责拟定参加新政协会议的单位及其代表名额，起草《中国人民政治协商会议组织法草案》《中国人民政治协商会议共同纲领草案》《中华人民共和国中央人民政府组织法草案》《新政协第一届全体会议宣言》，拟定国旗、国徽、国歌等工作。

我作为全国学联主席，与另外三名学生代表出席了此次会议，我被分配在第三小组参加《共同纲领》的起草工作。组长是周恩来。筹备会前后，毛主席邀请几位民主党派、群众团体的负责人，就筹备会有关事宜进行小范围酝酿座谈。第一次是在香山双清别墅进行。我乘坐团中央机关派的小车赶往香山，并先于约定时间到达。一进会客室空无一人，我便静坐等候。很快出乎意外地见到毛主席从里面房间健步走来。我起立迎接，毛主席亲切地要我坐下。他知我是北大学生，便问我知道三眼井这个地方吗？我说知道，就在景山东街附近，北大西斋宿舍近邻，主席略带回忆地说，当年在北大工作时就住三眼井。那时物价很贵，一袋面粉要几块大洋，生活很艰辛。现在北大师生生活情况怎样啊？看到主席这么关心北大，我非常感动，连忙向主席汇报了北大师生迎接解放、恢复教学、支援南下等方面的情况。主席听了很高兴。谈了一会儿，其他代表陆续到达。还有一次毛主席就政协全国委员会组成单位和委员人选等事进行小范围酝酿讨论。当谈到全国学联的政协委员三名候选人时，毛主席面对我说："你是共产党员，算一个，另外两个委员，要从全国非党员学生中选出。"我向有关同志作了传达汇报，并在全国学联及各地区学联中做了深入和细致的推选工作，最终推举天津的方光宇（女）和武汉的宋锡恒为政协委员候选人。

6月19日，是新政协筹备会的最后一天。下午会议休息时，我看见毛主席走出勤政殿，便走上前对毛主席说："主席，我们非常希望同您合个影，可以吗？"毛主席愉快地答应了我的请求。于是，在场的中南海女摄影师侯波同志拍下了毛主席与我们学生代表的珍贵合影。这张照片，我一直珍藏到今天。

四

新政协筹备会第一次会议后的三个月间，我一面继续参加第三小组起草《共同纲领草案》的工作，一面准备全国学联组团参加新政协第一届会议。9月17日，我参加了新政协筹备会第二次全体会议。这次会议决定，将新政治协商会议更名为中国人民政治协商会议。

9月21日，中国人民政治协商会议第一届全体会议召开，出席单位45个，代表662名。全国学联组成十人代表团参加会议，其中正式代表九人，候补代表一人。我为首席代表。

9月21日下午5点，我们从新华门进入中南海。所有代表先在特制的出席单位签到页上用毛笔签到，然后验证入场。大会开幕式在中南海怀仁堂举行。周恩来同志首先代表筹委会提出大会主席团89人的名单和秘书长人选，得到大会一致通过。随后，所有主席团成员登上主席台站立。我也荣幸地当选为主席团成员，站在了主席台后排左侧。大会主席台布置得庄严、简洁，正面悬挂着孙中山和毛主席画像，两侧挂着政协会徽和中国人民解放军军旗。晚上7点，毛主席宣布大会开幕。军乐队奏起雄壮的《中国人民解放军进行曲》，会场外鸣礼炮54响，全场代表热烈鼓掌，长达5分多钟。

毛主席在开幕词中回顾了中国革命的伟大历程，阐述了此次会议主要任务。他说："我们的工作将写在人类的历史上，它将表明占人类总数四分之一的中国人从此站立起来了。"毛主席的讲话深深地打动着每一位代表，几乎每讲完一句话，会场都响起雷鸣般的掌声。

按照大会日程，我被安排在大会第四天发言。那时我只有28岁，廖承志同志、晏福民同志等一再鼓励我"不要紧张、用心讲好"。在十分钟的发言中，我讲到"五四运动"以来，中国学生在中国共产党的领导下，反帝爱国，坚持学生运动与中国革命相结合、与工农相结合的道路，继往开来、前仆后继，为中国人民的解放和新中国的成立作出了应有的贡献。当我讲到我们当时赤手空拳对抗反动卖国政府的水龙、皮鞭、大刀、马队、机关枪以至装甲车，面对军警包围、牢刑迫害，始终坚持斗争，没有屈服时，肃静的会场顿时爆发出热烈的掌声。作为全国学生代表，我既感到自豪，也被深深震撼和感动。

此次政协会议共开了十天。会议代行全国人民代表大会的职权，通过了具有新中国临时宪法性质的《中国人民政治协商会议共同纲领》和《中国人民政治协商会议组织法》《中华人民共和国中央人民政府组织法》。选举产生了中华人民共和国中央人民政府委员会、中国人民政治协商会议第一届全国委员会，毛主席分别担任中央人民政府委员会主席和全国政协主席。会议还决定中华人民共和国定都北平，北平改名为北京，国旗为五星红旗，在国歌未正式制定前，以《义勇军进行曲》为国歌，采用公元作为中华人民共和国的纪元。

在此次会上，我参加了共同纲领起草委员会的工作，并光荣地当选为第一届全国政协委员，亲眼见证了新中国的诞生。毛主席、周总理等老一辈无产阶级革命家与各民主党派、各界人士风雨同舟、共建国家的伟大风范，为建立人民共和国所立下的丰功伟绩，将永远铭记在我的心中。

五

政协会议闭幕前夕，我作为大会主席团成员，收到出席10月1日中央人民政府成立庆典的请柬和胸带，激动的心情真是难以用语言表达，一种崇高的使命感油然而生。

10月1日中午，我从东长安街的住地步行进入大会警戒区，2点半左右沿城楼西侧台阶登上天安门。此时的天安门广场已集合了30万名各界群众，红旗飘飘，歌声不断。当中央人民政府主席毛泽东、副主席朱德、刘少奇、宋庆龄、李济深、张澜和政务院总理兼外交部部长周恩来出现在天安门城楼中央时，广场上响起长时间的欢呼声和掌声。

下午3点整，中央人民政府成立典礼开始，军乐团高奏《义勇军进行曲》。毛主席向全世界庄严宣告："中华人民共和国中央人民政府今天成立了！"这时，整个广场都沸腾了。礼炮齐鸣28响。"毛主席万岁！中华人民共和国万岁！"的口号声响彻天空。在雄壮的军乐声中，毛主席按动电钮，新中国第一面五星红旗在广场上徐徐升起。

当毛主席宣读完中华人民共和国中央人民政府公告后，阅兵式开始。朱德总司令在华北军区司令员兼京津卫戍区司令员聂荣臻陪同下，首先驱车检阅各兵种部队。随后，受阅部队由东向西经过天安门接受检阅。分列式以海军两个排为前导，接着是步兵师、炮兵师、战车师、骑兵师，共16000多人。空军14架各式飞机也从天安门上空飞行受阅。参加检阅的大炮、坦克、载重卡车全都是缴获来的，受阅部队把它们擦拭一新，车轮还漆上白色油漆。整个阅兵式持续了约三个小时，受阅部队严整有序、威武雄壮。

记得分列式开始不久，聂荣臻司令员来到天安门城楼东侧视察，他指着下面停放的几辆为了防止阅兵车辆抛锚而准备的坦克和所有重武器装备对我说："这些都是缴获来的战利品。再过几年我们就统统不用它们了，我们要用自己造的。"聂帅这番发展新中国国防工业的话，给我留下了深刻印象。

阅兵结束时天已黄昏，无数的礼花在广场上空绽放，欢呼着的群众高举毛主席的画像，打着灯笼、火把开始游行。北京大、中学生的队伍被安排在游行队伍最后，总数有4万多人。他们30人一排，迈着整齐的步伐，高唱着《团结就是力量》，充满了昂扬和向上的精神。当走近天安门时，队伍高喊起“毛主席万岁！”的口号，年轻嘹亮的声音激起天安门上阵阵掌声。突然，广场上的扩音器里传出“青年同志们万岁！”“学生同志们万岁！”的口号声。这是毛主席的声音啊！游行队伍更加激动。贝满女中用红纱布扎起的一丈二尺高的红色五星闪闪发光；慕贞女中舞动的红灯笼如同燎原的星火；大学生的模型队伍更是意气风发，有的模型象征新中国现代工业的工厂和大锅炉，有的模型象征“巩固国防”的大飞机；清华机械系按1：1比例制作的坦克模型如真的一样，行进在游行队伍中。毛主席一边高兴地观看这支朝气蓬勃的队伍，一边在扩音器里吩咐把水银灯再开亮些。当华北大学和华北人民革命大学的学生高举红旗、火把，像火龙般穿过金水桥，来到天安门城楼下时，整个游行的气氛达到了高潮。毛主席不断向下面的人群挥手致意，游行队伍则不停地振臂高呼：“毛主席万岁！”“中华人民共和国万岁！”此时，礼花凌空绽放，广场灯火通明，北京万众欢腾，人们心潮澎湃……

新中国成立后，中央人民政府各部门迅速组建并展开工作。10月19日，我收到《中央人民政府任命通知书》（府字第0167号）：“兹经中央人民政府第三次会议通过任命谢邦定为中央人民政府政务院文化教育委员会委员。特此通知。主席毛泽东。”10月21日，政务院文教委员会在朝阳门内大街召开成立大会，郭沫若同志主持。会议讨论了委员会的工作任务和分工。我被确定参加教育方针和政策的讨论与制定工作。

（原载于《纵横》2009年第10期）

黎明之前

——从旧政协到新政协

沙　里

1949年10月1日，在天安门广场上升起了第一面五星红旗，毛泽东主席向全世界庄严宣告：中华人民共和国中央人民政府今天成立了。这一洪亮而庄严的声音，总结了一个世纪以来中国各族人民前仆后继、英勇斗争的历史，震荡着整个世界。这段历史已经过去半个世纪了。现在重新回顾这段历史，每一个爱国的中国人都会感到自豪，特别是从解放前黑夜中走过来的老一代的人们，是不会忘记黎明之前的岁月的。

1948年4月底，党中央发布的“五一口号”中，提出“各民主党派、各人民团体、各社会贤达迅速召开政治协商会议，讨论并实现召集人民代表大会，成立民主联合政府”。这个口号提出之后，立即得到各民主党派、各人民团体、无党派民主人士、少数民族、海外华侨的热烈响应和赞成。5月4日，陈嘉庚先生代表新加坡华侨致电毛主席，表示赞同，5月7日，马来西亚吉灵州和霹雳州侨团通电响应号召。接着，马来西亚其他地区，以及泰国、法国、加拿大、古巴等国的许多华侨组织和侨领先后来电表示赞成“五一”号召。从8月开始，各民主党派和各民主阶层的人士，从全国各地包括香港或海外陆续来到解放区。一部分民主人士由香港经由我在港办事机构租用的外籍货轮搭船北上，从大连到达东北的哈尔滨，另一部分则通过封锁线，陆续来到河北建屏县李家庄

（当时中共中央城工部所在地）。1948年10月，中共中央分别同到达两地的民主人士协商召开新政协问题，并把协商的意见征询还在香港的民主人士李济深、何香凝、马叙伦、陈其尤、李章达、彭泽民、章乃器、郭沫若、茅盾、叶圣陶、欧阳予倩、陈嘉庚、司徒美堂、柳亚子、马寅初等人的意见。11月5日，中央电邀在港人士北上。他们大部分是在1949年1月初到达大连的。

“五一”号召发布以后的统战工作，是以新政协的宣传与筹备为主。随着1948年中国人民解放军秋季攻势以后的决定性胜利，随着解放区城市政策的影响，不仅广大群众、中间分子与左派分子更加积极起来寄希望于我党与新政治协商会议，右翼分子也唯恐新政协的请柬上没有他们的名字了。

中共中央分析了当时的形势，及时地把革命口号提高一步，于1948年12月30日发表毛泽东为新华社写的1949年新年献词《将革命进行到底》，提出“在全国范围内推翻国民党的反动统治，在全国范围内建立无产阶级领导的以工农联盟为主体的人民民主专政的共和国”等口号。接着，即1949年1月14日毛主席发表关于时局的声明，提出八项和平条件，击破了国民党的和平攻势。这八项条件是：（一）惩办战争罪犯；（二）废除伪宪法（注：国民党撕毁政协协议，召开了伪国大，颁布了未经全国人民同意的宪法，我们称之为伪宪法，选举了总统）；（三）废除伪法统；（四）依据民主原则改编一切反动军队；（五）没收官僚资本；（六）改革土地制度；（七）废除卖国条约；（八）召开没有反动分子参加的政治协商会议，成立民主联合政府，接收南京国民党反动政府及其所属各级政府的一切权力。

这个声明中的八条，成为后来即1949年4月我党代表团和以张治中为首的国民党政府的代表团进行和平谈判的基础。这些口号和声明，不仅已到解放区的民主党派和无党派民主人士表示完全与我党一致，就是那些仍然留在国民党统治区的右翼人士，也没有公开表示反对。

这时中共中央已于11月25日同到达哈尔滨的民主人士和在李家庄的

民主人士就成立新政协筹备会及新政协的性质、任务等问题达成协议。协议决定新政协应讨论和实现的问题、制定共同纲领和建立中华人民共和国中央政府。协议完成以后，国内形势已起了新的根本变化，东北全境解放，人民解放军又获得了淮海战役、平津战役的决定性胜利。国民党主力在长江以北被完全消灭，中国人民解放战争在全国范围内的最后胜利，谁都不能不承认只是时间问题了。预定以哈尔滨为召开新政协筹备会地址的协议已被形势的发展所否定。1月20日毛主席分别致电陈嘉庚和司徒美堂，“谨请命驾北来，参加会议”，“至盼先生摒挡公务早日回国，莅临解放区参加会议”。这时，已经到达解放区的各民主党派和无党派民主人士李济深、沈钧儒、马叙伦、郭沫若等55人于1月22日发表对时局的意见，表示彻底支持毛主席的声明和提出的八项和平条件，表示坚决拥护中国共产党的领导，团结一致，将革命进行到底。

解放区以外的民主党派和民主人士也有同样的表示。大家一致承认中共的号召是全国人民团结奋斗的共同政治基础。1月25日，中共中央统战部在河北建屏县李家庄召开民主人士时事座谈会，李维汉同志在会上讲了话。他分析了美帝国主义和国民党政府“和平攻势”的实质，解释了党的政策，在强调说明解放区各种重大的成就的同时，也指出困难和缺点，要求他们充分发表意见，提出批评。他代表中央欢迎民主党派和民主人士发表的对时局的声明。同一天，在解放区的民主人士致电尚在上海的张澜、黄炎培、陈铭枢、罗隆基、史良等，请他们号召国民党统治区人民坚持依照中共所提八条，实现真正和平，彻底消灭中国人民之敌人。当时上海和长江流域的资产阶级，也同我们拉关系，南北通航通邮已经开始，国民党陷于四分五裂。

1月底北平和平解放。

2月的北平，严冬已经过去，春天即将来临。2月3日，举行了隆重的入城仪式。这一天，北平的劳动人民和知识分子沉浸在欢乐的秧歌乐曲声中，高唱“解放区的天是明朗的天”和解放区流行的其他歌曲，迎接人民解放军进城，申伯纯同志带领我们10多个人，作为中央统战部干部也是新政协筹备处的先遣人员，从石家庄到达前门外，在入城前一天住进打磨厂的一家小客店。2月3日参加入城式，当天晚上进驻中南海。来到北平以后，中央统战部交际处的接待任务越来越繁重了。除了北京饭店（即现在的北京饭店中楼）全部用来接待从海外、香港及国民党统治区应邀来平参加新政协的高级民主人士以外，还开辟了十多处当时条件还算较好的招待所，如西河沿的永安饭店，南河沿的翠明庄，李铁拐斜街的远东饭店，珠市口的惠中饭店，大栅栏内的西单饭店……随着全国胜利的日益接近，从南方各地以及台湾、香港等地来平的各界人士也日益增多。据不完全统计，从4月到7月，在三个多月的时间里，中央统战部交际处接待的各界人士即有987人。真可谓群贤毕至，少长咸集，客人中有90多岁的老人，也有随同家长来的少年儿童。以参加新政协的代表来说，年龄最高的有93岁的萨镇冰老人（未来北平），有83岁的司徒美堂、张元济老人，年纪最小的算是台湾高山族的代表，后来的台盟名誉副主席田富达，他当时只有21岁。为了适应形势的发展，我们在华北革命大学设立了一个政治研究院，以满足各界人士，主要是原国民党的党政军人员参加学习的要求。在华北革大政治研究院主要是学习政治，熟悉新社会，然后分配工作。也由于形势发展的需要，许多专家、学者被分派南下，参加接管和建立新政权的工作。

1949年3月，毛主席在党的七届二中全会上宣布召开政治协商会议和成立民主联合政府的一切条件均已成熟。在这样坚固团结的政治基础上，在时机已完全成熟的条件之下，经过各方面协商之后，新政协筹备会于1949年6月15日在北平宣告成立。

筹备会第一次会议从6月15日开始，进行了5天，选出21人组成的常务委员会，推出毛主席为筹备会常务委员会主任，周恩来、李济深、沈钧儒、郭沫若、陈叔通为副主任，李维汉为秘书长。8月下旬，李维汉同志腿跌伤，由林伯渠同志代理。筹备工作分别由六个小组进行，第一小组拟定参加单位和代表名额，第二小组起草组织条例，第三小组起草共同纲领，第四小组拟定中华人民共和国政府方案，第五小组起草宣言，第六小组拟定国旗、国歌和国徽方案。经过了三个月的反复协商，郑重研究，才把参加新政协的单位和名单确定下来。在筹备工作进行期间，除已经参加筹备会的团体和人员外，还收到许多团体和个人要求参加新政协的书面申请，经过慎重的考核，民主协商，最后确定代表总数662人，包括各单位代表510人，候补代表77人，特别邀请代表75人。

1949年9月21日下午7时，中国人民政治协商会议第一届全体会议开幕了。怀仁堂灯火辉煌，灿烂夺目。会场正中悬挂着人民政协会徽，色泽鲜艳，光芒四射，会徽上红色的新中国地图高踞在白色的地球北部，上面插有四面红旗，地球周围射出淡蓝色的光芒，外围则是象征工农的蓝色的齿轮居上，黄色嘉禾居下，美观而大方。主席台的正面悬挂着中国革命的领袖孙中山和毛泽东两位伟人的画像，中国人民解放军的四面军旗矗立在政协会徽的两侧。毛主席在雷鸣般的掌声中登上了主席台，他在开幕词中说："我们的工作将写在人类的历史上，它将表明：占人类总数四分之一的中国人从此站立起来了。"

（选自《文史资料选辑》第141辑，
中国文史出版社2011年9月版）

参加第一届全国政协的回忆

雷洁琼

1948年冬，我在北平燕京大学教书。11月中旬的一天，解放军像天兵一样降临北平西北部。燕京大学、清华大学、香山、颐和园这一带很快就解放了。就在那个时候，民进的马叙伦同志已从香港转入东北解放区，他在哈尔滨写信给我们，请我爱人严景耀代表民进去华北解放区出席中共中央召开的有关民主党派的会议。后来接到人民解放军四野先遣部队负责人刘道生同志的通知，我们就在1949年1月中旬，从北平西郊八大处出发去华北解放区，同行的还有民盟的费孝通和张东荪。一行4人由8名解放军战士陪同乘大卡车前往，第二天傍晚到达华北人民政府所在地石家庄。沿途被战争破坏的道路坑洼不平，断墙残壁，弹痕累累；同时有农民运粮支援前线的队伍，灯光闪闪像一条长龙，甚为壮观。同车的解放军战士给我们讲了许多解放区人民的生活情况和军民一起打美蒋的故事，一路有说有笑，忘却了行车颠簸的疲劳。

到石家庄时，吴晗夫妇迎接我们，还遇到不少燕京、清华两校的同学和平津来的朋友。我第一次进入解放区，看到石家庄生气勃勃的新气象，使我感觉犹如到了另一个世界。第二天，我们从石家庄坐吉普车去平山县西柏坡，这是中共中央所在地。使我难忘的是，我们在那里幸福地见到毛泽东、刘少奇、周恩来、朱德、任弼时等中央领导，并与他们共进晚餐。我1939年在江西吉安和1946年在南京见到过周恩来，这次与毛泽东是第一次见面。周恩来将我们逐一介绍给毛泽东相识。吃晚饭时，毛泽东、周恩来等领导同我们边吃边谈。毛主席谈笑风生，说话很幽默，气氛十分轻松，我们初次见到人民领袖的那种拘谨心情很快就消散了。

饭后，我们随毛主席走进他的办公室。这原是一间普通农民的住房，摆设简单朴素。我们围着书桌而坐，亲切交谈。周、刘、朱、任也在座，谈话直到深夜。记得毛主席那晚的谈话范围很广，分析了当时的战争形势，认为召开新政协的时机逐渐成熟，希望各民主党派着手做好准备。他还详细询问平津上海一些民主人士的情况，并谈到全国解放后的经济和文化建设，使我们了解新社会的美好前景。他还指出要把美国政府当权者同美国人民区别开来，对帝国主义不能存在幻想，要把中国革命进行到底。

离开西柏坡后，我们又去李家庄，那里是中共中央统战部所在地。我们深夜到了李家庄，见到林伯渠、李维汉等负责同志，还有很多民主人士符定一、周建人、翦伯赞、楚图南、田汉和夫人安娥、胡愈之和夫人沈兹九等。我们欢聚一起，学习毛主席为新华社写的1949年新年献词《将革命进行到底》，讨论国内形势和战犯名单。林伯渠还与我们同群众一起共度春节，扭秧歌，演节目，热闹得很。

那时候，统战部已提出了一个《关于召开新的政治协商会议诸问题》的草案，内容包括新政协的参加人员，开会的时间地点以及应讨论事项等。据说中共中央在10月间已将这个草案分别转达给在东北哈尔滨的沈钧儒、章伯钧、蔡廷锴等人和在香港的李济深、何香凝、郭沫若、马叙伦等征询各党派人士的意见。经过多次电报往返协商，于11月底达成了关于召开新政协的协议。决定新政协的筹备会由各党派、各团体和无党派等23个单位的代表组成。筹备会的任务是负责邀请参加会议的各方代表人士，起草新政协文件。筹备会地点原定在哈尔滨，后因北平迅速得到解放，就改在北平召开。

1949年1月31日，北平宣布和平解放，我们在李家庄听到喜讯，群情振奋。2月1日，中央统战部秘书长齐燕铭和金城、周子健等率领我们乘两辆大卡车连夜返回北平。途经保定休息，县长亲自为我们烧水冲茶，热情招待。解放区的县长竟没有官气，我印象很深。途中听说北平正在收编傅作义的部队，怕遇到游兵散勇不便进城，我们就从城外经过石景山直奔燕京大学。到达时已至深夜，同车的民主人士只好分住在两个教室，也有几位朋友就住在我的家里。

2月2日举行人民解放军入城典礼，前门大街两旁人山人海，红旗如林，锣鼓喧天。我们夫妇同胡愈之、沈兹九、田汉、安娥等几位朋友站在正阳门城楼上，看到解放军队伍浩大、军容威武、步伐整齐、纪律严明，在群众一片欢呼鼓掌声中通过前门城洞。我非常激动，欢乐的热泪夺眶而出，中国人民经过百年浴血奋战，古老的北平终于回到人民的怀抱，获得全国解放的胜利日子也快到来了。这个胜利归功于伟大的中国共产党，归功于伟大的人民子弟兵。晚上，当时的平津前线司令员林彪和政委刘亚楼设宴招待我们，共同欢庆北平和平解放的胜利。

我们回到北平后，先住在东交民巷华安饭店，受到中央统战部的热情接待，后来住进当时最高级的北京饭店。有一天，一位同志代表劳动大学来访，说是邓颖超介绍他来找我的。他希望我能协助动员香山慈幼院迁到城里来，院址由慈幼院选好，一切搬迁费用由劳动大学负担。我不知道劳动大学是什么机关，就去请教钱俊瑞，才知道劳动大学就是中共中央的代号。我就与留任的社会局长接洽，并找香山慈幼院的负责人一起开会商量。会后这个局长逃走了，香山慈幼院的负责人在西安门大街找到一所房子，就迁到城里来。后来我才知道香山的双清别墅就是毛主席初到北平时居住的地方。

2月25日，在东北和天津的民主人士50余人同一天都回到北平。翌日，北平市党政军和工青妇等团体在中南海怀仁堂举行了盛大的欢迎大会，我们先到北平的都去参加了。

1949年3月上旬，中共中央在西柏坡举行了具有重大历史意义的七届二中全会，批准了关于召开没有反动分子参加的新的政治协商会议及成立民主联合政府的建议。3月25日，中共中央从西柏坡迁到北平，我们都到西苑机场去欢迎毛主席、周副主席、朱总司令和少奇同志进入北平，那天的欢迎场面也是异常热烈的。当时，周恩来、李维汉领导新政协的筹备工作，我们与他们的接触机会就比较多了。周恩来和林伯渠还单独宴请民进领导人讨论有关筹备新政协和民主党派的前途问题。

那时候，各民主党派负责人和许多无党派人士都住在北京饭店，社会活动很多。统战部经常邀集大家开会通报时局消息，讨论政治问题。南京国民党政府派代表团来北平和谈，但国民党没有诚意，言而无信，拒绝在《国内和平协定》上签字。4月20日夜半，毛主席发布渡江命令，百万雄师横渡长江，4月23日就一举解放南京。消息传到北京饭店，我们欣喜若狂，我整夜未能入睡，实在太兴奋了。

新的政治协商会议筹备会经过协商酝酿，积极准备，便在1949年6月15日至19日在中南海怀仁堂正式召开了第一次全体会议。筹备会负责进行新政协一切的筹备工作。其中心任务是：商决并邀请参加新政协的单位和代表；决定新政协开会的时间、地点及议程；拟定新政协的组织条例；制定共同纲领草案；提出建立中央人民政府的方案。

参加新政协筹备会的有各党派、各团体、各方面共23个单位，134人。我是代替上海人民团体联合会的代表汤桂芬同志参加筹备会的。

筹备会分为6个小组，分别负责各项筹备工作。我参加第四小组的工作，起草《中央人民政府组织法》。由董必武任组长，黄炎培任副组长。在筹备会期间，第四小组同志先以漫谈形式，广泛交换意见，并推举张志让等7人先准备一个讨论提纲，提交小组讨论。筹备会闭会后，本小组全体同志在7月8日又召开一次会议，根据原先准备的提纲讨论，对于国家的名称、属性、政府组织的民主集中制基本原则、国家最高政权机关产生的方法、人民政府委员会的组织、最高行政机构的名称以及所属机构的建立等等重大问题都逐一进行了讨论，达到基本一致的意见，并推定董必武、张奚若、阎宝航、王昆仑、张志让等5人负责起草政府组织法的初步草案。这个草案经过征询专家意见和筹备会常务委员的反复讨论，又多次修改，在9月17日新政协筹备会第二次全体会议上作了原则通过，准备提交新政协正式召开大会时讨论。我在这个小组讨论过程中学习了不少东西，增加了很多新的政治知识。

当时讨论中央人民政府组织法是非常认真的，充分发扬了民主，广泛听取了各方面的意见。例如对国家名称问题，许多人主张用“中华人民民主共和国”这个名称，黄炎培主张用“中华人民民主国”，但张奚若说不如用“中华人民共和国”好，因为人民是指工人、农民、小资产阶级、民族资产阶级，我们是人民民主专政的政权，人民这个概念已经把民主的意思表达出来，不必再重复写上民主两字，最后我们采用了“中华人民共和国”这个名称。又如对于国家的属性也明确写在组织法之内，是以工人阶级领导的、以工农联盟为基础和四个阶级联盟的新民主主义的性质。

这个组织法规定中央人民政府是民主集中制原则的人民代表大会制政府。在全国人民代表大会召开前，由新政协执行其职权，选举成立中央人民政府委员会，并组织政务院、军事委员会、最高人民法院及最高人民检察署，到第一届全国人大召开并通过宪法后，这个组织法也就完成了历史的任务。

1949年9月21日，中国人民政治协商会议第一届全体会议在北平隆重开幕了。我是作为中国民主促进会的八个正式代表之一参加的。这八位是马叙伦、许广平、周建人、王绍鏊、梅达君、徐伯昕、林汉达和我。我的爱人严景耀是作为民进的候补代表参加的。大会设立六个分组委员会，我参加了宣言起草委员会。毛主席致了开幕词宣告：“占人类总数四分之一的中国人从此站立起来了……我们团结起来，以人民解放战争和人民大革命打倒了内外压迫者，宣布中华人民共和国的成立了。”我们无比兴奋，长时间热烈的掌声响彻会场。

第一届政协全体会议选出63人组成中央人民政府委员会。毛泽东当选主席，朱德、刘少奇、宋庆龄、李济深、张澜、高岗当选为副主席。会议还选出180人组成第一届人民政协全国委员会。9月30日会议胜利闭幕，在闭幕式上通过了《中国人民政治协商会议第一届全体会议宣言》，号召全国同胞进一步组织起来，用伟大的人民群众的集体力量，拥护人民政府和人民解放军，建设独立、民主、和平、统一、富强的新中国。

10月1日，中央人民政府委员会举行第一次会议，正副主席及委员宣布就职，成立中央人民政府。首都30万群众齐集天安门，隆重举行庆祝新中国的开国大典。我站在天安门城楼上看到从未见过的壮观场面，心情十分激动，禁不住流下了欢乐的热泪，引起了我的很多回忆。

我是从1935年北平爆发一二·九学生运动时，同爱国的进步学生接触中，逐渐认识共产党的。抗战开始后，我于1938年到江西参加战地服务工作，接触到不少中共地下党员。在庐山全国妇女座谈会上，我认识了邓颖超同志。1939年周恩来到前方视察路过吉安，我幸蒙接见，使我对中国共产党领导全国人民抗日的正确主张和抗日民族统一战线逐渐有了认识。正是在中国共产党的关怀和影响下，我走向革命，抗日战争胜利后在上海积极投入反内战、争和平，反独裁、争民主，反分裂、争统一的爱国民主运动，参与中国民主促进会的发起和创建工作。参加新政协的筹备和第一届全体会议，更使我受到一次思想教育，认识到统一战线的强大生命力和社会主义民主的伟大成就，认识到人民政协是统一战线的重要组成部分，对建设社会主义的新中国有着重大的作用。

（选自《新中国往事·第一解读》，
中国文史出版社 2011 年 1 月版）

我曾作为台湾代表参加政协第一届会议

田富达

被选为参加政协会议的代表

1949年，我很荣幸地参加了中国人民政治协商会议第一届全体会议。回忆过去这一段历史，感慨良多。

那年，我正在中国人民解放军华北军政大学台湾队学习。8月，我们接到通知，说是要在华北军政大学的高山族同胞中选出一位代表，参加中国人民政治协商会议第一届全体会议。当时，我们台湾队的16个高山族学生都非常兴奋，感到这是党和各族人民对我们台湾少数民族的关怀。在军大的16个高山族学生当中，因为我的学习成绩不错，工作也不错，当时还担任班里的班长，经常帮助很多同学一起完成学习任务，所以在选举当中，他们一致推举我做代表。

名额是怎么来的呢？后来在跟台盟其他领导同志的接触当中，我才知道了当时的情况。

1949年6月，在中国人民政治协商会议筹备委员会上，周恩来同志向会议提出了一个问题，就是要让台湾人民派代表来参加这次会议。同时他还问："有什么方式可以使台湾人民派代表来参加政治协商会议？"当时李维汉同志是秘书长，他回答说："台湾民主自治同盟是台湾人民的革命组织，由他们派代表参加就可以。"周恩来同志在会议上征求各方面意见，最后确定了下来。

我从童小鹏同志那里了解到，台湾民主自治同盟作为参加这次会议的组织，分配到的名额是6个——5个正式代表名额和1个候补代表名额。这些名额由中央统战部和中共中央华东区以及台盟中央的负责人共同商量产生，也广泛征求了当时在上海和其他地方的台湾各位民主人士的意见。当时台盟的主要负责人是两位同志，一位是主席谢雪红，一位是秘书长杨克煌。他们在战争时期作为民主革命的负责人，曾长期进行工人运动，所以这次作为台盟的主要代表参加会议。第三位代表是王天强先生。当时他一直在台湾从事农民运动，是农民方面的代表。第四位是李伟光先生。他曾长期在台湾山区同胞当中从事抗日宣传活动，又在解放战争时期从事民主运动，在帮助台湾同胞两岸之间的来往、学习方面亦做过很多工作。后来他担任了上海市台湾同乡会会长，之后又担任了台盟驻上海的主任委员。还有一个名额是留给高山族同胞的。这个代表是怎么产生的呢？经过研究，决定从华北军大的台湾队中产生。因为当时正处于战争环境，很多高山族同胞还在前线，比较集中的都在华北军大，所以就由军大中产生。最后一位代表，是从工商界产生。后来选定在北京从事工商业活动的林铿生先生担任，他是原来北京市台盟的主任委员。这就是台盟六个代表的产生情况。

出席政协第一届会议

我记得，当时接到参加会议的通知是在9月初，是华北军大的下属单位通知的我。当时我的汉语很不好，我是讲高山族话的，台湾的闽南话我不太行。闽南话是在大陆工作时，跟闽南人一起才学了一点。在台湾，我都是讲客家话，就是广东方言。那个时候，在学校我努力学习普通话，应该说在高山族同学里我的普通话算是最好的，那时我还经常帮助其他高山族的同志学汉文。

当时台盟总部为了参加这个会议，从香港迁到大陆来。开始是在石家庄，后来到北京，当时住在干面胡同20号。那个时候我们没有汽车，都是三轮车，下了火车以后，罗干群同志安排我坐上了一部三轮车，把我送到了干面胡同，这样我很顺利地到了台盟总部所在地。

会议是1949年9月21日傍晚开幕的，到1949年9月30日结束。这一段时间，我参加了各种会议，基本上是上午小组会，下午开大会，并且多数时候是开大会。

这次会议我印象最深的，是周恩来副主席为会议内外做了大量的工作，特别是民主党派的工作。我作为台盟的代表之一，各民主党派的活动参加得比较多，不管大的小的。

第二个印象是毛主席、周恩来、朱德、刘少奇以及其他的领导人，威信都相当高。参加会议的各界代表，包括解放区的代表，军队的代表，各人民团体的代表，都很清楚毛主席、党中央在解放战争中所起到的领导作用，他们的贡献确实是无可非议的。包括各民主党派在内，大家都坚决拥护中国共产党的领导，拥护毛主席。当时这种感受很强烈。在解放战争时期和抗日战争时期，各民主党派就在党的领导下同舟共济，与党一起工作，这种亲密的关系已经达到了高潮。不管会内会外，这种全国人民团结一致，要把全中国从蒋介石、国民党手里解放出来、人民共同奋斗的热情确实给我留下了很深的印象。中国共产党领导下的全国各族人民、各党派、各阶层团结一致、共同奋斗的氛围也达到了高潮。

我印象很深的还有对《共同纲领》的讨论，其中第一个问题就是关于社会主义革命和共产主义的问题。这个问题当时《共同纲领》里面没有提，因为我参加各民主党派的分组活动，所以对各民主党派的意见了解一些。很多民主党派的代表都反映为什么没有社会主义，搞社会主义革命，实现共产主义，为什么不提？很多代表都提出这个问题来，觉得《共同纲领》里面应该体现出来。后来周恩来副主席做了很多工作，解答了大家的疑问。周恩来同志说："社会主义、共产主义是我们的理想，但是不是我们现在的任务。我们现在的任务是新民主主义革命。首先解决的问题是要把三大敌人推倒，然后要恢复经济，经济恢复了以后才能够谈到社会主义。建设社会主义、共产主义是未来的目标。”所以关于《共同纲领》的问题，经过周恩来副主席一做工作，大家思想上就统一了。

除此之外，当时各民主党派对中国共产党实行的“实事求是”的思想路线印象也比较深刻。当然，还有很多其他的问题，比如说，四种经济同时存在的问题。当时也有个别人说，三大敌人推翻以后，共产党领导的革命应该是公有制。当时合作制经济也有，但是农村没有，只有比较简单的合作经济，所以还要发展一段。实业和商业经济也要发展。还有私有制，农村基本上是私有制，城市也有，但是这些都要发展，所以四种经济要同时发展。除了这个以外，就是在选举国家领导人这个问题上也有一些不同的看法。

我的大会发言

9月26日下午，会议秘书处通知我，希望我能够在大会上发言。当时我挺紧张的，一是因为我汉语不太好，二是没有上台发言的准备，但他们还是希望我能够发言。当时在少数民族地区，很多地方都还没有解放，包括西南地区，所以大会希望少数民族的代表能够发言。台盟中央秘书长、政协代表杨克煌同志，还有谢雪红主席，也都希望我能够发言，所以我就开始准备。首先由我自己提出几条建议，然后在杨克煌秘书长和谢雪红主席的帮助下再整理成稿子，就这样，第二天我真的上台发言了。当时我有一个很深的感受，就是一提到台湾的少数民族代表要发言了，底下大家都爆发出了热烈的掌声。当时我非常激动，这是台湾少数民族代表在国家的讲堂上第一次发言。台湾有几千年的历史，是中国的一部分，也是我国遭受帝国主义欺侮、侵略和占领最早的地方之一。台湾人，包括汉族，受外国侵略者统治的历史比较长。当时有一个说法，在日本统治时期，日本是一等公民，汉族是二等公民，台湾的少数民族是三等公民。汉族除了个别的汉奸以外，没有参与政权的权力，高山族的同胞更是没有权力。所以当时听到各族、各界、各党派、各人民团体代表鼓掌，我心里确实非常激动，也觉得很荣耀。我当时还注意到，在我发言时，毛主席也在不断地鼓掌，使我心里面感到很温暖。当时我讲话的主要内容是希望解放军早日解放台湾，按照党的民族政策处理好民族关系，并且解除台湾少数民族在政治上和经济上所受的压迫和剥削，能够跟汉族一样，在经济上、政治上得到平等。我发言的主要内容，无非就是这三点。这个发言得到各民族、各阶层的热烈鼓掌。后来我回到军大，也向高山族同伴们传达了这个信息，他们都流下了眼泪。

我的一点感想

第一届政协一次会议已经过去了60多年，回顾这60多年，我感受很深的是党的统一战线政策确实是正确的。党的统一战线政策在抗日战争和解放战争时期，是战胜敌人的法宝；全国解放以后，在经济建设、政权建设、文化建设和各个战线的建设中，统一战线政策都起到了很重要的作用，也是法宝。台湾民主自治同盟是1947年台湾人民“二二八”起义后，由一部分从事爱国民主运动的台湾省人士根据当时台湾人民实现民主和地方自治的要求，于同年11月12日在香港成立的。它是与中国共产党通力合作的一个参政党，也是在中国共产党帮助下成立的一个爱国组织。正是在中国共产党的领导和帮助下，我们的工作才取得了这样的成绩。因此，不管是在战争年代，还是在和平建设时期，正是因为各民主党派在中国共产党的领导下同甘共苦、荣辱与共，才把我们国家建设成了这样一个初步现代化的国家。香港、澳门相继回到了祖国的大家庭，我希望台湾也能够早点回归，实现全国的大统一、民族的大团结，以及中国的统一、中华民族的振兴。到那个时候，我们国家必将是一个强大的、富裕的、民主的社会主义国家。

（原载于《纵横》2012年第2期）

60年前采访第一届全国政协讨论国旗、国歌、国名议案的回忆

黄邦和

1949年9月中旬，我由武汉市人民政府介绍，代表《大刚报》到北京参加全国第一届政治协商会议和中华人民共和国开国大典等的采访。这是我在前半生新闻工作经历中，最难以忘怀、最值得纪念和最令我兴奋的一次采访活动。当时，从武汉去北京参加采访的记者只有我一人。因此，我的任务非常艰巨，责任也非常重大。

到了北京后，听说原先在国统区工作过的记者要参加政协会议与开国大典的采访，均需进行政治审查，并需有四位政协委员的证明，才能取得“采访证”。于是我就请田汉、范长江、张难先、李书城（后两位均为湖北耆老，新中国成立后张任中央人民政府委员，李任农业部部长）四位为我作证明。他们过去都对我有些了解，为我进入采访工作打开了一扇大门。

亲临大会现场

中国人民政治协商会议第一届全体会议是1949年9月21日在北平中南海怀仁堂开幕的，会期十天。当时参加会议的除中国共产党的代表外，还有各民主党派、无党派民主人士和各人民团体、各地区、人民解

放军、新民主主义青年团及各少数民族和华侨的代表，另有一部分爱国人士，共662名代表出席。这是在中国共产党领导下举行的全国第一次最广泛、最具有代表全国人民性质的盛会，在这十天会议中决定了关于成立中华人民共和国的有关事宜。会议开幕时，毛泽东在主席台上，以意气风发的神采，以响彻云霄的声音，在开幕词中庄严地宣布：

“我们的工作将写在人类的历史上，它将表明：占人类总数四分之一的中国人从此站立起来了。”当时，全场人员都站了起来，像山洪暴发似的一起欢呼“万岁！万岁！”掌声长达数分钟，有的人流下了激动的眼泪，有的人喉咙叫得嘶哑了。这种充满激情的场面，让我这个记者感动得无以名状。

在这次会议上，一致通过了具有临时宪法性质的《中国人民政治协商会议共同纲领》，通过了确立以中国共产党为领导的多党合作和政治协商制度的《中国人民政治协商会议组织法》，以及体现人民民主专政制度的《中华人民共和国中央人民政府组织法》等四个决议案。会上还决定了中华人民共和国的国歌和国旗；决定以北平为国都，并将北平改名为北京；还决定中华人民共和国采用公元纪年；同时选举了毛泽东为中央人民政府主席，朱德等六位为副主席等。

会议确定在1949年10月1日举行开国大典。

1949年6月15日在北平举行“新政治协商会议筹备会议”第一次会议（新政治协商会议的名称是当时区别于1946年1月在重庆召开的政治协商会议而临时命名的，当年9月17日正式改名为中国人民政治协商会议）时，确定筹备会成立六个工作小组。其中第六小组的任务就是拟定国旗、国歌、国徽的方案，组长为马叙伦，副组长为叶剑英、沈雁冰。小组一开始就向全国征集有关内容的设计方案和稿件。后来国旗征集到近3000个图案稿，国歌征集曲谱稿600余件，歌词稿近700件，国徽图案稿900多幅。1949年8月20日，马叙伦、沈雁冰在小组会上说，国徽的征集稿中尚无满意之作，是否提请先讨论国旗与国歌的草案，国徽则留待以后再说。接着小组对征集稿进行了讨论和筛选，准备再提到政协大会讨论。所以，第一届全国政协大会有关国旗、国歌的正式讨论，就是在这个基础上进行的。

关于国旗设计的讨论

当时征集到的国旗设计方案，大体有两种类型：一是像有些资本主义国家国旗的基本图式，尽管各具特点，图案繁多，但大多数是采用不同颜色的横条条纹中镶以特殊的标志而成；二是像当时社会主义和新民主主义国家的国旗基本图式，即以大红为基色，在上角镶以不同标志而成。两种类型的设计都采用了黄色五角星以显示共产党的领导。在众多征集的图案中通过挑选，最后比较集中讨论了三个图案：一是红底，上中有一颗黄五角星，星下有一条横贯旗面的黄杠，红色代表革命胜利，黄星代表共产党的领导，黄色横杠象征中国文化的黄河；二是像原中华民国“青天白日满地红”中的“白日”换上一颗黄星；三是用几颗黄五角星镶在红旗上的图案。

在讨论中，毛泽东最初比较欣赏第一种图案，但戏剧家洪深首先提出不同意见，接着一些委员也赞同洪的意见，毛泽东就不坚持了。何香凝等同意第二种图案，认为第二种图案表现了对孙中山的民主革命的继承性而又有新的特点，但多数人不同意，因而未引起更多的争论。田汉提出是否由上海一家企业的职员曾联松所绘的图案征集稿为基础进行讨论。这个图案也是以红色为基色，左上角绘有四个小黄星围绕一个大黄星，大黄星中有镰刀斧头。征集稿中说，四个小星代表工人阶级、农民阶级、小资产阶级、民族资产阶级，大黄星代表共产党的领导。大家就此图案进行了讨论，最后决定将大黄星中的镰刀斧头删去，作为国旗图案的选择。但邵力子提出要对国旗的文字说明作些修改，他说，“小星”这个名词不雅（小星在旧社会是妾的意思），引起哄堂大笑。周恩来立即机智地起立发言说：“在文字上把五角小星改为小五角星”，另外把“四个小星围绕一个大星象征几个阶级围绕在中国共产党周围”一句改为“象征中国革命人民大团结”，他问大家是否同意，当时会场上响起了热烈的掌声，国旗的设计图案就此通过了。

关于国歌的产生

第一届全国政协大会上曾选出田汉、郭沫若、沈雁冰、欧阳予倩、钱三强等委员组成“国歌征选委员会”，对征集到的“国歌”稿件再次进行筛选。当时征选委员会决定筛选的原则是要选一首“人人会唱、人人爱唱”，又能体现爱国主义精神的歌曲作为国歌。这首歌既要具有“阳春白雪”的艺术魅力，又要具有“下里巴人”的群众性与通俗性。讨论中，出现了三种争论意见：徐悲鸿、梁思成、张奚若、刘良模等人主张以《义勇军进行曲》作为国歌。他们认为，这首歌从抗日战争到解放战争时期都对鼓舞人民斗志起到了重大作用。作为进行曲，曲调激昂，节奏明快，在艺术上也是上乘之作，而且革命虽然胜利了，也还要教育人民居安思危，所以这是最好的国歌。另有一批委员认为，歌词中有“中华民族到了最危险的时候”一句与当前的现实不符，在革命时代当然应该号召“不愿做奴隶的人们”起来斗争，但现在人民当家作主了，毛泽东也说“中国人民站起来了”，怎能把大家仍然视为“奴隶”，还要“把我们的血肉，筑成我们新的长城”呢？他们认为新中国应该谱写一曲鼓舞人们进行社会主义革命和建设的新国歌，才能体现新的精神。第三种意见认为，《义勇军进行曲》的曲调刚劲有力，可用旧曲填写一首新词，而且仍请田汉来填词。当时三种意见争执不下。

9月25日那天，毛泽东和周恩来也来参加讨论，会议的讨论仍然极其热烈。接着，毛泽东和周恩来先后发言了。他们认为我们现在虽然解放了，但是仍然不能刀枪入库，马放南山，帝国主义随时还可能来侵略我们，反动派仍然会不甘心失败，我们现在还没有脱离最危险的时候，仍然要“把我们的血肉，筑成我们新的长城”，我们只有完成了社会主义革命和建设，才能真正完成摆脱“奴隶”地位的任务，因此，他们认为采用《义勇军进行曲》作为国歌好。后来周恩来又提出暂时是否可以《义勇军进行曲》作为“代国歌”，以后可根据形势的发展，考虑谱写新的“国歌”。他们再三表示，这是他们个人的意见，建议大家继续讨论。当时，大家对毛泽东和周恩来的发言一致叫好，认为是高瞻远瞩的，是具有说服力的，所以最后就通过了这首“代国歌”。

直到1982年第五届全国人民代表大会第五次会议上才正式通过将“代国歌”作为国歌。

关于国名的决定

1949年6月15日，在新政协筹备会第一次全体会议举行时，毛泽东在致辞后曾高呼“中华人民民主共和国万岁”的口号，在政协“组织条例”草案中也写了要建立“中华人民民主共和国政府”的话。当时东欧那些在“二战”后新兴的新民主主义国家的国名中多数都有“人民民主”的字样，因此，“国名”问题似乎已成定案，无须研究了。

但是，1949年9月7日举行的一次新政协筹备会上，周恩来在作《人民政协的几个问题》的报告中，针对有人提出要建立联邦共和国的问题，指出中国是一个多民族的国家，我们主张民族自治，但一定要防止帝国主义利用民族问题破坏国家的统一。为此，我们国家的名称建议叫“中华人民共和国”，而不叫联邦。9月17日的筹备会第二次会议上，周恩来再次建议国名定为“中华人民共和国”。可是当9月22日讨论《中央人民政府组织法》草案时，有关国名问题仍然引起了热烈的争论。首先争论的是国名叫“中华人民民主共和国”还是叫“中华人民共和国”的问题。张奚若赞同周恩来的意见，他说中华人民民主共和国的国名太长，读来不顺口，应将“民主”二字删掉。他说，既然叫“人民共和国”，国体就是“共和国”，不是别的性质。“人民”两字早已界定为几个阶级的成员，就说明我们的国家是这几个阶级共同做主的国家，何必将国名定得如此繁杂难念呢？雷洁琼当即表示支持，但她却提出在“全称”之后应记“简称”，以便使用。黄炎培、张志让和何香凝等仍主张要加“民主”二字。他们认为我们一生争取的就是“民主”，在“国名”上标上“民主”二字，就可以使“民主”的观念更加深入民心，更可使我们的国家永远坚持民主的思想。黄炎培和何香凝还主张在国名全称之后加上“中华民国”的简称或“中华民主国”的简称。经过讨论后在《共同纲领》与《中华人民共和国中央人民政府组织法草案》中对国名就采用了“中华人民共和国”的称呼，并都加上了“简称中华民国”的字样，但是这又引起纷纷的议论。于是9月26日，周恩来和林伯渠设宴邀请了一批具有代表性的委员专门为此再进行讨论。首先发言的是黄炎培，他说，我国老百姓已习惯用“中华民国”一词，一旦改掉，可能会引起反感，因此还是加个“简称”好。何香凝接着说：“中华民国”是孙中山领导革命的成果，是许多烈士用鲜血换来的称呼，最好加上“简称”，但我不坚持。接着由前清进士周致祥、美洲侨领司徒美堂和马寅初、张澜、陈叔通、车向忱、沈钧儒、陈嘉庚等先后发言，有的情绪十分激动，有的言辞十分尖锐，有的从学理上进行分析，有的从法律观点上进行论证，他们共同的意见，就是不再使用“中华民国”这个简称。沈钧儒说，应该抛掉原先这块烂招牌，因为这块招牌已被蒋介石弄得不堪言状了，最后黄炎培对此也表示不坚持原先的意见。

9月27日，会议正式通过《中国人民政治协商会议共同纲领》与《中华人民共和国中央人民政府组织法》时，就一致赞成使用“中华人民共和国”的国名，不用“中华民国”的简称，于是我们的新国名就此诞生了。

（原载于《纵横》2009 年第 9 期）

参加第一届政协大会的翻身农民代表

常春艳

曹铁，这位75岁的老人，49年前曾作为翻身农民的代表，参加过中国人民政治协商会议第一届全体会议和开国大典。会后的宴会上，这位来自中原大地的青年农会干部，抑制不住激动的心情，向毛泽东主席敬酒，表达人民对领袖的深深敬意。

这一举动已成为历史的一个珍贵细节。他的名字也列入《近代中外名人辞典》。曹老给我拿出他珍藏了近半个世纪的《中国人民政治协商会议第一届全体会议纪念刊》。展读这本深红色封面，书页已经发黄的精装刊物，老人激动的心情仍不减当年。看着里面各单位与会代表的合影，他情不自禁地告诉我："那年我才25岁，听说去北京开会，还能见到毛主席，甭提心里有多高兴啦！你想，我1924年8月出生在这个曹庄，祖祖辈辈都是贫苦的农民，靠给地主扛长工生活，受尽剥削压迫，尝尽了人间的辛酸。1947年，郏县解放了，我加入了民兵，积极投身到反匪反霸斗争中去，踏实工作，想的是，我们能够翻身解放，就应该为党做点事情，也算是报答吧！没想到党和人民对我这样信任，给了我这样的荣誉，咋能不激动呢？"

一

刚解放那阵，流窜在郏县境内的土匪有二三十股，他们攻打新成立的区政府，袭击工作队，残害新政府干部和革命群众，直接威胁着刚刚建立的政权。1948年10月的一天，曹铁和三区区政府的几个同志正在吃饭，忽然有人跑来，气喘吁吁地指着村西边说："快，土匪围上来了……"区长一听，马上放下饭碗，招呼大家："快撤！"大家刚跑出一里多地，身后便传来激烈的枪声和土匪的叫嚣声。这是土匪李华林所为。李华林是一个长期流窜作案、罪恶累累的惯匪，一直视新区政府为眼中钉。这天，他纠集匪徒百余人，带着机枪、土炮攻打区政府。土匪进村后，无恶不作，把区里扣押的四个犯人全部放走，区政府被抢劫一空。

为了彻底铲除匪患，曹铁带领三区民兵参加了以县公安队为主力的剿匪部队，辗转战斗在郏县的山区平原。一次，他们得到情报，有一股土匪在县西北莲花山老爷顶的"上清宫"大殿里聚会，就连夜组织兵力包围"上清宫"。为不惊动敌人，大家一个个赤着脚摸向大殿。山上遍地丛生的荆棘和尖利的石头块划破了大家的腿脚，鲜血直流，但没有一个人叫苦叫痛。在发起冲锋的一瞬，敌人从大殿里射出密集的子弹，剿匪部队立即转入强攻。经过一阵激战，多数顽匪被当场击毙，只有几个人乘着夜色逃走了。

说着，老人指着他右大腿上那块长长的伤疤，幽默地对我说："这就是那次留下的纪念，子弹打穿了大腿，当时我冲在最前面……"

经过战斗的洗礼和工作的锻炼，曹铁的思想有了质的飞跃，1948年他光荣地加入了中国共产党，并被定为干部培养对象，1949年8月，他受组织任命担任堂街区上李乡农会主席。

二

1949年9月，曹铁被中共许昌地委推举为解放区农民代表，赴京参加中国人民政治协商会议第一届全体会议和开国大典。9月17日，曹铁接到去京参加会议的通知。临行前，他仔细地安排了一下乡里的工作，结果延误了时间，等他18日带上简单的行装，赶到省城一打听，河南的其他十多位代表已先集中走了，按照省里的安排，他一个人立即买票赶去。夜幕降临的时候，他登上了北上的列车，初秋晚上的凉风微带寒意，但此时曹铁心里却是热乎乎的。尽管列车飞奔，可他还嫌太慢太慢，他恨不能顷刻到达令他心驰神往的北京，见见毛主席，看看北京的大世面，了解一下各地的新形势……

火车在茫茫的夜色中飞驰，车厢里的曹铁出神地望着窗外。他在想，见到毛主席，他以什么方式代表中原大地上的翻身农民向毛主席表达敬意呢？19日凌晨，火车驶进了北京站，曹铁第一个冲下车厢，疾步跑到大会接待处，工作人员一对名字，马上送他到中南海。那一天，他见到的第一位中央领导人就是周恩来。

9月21日，中南海怀仁堂被布置一新，正门上悬挂着“中国人民政治协商会议第一届全体会议”的横幅。下午6时许，代表们兴高采烈地步入会场。晚7时整，周恩来总理在主席台上站起身，高昂地宣布：“中国人民政治协商会议第一届全体会议开幕！”代表们热烈鼓掌，欢迎这一时刻的到来。同时，军乐队奏起了中国人民解放军进行曲，广场上的礼炮也轰鸣起来。五分钟后，54响礼炮鸣放完毕，周总理又宣布：“请毛泽东主席致开幕词！”一片雷鸣般的掌声立即响起在会场。毛主席健步走到话筒前，目光亲切地扫视了整个会场，然后热情洋溢地说：“诸位代表先生们：我们有一个共同的感觉，这就是我们的工作将写在人类的历史上，它将表明：占人类总数四分之一的中国人从此站立起来了。”

在以后几天的讨论中，代表们争先恐后地发言，纷纷带着翻身做主人的自豪感，向自己的中央人民政府提出宝贵的议案。9月30日，是大会即将闭幕的日子，代表们的心情格外激动，就在毛泽东当选为中华人民共和国中央人民政府主席时，全场起立，鼓掌欢呼。接着中华总工会、西藏、新疆人民分别向中央人民政府献旗；新疆人民又向毛主席献了维吾尔族衣帽；国外华侨、内蒙古人民、平津青年也纷纷向中央人民政府献旗、献花。看着这一个个激动人心的场面，曹铁心想：如果我能代表中原地区的翻身农民，向主席敬献点什么，那该多好啊！

当晚，在中南海举行盛大宴会，庆祝第一届政协会议胜利闭幕。这时，曹铁就坐在离毛主席不远的席位上，他灵机一动：给主席敬杯酒，不同样可以表达我们中原人民的敬意吗？欢宴中，他站起身，怀着极其激动的心情，双手擎起酒杯，恭敬地高声说："向毛主席敬酒！"这时毛主席微笑点头，欣然举杯，接着，其他代表也纷纷向毛主席敬酒，毛主席便频频挥手致意、谢绝，其他中央领导也婉言劝止："主席不能多喝酒，这一杯就代表大家啦！"

晚上，毛主席派工作人员到代表住处，逐一询问代表们需要什么，并让工作人员转告代表们：需要什么尽管提，保证满足大家要求。代表们的要求多种多样，只有曹铁的要求最典型，他憨厚地说："我啥也不缺，就是打土匪缺火儿！"没想到，毛主席了解情况后，果真派人送给他600发子弹。

三

政协会议和开国大典结束后，曹铁回到郏县。从此他更加积极工作，先后担任过堂街区农会主席、长桥区长、郏县建设科科长、郏县农协副主席、信阳县胡店区区委书记、郏县拖拉机站长等职，在自己的岗位上他勤勤恳恳、兢兢业业，为社会主义革命和社会主义建设做出了一定的贡献。

几十年过去了，曹铁始终在心底里珍藏着这段与领袖的特殊"情缘"，在曹铁及其妻儿的心里始终存有一种神圣的幸福感。1950年11月，毛岸英在朝鲜战场上牺牲，曹铁听到消息后，难过得一宿没合眼。1976年9月9日，毛泽东逝世的消息一传出，曹家人几顿吃不下饭；曹铁和妻子一连数天，都是泪满衣襟。1996年5月31日，初夏的阳光已显骄烈。上午曹铁接到通知，说是北京有人来看望他老两口儿，要他们中午赶到郏县宾馆。上午11点20分，二位老人怀着激动的心情，来到郏县宾馆的贵宾室，不一会儿，李讷和她的丈夫王景清及毛主席生前的秘书张玉凤一行赶到了。一见曹老，李讷非常激动，嘘寒问暖，曹老也感动得含泪作答。就餐时，李讷十分热情，不停地往曹老的碗里夹菜，并多次劝曹老平时注意营养，保重身体。几个小时的会谈结束后，李讷搀扶着老人从三楼下到一楼，并和二位老人合影留念。

采访快结束时，曹老认真地说：“我这一生的最大心愿就是再去一趟北京，参观一下毛主席纪念堂，看看毛主席遗体，献上我最后的一份敬意。”

（原载于《纵横》1998 年第 3 期）

在新时期人民政协的亲身经历

霍英东

我是在1980年8月召开的全国政协五届三次会议上增补为全国政协常委的，1993年当选为全国政协副主席，现在可以说是老政协了，亲身感受到人民政协在国家政治生活中发挥着越来越重要的作用。在人民政协成立55周年之际，我很想谈谈自己的感受和认识。

当政协委员能了解到许多情况，学到很多东西，能增加我对国情的认识。回想当初进入政协的时候，改革开放刚刚起步，可以说是一个比较艰苦的时期。社会上有很多争论，影响最大的就是关于真理标准的讨论。党的十一届三中全会提出不再“以阶级斗争为纲”，要进行现代化建设，改革的问题当时还没有提出来，只说对内搞活经济，开放指的只是开放旅游。因此在向内地投资中，我承受了很大的压力，担心人家说是资本主义复辟。再有一个就是实际工作中遇到地方和有关部门相互推诿、相互扯皮的情况。我第一次参加政协会议，听到国家旅游总局局长卢绪章的发言，他在谈到发展旅游业存在的问题时说，要在长城上修厕所，提了5年也没有解决。我就感到很奇怪，我们中央机关和中央的首长在北京，怎么还会出现这样的问题？记得我第一次参加政协小组会就说：“我国30年来都用现在的体制，有许多体制是应该改革的，当然要改革也不那么容易。中华民族是优秀民族，能吃苦耐劳，但现在人民的积极性不高，国家要从体制、制度上研究存在的问题，采取好办法，调动人民的积极性。现在办一件事很难，如在广州投资搞一个宾馆，谈判、设计、施工都遭到许多阻力，这都与体制存在的问题有关。”把目光投向内地的建设，是我人生历程中的一次重大转折。1978年底，中共十一届三中全会闭幕不到一个星期，我就回到内地发展旅游事业，先后兴建中山温泉宾馆和广州白天鹅宾馆，前者开创了国内第一家中外合作经营旅游宾馆的先河，后者成为中国内地第一家中外合作的五星级宾馆。所以说，我是改革开放整个历史过程的目击者和参与者，对起步的艰难有着深刻的感受，为此我承受着巨大的思想压力，克服了今天的年轻人很难理解的许多困难，真正体会到创业维艰的滋味。比如我那时每次来京开会大多住在某饭店，它的管理给客人带来很多不便，不管客人是不是还在睡觉，服务员就开门、送水、搞卫生。到处存在着官僚主义和办事不讲效率的现象。1985年8月，全国政协组织港澳地区委员赴秦皇岛进行为期8天的参观考察。那时的秦皇岛已是14个沿海开放城市之一，可是我们遇到一个头痛的问题，就是考察团出去参观，一到5点多就得赶回宾馆等着吃饭，司机也不开车了，都在等着6点吃饭。6点钟吃饭不是个小问题。我觉得到秦皇岛不到北戴河游泳太可惜了，要游泳就赶不上吃饭，我只能弄点玉米充饥，后来好不容易找到香港人开的一家快餐店才算解决了问题。这虽然是一个很小的生活细节问题，反映的却是很重要的大问题，说明这个地方当时一点改革开放的动静都没有。

刚参加政协会时，因为不太了解内地的情况，说话是很小心的，也是有顾虑的。如关于社会主义与资本主义、计划经济和市场经济方面的话题就比较敏感；不能说商人，那时内地也说工农兵学商，但这个“商”不是外界所指从事商贸业的“商人”，而是指国营性质的商业系统。很多人把私营企业表述为“倒爷”“单干”，认为集体经济是康庄大道，个体私营经济是独木桥。1979年，英国人麦理浩访华时首次提出了香港的“九七”问题，但我们港澳委员在这方面的发言就比较谨慎。因为不大清楚具体的政策，怕说错话。记得在1981年12月全国政协五届四次会议的一次小组会上，我就解决贫富悬殊问题发言，指出许多发达国家对赚钱的人抽很高的税，用税制来调节贫富问题。我发言后，大会医务组正好来人说有感冒流行，要消毒。我就张开嘴，让他喷药。我认为他说的是双关语，那天晚上就没有睡好觉，第二天发言时就声明自己说错了，我说社会主义国家是强的，资本主义国家是富的，但是国家强比富更重要。当时廖承志先生还在场。

我任全国政协常委时，正是邓小平当全国政协主席之际，我从他的讲话和自己的真切感受中认识到他确确实实是一位熟悉中国国情的伟人。我对许多曾一度众说纷纭的问题的认识得益于他的睿智思想的启迪。在1978年12月召开的中共十一届三中全会上，是他提出将“以阶级斗争为纲”转变为以经济建设为中心，将几乎面临崩溃的国民经济局面扭转过来。我就是响应他发出的改革开放号召到内地投资的。1984年1月26日至29日，邓小平第一次入住我投资兴建的中山温泉宾馆，1月31日第一次来到白天鹅宾馆。他看了以后很有信心，肯定地说：“白天鹅好。”回到北京不久就宣布进一步开放14个沿海港口城市。1985年2月19日，邓小平在白天鹅宾馆参加广东省迎春联欢会，他看到由于依靠外资修桥通车，从深圳到珠海已不用坐船了，不用国家投资就能取得这样大的成绩，更坚定了他促进改革开放的决心。不久，中央宣布了加快沿海、沿江开放等扩大开放的政策。1991年，我曾在人民大会堂接受过邓小平的单独接见，谈了1小时15分钟。他讲了淮海战役，谈到体育问题，一并就香港问题征询我的意见。我强调了香港对中国改革开放的重要地位和作用。他的讲话很有条理，思维清晰。1992年春他视察南方时，毛毛从珠海到中山市送给我一张邓小平在1977年第一次在工人体育场露面时同我握手的照片。毛毛告诉我：“这张照片我爸爸用金色笔签了名，让我送给您留念。”

参加政协会议，通过列席全国人大的会议，听别的委员发言，看会议简报，慢慢地也理解了过去感到比较奇怪的现象。同时，政协会议的民主气氛也越来越浓，我们也能够说自己想说的话，敢于发表自己的意见。这些年来，我就粮食和耕地问题、科教兴国问题、香港回归问题、改善投资环境问题等多次发表意见，做到了畅所欲言。我通过多种途径看到了许多资料，认识到中国是一个吃饭大国，是政协会议促使我认识到吃饭问题的重要性。我专心研究了吃饭问题，1995年3月，我在会上以《在内地投资的经历和体会》为题，强调了解决吃饭问题的重要性。我说，吃饭问题困扰了我们几千年，我们的耕地不到17亿亩，虽然曾提出以粮为纲，陈云说无粮则乱，但并未完全解决吃饭问题。中国人口多，土地少，许多人都认为中国没办法解决吃饭问题，那时还强调省长要解决好“米袋子”，市长要解决好“菜篮子”。但我认为还是有办法的，这就是防止滥用耕地，优化粮食结构，我们的耕地只占国土面积的八分之一，还有潜力可挖。有意思的是，会议期间我还收到一封信，题目是“请为子孙后代计，不要滥用耕地”，说全中国只有我一个是用地最多的，实际情况则完全不是这么回事。我认为现代化建设首先要考虑农业和农民的利益，滥用耕地是我一开始投资就坚决反对的，中山温泉宾馆是建在荒山旁边的，白天鹅宾馆是在广州沙面河畔的一块淤塞沙滩中填河取地建起来的。我建设的中山温泉高尔夫球场作为内地第一家高尔夫球场是在荒山上开辟的。番禺南沙是平整乱石滩和填海造出的大片平地。我为此增加成本也在所不惜。当然，架桥修路不可避免地要占用一些耕地，这是没有办法的事情。我之所以一贯重视吃饭问题和我挨过饿的经历有关。在日本人占领香港的3年零8个月时间里，我到机场当苦力，做过雇工，饭量很大，可日本人实施米粮配给制，当苦力的人每天只配给6两，那时真正体会到生存的艰难。1948年，我25岁，听人说东沙岛一带的海底有大量的海人草，每磅1美元，是制造胃药的原料。我领了100多人去那里，当时天气酷热，气候恶劣，伴有狂风巨浪的凶险。缺水少粮，大家都处在半饥饿状态，饿得脸脚浮肿，苦熬半年也没有赚到钱，那真是一段特别艰难的日子。我常想，鲁滨孙漂流到荒岛上只管他一个人的吃喝，我却要管100多人半年的吃喝，我比他难啊！东沙岛的经历锻炼了我的意志和毅力，让我强烈意识到吃饭问题的重要。在以后的岁月里，只要忆起东沙岛的日日夜夜，我就觉得没有什么克服不了的困难。

全国政协为我参与国家的政治生活提供了很好的机会。作为来自香港地区的全国政协副主席，我两次率团出访一些国家，增进中外友谊，拓展政协的对外交往，宣讲香港的价值，这是我珍贵的经历。1997年8月23日到9月1日，也就是香港回归祖国不久，我就率全国政协代表团对加拿大、俄罗斯进行友好访问，这是香港地区全国政协副主席首次率全国政协代表团出访。我会见了两国的高层领导人，在温哥华举行的第四届世界华商大会开幕式上发表了《香港的价值》的演讲，阐述了香港回归祖国的重大意义，介绍了香港回归前后的真实情况。我说："我作为世居香港的一分子，耳闻目睹香港近百年的沧桑变幻，亲身经历香港近半个世纪以来的风风雨雨，到了今天，最可喜的是香港带着骄人的成就平稳地回归祖国。"我表示："自由就是活跃的生命力，使人可以放眼世界，见多识广，心胸广阔，容纳中西之长，大家可以在一个共同认可的游戏规则下，敢于拼搏，敢于突破，将每个人的积极性发挥得淋漓尽致，改善自己的生活，发展社会财富，创造进步和文明，这就是香港的价值。"谈到香港对内地的巨大价值，我强调："中国改革开放，向市场经济过渡，是20世纪下半叶的大事，对12亿中国人民和全球社会是重要的篇章。中国改革开放之初，出现了许多新的情况，法制的健全也有待实践的积累，市场经济大门还只是打开一条小缝。在这种情况下，首先带头进入内地、推动中国市场经济成型的，就是香港商人。""随着香港的资金设备一起进入内地的，是香港的管理、技术、信息和海外市场，香港早已成为对内地经济影响最大的地方。"我最后说："香港实现平稳过渡，对人类文明，对世界和平都是历史性的贡献。"我作为一个香港人，能以全国政协副主席的身份在世界政治舞台上发表上述演讲倍感自豪。在与俄罗斯第一副总理涅米佐夫会谈时，他突然提出俄刚刚在中国三峡工程投标未成，俄方未能如愿提供发电设备，表达了相当程度的不满情绪，这是我未曾料到的。我并不清楚这一事情的具体过程，又绝不能回避如此重大的分歧。我在答复时以回归前香港修建新机场向外招标为例，说明英国人是有权决定自己修建新机场的，但在招标中却给了外国的公司，招标是有国际惯例的，需要对投标的各有关条件进行综合比较。此次投标虽未能成功，但中俄贸易合作的前景是广阔的。涅米佐夫听后表示赞同，参加会见的俄驻华大使罗高寿事后也表示我的回答令人信服。在完全没有准备的情况下，能对主人提出的问题解疑释惑，我至今想起来仍然非常高兴。2001年1月9日至17日，我率全国政协代表团访问了柬埔寨、老挝和越南，推动了中国与这三国的友好合作关系。

（选自《新中国往事·步履写真》，
中国文史出版社 2011 年 1 月版）

解放西藏：祖国大陆统一的最后一页

阴法唐

解放西藏的战略决策与部署

1949年，中国共产党领导的人民解放战争，在毛泽东主席、朱德总司令下达了“向全国进军”的命令并在大陆上迅速取得了决定性的胜利后，解放西藏就被提到了重要的议事日程。

这时，帝国主义为达到变西藏为它们的殖民地的目的，借口“防共”，极力阻止人民解放军进入西藏，千方百计唆使西藏的亲帝分裂主义分子加紧进行“西藏独立”的活动。1949年7月8日，西藏地方政府公然封闭国民党政府驻拉萨的办事机构，驱逐其工作人员及一批汉人出西藏，妄图趁国民党政府在大陆即将垮台的时候，完全断绝与中央政府的联系。9月，西藏地方政府决定扩充“政教护卫军”1万人，并加强了同印度等国的联系，寻求政治支持和武器援助。还写信给美国政府，要求它们帮助西藏加入“联合国”及抗议中国军队的“入侵”。11月，西藏地方政府又派“亲善使团”分赴美国、英国、印度、尼泊尔等国及北京进行公开活动，以表明“独立”（由美国合众社加以宣布），阴谋分裂和背叛祖国（由于中国政府的及时揭露与严正警告，这一阴谋未能得逞），等等。这些情况，引起了党中央和全国人民的极大关注。

党中央、毛主席鉴于当时的形势及时作出了解放西藏的战略决策，命令人民解放军进军西藏，经营西藏，以达到解放全国、统一祖国大陆的目的。但是，全国解放是逐步完成的，毛泽东在1949年8月6日给彭德怀的电报中只提出了解决西藏问题的一个准备工作。电报指出："请十分注意保护并尊重班禅及甘青境内的西藏人，以为解决西藏问题的准备。"毛泽东正式下达了解放西藏的任务是在10月13日《关于西南、西北作战部署》的电报中提出的，电报称："经营云贵川康及西藏的总兵力为二野全军及十八兵团，共约60万人。"并宣布中共中央西南局的分工是：邓小平、刘伯承、贺龙分任第一、第二、第三书记。贺为西南军区司令员，邓为政治委员，刘为西南军政委员会主席。

11月23日，毛泽东鉴于西北战争结束较西南为早，由青海去西藏的道路据有些人说平坦好走，致电中共中央西北局第一书记、解放军第一野战军司令员兼政治委员彭德怀，要求西北局讨论经营西藏问题，并责成西北局担负主要的责任，西南局担负第二位的责任，西南局在川康平定后，即应着手经营西藏。年底，毛泽东提出"进军西藏宜早不宜迟"，中共中央《告前线将士和全国同胞书》中，则把解放西藏作为1950年的一项光荣任务。

1950年1月2日，毛泽东根据彭总1949年12月30日关于"由青海、新疆入藏困难甚大，难以克服"，"建议最好从西南方向进藏"的报告，从莫斯科给党中央和德怀、小平、伯承、贺龙发电报说："西藏人口虽不多，但国际地位极重要"，"由青海、新疆向西藏进军，既有很大困难，则向西藏进军及经营西藏的任务应确定由西南局担负"。要求西南局会商决定入藏部队及领导经营西藏的负责干部、修筑道路、训练干部等问题，立即开始布置一切。同时提出："进军及经营西藏是我党光荣而艰苦的任务。西南刚才占领，西南局诸同志工作极忙，现又给以入藏任务，但因任务重要，且有时间性，故作如上建议。这些建议是否可行，请西南局筹划电复为盼。"

西南局和第二野战军刘伯承、邓小平于1月7日报告党中央和毛泽东，表示同意承担进军和经营西藏的任务，电报中并说，“确定由第十八军担任入藏任务，以张国华（十八军军长）为统一领导的核心”。

1月10日，毛泽东电报同意刘邓进军西藏计划，并提出“经营西藏应成立一个党的领导机关，叫什么名称及委员人选，请西南局拟定电告中央批准。这个领导机关应迅即确定，责成他们负责筹划一切”。

1月15日，中共中央西南局第二书记、中国人民解放军第二野战军司令员刘伯承，中共中央西南局第一书记、中国人民解放军第二野战军政治委员邓小平，在重庆向十八军军长张国华、政委谭冠三和部分师以上干部传达了党中央、毛泽东关于解放西藏的指示和西南局的决定，部署进藏工作，要求部队勇敢地担负起这一任务。刘伯承、邓小平还发出指示，要求第二野战军全军以一切可能的力量支援十八军进军西藏。1月24日，中央批准成立以张国华为书记，谭冠三为副书记，王其梅（军副政委）、昌炳桂（副军长）、陈明义（军参谋长）、刘振国（军政治部主任）、天宝（藏族，全国政协委员）为委员的中共西藏工作委员会（简称“西藏工委”），并提出请西北局考虑是否还有其他人可以加入此委员会。

中共中央又同意刘伯承、邓小平提出的由西康、云南、青海、新疆四省区对西藏实行“多路向心进兵”，以收协力合击之效的建议，西南局、西北局据此进行了认真的筹备。云南、青海、新疆军区先后共组建了约3000人的进藏部队，进军西藏的序幕由此拉开了。

史无前例的进军准备

大凡较大的军事行动，都需要一定的准备工作，但像进军西藏的准备工作那么复杂、用时那么多，实属少见。这时我初任十八军五十二师副政委（原政委已调军里工作）、师党委副书记，以后代理党委书记，深知进军准备的难度。部队从接受任务到主力出动，虽然上下日夜忙碌，仍用了七个多月才基本完成。包括思想、组织、政策和适应高原行军作战与生活的训练，创造在藏区开展工作的条件及吃穿住行（包括修路、飞机空投）和想到的、可能办到的高原特需物资准备等。

十八军来自豫皖苏及冀鲁地区，成立不久就转战河南、安徽、江苏、浙江、江西、湖南、贵州、云南，带着满身征尘来到四川。成都战役结束后，部队已奉命驻防环境较好的川南地区，有的干部已到地方或准备到地方工作。在革命胜利的形势下，一些同志松了一口气，有的产生了不愿再过艰苦生活的思想。这时，部队却突然要领受进藏任务，又要奔赴遥远而艰苦的高原地区，加之对西藏情况不甚了解，因而在思想上一时转不过弯来。部分干部、战士对所处的环境、个人前途、家庭、婚姻等问题产生顾虑。针对这些情况，邓小平为进藏部队题了词："接受与完成党所给予的最艰苦的任务，是每个共产党员、每个革命军人无上的光荣。"2月15日，西南局、西南军区及第二野战军联合发出《解放西藏进军政治动员令》。部队根据动员令，结合党的七届二中全会关于"将革命进行到底"的精神，对战士进行正面教育，对干部和党支部进行整顿，同时，以各种方式介绍西藏情况，使大家正确了解西藏。通过一系列活动，使广大指战员提高了对解放西藏伟大战略意义的认识，明确了向西藏进军是我国解放战争的继续，解放西藏是完成祖国统一大业的神圣职责，增强了爱国主义思想和解放苦难中的藏族同胞的使命感和责任感，消除了顾虑，放下了包袱，表示要愉快地服从党的召唤。各部队还组织学习有关民族、宗教等政策纪律规定。3月4日至7日，军召开了全军庆功祝捷、进藏誓师大会。大会上宣读了进军西藏决心书。张国华带领全军指战员向党中央、毛主席和刘、邓、贺首长宣誓："我们一定要发扬红军的光荣传统，誓把五星红旗插到喜马拉雅山上！"谭冠三向大家表示："如果我为祖国献身了，请一定把我的骨头埋在西藏！"冠三同志逝世后，经组织批准，他的骨灰埋在了西藏，他的诺言得到了落实。

为适应高原长途跋涉的需要，部队开展了生活高原化的训练，练习负重行军（战士自动地背石头、腿上绑沙袋等）、野营野炊和学习藏文等活动。为增强战斗力，除加强武器弹药和其他力量外，还接收了一大批新成员，包括二野其他单位调来的和自动要求进藏的专业人员、学员、学生等（其中有女同志一二百人）共14000多人。

西藏是一个民族和宗教问题十分突出，自然条件和地理环境也很特殊的边疆少数民族地区。因此，从中央、西南局到进藏部队，都十分重视对西藏情况的调查研究。正像邓小平在初期向十八军交代任务时指出的“西藏是少数民族地区，政治、经济、文化均有特殊性，政策性很强。解放西藏有军事问题，也有政治问题，但军事与政治比较，政治是主要的，要军事政治协同解决。政策问题极为重要，要靠政策走路，要坚持民族区域自治”。西藏工委和十八军党委成立了政策研究室，除抽调一些师团干部参加外，还吸收了一批懂得藏文、熟悉西藏情况的教授、专家，进行西藏情况的调查研究，提出具体政策执行意见，很快写出了《西藏社会各阶层对我军态度之分析》《对西藏各种政策的初步意见》《进军西藏应注意和准备事项》等一批有价值的参考材料，对帮助上级领导部门掌握康藏情况、制定政策和对部队宣传教育，发挥了重要作用。

为具体了解兵要地志、社会情况，准备政策意见，开展宣传、统战工作，筹备粮柴等，十八军先后从1950年2月至7月，派出由十八军副政委王其梅、第二参谋长李觉等实施统一领导的前进指挥所（简称“前指”）及五十二师师长吴忠、西藏工委委员天宝（西康藏族，1935年红军长征经过西康时，参加红军北上。熟悉西康藏族情况和藏族的历史、民风、民俗，对开展藏区工作起了很大作用）率领的进甘孜、邓柯的北路先遣部队一五四团，五十三师副政委苗丕一率领的进巴塘的南路先遣部队一五七团。巴塘、康定等地一大批藏族知识青年在党组织的帮助和部队的召唤下，怀着高度的革命热情参加了十八军。

为配合十八军进藏，西北野战军彭总决定由一军组建了一支600人的精干的骑兵支队（后称青海骑兵支队，简称“青海骑支”），7月24日抵达玉树地区。驻新疆的第二军组建的独立骑兵师，5月进驻南疆于田地区。云南进藏的十四军一二六团，4月初在丽江地区集结待命。

毛泽东从西藏的经济、政治状况出发，体恤藏族人民的疾苦，提出了“进军西藏，不吃地方”的方针，进藏部队的费用由中央包干，所需物资全部由内地供给。由于西藏远离内地，有高山大川阻隔，交通不便，因而运输补给成为一项十分艰巨紧迫的任务。为此，朱德致函西南军区司令员贺龙，就进藏部队的供给问题乃至使用银圆组织采购，种粮种菜，改善伙食等都作了重要指示。西南局等领导机关在“政治动员令”中提出“政治重于军事，补给重于战斗”。把组织支援进藏作为首要任务，要求做到“前方部队需要什么就供应什么”。刘伯承、贺龙亲自策划和指挥支援工作。

1950年2月初，西南军区组成以十八军副军长昌炳桂为司令员，第三兵团后勤部长胥光义为政委的支援司令部，负责组织实施支援进军的各项工作，突击抢修公路，加强运输力量。在川西地区迅速征集了大批粮食，从全国各地采购、定制了包括皮帽、皮衣、皮裤、皮大衣、皮鞋、皮手套和饼干、罐头、代食粉、蛋黄蜡、固体燃料以及帐篷、防潮雨布、草盔、风镜等一批适用于高原环境的军需给养物品，补充了一批比较轻便的武器和驮运的骡马。

为保证顺利进军，西南军区把修通公路作为支援工作的重要环节，决心“不惜任何代价”，迅速抢修雅安至甘孜段公路。西南军区抽调了六个工兵团，十八军三个团和四个营及军直有关单位18000人，西南公路工程大队等单位投入施工。修路部队克服高山缺氧、施工条件极差的困难，奋战四个半月，战胜了大渡河，打通了海拔3600多米的二郎山和海拔4200多米的折多山，于1950年8月26日通车甘孜。享誉全国的《歌唱二郎山》，就是一支反映修路部队打通二郎山英雄业绩的歌曲。与此同时，新疆独立骑兵师及一个骆驼团在海拔4500米的地方修筑由于田经普络入藏的公路200公里。青海第一军修筑自西宁到黄河沿的公路近500公里。

在运输补给中，西南军区抽调汽车850多辆、骡马3300多匹，组成四个汽车团、四个辎重团，在川藏线上接力运输。公路修到哪里，运输就跟到哪里；部队走到哪里，物资就送到哪里。通公路的地方用汽车运，没有公路的地方用骡马、牦牛驮运。河水拦路，就用溜索、牛皮船把物资送过河。大渡河两岸公路已通而大桥未架好，运输兵就把汽车拆卸装船送到对岸，再组装起来运输。人民空军为了空投物资，支援前线，在各方面条件都差的情况下，王洪智机组经过数十次试飞，于1950年5月7日突破了“高原空中禁区”，在甘孜、邓柯等地实施空投。到1950年底，汽车部队共运送物资35000吨，空军空投物资900余吨。

全国各地，特别是邻近西藏的四川、西康、云南、青海、新疆等省区，均以人力、物力大力支援进军西藏。北京、天津、上海、东北等地赶制各种进军用具和物品。川西为支援十八军进藏，各县都成立了支援委员会。在漫长的运输线上，有十万以上牦牛参加经常性的运输。仅德格、白玉、石渠、邓柯四个县，在一年多的时间里，就出动牦牛六万多头，驮运物资26万驮。在运输补给中，出现了无数动人事迹。甘孜和玉隆大头人夏格刀登等筹粮15万多公斤。德格女运输队员曲美巴珍，用自己的两头牦牛、一匹马，在120公里的运输段上，驮运物资100多次。遇到雨雪天，她就脱下自己的衣服盖住驮子，保护运送的物资，被誉为支前模范。西康省人民政府授给她“支援模范，藏族之光”的锦旗。云南西部的大理、丽江、保山三个地区的30多个县的群众，踊跃参加修路、运输、建造营房。保山地区由县长、区长、干部带队组织运输。青海玉树地区的运输队，调集了4000多头驮畜，把物资从黄河沿运送到玉树、囊谦等地，保障部队供给。新疆于田地方政府组织了由900多名民工、4500多头毛驴组成九个运输大队，为进藏部队驮运粮食、马料和各种军用物资。

（原载于《纵横》1999年第1期）

内蒙古自治区人民政府成立前后

图　们

内蒙古自治区是中国共产党领导下成立的第一个少数民族自治区，于1947年5月1日成立，比中华人民共和国的诞生还早两年零五个月。它的成立标志着中国共产党民族区域自治政策的成功，为国内各少数民族实行区域自治提供了范例。

我们骑兵三团在内蒙古自治区人民政府成立时期主要做了四件大事：一是在兴安盟剿匪，为自治区人民政府的成立创造安全的环境；二是护送乌兰夫到王爷庙，保证沿途的绝对安全；三是保卫“五一”大会的绝对安全；四是参加了庆祝自治区政府成立的阅兵式。这四件事我有幸全部参与。

一

我于1946年底从东北军政大学毕业后分配到内蒙古骑兵第一师三团。1947年1月3日，我前往正在兴安盟执行剿匪任务的骑兵三团报到。三团团长是额尔登仓；政委是王靖义，他是从进东北的老部队中派来的汉族干部。团首长决定我到六连任指导员。六连是十几天以前刚从兴安盟科右后旗调来的地方武装，原是“八一五”抗战胜利后，当地政府为维持社会治安组建起来的民警大队，约100人。喜札嘎尔旗的索伦发生叛乱事件后，为防止再发生类似事件，上级决定把这个大队以升格正规部队的名义调出该旗。三团派人接收时，只来了70多人，其他人都溜了。带队过来的是大队长白德山，解放前当过伪满警察，编到三团后任连长。团首长对我交代说，副连长包嘎登出身雇农，立场坚定，懂军事，作战勇敢，是三团的老人，团里对他很放心；你去后，六连主要靠你们俩。

六连的情况确实很复杂。官兵的家庭出身虽说大多是农牧民，但都没什么革命觉悟，政策纪律性比较差，班长以上的骨干大多数是原伪满兵。团首长交给我的任务是同包嘎登密切合作，把这些人团结、教育、改造成一支革命的队伍。当时部队的中心工作是剿匪，对他们只能边打仗、边教育、边清理。具体任务首先是稳定思想，防止出现叛逃或开小差，即使出现开小差的也要保住枪马；其次是摸清官兵们的家庭出身和政治态度的底，把愿意革命的留下来，教育成真正的革命战士；再次是把剥削阶级家庭出身而又表现不好的人，以及兵痞和难以改造的人，报团领导批准后，清理出队。当时，我们三团刚刚平息了由国民党反动派和当地地主武装参与的索伦叛乱。我报到时，团里的“战评、授奖、总结”工作刚刚结束。

我到六连后，对所有官兵都十分尊重，尤其对正副连长，像对待兄长那样尊敬他们，称他们达如嘎（蒙语首长），虚心请教学习，在工作上主动同他们商量。另外，我根据毛泽东主席1947年的《新年祝词》和朱德总司令元旦广播词的精神，给连队上了两堂政治课，干部战士反响很好。这样，工作很快打开了局面，干部战士都主动靠拢我，向我反映情况。

经过一个多星期的观察和了解，我发现绝大多数的干部战士都赞同我们党的革命宗旨，尤其是对内蒙古民族解放的要求既迫切，又坚决。但是，由于刚从旧社会过来，有些人还在伪满时期当过兵或警察，因此沾染旧社会的习气很严重。在官兵关系、军民关系上，同人民军队的要求差距很大。有的干部有军阀习气，个别的还打骂战士。有的人住到老百姓家不愿意干活，帮群众担水、扫院子都很勉强，还让老百姓铡草；

有的人在老乡家吃饭时要好吃的，要酒喝。我把了解的情况，几乎每天都向团政委或政治处主任汇报，听取指示。那一年的1月22日是春节，部队停止剿匪，到王爷庙街休整。我们连1月18日回到王爷庙，分住在城南边的两个大车店，白德山连长带一个排，我和包嘎登副连长带两个排分住两个店，两店相距100多米。第二天，二班战士佟连璧听说剿匪时缴获的鸦片放在我处，便找我要，遭到拒绝便开口谩骂，还对我进行踢打捆绑。结果，经团首长批准，佟被清理回家了。

一波未平，一波又起。一天出早操，发现连长不在了，到马棚一看，马也没有了。为防止串联和走漏消息，我步行到团部报告。王靖义政委、平安副团长立即赶到我连，很快决定对表现不好、难以改造的人进行清理，遣送回乡。当时，送走了31人，剩下的40多人合并到了二连，包嘎登任二连副连长，我改任副指导员。后来，经调查，白德山由于过惯了骄奢生活，因怕苦怕死逃跑了。团首长说，由于有了你们这一段的工作基础，当连长的一个人跑了，没能带走其他人。通过这件事，把该清理的也都清理了，保住了枪马，这比在战场上发生投敌叛变好得多，是很理想的结果。

通过这次事件，我理解了团结改造旧军人的艰巨性和重要性。春节后我们团就在科右前旗、科右中旗、突泉县一带执行剿匪任务。这期间在突泉县的六户和学堂地各打过一仗。至此，兴安盟地区的土匪就基本肃清了。

这期间，我初步学会了带兵打仗，学会了做思想政治工作，也能熟练地用蒙古语给战士和农牧民讲课、作宣传。组织上看到我工作积极，作战勇敢，善于做思想工作，能同战士打成一片，就于1947年4月4日将我发展为中国共产党党员。刚到部队三个月就成为无产阶级先锋队的一员，使我备受鼓舞，心情十分激动，下定决心为打败国民党蒋介石，解放全中国，为建设社会主义而奋斗。

在入党的同时，团首长调我到三连任指导员。

二

在骑兵三团，我是第一次当骑兵，也是第一次当干部，第一次带兵打仗，一切从头学起，只能边干边学。当时，骑兵的负荷量很重，每人背一支枪、一个基数的子弹、一把军刀、5枚手榴弹，还要背一个装满3天口粮的粮袋。步兵常常羡慕我们骑兵，其实骑兵也十分艰苦。行军作战无论多么疲劳，到宿营地后也不能立即休息，要铡草、碾料、喂马、饮马、刷马、遛马、修蹄掌、整理鞍具。战士们铡完草、喂好马，就可以休息了。而我们连干部则不然，还要做好10件事：1.安排宿营，分配住房；2.察看地形，布置警戒哨；3.征集和分配马料；4.向团部写宿营报告；5.了解敌情、社情；6.研究战斗预案；7.召集班、排长会议，布置工作；8.向群众作宣传；9.有时还要到团部开会，汇报情况，领受任务；10.部队出发前要检查群众纪律。

骑兵第一师官兵的90%以上是蒙古族，他们为打倒蒋介石反动派、解放全中国积极参战，同时民族解放的要求也非常强烈。历代统治者长期对蒙古族实行分而治之的政策，使内蒙古在地域上长期被分割。1945年日本帝国主义投降后，无论东部还是西部的蒙古族，要求自治的愿望都很强烈。在1946年的“四三”承德会议上，内蒙古东西部的自治运动汇合在一起，在内蒙古自治运动联合会统一领导下开展工作。经过内蒙古自治运动联合会、军民和各族人民一年多的努力，取得很大战绩，打下了很好的基础。兴安盟地区剿匪工作顺利完成，社会秩序良好，特别是由于东北战场上我军不断取得伟大胜利，包括内蒙古东部的东北解放区的形势，发生了巨大变化。这样，就具备了在王爷庙召开内蒙古人民代表大会，成立内蒙古自治区政府的条件。

2月初，骑兵一师首长命令我们骑兵三团南下，执行护送云泽（乌兰夫）等领导同志从林东到王爷庙的任务。师首长反复强调，云泽是中央候补委员、内蒙古自治运动联合会主席，保证他们一行人的安全是一项政治任务，要求全体官兵严格保密，高度警惕，设想多种应变方案，保证绝对安全。我们三团2月1日从王爷庙出发，经过几天行军，来到科右中旗一个名叫高力板的地方，由骑兵三师的护送部队向我们团交接。接着，三团回返王爷庙。经突泉县、野马图、洮南到白城子。在白城子，乌兰夫一行停留了两天，同中共辽北省委的领导接洽，然后转乘火车直奔王爷庙。三团在铁路沿线作了周密部署，从白城子到王爷庙之间的每个车站至少布置一个班的兵力。一路没有遇到意外情况，于2月14日安全抵达王爷庙。

三

4月23日，392名内蒙古各族代表聚集在王爷庙，召开内蒙古人民代表大会。三团也选出四名正式代表和一名候补代表出席大会。骑兵三团从3月下旬起进驻王爷庙街，同骑兵一团一起执行大会的保卫任务。部队全部进驻会场和代表驻地，大会会场的警卫任务由三团一连担任。规定进入会场的任何人都不准带武器，如有携带的由警卫人员代存，散会时带走。我们连驻扎在火车站西面的一个村子里，在距离会场5公里的地方担任警戒。整个会议期间都是一级戒备，昼夜值班。团首长每天都召开一次连以上干部参加的碰头会，交流情况，进行讲评。整个大会期间没有发生任何安全问题，保证了会场、代表驻地和与会人员的绝对安全。

在执行大会保卫任务的同时，我们还进行了阅兵式的编队训练。相对来讲，人的训练还比较好办，训练马可就难了。众所周知，骑兵是由人、马、武器三者结合构成的，马匹是组成骑兵兵种的基本要素。可是，军马不是天生的，而是由散马或家马经过严格调教而成的。所以，当一名骑兵首先必须学会调教马匹，使人马亲和，训练马走、跑、站立、卧倒，使马能适应各种颜色、各种声响，能适应战斗环境。有的马野性未泯，训练时就是不听口令，把战士急得直哭鼻子。就这样，紧张地训练了一个多月，人和马的军事素质特别是正规化水平有了很大的提高。

5月1日，内蒙古自治区人民政府宣告成立，乌兰夫当选为自治区人民政府主席，哈丰阿当选为副主席，博颜满都、吉雅泰当选为正副参议长。5月2日，以乌兰夫为首的政府成员、以博颜满都为首的参议员、大会代表和中共西满分局、辽北省政府的来宾，检阅了骑兵一师全体官兵。阅兵式结束后，乌兰夫代表内蒙古自治区政府讲话。

至此，三团圆满完成了保卫内蒙古自治区政府成立大会和检阅的任务。

今年是内蒙古自治区成立60周年，作为从那里参军，又在那里战斗、工作和磨难32年的我，虽然调来中央军委机关工作，但时刻关心那里的建设与发展。60年的奋斗，60年的辉煌，这是历史上任何一个时代无法比拟的。回顾光辉历程，总结各方面的经验，其中最主要的有：1.坚持党的领导；2.武装力量的捍卫；3.加强民族团结；4.大力发展生产力；5.培养少数民族干部；6.实事求是，一切从实际出发。

（原载于《纵横》2007 年第 5 期）

筹备成立广西壮族自治区的复杂经过

林克武

民族工作，在广西是很重要的工作。广西是个多民族地区，壮族是全国人数最多的少数民族，还有苗族、瑶族、侗族等十多个少数民族。解放初期省委很重视民族工作，张云逸书记亲自过问，民族关系大有改善。广西解放前并不重视民族工作，只有民族压迫，汉族把少数民族挤到边远山区，因而少数民族经济、文化落后。1952年，广西以西部的邕宁、百色专区和中部的宜山专区，建立了桂西壮族自治区（1956年改为自治州）。实践的结果，一个桂西壮族自治区（州）的建制与壮族在祖国大家庭中的地位不相适应，不利于广西经济文化的发展。中共中央根据国家民族区域自治制度，顺应壮族人民的要求，提出了在广西建立广西壮族自治区的倡议。1957年，全国人大通过了成立广西壮族自治区的决议，此后，广西便开始进行筹备成立广西壮族自治区的工作。我作为省统战部负责人，也投入了这一复杂的筹备工作。

在内蒙古、新疆、西藏、宁夏建立自治区，顺理成章，没有什么阻碍，但要将广西省改为广西壮族自治区，广西人有不同意见。主要是汉族人士，思想转不过弯来。他们认为，广西汉族人数占最多，而且建省已经有了长久的历史，经历了多少朝代，大家从无争议；现在取消了“省”，就想不通。但他们不好说不应该建立壮族自治区，因为全国少数民族中壮族人数最多。他们提出，将广西一分为二，西部建立壮族自治区，东部建立广西省（有人还提出把广东的湛江地区划进来）。也有人提出取消广西省，改称为“广西自治区”或“广西各族自治区”，不加上“壮族”两字，取内蒙古自治区、西藏自治区那样的名字。持这些意见的人，党内党外皆有。在这种情况下，要成立广西壮族自治区，就得做大量的政治思想工作，取得广西人民的同意，特别是上层人士的同意，这才有利于团结，有利于将来工作的开展。为此，中央统战部部长李维汉同志于1956年专程来广西，负责筹备广西壮族自治区的成立，并做好党外人士的政治思想工作。

李维汉同志到广西，住了一个月左右。作为广西省委统战部的负责人，我得天天陪同，跟他一起活动。他先向我说明来意，说他此次来邕，除全面了解广西的统战工作外，主要是了解筹备成立广西壮族自治区的情况，做好党外民主人士的政治思想工作，并要我先向他汇报工作。我汇报了广西的统战工作之后，专门谈了党外人士对成立广西壮族自治区的思想和意见。

李维汉部长听了我的有关成立自治区的情况汇报后，就考虑如何做好党外民主人士的政治思想工作。他说：“先易后难”，先从进步人士开始，如莫乃群、张景宁、吕集义……他们容易接受我们的意见，同时，也可以先从他们那里了解到其他党外爱国民主人士、高级知识分子的思想情况，还要通过他们帮助做其他人的思想工作，这就比较有利。“后难”，就是最后才去做林虎、李任仁这些有思想抵触的人的工作。但现在得先去探望林虎、李任仁，表示对他们的尊重，取得他们的好感。李维汉同志先到林虎家里，林虎想不到李部长亲临探望，非常高兴。林虎说：“李部长，您来南宁指导工作，通知一声，我就会去请教您，怎么要您屈驾寒舍呢？”李部长说：“您是广西的老前辈嘛。您是讨袁的名将，我年轻时就闻您大名了。怎么能不来拜访？”林虎说：“这是过去的事了，以后，我就落后了。”李部长说：“我这次来南宁是检查广西的统战工作，要住一段时间，先来探望您老人家，以后我还要请您多谈有关问题，您是全国知名人士，对统战工作会起到很大作用。”李部长走出林虎家之后，便到李任仁那里去，也说了类似的话，李任仁也很高兴。李部长这一着，给我很大的启示。

第二天，李部长要我通知莫乃群、吕集义、张景宁到明园饭店见面。李部长说："你们都是长期跟我们共产党合作的，你们在解放前为革命做了不少工作。解放后，继续同我们一起为社会主义革命和建设努力，很难得。今后我们仍一如既往。"他们听后非常高兴，都说："我们全靠共产党的领导，我们为革命做的事实在是太少了；对李部长的指示，我们感受很深……"接着，李部长的话便转到主题，把中央要成立广西壮族自治区的意见全部说了出来。莫乃群等人听后都说："要成立广西壮族自治区一事，我们都没有思想准备，现在听了李部长的话，我们清楚了。内蒙古等地成立了自治区，广西壮族当然也要成立壮族自治区，我们完全赞成。"李部长又进一步说："既然你们赞成，那就好了，但其他民主党派人士、党外爱国民主人士、知识分子的意见怎么样？"他们说："我们也听到一些风声，但不知其详，他们的思想如何，我们还不太了解。"吕集义说："李任仁有意见，他不同意。"李部长说："李任仁不同意，林虎呢？"他们说，他们与林虎接触少，林虎不轻易说话，还不了解林虎的思想。又说，林虎是只硬颈老虎，解放后，他不愿意出来。省委派人三次去请他出来，到接近"土改"了，他见在家住不下去了，才被迫出来。林虎出来后，只表示拥护共同纲领，不提拥护共产党、拥护毛主席。他说我与共产党无缘，不认识毛主席，不了解共产党，怎么拥护？后来，他经过接触周总理，知道毛主席关心他，他才改变了态度，现在好多了。李部长说："林虎、李任仁都是不同意成立广西壮族自治区的，怎么办？民主党派、民主人士、知识分子也会有些人不同意成立广西壮族自治区的，怎么办？我们总要取得一致意见才好呀，才有利团结，有利调动各民族的积极性呀！你们都赞同，我还得请你们帮助，对成立壮族自治区一事，多宣传，多解释，还要做通大家的思想，林虎、李任仁的思想也要做通，你们能够做工作吗？总之，不能袖手旁观。"莫乃群等人说："尽我们的力量去做。要做好李任仁、林虎两位老先生的思想工作，确实难一些。"李部长指着吕集义说："你与李任仁都是民革的，你在民革内部多做工作，多做李任仁的工作，可以吗？民主党派中，民革是从国民党分出来的，思想问题可能会多一些，有些人也许不敢直言就是了。"吕集义说："李任仁的思想工作，我可以做，不管成效如何。林虎是我的同乡，也可以做他的思想工作，但我过去与他没有很好的关系，他经历很深，就政治头脑差一点。"

接着，李部长又分别去访问雷沛鸿（广西致公党负责人）、丘辰（广西农工民主党负责人）。雷沛鸿态度模棱说："广西成立壮族自治区是应该的，但人民意见如何，我尚未了解，过去也没有思考过这一问题……"丘辰说："对中央的意见我接受，但我不是广西人，不知道广西人有什么意见。"态度也不鲜明。

李部长最后只好分别请林虎、李任仁来明园饭店深谈。他对林虎、李任仁开门见山，直谈成立广西壮族自治区问题。林虎也直言不讳，说："作为壮族，应该有个自治区，但取消广西省，可能人民思想会转不过弯来。广西建省已经历多个年代了，壮族和汉族在一起，从来关系很好。是否可以将广西一分为二，西部建立壮族自治区，东部保留广西省。如此，便不会有矛盾……"李任仁除了说与林虎相同的意见外，还大谈特谈一个"难"字。他说："广西省过去为省会地址的问题，也引起纷争，陆荣廷把广西省会由桂林搬迁来南宁，就引起争论，遭相当多的人反对。此次，要取消广西省，会不会引起更多的争论、麻烦？要成立壮族自治区，可以将现在的桂西自治州扩大，广西东部还是保留广西省。如果取得广东同意，最好连湛江地区也划入广西省，就更理想了。如不得已，就将广西改为广西自治区，像内蒙古自治区那样……"虽然李部长再三说道理，林虎、李任仁始终不改口，只说对李部长的意见得再考虑考虑。林虎说，我已经老了，不是我个人问题，要考虑广西各方面的意见，看怎么才妥善。

为成立广西壮族自治区问题，李部长除向民主党派领导人、爱国民主人士做思想政治工作外，还跟陈漫远等省委领导多次商谈，务求省委取得一致认识，积极为筹备成立广西壮族自治区而共同努力。

李部长在南宁期间，除主要为筹备成立广西壮族自治区做工作外，还检查了广西的统战工作。他亲自到一些民主人士的家去探望，到参事室宿舍去考察。他看到参事室的参事住房较差，很有意见，对我说："你们统战部为什么安排这么差的房子给参事住，他们年纪大了，又有子孙，有的人，只住一间房，怎么挤？而且这些人，过去都是有一定地位的。根据统战政策，对他们应有所照顾，你们是怎样照顾的？你林克武住得怎么样？不能只照顾自己呀……"我说："广西穷，无法建新房子，桂系留下来的房子也不多，也没有什么更好的，我们确实对他们照顾得不够。"李部长为人严肃认真的精神，对统战工作的深入细致，以及他的广博的知识，使我深受教益。

李维汉部长在约一个月的时间中，不知疲倦地工作，星期天也不休息。

李部长离开南宁之日，我去送行，并提前一小时到明园饭店，请他对广西统战工作予以指示。他说，你陪我那么久，谢谢你。我们不是边检查工作，边谈问题吗？我要谈的都跟你谈了。你们尽了力，还是好的，但统战工作，困难很多，阻力也很大，党内还有些人对统战工作认识不足，甚至认为是可有可无的，这是最大的难处。民主人士中，都拥护统一战线，没有统一战线，他们就没有今日的地位了。问题是，我们怎么对待他们，如何做到一视同仁，肝胆相照，有所照顾。他们有不少人，对我们讲话还有顾虑，不敢讲心里话，开座谈会听取意见固然需要，更多的是个别交谈，真正交上朋友，他们才能讲真心话。要兵对兵，将对将，对上层人士，部长要出马，不能派个小兵去跟他们交涉、交谈。对人要尊重，不尊重别人，别人也不会尊重你呀。特别是他们都是久经沧桑、世故很深，又是从旧社会过来的人，他们在表面都会对你应付得很好，却要看你的态度说话，这也是一个难处。林虎、李任仁对自治区问题，直言不讳，还算好的，其他有些人，恐怕还不敢说真话。你们对筹备成立广西壮族自治区的工作，还要认真继续进行，务必做好。好的标准，就是达成认识一致，增进团结，减少阻力。林虎、李任仁的工作，还要认真去做，难度大，但我相信总可以克服困难的，他们总不会铁板一块，他们都承认要成立广西壮族自治区，只是分合问题。千万不要批评他们顽固，要化解阻力，多做说理工作。统战工作，是三大法宝之一，非常重要。难、难、难，不要怕难，我们搞革命总是从克服困难过来的嘛，何况今天我们已经成了执政党……

李部长这一番话，给我教育很大，我跟他这么长的时间，从他的言行中，更使我感受深切。

李维汉部长离开南宁后，我向统战部传达了李部长讲话的精神，并在省直属机关广泛宣传，并到玉林等地县去做汉族干部和上层人士的工作。

经过一段时间的酝酿后，1957年3月，周总理以全国政协的名义，在北京召开筹备成立广西壮族自治区的座谈会，听取广西各方面代表人士的意见。会议邀请广西在各地的上层代表参加，有驻在北京的，有在广西的，连阎锡山部的上将司令何柱国（容县人）也参加了，到会人士82人。上层人士的代表性很全面，广西去参加的有广西民主党派的负责人、党外爱国民主人士、少数民族代表。这些代表人士由省委统战部负责组织，省委指定我负责带队，主要任务是负责照顾代表人士的生活，了解并做好代表人士的政治思想工作。

会议由周总理（当时兼全国政协主席）主持。会议充分发扬民主，先听取代表们的意见，让大家畅所欲言，各抒己见。会议开了10天，5次大会、3次小会，中共中央统战部部长李维汉作了极有说服力的发言，全国政协副主席李济深和黄绍竑、梁漱溟等50多人发表了意见。

在会上，代表们的意见，归纳为两个方面，大多数人认为应该取消广西省，将广西改为广西壮族自治区。极少数人认为，广西省由来已久，取消“省”后恐怕人民思想转不过来，提出将广西一分为二，西部成立壮族自治区、东部保留广西省，两全其美。也有人主张，将广西省改为广西自治区，不加“壮族”两字。

周总理对代表们这些意见，是事先预知的（因为李维汉从广西回京已向周总理报告了），不以为怪，认为这是正常的。但必须继续认真做好代表们的政治思想工作，在取得大家基本一致的情况下，才作出最后的定论。因此，在会议期间，总理亲自出面，跟林虎、李任仁个别谈话。总理跟他们讲道理，说明“合则两利，分则两弊”的大道理。要他们放心，成立广西壮族自治区，对汉族不会有损害的。广西过去以汉族为主，现在得照顾少数民族；壮族自治区成立后，以壮族为主，壮族人当主席，也得照顾汉族多数（意即在政府的厅、局长等官员中，汉族还要占多数）……我们要从全国大局考虑，从全国各族团结考虑，中国要站起来，图强致富，各民族要加强团结，发挥各民族的积极性，至关重要……（这是李维汉部长转告的，是记其大意）。总理对人做事，真有说服力，林虎听了总理的意见后，对我说：“周总理是一位了不起的人物，我听了他的意见，我就无话可说了。我老了，没有什么个人问题可考虑，过去我担心的是子孙后代的问题。总理把问题说清了，我要顾全大局，我没有不同意见了。”李任仁呢？我去问他，周总理跟他谈了什么，再有何意见？他说：“总理的话，我无法辩论了，好了，就同意吧。”

事先取得与会代表意见基本一致之后，总理才最后讲话。大意是：代表畅所欲言，各抒已见，从多方面考虑，集思广益，是很好的，有不同的意见是正常的。成立广西壮族自治区是大家一致的意见，没有反对的，只是“分”与“合”问题。我认为合则两利，分则两弊。西部地方宽阔，资源丰富，潜力很大；东部，现在经济、文化比较发达，人才较多……各有所长。合则可以共同发挥作用，经济文化发展会更快些，更好些。同时，我们汉族是大民族，全国以汉族为主，也有责任帮助少数民族。总理讲完话，全场热烈鼓掌，会议宣告结束。

会后，举行照相。前排座位的中间一席，留给总理，总理来了，有人请总理就座，可总理说：“前排请诸老坐，请林虎、李任仁、雷沛鸿坐……”他自已则跑到第三排，同我们一起站着。事后，林虎及其他民主人士感动地议论，说我们的总理平等待人，忠厚谦虚，知识渊博，自古以来，历朝宰相，谁可相比，真大可敬了。照相一事，好似小事，而总理感人之深，由此可见。当天晚上，我到林虎房间去探望他，我说，你思想通了，大家都很高兴。他说："我一贯反对蒋介石，他为人不讲信义，以势欺人，横行霸道，我就不会屈从。我们的周总理，诚恳待人，事事说理，我怎能不服？"（记其大意）

会议结束后，李维汉部长马上找我去谈话，说："这次座谈会开得好，总算胜利结束了。硬颈老虎不是也服了吗？我们就是要以理服人，不要以势力压服人，更不能骗人。但是，你要估计到，总会有些人，思想还不是那么通的。新事物，要人理解，总要有个过程，你回去，还要继续做工作。现在，你带广西来的代表，先到内蒙古去参观，开开眼界，看内蒙古自治区是怎样搞好的，向他们学习，我们已跟内蒙古方面联系好了。"

我跟广西代表传达了李维汉部长的意见，大家高兴极了。因为过去传说昭君出塞，塞外别有天地，而我们谁都没有出过塞，只听过塞外的传奇。此次，出塞了，这是意外之喜。吕集义便念起"天苍苍，野茫茫，风吹草低见牛羊"的诗来。莫乃群说："我们得去参观'昭君'，太难得了。"林虎说："我过去就是在南方，塞外对我来说，只是传闻。现在老了，能出塞参观，开开眼界，真是梦想不到的大好事。"

1957年春的一天，我们开始向内蒙古进发，过了长城、居庸关，大家狂欢起来，出塞了。所有的人，都张眼四望，纵览塞外风光，话题也多了。吕集义触景生情，先写起诗来，并把他的诗朗诵、传阅。莫乃群跟着也写了诗，我也附和。我的诗题为《出塞吟》，诗曰："忽讶风光异，轻车已渡关。冰融小黑水，春到大青山。沃野看无际，长城喜自闲。弟兄同合力，大业建方艰。"

我们到了呼和浩特，受到内蒙古党政领导的热情欢迎。接待我们的主要负责同志是内蒙古自治区副主席王再天，他见到我们，非常热情地说："我热烈欢迎你们到来，你们还是我的亲人啊，我是你们广西的女婿……我的爱人是桂林人，1938年去延安学习，后来认识的。”我们听了特别高兴，争着和他紧紧握手。第二天，王再天还带他的爱人张晖来饭店探望我们。此后，王再天和他的爱人还多次回广西，我亲自陪他俩到各地参观。

在欢迎宴会上，王再天同志指着桌上的菜说：“这是‘全羊宴’，是内蒙古人民招待客人的上等菜。这个汤，是羊头汤，以整个羊头熬煮的……”我们尝了之后，别有风味，众口称赞。席上，有一位80岁左右的党外爱国人士、内蒙古的老秀才、著名才子竟吟起诗来，表示热烈欢迎之情。好在我们也来了几位诗人，吕集义才思敏捷，马上附和作诗，接着莫乃群也附和了，大家的感情完全融洽在一起了。内蒙古的领导向我们介绍了自治区的情况，安排我们去参观，参观全程由王再天同志带领。我们先游览呼和浩特市容，再到包头市。包头市靠黄河边，土地肥沃，农业生产很好，工业也很发达，有著名的包头钢铁厂。包头市的领导，设宴欢迎我们。席上，王再天同志指着桌上的菜说：“前天的宴会，是‘全羊宴’，现在的宴会是‘鲤鱼宴’，桌上摆着约有六七斤重的鲤鱼，是有名的黄河鲤鱼。”黄河鲤鱼的风味早已传闻各地，这次，我们才第一次尝到真味，感到黄河鲤鱼特别肥嫩清香，非其他地区的鲤鱼可比，确是名不虚传。我们更感到主人对我们的热情接待，连要吃什么，都想得很周到，大家都受感动，真切体会到祖国大家庭的温暖，民族团结的真诚。

主人特地安排我们去参观昭君墓。昭君墓没有建筑庭园，只是青冢。但这个青冢却堆得特别高大，很有气势，非普通的坟墓可比。可见内蒙古的人民对青冢的敬爱。我们没有给青冢带来一枝香花，但大家对昭君都深表同情。同时，大家都纷纷谈到了昭君的历史，一致认为昭君出塞，加强了汉蒙的团结和文化交流，意义非常深远。

我们结束了在内蒙古的参观之后，带着愉快、满意的心情回到广西。大家都表示，我们要向内蒙古人民学习，认真把广西壮族自治区搞好，永远牢记祖国像一个大家庭，各民族要真诚团结。

经过相当时间的酝酿，1958年3月5日至13日，召开了广西壮族自治区第一届人民代表大会第一次会议，宣布成立广西壮族自治区，选举广西壮族自治区人民委员会委员，成立广西壮族自治区人民委员会。选举韦国清（壮族）为自治区主席，贺希明（汉族）、李任仁（汉族，民革中央委员）、军应机（壮族）、莫乃群（汉族，广西民盟主任）、卢绍武（壮族）为副主席。

成立广西壮族自治区是广西历史上的一件大事，盛况空前。党中央对此极为关心，派代表团前来祝贺和指导，团长是国务院副总理贺龙元帅。随同前来的有国家民族事务委员会副主任汪锋和全国人大常委会民族委员会副主任委员谢扶民。前来祝贺的还有内蒙古、新疆、西藏、吉林、青海、四川、云南、贵州、湖北、湖南、广东、北京、上海等省、市、自治区的代表。还有越南民主共和国越北自治区代表团，团长是越南劳动党中央委员，越北自治区党委书记、自治区主席朱文晋。

（选自《新中国往事·步履写真》，
中国文史出版社2011年1月版）

我曾参与制定民族工作制度及方针政策

刘 春

被选为政协第一届全体会议代表

1949年9月以前，我在内蒙古自治区工作，担任内蒙古工委的副书记。1949年秋天，我们接到中央的电报，说要开政协会议，当时还是用“新政协”这样一个名字。先是中央要求我们派代表参加，后来又接到指示，要内蒙古自治区提出代表人名单。那个时候的内蒙古工委，就是内蒙古党委，受东北局领导，当时内蒙古的首府是乌兰浩特，属于东北解放区。东北局也给内蒙古工委下指示，让我们提出名单来。当时内蒙古党委就讨论提出了一个候选人名单，经过内蒙古自治区政府讨论审查，最后确定了六位正式代表、一位候补代表，组织了内蒙古代表团。我被确定为正式代表之一，乌兰夫同志任团长。

9月初，我和乌兰夫同志先到北京，其他代表不在内蒙古自治区首府，有的在西边，有的在北边，所以是陆续赶到的。到北京后，我们住在北京饭店，很快就和其他代表团有了接触。

当时的代表团，一是党派代表，即中国共产党的代表、民主党派代表，还有一些无党派的民主人士。二是区域代表。地区不是按省来划分，而是按大区分，比如华北、东北、西北、西南、中南、华东地区都有代表，内蒙古自治区那时相当于一个大区。还有就是北京和天津两个直辖市的代表，即平津代表（那时北京还叫北平）。除此之外，还有华南、待解放区和军队代表，军队代表就是中国人民解放军总部和几个野战军的代表。当然，还有群众团体的代表、人民团体的代表，还有特邀人士，主要都是民主人士，其中也有共产党员。

讨论共同纲领草案等相关问题

我们一到北京就给发了一些草案，最早的草案是刚到北京看到的，也就是1949年9月5日发的草案。其中有政协的组织法，有将来要建立的中央人民政府的组织法，还有一个也是很重要的，就是中国人民政治协商会议共同纲领的草案。

新政协的筹备会都把这些材料整理好了，我们大家首先要做的，就是把这些草案材料很认真地看一遍。我们看完以后，觉得写得很完善、很周到，非常严肃，非常符合我们当时要建立的新中国的施政纲领。说实在话，那个时候大家看到这个纲领，首先感觉是开这个会真是了不得，这是新中国历史上最重要的一次会议，也是建设新中国最伟大事业的一个最关键的开始。所以，大家都非常高兴，没有听到对这个有什么不同的意见。当然，补充的意见也不少，这样写法，那样写法，大家各抒己见，主要还是因为对这次会议太重视了，大家都兴奋得很。

党员的代表，民主人士的代表，各个民族的代表，各种各样的单位代表，大家对这个会议都非常拥护，非常赞成。同时，大家也都很认真地看了这几个草案。这些草案都是新政协很仔细地反复研究起草的，当然也是党中央经过仔细考虑、斟酌才编制完成的。

从“民族自治”到“民族区域自治”

在我们内蒙古自治区代表团的七位代表里面，虽然我和另一位同志不是蒙古族，但我们一直都在少数民族地区工作。我从在延安开始就研究蒙古族问题，也做过蒙古族的工作，后来从搞内蒙古自治运动到内蒙古自治人民政府成立，我都是亲身参与。正因为如此，我们对共同纲领中有关民族问题的内容非常重视。

中国人民政治协商会议共同纲领草案一共有七章：第一章是总纲，第二章是政权机构，第三章是军事制度，第四章是经济政策，第五章是文化教育政策，第六章是民族政策，第七章是外交政策。草案里头专门有一章讲民族问题，可见党始终把民族问题放在很重要的位置。大家看到这个草案，不光是少数民族代表，我接触的很多非少数民族代表，都觉得这样写很好。共同纲领实际上是新中国的施政纲领，大家都非常拥护和赞成。像我们这些长期做少数民族工作的人更是觉得，这是党一贯重视解决民族问题的表现，党就是要把中国发展成一个真正实现民族平等，没有民族压迫、民族歧视、民族隔阂的国家。

在施政纲领第六章里有一条，即第五十一条说道，各少数民族聚集的地区，应按照民族聚居地人口多少和区域大小，建立民族自治机关；凡各民族杂居的地方及民族自治区内，各民族在当地政权机关中均应有相当名额的代表，以促进各民族团结。建立民族区域自治机构，是我们党的一贯政策，党在少数民族地区实行不同规模的区域自治也是比较早的。例如，中央红军长征到达陕北后，曾于1936年8月西征中，在甘肃、宁夏一带建立过县级自治政权；抗日战争时期，在陕甘宁边区建立过回民乡和自治区。毛主席早在中共六届六中全会上有一个报告，一直是革命战争时期纲领性的文件，其中就讲到党的民族政策，就讲过少数民族自己管理自己的事务。所以我们认为，这都是党用马列主义原理解决民族问题的基本原则。

1945年8月日本投降以后，内蒙古的工作发展很快，中央曾经有一个指示，即“内蒙古的基本方针，在目前就是实行区域自治”。内蒙古就是在遵照中央关于“实行区域自治”的指示下，通过开展自治运动，成立了内蒙古自治政府，成为我国革命史上第一个规模较大的自治区。但当时我看共同纲领草案的时候，看到里面对于少数民族地区，用的不是“区域自治”，而是“民族自治”，如第五十一条中讲的，各少数民族聚集的地区，应按照民族聚居地人口多少和区域大小，建立民族自治机关。一个民族有时候分布很多地方，特别是我原来也参与研究过这个问题，觉得如果光讲“民族自治”，虽然意思很明显，但没有过去用“区域自治”好。所以，我觉得还是原来的提法“区域自治”更恰当。

讨论的时候，内蒙古代表团其他人也有一些意见，但总的来说都是拥护，都觉得很好，没有什么不同意见。苏联那个时候搞联邦，不是搞联盟，也算区域自治。我们实行民族区域自治制度是根据中国的实际情况制定的，不是要搞联邦，也不是要搞联盟。后来周总理召集开预备会议，也讲这个问题，说我们不是搞联邦，而是搞自治。

1949年9月13日第二个草案稿子发下来的时候，我发现整个纲领的结构没什么变动，就是个别文字有所改动。我仔细地看了一下，文字上有些补充，民族政策方面由原来的各个少数民族聚集的地区应建立“民族自治机构”，改成了各个少数民族聚集的地区应实行“民族的区域自治”。我不敢说一定是我提的意见起了作用，但确实是改动了。

关于共同纲领的讨论，别的方面我没有提意见，只在这方面发表了意见。当时这些方案，包括共同纲领、政府组织，还有政协组织、将来的人事任用等，都是李维汉秘书长和周总理在负责，当然最辛苦、最操劳的肯定是周总理了。

（原载于《纵横》2012年第5期）

中央人民政府政务院筹建始末

刘武生

1949年9月，遵照中共中央和毛泽东关于建立人民共和国的战略构想和决策，在中国人民政治协商会议第一届全体会议闭幕后，周恩来主持民主建政工作，组建中央人民政府政务院及其所属机构，为新中国开国奠基。

中国人民政治协商会议第一届全体会议选举63人组成中央人民政府委员会

1949年9月21日，中国人民政治协商会议第一届全体会议在中南海怀仁堂隆重开幕。大会推选毛泽东、周恩来等89人组成大会主席团。毛泽东致开幕词，庄严宣告："我们团结起来，以人民解放战争和人民大革命打倒了内外压迫者，宣布中华人民共和国的成立"。

在第二天的会议上，周恩来代表大会主席团，做关于主席团常务委员名单和设立六个分组委员会的报告。周恩来当选为大会主席团常务委员。在这次会上，周恩来还代表新政协筹委会第三小组做《关于中国人民政治协商会议共同纲领草案的起草经过和特点》的报告。报告对人民民主统一战线、新民主主义的总纲、政权制度、军事制度、经济政策、文化政策、民族政策、外交政策等问题作了精辟的阐释。

9月27日、28日，在周恩来等主持下，中国人民政治协商会议第一届全体会议，先后通过了《中华人民共和国中央人民政府组织法》，中华人民共和国国都北平改名北京、纪年改用公元、国歌暂用《义勇军进行曲》、国旗为五星红旗4个议案，29日通过了《中国人民政治协商会议共同纲领》和《关于选举中国人民政治协商会议全国委员会和中央人民政府委员会的规定》。

9月30日，举行最后一次全体会议，选举180人组成中国人民政治协商委员会第一届全国委员会；选举63人组成中央人民政府委员会，毛泽东当选为主席，朱德、刘少奇、宋庆龄、李济深、张澜、高岗当选为副主席；周恩来当选为中国人民政治协商会议第一届全国委员会委员（10月9日当选为该委员会的副主席）和中央人民政府委员会委员。

第一届政协会议开得很成功，为新中国的诞生奠定了坚实基础，受到与会代表交口赞扬。在10天的会议期间，有83位代表先后在会上讲话或发言。刘少奇郑重表示："中国共产党一定要为人民政治协商会议的成功及其发展和巩固，进行不懈的努力。"宋庆龄盛赞人民政协胜利召开："这是一个历史的跃进，一个建设的巨力，一个新中国的诞生！"张澜称赞人民政协的开幕日是"世界人类史上值得永久纪念的一个光荣的日子"。黄炎培认为，人民政协会议"写出一篇意义最伟大、最光荣的纪录"。对人民政协的召开，程潜说是"划时代的中国有史以来所有的一次人民大团结"。沈雁冰赞扬人民政协会议"展开了中国历史全新的一页"。

中共七届二中全会为创建新中国绘制蓝图时，毛泽东说过：中央人民政府的主要人员配备，"恩来是一定要参加的，其性质是内阁总理"

在中共七届二中全会上，毛泽东讲到召开新的政治协商会议，成立民主联合政府以及对待党外民主人士政策的问题时，明确指出：

“召集政治协商会议和成立民主联合政府的一切条件，均已成熟。一切民主党派、人民团体和无党派民主人士都站在我们方面。”“我们希望四月或五月占领南京，然后在北平召集政治协商会议，成立联合政府，并定都北平。”

“我党同党外民主人士长期合作的政策，必须在全党思想上和工作上确定下来。我们必须把党外大多数民主人士看成和自己的干部一样，同他们诚恳地坦白地商量和解决那些必须商量和解决的问题，给他们工作做，使他们在工作岗位上有职有权，使他们在工作上做出成绩来。”

毛泽东在中共七届二中全会的总结讲话中，在讲到中央人民政府的组成问题时，曾经说过：新中国中央人民政府的主要人员配备，现在尚不能确定，还需要同民主人士商量，但“恩来是一定要参加的，其性质是内阁总理”。对于毛泽东的这句话，童小鹏在《风雨四十年》（第一部）一书中回忆了当时人们的反应。

他写道：

许多曾在周恩来直接领导下工作的同志，听到这个消息后，都一致认为，周恩来确是担任总理的最合适的人选。博大精深的学识，在政治、军事、经济、文化、外交、统战等多方面的丰富经验，在国内外的崇高威望，这一职务确是非他莫属了。在此的一个多月前，斯大林派联共中央政治局委员米高扬来到西柏坡，了解中国的情况和听取毛泽东及中共中央意见，曾和毛泽东、朱德、刘少奇、周恩来、任弼时进行了三次会谈，又和周恩来单独谈过一次。这次谈话的内容十分广泛：讨论了战后的经济建设、交通运输等恢复工作；成立新政府的总体规划与设想；对外关系问题，特别是对外贸易的开展与管理；发展或建立各种社会组织、群众团体和对它们的运用与发挥；在中国多党存在，它们的作用和意义等。这些正是周恩来为之朝思夕虑精心探索的问题，他勾画出了新中国的一幅蓝图，给米高扬留下了很深的印象。后来他对人说："周恩来将是中国新政府一位很好的总理。"

周恩来就任开国总理后，集中精力组建中央人民政府政务院及其所属各部门，协调和平衡人事安排

10月1日，中央人民政府委员会举行第一次会议，一致决议：宣告中央人民政府成立，接受《中国人民政治协商会议共同纲领》为本政府的施政方针。周恩来被任命为中华人民共和国中央人民政府政务院总理兼外交部长。51岁的周恩来众望所归地成为新中国的开国总理。

从1949年10月1日起，周恩来作为占当时世界1/4人口的大国总理，承担起了总理新中国内政外交国务的重任。新中国成立后，当务之急就是民主建政，建立各级政权机构。周恩来就任总理后，首先集中精力组建政务院机构。由于中国革命的特点是农村包围城市，先一块一块夺取地方政权，而后建立全国政权，因而政务院机构是在华北人民政府机构的基础上，改组扩充而建立的。在组建政务院机构的过程中，周恩来亲自挑选各级领导成员，经充分协商后，报请中央人民政府任命。考虑到人民政府成员的结构要有利于团结社会各阶级、各阶层的人民，共同为建设新中国而奋斗，周恩来特别重视挑选大批有经验的党外民主人士担任领导职务。

毛泽东对选用民主人士担任各种领导职务也很重视。早在进驻北平途中，毛泽东就对周恩来说：对作过贡献的各民主党派领导人，应该在政府里安排职务。新中国首届"内阁"——政务院是一个民主联合政

府，必须安排党外民主人士担任各种领导职务。然而，如何安排、配备得平衡，却是一件极其复杂的事情，周恩来为此做了大量的协调工作。例如：周恩来提名傅作义任水利部部长。傅作义对和平解放北平立了大功，而且曾在兴修河套水利工程方面做了许多工作。因此，周恩来提名傅作义担任水利部部长，并尊重他的意见，由他推荐的民主人士、原国民政府黄河治理委员会的技术专家张含英和原国民党中央执行委员、北平市长刘瑶章，参加水利部的领导班子。

周恩来劝说不愿当官的黄炎培任政务院副总理兼轻工业部部长。黄炎培是中国民主建国会主任委员，以前曾多次拒绝担任旧政府的高官，新中国成立后，他也无意做官。为了劝说他，周恩来前去他家拜访，诚恳地请他担任中央人民政府的公职。他不改初衷地说："1946年我才68岁，已觉得年老了，做不动官了。如今72岁了，还能做官吗？"周恩来耐心地劝说："在新政府任职，不同于在旧社会做官，现在是人民的政府，不是做官，是做事，是为人民服务。在全国政协会议上，由全国各党派一起千斟万酌制定的《共同纲领》，就是为人民服务的'剧本'，我们编了'剧本'，自己怎能不上台唱呢？"经过两小时的恳切交谈，黄炎培终于被说服了，表示要考虑一下。第二天早晨，黄炎培征询了江问渔、杨卫玉等好友的意见，他们一致认为，在周恩来代表中共中央求贤的盛情邀请之下，应该接受在政务院的岗位。

当晚，周恩来再次登门听取黄炎培的答复，他高兴地向周恩来表示，他愿意出任政务院副总理兼轻工业部部长。黄炎培就任后，他的四子黄大能问他："您一生拒不做官，怎么年过70岁做起官来了？"黄炎培详细讲了周恩来耐心地向他做劝说工作的情况，并且解释说："以往坚拒做官，是不愿入污泥，今天是中国共产党领导下的人民政府，我做的是为人民服务的官呵！"周恩来提议无党派民主人士李书城担任农业部部长，当初有些人疑惑不解。为此，他介绍了李书城的经历。他说：李书城是同盟会的早期会员之一，辛亥革命首义后他在武汉担任过革命军总司令黄兴的参谋长，随后投入了讨袁护国战争和护法战争，在旧民主主义革命中起过重要作用。同时，中共“一大”就是在他家召开的，在中国人民的解放事业中，他还做过一些有益的工作。周恩来认为，这样安排，体现了照顾民主人士的各个方面。周恩来还派薄一波去找李书城谈谈，对薄一波说：“他有这么一个历史，要照顾这个历史，你去跟他谈谈，说要提他为农业部部长。”经周恩来协调，李书城就任了新中国第一任农业部部长。

经过周恩来耐心细致地进行协调和平衡工作，政务院及其下属机构的领导人员安排已经就绪，并经中共中央决定。1949年10月19日，毛泽东主持召开中央人民政府委员会第三次会议，任命董必武、陈云、郭沫若、黄炎培为政务院副总理，李维汉为政务院秘书长。副总理中民主人士占50%；21名政务院领导成员中，民主人士11人，占52.3%；任命朱德、刘少奇、周恩来、彭德怀、程潜为人民革命军事委员会副主席，其中民主人士占20%，徐向前为总参谋长。会议还通过了政务院下属委、部、会、院、署、行34个机构的109个正副职位，其中民主人士49个，占44.9%，15个正职是：文教委员会主任、科学院院长郭沫若，谭平山任人民监察委员会主任，黄炎培任轻工业部部长，朱学范任邮电部部长，章伯钧任交通部部长，李书城任农业部部长，梁希任林垦部部长，傅作义任水利部部长，沈雁冰任文化部部长，马叙伦任教育部部长，李德全任卫生部部长，史良任司法部部长，何香凝任华侨事务委员会主任委员，胡愈之任新闻出版署署长。

对政务院副总理及其下属机构主要负责人的安排，受到各界民主人士的广泛好评。有的民主人士称赞说：“周恩来总理不愧为‘周’（指考虑问题周到、完备）总理啊！”陈毅对政务院的人事安排也作过高度评价，他说：“周总理平衡这个班子的功绩是，既照顾到解放区的各个方面，也照顾到延安；既要照顾到各党各派，也还要照顾到被安排的资历、职业和他的能力。”后来，曾任民主建国会中央副主席的孙晓村在《我所经历的第一届人民政协会议》的回忆文章中写道：

我回到上海，朋友们都讲共产党的确伟大，打下了天下，但不统统用自己人。担任领导职务的共产党、党外人士都是在社会上经过几十年考验的中华民族的精英。当时民主人士在中央人民政府中担任部长以上职务占全体成员的三分之一强，他们德高望重，深受人民信任。至今想起这些事情，我深感这样的人事安排，充分体现了共产党领导的多党合作是用人唯贤的楷模。

中华人民共和国中央人民政府政务院的人事安排基本就绪后，1949年10月21日，周恩来总理召开第一次扩大的政务会议，宣告政务院成立，政务院总理、副总理、政务委员及下属34个机构的领导人正式就职。周恩来在会上做了题为《关于政务院的成立和政府机关的组织与干部问题》的报告。报告说明：

政务院是首脑部，在中华人民共和国中央人民政府领导之下，进行国家事务工作。政务院和它下属的四个大委员会和三十个行政部门是以华北人民政府为基础组建的，是在民主集中制的原则上科学分工的机构。政府正在草创中，政权机关需要很多人工作。政务院及其所属机构工作人员由三部分组成：一是长期参加革命的老同志，二是前国民政府的旧职员，三是在旧社会里被埋没的知识分子和新教育出来的学生。这三部分人各有长短，希望大家团结起来，取长去短，加强思想意识和工作作风的修养，搞好工作。

政务院组成后，认真发扬民主，着力提高政府工作效能

周恩来还在报告中提出：政务院既已成立，各个部门就应制定各自简要的工作条例和组织条例。这样，一方面可以不约束大家的积极性和

创造性，另一方面又可以约束自由主义。这次会议还通过了政务院代理秘书长和政务院政法、财经、文教等委员会正副秘书长的人选，决定提请中央人民政府委员会批准。

10月25日，周恩来主持政务院第二次政务会议，讨论通过关于接收前国民党政府中央机构工作委员会工作的原则：（一）各机构由中央人民政府逐步接管，中央接管前由地方代管；（二）提请中央人民政府批准设立中央统一接管工作机构；（三）对原各机构工作人员，将在调查研究后因才使用，合理分配工作。这次政务会议还决定：（一）提请中央人民政府主席发布命令，宣布华北人民政府工作结束，原华北人民政府所辖五省二市归中央直属；（二）政务院各委、部、院、署、行以华北人民政府为基础建立工作机构，于11月1日正式开始办公。会后，根据中央人民政府10月27日命令，华北人民政府于10月31日结束工作，正式向政务院办理移交。

政务院机构初步建立起来后，为迅速有效地运作起来，周恩来着力抓了两个方面的工作。

首先，为认真发扬民主，充分发挥政务会议集思广益的作用。

政务会议成员包括总理、副总理、秘书长和政务委员，共21人。其中既有共产党员，也有民主人士。政务会议每周一次，由周恩来主持。从1949年10月21日至1950年10月20日，一年内共开了55次。政务院的重要决策和人事任免，都要经政务会议讨论。会上，政务会议成员都能畅所欲言，各抒己见，最后由周恩来作结论。周恩来十分重视发挥政务会议的作用，既把它看成是广泛听取各种意见、妥善作出决策的重要方式，也把它当成发扬民主、团结民主人士合作共事的好形式。周恩来主持召开的政务会议受到民主人士的好评，认为“的确收到最佳的政策效应”。当年担任政务院副秘书长的孙起孟在《罗隆基眼里的政务会议》一文中，回忆说：

周总理说过：“为什么政务会议每个星期要开一次呢？难道我

们也是闲着没事干，高兴每个星期开一次会吗？不是的。这是有好处的。”好处在哪？从根本上说，这是建设社会主义民主政治的需要，是按《共同纲领》所规定的民主集中制处理国家事务。从作为建设国家领导核心的中国共产党来说，完全有必要虚心听取各种意见，所谓“兼听则明，偏听则暗”。

周恩来要求政务院各级机构都要在自己的职责范围内切实负责，并且保证非党民主人士工作有职、有权、有责。1950年4月13日，周恩来在全国统一战线工作会议上讲话指出：

非党人士担任部长的就要非党人士做报告，如轻工业部就要黄炎培报告，水利部就要傅作义报告，开始他们情况不熟，报告后可由副部长补充，久了情况熟了，连补充也不需要。同时有任务也责成他们负责完成，比如说河流决口，要水利部负责，傅作义自然会下去布置。有职、有权、有责，自然会发挥他们的积极性。这方式很好。政务院的政务会议每星期召开一次，有关文件等也交非党人士审查，一切指示、法令也要他们修改。这样，不仅不会动摇我们的政策，而且还会完善我们的政策。这些政策法令是经过他们讨论同意的，事后他们也会更好地进行宣传解释。

其次，为大力提高政府工作效能，要求各部门立即着手制定基本的工作条例。根据周恩来在第一次扩大的政务会上提出各部门制定工作条例的要求，政务院成立后不久，先后制定了一系列有关的工作条例和组织条例。10月28日，周恩来主持政务院第三次政务会议，经讨论，会议初步通过了《政务院及其所属机关组织通则》《政务院指导接收工作委员会工作条例》。12月2日，政务院第九次政务会议通过了《政务院及其所属机关组织通则》，经中央人民政府批准后，于同月5日公布实施。

11月11日，周恩来主持政务院第五次政务会议，就政务院及其所属机关工作人员的任免问题指出：现在，我们国家是新民主主义的国家，资本主义国家和中国封建时代任免国家工作人员的办法，对于我们都不适用。对于人才，我们要敢于提拔，但不能滥用私人，凭主观喜怒来评定和提升干部。我们的标准是要看他的历史、工作态度、经验和能力以及群众对他的认识。会议讨论通过了《政务院组织条例（草案）》。

11月25日，周恩来主持政务院第七次政务会议，讨论通过了《政务院及其所属机关工作人员任免暂行办法》。

以上这些条例或暂行办法，都是由周恩来主持起草，并且反复修改，而后提交政务会议审定通过实施。在初步制定各项工作条例和组织条例的基础上，周恩来要求新中国人民政府的工作人员，不要做封建社会的“循吏”，而要不仅工作有积极性，还要有创造性。11月21日，周恩来对在中南海办公的政务院及其所属机构工作人员说：

> 人民政府一切工作都在草创中，没有前例可援。我们根据需要创立的许多机构，并不完备，应该根据实际情况作些变更。我们不要像旧官僚那样，不用脑子，只是墨守成规、按部就班地办事。这在封建社会就叫“循吏”。新政府的工作人员不仅要完成政府所决定的工作，还要负责改进这个机构。人民政府不仅要求工作人员有积极性，并且要求有创造性。我们不怕人家提意见，而是欢迎提意见。新政府工作人员还应挤出时间来学习和参加生产劳动。

实行民主建政，建立和健全各级地方人民政府的政权机构

根据中国地大、人多、经济发展不平衡的特点，中央人民政府将全

国划分为东北、华北、西北、华东、中南、西南6个大行政区。其中东北已经建立东北人民政府；华北人民政府撤销后，所属各省市由政务院直接管辖；其余4个行政区正在着手建立军政委员会。为什么要设立大行政区这样的一级地方政权机构？

1949年12月9日，周恩来在政务院第十次政务会议讨论《关于各大行政区组织通则》时作过解答。他说：

> 在目前情况下，大行政区应该成为一级政权组织，由它领导一个大的地区的工作。这个地区，在经济、政治、民族等方面有许多共同点，在军事上是连成一片的。绝不会因为有大行政区一级而成为不统一。中国是一个大国，地大人多，经济发展不平衡，必须在经济发展的条件下，才能逐渐走向完全的统一。政权组织的划分，要既有利于国家统一，又有利于因地制宜。不能只强调一面，要在统一政策领导下因地制宜，在因地制宜的发展中求统一。这样的因地制宜不但不妨碍统一，倒正是为进一步的统一创造条件。要在统一的政策下发挥地方的积极性。只有这样，才能迅速获得战争的完全胜利，医治战争创伤，完成全国的土地改革，以及恢复和发展生产。

在组建大行政区的过程中，周恩来主持审定了东北人民政府和西北、华东、中南、西南4个军政委员会的主席、副主席、委员人选，经政务院讨论决定，提请中央人民政府任命。

同时，周恩来还着重抓了各级地方政权的民主建政工作。根据当时土地改革在新解放区还没有全面展开，普选的条件在许多地方还不具备，1950年8月17日，周恩来在审阅董必武《关于政法系统三个专业会议给政务院党组的请示报告》时，在批语中写道："建政工作应以开好人民代表会议及逐渐做到经过协商推选各级人民政府为中心。城市建政工作亦应以民政部门为主管部门。目前各省市民政部门，应注意把县一级人民代表会议开好，各大城市民政部门应注意把市一级人民代表大会开好。”

1950年7月至10月间，周恩来主持审定了经过各界人民代表会议协商推选出来的各省（市）人民政府主席（市长）、副主席（副市长）、委员的人选，经政务院讨论决定，报请中央人民政府任命。

经过一年时间的民主建政工作，到中华人民共和国成立一周年时，全国已有1个大行政区人民政府、1个中央直辖的自治区人民政府、4个大行政区军政委员会、28个省人民政府、9个相当于省的行政区人民行政公署、12个中央和大行政区直辖的市人民政府，67个省辖的市人民政府，2087个县人民政府。在各级人民政府中，大多是由各界人民代表会议选举产生的，极少数市和县已召集了人民代表大会，其他市和1707个县、内蒙古的36个旗都召集了各界人民代表会议。大部分的区、乡和村分别召集了人民代表大会或各界人民代表会议、农民代表会议。至此，新中国的民主政权建设业已初具规模，为恢复和发展国民经济和开创外交新格局，奠定了日益巩固的政权基础。

（原载于《纵横》2004年第10期）

新中国恢复联合国合法席位之争

——周恩来与四任联合国秘书长

杨明伟

联合国，自从1942年1月1日由美国总统罗斯福首次提出设想，并于1945年10月正式成立以来，在维护国际和平与安全、发展各国之间的友好关系，进行国际合作，促进各国经济、社会、文化发展等方面，起着越来越重要的作用。中国，作为联合国的创始会员国和安理会五个常任理事国之一，在其中发挥着积极的、重要的作用。

当中华人民共和国成立的时候，联合国正迎来它的四岁生日。根据国际公认的原则，联合国理应驱逐蒋介石集团，由中华人民共和国政府代表中国人民参加联合国机构的工作和会议。但是，由于美国的竭力阻挠，恢复中华人民共和国在联合国的合法席位经过了一个艰难的历程，大体有三个阶段：

1949年新中国成立至20世纪50年代末，在美国的操纵下，联合国第六至第十五届大会均以“延期审议”“不审议”为名，拒不讨论我国代表权的恢复问题。

1961年至1970年，联合国大会通过非法决议，将我国合法席位的恢复问题作为必须由2/3多数票通过的“重要问题”。

1970年第二十五届联大至1971年第二十六届联大，恢复我国席位的提案由首次获得多数票到超过三分之二多数被通过，台湾代表被驱逐，由中华人民共和国政府派出的代表作为正式代表。

作为中华人民共和国政府总理和杰出的外交家，周恩来直接领导了中国恢复在联合国合法席位的斗争，由此，也与联合国几任秘书长有着许多的交往，因而结下了不解之缘。

联合国成立后，挪威人赖伊当选为第一任秘书长。1950年，周恩来几乎每个月都与他有电报来往

周恩来对联合国的注意，始于1945年联合国成立之时。这年4月25日至6月26日，联合国国际组织会议（制宪会议）在美国旧金山举行。中国派出了代表团参加会议，与其他49个国家的代表共同起草了联合国宪章。在中国组团赴旧金山的问题上，作为中国共产党南方中央局书记和在国统区的中共代表团团长以及外事工作代言人，周恩来为争取解放区的代表进入代表团，做了多方工作，最后，派出南方局和中共代表团的另一位负责人董必武，参加了中国赴联合国制宪会议代表团。

董必武当时与周恩来朝夕相处、共同战斗。在赴旧金山之前，他与周恩来在出席联合国会议的有关问题上深入地交换了意见。到旧金山后，董必武与周恩来和中共中央仍保持着密切的联络。6月26日，董必武与其他中国代表一道，出席了联合国宪章签字仪式，并在宪章上郑重地签上了自己的名字。10月24日，在中国、法国、苏联、联合王国和美国以及其他多数签字国批准宪章后，联合国正式成立。董必武回国以后，将联合国的有关情况详细地向周恩来作了汇报。

1946年2月1日，联合国诞生了它的第一位秘书长——特吕格弗·赖伊。

赖伊，挪威人，律师出身，曾是挪威工党的重要成员。1940年德国

侵占挪威后，赖伊被任命为流亡伦敦的挪威政府外交部长，从而在国际外交舞台上为人注意。在他任联合国秘书长之初，周恩来正在重庆与前来中国调处国共关系的美国总统特使马歇尔进行马拉松式的谈判。中共在中国的影响，已引起了联合国及其首任秘书长的重视。然而，由于美国的影响和长期隔绝等原因，赖伊对中国共产党及中国人民缺乏更多的了解，甚至有许多偏见。当1949年10月1日中华人民共和国成立之时，正是赖伊担任联合国秘书长的三年零八个月之日。新生的中国，使这位联合国秘书长感到极大的陌生，以致不愿意接纳它。

新中国成立后，中国总理兼外交部长周恩来迅即与联合国及其秘书长取得联系。

1949年11月15日，周恩来致电联合国秘书长赖伊，声明“只有中华人民共和国中央人民政府才是代表中华人民共和国全体人民的唯一合法的政府”，所谓“中国国民政府代表团”完全无权代表中国；要求联合国根据其宪章的原则和精神，立即取消“中国国民政府代表团”参加联合国活动的一切权利，以符合中国人民的愿望。

此时正值第四届联大在纽约召开，此次大会主要讨论前意属殖民地、原子武器、裁军、朝鲜和巴勒斯坦等问题。由于美国的操纵，大会不仅在原子武器和裁军等问题上的决定违背了世界人民的愿望，而且对中国代表权问题不予理睬。

1950年1月8日，周恩来第二次致电赖伊和联合国大会主席罗慕洛，要求联合国开除非法的国民党代表。19日，周恩来照会上述两人：中国政府已经任命张闻天为出席联合国大会和安理会的首席代表，“以张闻天为首席代表的合法的中华人民共和国的代表团”已经组成，代表团应“迅速出席会议并参加工作”。

4月9日，周恩来专门召集会议，研究中国代表团的组成问题。会上确定除派往安理会的代表为张闻天外，派往经社理事会的代表为冀朝鼎，派往托管理事会的代表为孟用潜，派往军事参谋团的代表为周士第将军。随后，他致电赖伊，把上述人员的任命通知联合国。

5月12日，周恩来再次致电赖伊及联合国有关组织的负责人，严正声明：中华人民共和国政府是代表中国人民的唯一合法政府，中国国民党反动派残余集团的所谓代表现已完全没有资格参加各该组织，必须将这些非法代表从各该组织的各项机构和会议中驱逐出去。

对周恩来的屡次致电、照会以及中国政府的严正要求，赖伊不是没有考虑的，毕竟他是律师出身，熟谙国际法。6月6日，赖伊向59个会员国建议，解决中国在联合国的代表权问题。但是，迫于美国的压力，赖伊的建议没有引起太大的反响。

正当赖伊为中国的代表权问题感到头疼的时候，波澜又起。6月25日，朝鲜战争爆发。两天以后，联合国安理会在苏联代表缺席（当年1月10日，苏联代表曾在安理会上发表声明，在台湾当局的代表被开除之前，苏联代表团将不参加安理会的工作）的情况下，举行紧急会议，非法通过美国关于朝鲜问题的提案，号召“武力制裁”朝鲜民主主义人民共和国，武装干涉朝鲜内政。

7月6日，周恩来致电赖伊，代表中国政府声明，联合国安理会6月27日的决议，是支持美国武装侵略、干涉朝鲜内政和破坏世界和平的，大大破坏了联合国宪章。

8月1日，苏联代表马立克重返安理会，并担任安理会8月主席。在美国武装侵略中国台湾和美机不断侵犯我国领空的情况下，周恩来分别于8月三次、9月二次、10月三次、11月二次致电赖伊和安理会主席，斥责美国的侵略行径，要求安理会制裁美国政府的武装侵略罪行。11月，周恩来派出伍修权为大使衔特派代表、乔冠华为顾问的一行九人，到纽约参加联合国安理会讨论中国政府所提出的控诉美国武装侵略中国台湾和干涉朝鲜案的会议。在1950年这一年中，周恩来几乎每月都要致电赖伊，向联合国争取我国的合法权利，提出我们的正当要求。

由于朝鲜战争的爆发，国际形势急剧变化，美国非法操纵联合国进一步加剧，我国恢复在联合国合法席位的斗争更加艰巨和复杂。与此同时，联合国秘书长赖伊也陷入一个艰难而矛盾的角色中，一方面，他要支持美国的侵略行为，并试图抵制苏联将蒋介石集团驱逐出联合国的提案；另一方面，他又要为“和平使命”而奔走，并呼吁联合国接纳中华人民共和国。这样一个两面的角色，既遭到苏联否决其重新当选，又遭到了美国的反对。虽然他在未经正式重选的情况下，任期由联大延长了三年，但苏联随即停止承认他为联合国秘书长，1952年11月10日，特吕格弗·赖伊被迫辞去联合国秘书长一职。周恩来与赖伊的电报联系，也从1951年后中断。1968年12月30日，72岁的赖伊离开了人世。

第二任秘书长主动请求访华，周恩来说，我们不能拒绝。尽管哈马舍尔德提高了联合国的声誉，但他仍一错再错

从1952年11月10日赖伊辞职时起，联合国秘书长一职足足有五个月处于空缺无人状态。直到1953年4月10日，达格·哈马舍尔德当选为联合国第二任秘书长。

哈马舍尔德是瑞典著名的经济学家和政治家。他的外交才能是1947年踏入瑞典外交部时开始显露的。1951年，他作为瑞典代表团副团长，出席了在巴黎召开的第六届联合国大会，次年又以团长身份继续率团出席在美国纽约召开的第七届联合国大会第一期会议。这时他在瑞典国内的职务是不管部大臣。由于他在联大上出色的工作，不久便在1953年2月24日至4月23日召开的第七届联大第二期会议上被选为新的联合国秘书长。

哈马舍尔德上任以后，周恩来与联合国秘书长的联系延续下来。但是，哈马舍尔德的秘书长职责仍然受到美国的左右。他上任以后，在8月17日至28日召开的第七届联大第三期会议上，通过了关于朝鲜问题政治会议的提案。但会议却拒绝中国和朝鲜两国代表参加。8月24日，在

联合国大会进行期间，周恩来代表中国政府发表声明，说：朝鲜停战协定的签订，打开了召开政治会议以谋求和平解决朝鲜问题的道路。但会议的任何决议，必须得到朝鲜停战双方的一致同意，才能成立。联大拒绝中、朝两国代表参加会议是不合理的；联合国有责任将有关提案和建议随时通知中、朝两国政府。

根据周恩来声明中的正当要求，联大会议结束后，秘书长哈马舍尔德向中国政府转来了大会通过的两项决议。周恩来看到这两项决议后，认为，决议只承认苏联作为中立国参加政治会议而不准许其他有关中立国参加，“这是于逻辑不合的”。9月13日，周恩来致电哈马舍尔德，对联大关于朝鲜问题的决议提出答复，坚决反对联大在美国操纵下，通过由交战双方举行政治会议的决定。并正式建议：参加和平解决朝鲜问题政治会议的国家，应该是在朝鲜交战双方的全体国家，一切决议须经交战双方同意；交战双方以外的国家，不仅欢迎苏联，而且须加上印度、印度尼西亚、巴基斯坦、缅甸四个亚洲有关国家。

1954年4月26日至7月21日，周恩来率中国代表团出席讨论和平解决朝鲜问题和恢复印度支那和平问题的日内瓦会议，在国际舞台上发挥了积极的、重要的作用，使得中国的国际地位大大地提高了。在这种情况下，哈马舍尔德主动致信周恩来，提出访华并在北京与周恩来商谈有关各项问题的要求。

12月16日，周恩来草拟了给哈马舍尔德的两封复信。当天，他向苏联驻华大使尤金透露：在第一封信中，说明中国政府对判处美国间谍案问题的严正立场，中国内政问题不容任何外国干涉；在第二封信中说，为了和平，为缓和国际紧张局势，我准备在北京接见他，同他商谈有关各项问题。这样既表明我们的严正立场，又不拒绝哈马舍尔德本人来访的请求。周恩来还向尤金表示，我们不能拒绝哈马舍尔德来华访问，否则会陷于被动。

12月17日，周恩来发出了致哈马舍尔德的两封信。在第二封信中，明确表示同意在北京接见联合国秘书长本人。哈马舍尔德接到电报以后，非常兴奋，他毕竟是第一位要进入中国共产党领导下的中国的联合国秘书长。他迅速做好了访华准备。

1955年1月5日，哈马舍尔德飞抵北京，受到了周恩来及中国政府的热情接待。1月5日下午，周恩来在中南海西花厅会见了哈马舍尔德。这是两人首次见面，两位外交家虽然在意识形态、思想观点上不尽一致，但都在为和平而努力。一个小时的会面以后，周恩来举行酒会热情欢迎哈马舍尔德。整个下午，联合国秘书长几乎都在周恩来居住的中南海西花厅度过。晚8时左右，他们又一起共进了晚餐。哈马舍尔德虽是瑞典人，但东方中国的佳肴对他来说也是很可口的。

1月6日，周恩来与哈马舍尔德在西花厅举行第一次正式会谈。会谈一开始，哈马舍尔德就提出了上一年底中国判决13个美国间谍的问题。周恩来回答，我们不拒绝谈美国间谍案问题，但必须坚持两个前提：一、联合国就这个问题的决议不能接受；二、我国内政不允许干涉。周恩来详细介绍了美国间谍案的情况，重申了我国政府对该案处理的立场。1月7日，周恩来在第二次会谈中坦率地对哈马舍尔德说：中国热望和平，但是不会牺牲我们的领土和主权来乞求和平；中国反对战争，但是不会被战争威胁吓倒。过去的事实证明了这一点，今后还会得到证明。我们答应的话是要兑现的，我们遵守的政策是一定会坚持的。1月8日、10日，双方又进行了第三次、第四次会谈。10日的会谈结束后，周恩来和哈马舍尔德签署并发表了联合公报，公报说：我们在会谈中涉及了有关和缓国际紧张局势的各项问题；这些会谈是有益的，希望能够继续在这次会晤中建立进一步的接触。当天下午，由哈马舍尔德的祖国瑞典的驻华大使维斯特朗举行酒会，周恩来和哈马舍尔德愉快地出席。晚上，周恩来再次设宴，为联合国秘书长饯行。

中国政府对同联合国秘书长的会谈是极为重视的，正如周恩来所说，“我们答应的话是要兑现的”。为使会谈中取得的一些共识落到实处，中国政府作出了自己的积极努力。哈马舍尔德离京的第二天，周恩来就整理出与他会谈的主要内容，向中国政协常委会第二次（扩大）会议作了汇报。

哈马舍尔德回到联合国总部以后，联合国安理会于1月31日讨论了中国台湾地区的局势问题。会议通过决议，首先讨论新西兰提出的中华人民共和国和蒋介石集团“在中国大陆沿海附近的某些岛屿的地区发生武装敌对行动”的提案，然后讨论苏联提出的“美国在中国的台湾和其他岛屿地区对中华人民共和国的侵略行为”的提案。当日，哈马舍尔德致电周恩来，邀请中国政府派代表出席安理会，讨论新西兰代表提出的议案。

2月3日，周恩来电复哈马舍尔德，声明中国政府坚决反对干涉中国内政的新西兰建议，只有在讨论苏联提案并驱逐蒋介石集团的代表而由真正代表中国的代表出席的情况下，中华人民共和国才能同意派遣代表参加安理会的讨论。同时指出，在没有中国参加讨论的情况下，安理会对有关中国问题的决定都是非法的，无效的。

哈马舍尔德接到周恩来的电报后，仍不死心，当天又通过瑞典驻中国大使维斯特朗向周恩来转达他以个人名义的口信，一方面对新西兰提案作说明和解释，另一方面极力劝说中国政府派代表出席安理会。哈马舍尔德似乎并没有完全理解中国政府的原则立场，他又于2月4日晚致电周恩来，试图再加劝说。

2月5日，周恩来接见了瑞典驻华大使维斯特朗，就哈马舍尔德的电报和口信再次作出明确回答。他指出，任何外国或联合国都无权干涉中国内政，把属于中国内政的事情放在国际舞台上，这是要造成“两个中国”，要割裂中国的领土，是违背联合国宪章第二条第七款的。他还特意提醒道：“哈马舍尔德先生在北京同我会谈的时候曾经说他要坚持联合国的宪章和原则。那么，我们就要提请哈马舍尔德先生注意：怎么能够把违背联合国宪章的事情强加在中国政府身上？”周恩来还说，远东的紧张局势，包括台湾地区的紧张局势，是美国造成的，根源在美国，“如果哈马舍尔德先生愿意推动远东紧张局势的和缓，他在这方面可以劝劝他的美国朋友，要他们表示一下，他们的意愿究竟是战争还是和平”。

尽管哈马舍尔德担任联合国秘书长以后领导联合国在国际事务中作出了许多成绩，提高了联合国的声誉和效率，1957年他还以全票再度当选秘书长。然而，联合国仍浓浓地笼罩着美国的阴影。哈马舍尔德也摆脱不了美国的影响。他在位期间，美国以所谓“中国侵略朝鲜”之类的借口，一直不让联合国大会讨论中国代表权问题。

而中国政府的态度也很明确，一方面，为恢复中华人民共和国在联合国的合法权利而积极斗争；另一方面，坚持反对制造“两个中国”。正如周恩来1957年11月15日对各国驻华使节所说：

> 我们愿意在此声明：任何国际组织、国际会议、国际活动中，如果出现“两个中国”，即在中华人民共和国之外还有其他“中国”，不论是用“中华民国”“台湾中国”“台湾政府”“台湾当局”或其他的名义出现，我们宁可不参加。参加了就是默认，默许其存在。

哈马舍尔德并没能劝说中国代表进入联合国安理会与台湾代表坐在一起。遗憾的是，他又一错再错，1960年夏天派遣联合国军镇压刚果内部冲突。9月，苏联部长会议主席赫鲁晓夫出席第十五届联大，提出改组联合国机构，撤销联合国秘书长哈马舍尔德的职务，由东方、西方和中立国家的代表组成三人委员会取代。1961年2月14日，苏联再次宣布，撤销对联合国秘书长哈马舍尔德的承认，指责他为谋害刚果总理卢蒙巴的“同谋者”。

在一片反对声中，1961年9月18日，哈马舍尔德肩负所谓“和平使命”访问刚果，途中因飞机失事遇难。

吴丹，作为第一位任联合国秘书长的亚洲人，在他的任期中恢复了中国在联合国的合法席位

1961年11月3日，一位在年轻时从事过教育事业、当过中学校长的缅甸佛教徒，被联合国大会选举为代理秘书长，以补哈马舍尔德遇难以后秘书长职位的空缺。这位新的联合国秘书长就是缅甸著名的外交家、作家兼翻译家吴丹。吴丹是第一位任联合国秘书长的亚洲人。他于1909年1月22日出生，在仰光大学读过书，后来又去英国留学。因此他的思想既有东方文化的传统，又有西方文化的影响，这使得他在联合国能为东西方国家所接受。1952年他开始出任缅甸驻联合国代表，1957年5月任缅甸驻联合国常驻代表，熟谙联合国事务。1959年他还当选为联合国大会副主席。哈马舍尔德去世后，美、苏两大国未能就继任者问题达成协议，遂接受吴丹为折中候选人，这样，1961年11月3日，吴丹便作为联合国秘书长被推上了历史舞台。

吴丹当选联合国秘书长，对中国是有利的。1954年他曾访问过中国，对中国有一定的了解。就在他当选代理秘书长这一年的年初，周恩来率领由400多人组成的中国友好代表团对缅甸进行了空前盛大的访问，两国结成了“胞波”关系；这年春天，周恩来还邀请缅甸总理吴努到中国昆明、安宁温泉、西双版纳等地度假；也是在这一年，周恩来与吴努签署了中缅边界议定书，创造了在五项原则基础上与不同社会制度的国家和平共处、友好合作的范例。作为缅甸政府常驻联合国代表，吴丹在当选联合国秘书长之前，就把中缅友好合作的精神带到了联合国。

吴丹上任时，正值第十六届联大召开。这届联大从1961年9月一开始，新西兰就适应美国的需要提出一个提案，主张根据联合国宪章第十八条把恢复中国代表权问题作为“重要问题”，必须有2/3的多数赞

成始得通过。这个提案的目的，周恩来在9月21日会见英国元帅蒙哥马利时，就一语点明："其目的是把这个问题挂起来，或者推迟一年，或者交给一个小组委员会去研究，结果仍是拖延。"他对具有远见的蒙哥马利元帅说："恢复中国代表权问题是个程序问题。谁能代表中国六亿五千万人民？只有如你所说的北京的政府，而不是台湾的蒋介石。如果接受了美国和新西兰的主张，把恢复中国代表权问题当作'重要问题'来讨论，那就是讨论中国的存在与否，就是干涉中国的内政，这是违反联合国宪章的。"

12月1日至15日，联大全体会议讨论了恢复中国在联合国的合法权利问题。在美国的操纵下，以61票赞成、34票反对、7票弃权通过了由美国、澳大利亚、哥伦比亚、意大利和日本等国提出的所谓"任何主张改变中国代表权的建议都是一个重要问题"的提案。新任联合国秘书长吴丹也无力回天，他也只能眼睁睁地等待2/3的多数来解决这一"重要问题"。然而，毕竟联大讨论了中国的席位问题，对美国历来在这一问题上设置的重重障碍有了第一次突破。这以后的整个20世纪60年代，虽然联大年复一年地通过所谓"重要问题"的提案，但赞成恢复中国合法席位的票数却逐年增多。美国及其支持者逐渐成为少数。这一变化，吴丹也作出了自己的一份努力。由于吴丹的不偏不倚，使得他在联合国秘书长的位置上得到各国的认可，继1962年11月30日他正式当选秘书长后，1966年12月2日他又一次当选，使他成为首次连续三任的联合国秘书长。

1970年9月15日，第二十五届联合国大会在纽约开幕。在这次大会上，阿尔巴尼亚等18国再次提出关于恢复中国合法权利的提案。大会经过表决，支持驱逐国民党集团"代表"的有51票，反对的仅49票。这是支持恢复中国合法席位案的票数第一次超过半数。当这一结果显示出来时，会场四周响起了雷鸣般的掌声，久久地在联合国会议大厅内回荡。虽然因不足2/3多数而未能通过提案，但它却预示着美国能够阻挠中国恢复在联合国合法权利的日子已经没有多久了。

1971年9月21日，第二十六届联大开幕。美国错误估计着形势，企图再次阻挠恢复中国在联合国的合法权利。在会前，美国常驻联合国首席代表乔治·布什向吴丹递交了一封信和备忘录，既承认“中华人民共和国应有代表权”，但又主张“应当不剥夺中华民国的代表权”，意在联合国制造“两个中国”的计划。中国政府立即重申：只要在联合国里出现“两个中国”“一中一台”“台湾地位未定”或其他类似情况，中华人民共和国政府就坚决不同联合国发生任何关系。吴丹是不愿看到这种情况出现的，他历来认为在许多重大国际问题上不能没有中国的参与。

1971年10月25日，历史永远记载着这一重要的日子。这天，第二十六届联合国大会首先表决了美国和日本提出的恢复中国代表权必须由联大2/3多数赞成的“重要问题”提案，此案以59票反对、55票赞成、15票弃权被否决。接着表决阿尔巴尼亚、阿尔及利亚等23国提出的恢复中华人民共和国在联合国的一切合法权利和立即把蒋介石集团的代表从联合国的一切机构中驱逐出去的提案，此案以76票赞成、35票反对、17票弃权的压倒多数获得通过。这样，美国炮制的另一“双重代表权”案自然成了废案。当电子计票牌显示出表决结果时，全场出现了经久不息的掌声，会议大厅沸腾了！不少亚非拉国家的代表放声歌唱、欢呼起来，坦桑尼亚代表首先起立，跑到主席台前跳起舞来；提案国代表们也纷纷起立，互相拥抱，热烈鼓掌。在欢呼声中，台湾代表知趣地、灰溜溜地退出了会场。主席台上的秘书长吴丹也被这一联合国历史上空前未有的场面所感动。

10月26日，吴丹给中国外交部代理部长姬鹏飞和总理周恩来发来电报，告知了联大通过的关于恢复中华人民共和国在联合国的一切权利并立即将蒋介石的代表从它在联合国组织及其所属一切机构中驱逐出去的2758号决议。之后两天，吴丹又两次致电姬鹏飞，请中国政府尽快派出代表团出席第二十六届联合国大会。

形势发展得如此之快，是中国政府没有完全预料到的；吴丹的三次电报，更是催促周恩来加紧派团前往联合国工作。当时的心情和事情的变化过程，周恩来在10月28日会见日本《朝日新闻》东京总社编辑局长后藤基夫时是这样描述的：

我们这次没有料到阿尔巴尼亚和阿尔及利亚等23国的提案会被通过。美国政府出乎意料，我们中华人民共和国政府也出乎意料。已经通过了，这么多国家的代表都支持我们，我们就很难违背这么多国家和它们所代表的人民以及全世界大多数人民的愿望了。世界上大多数人民、大多数国家要我们去，我们还要不去恐怕不可能了。吴丹秘书长已经三次打电报给我们外交部代理部长。有一个很为难的问题，就是下一个月安理会当主席的问题。大概是一个月换一次。主席的轮流是按国家名称英文第一个字母为准的。中国的简称是“C”。但中国问题，你们晓得，复杂得很。“C”本来是代表中国，就是被蒋介石窃据了中国在联合国的地位，用“C”字代表，窃据了22年。如果再用一个“C”出现，那也有一个好处，就是只有一个中国，过去那是假的，冒充的，现在真的中国来了。全称的话是“P”字打头。中国如果用全称“P”字打头，下次就轮到我们当主席了。所以吴丹来了一个电报，要我们赶快把代表派去。这个问题我们没有准备，到底组成什么样的代表团，我们还没有想好。前天，在伊朗驻华大使馆的宴会上，外国使节和记者问我，我只好说“无可奉告”。今天是28号，只剩三天了，往西半球走，可以多赚12个小时，就是三天半。这么一件大事，全世界都在注意，我们没有准备好是事实。

没有准备好，更需要紧急准备。很快，周恩来经毛泽东主席批准，与外交部领导成员研究决定了中国出席二十六届联大的代表团组成。经过两个星期的紧张准备，一切基本就绪。由毛泽东、周恩来亲自点将，代表团团长为乔冠华、副团长黄华，代表是符浩、熊向晖、陈楚，副代表是唐明照、安致远、王海容、邢松鹚、张永宽。另外，还有包括调研员、翻译、秘书、记者在内的四五十个工作人员。

11月9日，周恩来率领在北京的政治局委员叶剑英、李先念、李德生、汪东兴等人到首都机场为中国代表团送行。当地时间11月11日中午时分，中国代表团乘坐的飞机降落在纽约肯尼迪机场，成为轰动世界的新闻。

这时的秘书长吴丹，因病正在纽约的一家医院治疗。14日上午，受周恩来之托，乔冠华率代表团成员到医院看望吴丹。乔冠华向吴丹表示了真诚的问候，并递交了证书。吴丹看到中华人民共和国的代表，内心非常高兴，他说：自我担任联合国秘书长以来就致力于实现联合国的普遍性，但过去联合国像个瘸子；现在恢复了世界上人口最多的中华人民共和国的席位，联合国才能说真正开始了工作。吴丹还回忆起1954年访华时的情景，很希望再次访华。乔冠华随即热情地邀请他再度到中国去。

1971年11月15日，中国代表团首次进入联合国大厦参加联合国大会。包括美国代表在内的57个国家的代表在会上争先恐后地致欢迎词。乔冠华团长代表中国政府在联合国大会讲坛上，发表了在国内时经周恩来亲自修改过的第一篇重要讲话。从此，中华人民共和国开始在联合国的舞台上发挥出它应有的重要作用。躺在医院里的联合国秘书长吴丹，轻轻地舒了一口气，了却了他多年来的心愿。在这一届联大上，吴丹可以安安稳稳地退休了。

第二十六届联大的最后一项议程，是选举新的联合国秘书长。自1961年11月吴丹担任秘书长以来，经过十年的辛勤工作，已经完成了他的历史使命。当新的联合国秘书长诞生以后，吴丹在纽约度过他的余生，1974年11月25日，他因患癌症不治，在纽约去世。遵嘱，他死后遗体运回祖国首都——缅甸仰光安葬。他再访中国的心愿最终也没能实现，成为永远的遗憾。而此时的周恩来总理，也因历经“文革”中“四人帮”的迫害与种种磨难，积劳成疾，罹患了同样的不治之症。

中国重进联合国后，选举了第四任秘书长。周恩来辞世，瓦尔德海姆称：“这是全世界的巨大损失。”

1971年12月22日，第二十六届联合国大会在完成了它的历史使命后闭幕。这天，选出了新的联合国秘书长——库尔特·瓦尔德海姆。

瓦尔德海姆1918年12月21日生于音乐之都——奥地利的维也纳，年轻时曾两度进入维也纳大学学法律，1944年获法学博士学位，第二次世界大战后进入奥地利政府外交部任职。1955年至1956年他任常驻联合国观察员。1964年至1968年和1970年至1971年，他两度任奥地利常驻联合国代表，其间曾任联合国和平利用外层空间委员会主席，在联合国中有一定的影响。1968年至1970年，瓦尔德海姆又回奥地利担任了两年外交部长的职务。瓦尔德海姆既熟悉联合国事务，又有丰富的法律知识和外交经验。

在第二十六届联大选举联合国秘书长时，按照联合国宪章的规定，先在安理会内进行秘密选举，安理会常任理事国对选举拥有否决权。从1971年11月23日起，曾是周恩来第一任英文翻译、深得周恩来信任的中国外交家黄华，作为中国常驻安理会代表，开始履行中国作为安理会五个常任理事国之一的职责。在选举联合国秘书长时，黄华这一票具有举足轻重的作用，初进联合国，黄华令各国代表瞩目。根据中国奉行的外交政策和主张，黄华庄严地表明了自己的态度。从此，恢复了在联合国合法权利的中国，与新的联合国秘书长进行着新型的、密切的合作。

按惯例，恢复在联合国及其一切机构的合法席位后，中国理应向联合国赠送一两件礼品。周恩来指示外交部和有关部门，要选择两件既能代表中国形象，又能反映中国古老文明和现代文明的东西送给联合国。最后决定赠送一块巨型的长城挂毯和一件用整块象牙雕刻而成的成昆铁路缩影。新上任的瓦尔德海姆秘书长亲自出席了两件礼物的赠送仪式。当瓦尔德海姆从中国代表团团长乔冠华手中接过这两件精美的礼物时，他大大地称赞中国的古老文明以及两件礼物的珍贵价值。中国代表团在联合国的工作，从大事到小事，都得到了周恩来的原则指示和悉心指导，局面逐渐打开。

1972年8月11日至15日，瓦尔德海姆在上任不到8个月时间里，实现了对中华人民共和国的访问。周恩来安排姬鹏飞部长与瓦尔德海姆会谈。姬鹏飞根据周恩来指示的精神对瓦尔德海姆说：国家不分大小，应该一律平等；全世界的事要由世界各国来管，联合国的事要由参加联合国的所有国家来管，不能允许超级大国操纵和垄断。这话，既是针对美国说的，也是针对苏联说的。

8月13日，周恩来在人民大会堂接见了瓦尔德海姆及其随同前来的夫人。在这次会见中，周恩来对中国社会主义建设的献身精神和主张中国积极参与国际合作的态度，给瓦尔德海姆留下了深刻的印象；周恩来敏锐的观察力、明晰的思维、动人的语言、细腻的感情、亲切的微笑、严谨的作风等，都感染着、折服着联合国的秘书长。会见从晚上9点，一直持续到午夜12点半。这么长时间的会见，瓦尔德海姆偶有困倦之感，但见周恩来仍是那样精神焕发、思路清晰，使他深为叹服。他没有想到，中国总理此时已身患癌症，这是他们头一次也是最后一次会面。

1974年4月，就在周恩来病重将要入院治疗的时候，他派出以邓小平副总理为团长的中国代表团出席研究原料和发展问题的联合国大会第六次特别会议。邓小平在这次会议上阐述了中国的对外政策和毛泽东关于“三个世界”的理论。他庄严宣布，中国永远不称霸，永远不做超级大国。周恩来的身体，已经不能亲自前往纽约，但他充分信任邓小平，并亲自到北京机场为邓小平一行送行和接风。

1976年1月8日，中国总理周恩来不幸与世长辞。当消息传到联合国时，秘书长瓦尔德海姆顿感：这对全世界都是一个巨大的损失。

1月12日，就在中国为周恩来总理去世举行吊唁仪式的时候，联合国安理会在当月主席、坦桑尼亚代表萨利姆先生主持下召开会议。会议一开始，萨利姆就请全体代表为中国总理周恩来默哀一分钟。他悲痛地说：

周恩来总理的逝世，使国际社会失去了一位杰出的人物。他不仅是中国党和国家久经考验的领导人，而且他的持久的影响远远超越出他的国界。为了人民的利益，他能够把理想转变为现实。作为毛泽东主席的一位战友，他在长征中和后来的国家建设中发挥了不平凡的作用……我认为，作为理事国的代表，我们同中国政府和中国人民共同感受到损失。

接着，联合国秘书长瓦尔德海姆也发表了真诚称赞周恩来的讲话：

周恩来总理的逝世不仅对中国人民而且对全世界都确实是一个巨大的损失。周恩来总理在发展自己国家的事业中和在中国同国际社会的关系中都起了历史性的作用。他是一位卓越的和受到人民爱戴的领导人。

在联合国安理会上，像这样的会议，像这样由安理会主席和秘书长对一个国家的领导人作出高度评价，是极少见的。周恩来的逝世，的确是世界范围内的巨大损失。他离开了这个世界，但他的精神、风采，却永远留在这个世界上。

（原载于《纵横》1995年第3期）

我所经历的真理标准讨论

吴　江

问题的提出

“文化大革命”结束后，我被分配到中共中央党校工作。1977年9月中央党校复校开课时，我任哲学教研室主任。党校校长和第一副校长暂由华国锋和汪东兴两人兼任，但主持全部日常工作的为副校长胡耀邦。课程安排，第一是哲学课程。课程结束时我做专题报告，时值1977年9月底。这是我第一次登上中央党校讲台。我的报告着重讲两条战线斗争问题，即既反对右，也反对左。为什么呢？因为20世纪50年代以来一直反右，不准反左，说社会主义时期只有右的错误而没有左的错误。在相当一部分人特别是年轻人头脑中，只有两条路线斗争的概念，没有两条战线斗争的概念。十一大仍然如此，把林彪、“四人帮”的路线说成是极右或形左实右或假左实右。总之，人们不知道左为何物，谈左成为最大的政治禁忌。我的这个报告是事先经过以胡耀邦为首的校党委（当时还没有校委会）审定的。

我的报告无非是为打破上述的政治禁忌。报告分两部分。第一部分讲两条路线和两条战线的关系，说明错误路线或执行路线的偏差往往表现为两种倾向，不是右，就是左。按照具体情况进行反对这两种倾向的斗争，就是两条战线的斗争。第二部分是批判“四人帮”的实用主义哲学。我把“四人帮”的哲学归之于实用主义。这里，我讲到确定路线方针是非的标准，究竟是实践标准还是权力标准或其他什么标准。原文如下：

按照马克思列宁主义，证明路线的正确与否，即它是否具有客观真理性，不是一个理论问题，而是一个实践问题。它不可能完全在理论范围内解决，而要从社会实践的结果来证明，看它是否对发展生产力有利，是否为社会主义、为人民群众带来了实际利益。实践标准是检验真理的唯一标准。林彪也好，“四人帮”也好，他们把实践标准践踏得一钱不值，自己另立一个标准，就是权力标准。谁在台上，谁有权，谁就有正确路线，谁就有马克思主义。官越大，权力越大，路线的正确性越大，马克思主义也越多。这可以说是一种权力拜物教。

这个报告的两条战线部分首先摘要发表在《理论动态》上，实用主义部分省略掉了，因为《理论动态》篇幅有限制。以《哲学上两条战线的斗争》为题的整个报告于1977年11月送《哲学研究》杂志，该杂志在1978年2月初出版的第1、2期合刊上发表该文。关于上述真理标准那段文字后来还见之于1978年4月3日发表在《人民日报》上的我的另一篇文章《林彪、“四人帮”实用主义哲学批判》。

我也参加了1977年11月的党史课程的布置。胡耀邦又着重提出实践同样是检验党史问题是非的唯一标准。

我注意到，1978年上半年报纸上有的文章也开始提出实践标准的问题来。“文化大革命”后首先由哲学界提出这个问题是很自然的。党校讲台的特点是能够迅速地将这类观点传播到全国各地的实际工作中去，对实际工作产生影响。

真理标准问题讨论的发起

中央党校复校后，胡耀邦亲手创办《理论动态》这个内部小刊物，对当时的拨乱反正是起了重大作用的。这个刊物一开始就由胡耀邦亲自抓、亲自出题并修改定稿。奉命写稿的多是几位青年同志。1977年底，胡耀邦调中央组织部工作，仍兼顾党校主要日常工作。胡耀邦将主要精力转到中组部之后，仍没有放下《理论动态》这个小刊物。他临走时特设了一个理论研究室，将《理论动态》的编辑工作交给这个研究室。研究室主任由我兼任。

大概是为了表示拜托之意吧，胡耀邦特地邀我到他家吃中饭。我向他表示："我当尽力而为，但这件事非我之力所能胜任，所以今后《理论动态》的选题及最后审稿仍照旧请耀邦同志定。"胡耀邦点头，只说了一句："我相信你们能够办好。"接着就谈1978年春节后第二期教学问题。

理论研究室只设《理论动态》组（组长孟凡）、研究组（组长孙长江）、外文资料组三个组。两位副主任：一位是原校刊组（即原《理论动态》编辑组）组长，一位是从哲学教研室调来的。

这时的哲学教研室只确定每期的教学内容，日常工作则由两位副主任主持，因此我的办公室就搬到理论研究室去了。这时《理论动态》的题目仍争取由胡耀邦出，我也提出一些题目，文章由我修改定稿，然后送胡耀邦最后审定。在一个很长时期内，除少数稿件外，我仍坚持由胡耀邦终审，尽量不自作主张，以减少错误。这期间胡耀邦对全体同志仍不时作批示或提醒注意某些问题。

《理论动态》点燃起关于真理标准讨论之火，有些偶然性。前面说过，实践是检验真理的标准这个问题，1977年9月和11月在中央党校的哲学课程和党史课程中已经提出讨论。其后，在有的报刊上也提出了这个问题。党校的哲学课程提出这个问题是基于下述的理由："文化大革命”把一切都搞乱了，按照什么来判别是非功过，提一个什么标准呢？以语录为标准？以权力为标准？还是以派别为标准？“文化大革命”通行这三条标准，结果越搞越乱，越搞是非越颠倒。甚至到了1977年还发生过这样一件怪事：为了推翻关于教育工作的两个错误估计，竟非用迟群（“四人帮”的属下）笔记本上两条来历不明的语录不可，否则就好像没有推翻的理由。这实在是一种怪现象，如果没有那两条语录怎么办呢？难道明明白白地摆在眼前的事实就不算数吗？党史的是非标准也是这样。

提出实践标准问题来，并不是我们的创造，这是马克思主义的一条基本原则，也可说是常识，《实践论》讲得很清楚。这条原则毛泽东在20世纪50年代末又提到过一次。1957年7月10日，毛泽东接见外宾时谈到当时中国党的路线的看法，他说：“我总是同外国同志说，请你们给十年时间，再来看我们是否正确，因为路线的正确与否，不是理论问题，而是实践问题，要有时间，有实践的结果来说明。”这段话当时没有公开发表。当时正是“大跃进”刚要开始的时候，因此我对此印象十分深刻。正因为这样，我们虽知道实践标准和“两个凡是”是对立的，但相信提出这个原则问题来任何人都没有反对的理由，何况邓小平已经正式向中央表明“两个凡是”的提法不妥。

1977年下半年，中央党校第一期几百名高、中级干部加上理论班100多学员讨论了这个问题，大家对于这条原则没有提出异议，当然在联系实际时糊涂观念还是不少的。第二期、第三期继续讨论。所以，要说提出实践标准的影响，在后来所写的两篇文章之前，已经通过几千名高、中级干部在全国扩散开去了。

党校学员在讨论中对实践标准提出一些问题，比如说，各人的实践不同，究竟根据谁的实践来确定哪个是真理呢？诸如此类。我和当时担任理论研究室研究组组长的孙长江同志谈起这个问题，他自告奋勇愿意为《理论动态》写一篇文章，澄清一些糊涂认识，发给学员参考。我同意了，题目就定为《实践是检验真理的唯一标准》。这大概是1978年二三月间的事，起草过程中，曾在中央党校第一期学习过的《光明日报》总编辑杨西光送给我一篇他亲自组织来的谈实践标准的稿件，题目是《实践是检验一切真理的标准》，作者是南京大学哲学教师胡福明。《光明日报》很重视这篇文章，在杨西光主持下精心修改多次。杨西光送来这篇稿件意在得到《理论动态》的支持，首先在《理论动态》刊载，然后再以特约评论员名义在《光明日报》上发表。我看了来稿，觉得文章写得还是有勇气的，只是理论和逻辑性不足。我将来稿交给孙长江一并处理，请他与他正在起草的文章捏在一起，题目还是用我们原定的。文章最后由我修改定稿后于4月27日送胡耀邦和有关同志审阅。因为这篇文章的处理既未经过《理论动态》组，事前亦未向胡耀邦报告，所以我特地在电话中向胡耀邦说明这篇文稿的来历及意图。如前所述，在党校，这已不是一件新鲜事。胡耀邦画圈表示同意并退回，未作修改。文章就在1978年5月10日出版的《理论动态》上发表了。第二天即以《光明日报》特约评论员名义在《光明日报》上发表。随后，《人民日报》也作了转载。

这篇文章的发表竟然引起一场大讨论，是我们始料所不及的，这可说是一种偶然性。当然，偶然性后面总隐藏着必然性：两条思想路线的分歧既然存在，争论或迟或早要发生，不是发生在这个问题上，就是发生在那个问题上。这场争论由这篇文章引起，公平地说，首先对文章提出指责的吴冷西（毛办成员）有功劳，当时如果没有吴冷西同志对这篇文章的指责，正像当时于光远同志告诉我的：他看这篇文章只把它当作一个马克思主义的常识问题，浏览一下就放下了。吴冷西同志并不像于光远那样浏览一下就放下，我想这也不奇怪，因为他是毛办成员，与提出“两个凡是”有关，因此他对这个问题有高度的敏感性。

1978年5月12日晚11时，吴冷西给《人民日报》总编辑胡绩伟（吴冷西“文化大革命”前是《人民日报》总编辑，胡绩伟是他的副手之一）打电话，提出严厉的指责。指责的具体措辞究竟如何，胡绩伟和吴冷西两人说法不一，但这一点并不重要。

根据胡绩伟当时的电话记录稿，吴冷西说了这篇文章砍旗犯了方向性错误，“政治上问题很大，很坏很坏”和“哲学上否认相对真理”等话；而根据吴冷西后来在理论工作务虚会上的声明，他说他只说过这篇文章提倡怀疑一切、不可知论，否认真理的相对性，在理论上是错误的；说过这篇文章的基本倾向是要修改马列主义毛泽东思想，这会使读者提出究竟是砍旗还是举旗，会在国内外引起很坏的反应；并说文章是批判教条主义而不是批判修正主义（即认为当时仍应当批判修正主义，而不应当批判教条主义），因此方向偏了，如此等等。

但问题并不限于吴、胡个人之间。看来，吴冷西是代表当时的意识形态领导机构说话。因为紧接着，当时主管中央意识形态工作的领导人汪东兴于6月15日召开了中央宣传部和中央直属新闻单位负责人的紧急会议，专门批评实践标准这篇文章，还批评《人民日报》发表的另一篇谈按劳分配问题的文章，并提出防范措施。汪东兴批评这个时期发表的特约评论员文章说：“特约，是谁嘛？不知道。这些特约评论员文章有问题。”因为《人民日报》有较大的社会影响，所以他特别批评《人民日报》“没有党性”，“没有把好关”，今后不能随便发这类文章，特别是特约评论员的文章。

对于实践标准这篇文章，当时华国锋也亲自向胡耀邦点了有关人士的名。

还有当时的社会科学院院长，在社会科学院召开的一次大会上，也提出了指责，说如果认为中央领导在真理标准问题上有分歧，那就是分裂党中央。

形势骤然变得紧张起来，尽管当时尚限于上层内部。有一点很清楚，思想路线的分歧也就是政治路线的分歧。在当时的高压之下，已是一片鸦雀无声。有人已经开始作沉痛检查。形势确实是严峻的，我感到周围空气沉重。怎么办？问题是由我们发表文章引起，如果对于当时的严重指责保持沉默，那就是表示我们已屈服，无理可说。而这样一来，真理标准讨论势必夭折，我们也将承担严重罪名，“两个凡是”的势力将更为猖獗，我们的处境将更加困难。但如果提出反驳，倘局势依旧，其后果也难以设想。

我对此考虑再三，最后还是决定撰文作出正面回答，据理驳斥，等待适当时机并用适当方式刊出。

1978年6月24日，在离宣传系统会议不到10天时，《解放军报》上发表了《马克思主义的一个最基本的原则》一文。考虑到胡耀邦当时的为难处境，他的两个顶头上司已经向他发出责难，因此起草这篇文章我没有事先向他报告，但将所写的第一稿送给他。他叫秘书给我打电话，只交代一句："等3个月以后再说。"我理解他的态度，作为一个高级领导人，总不能不照顾起码的组织原则。但我觉得已经不能再等待下去了，为了不再给领导人之间的关系添麻烦，至少在形式上摆脱胡耀邦与这篇文章的干系，最后的定稿就未送胡耀邦过目，如何处理亦未向他请示。当时帮助撰写这篇文章的只有孙长江一人。

文章为什么拿到《解放军报》上发表呢？这是因为当时《理论动态》已不可能刊登这篇文章了。宣传系统下达禁令后，《光明日报》《人民日报》也都不可能刊登这类文章。那时军队刚召开过全军政治工作会议，《解放军报》刊登了邓小平在会上的重要讲话，而这个讲话正是同"两个凡是"针锋相对的。我忽然想起这正是一个适当的时机，也是较适当的方式——求助于《解放军报》。刚巧我那时正与《解放军报》副总编辑姚远方有联系，我备了一封信，将文章送给他，也是抱试一试的态度。不想《解放军报》总编辑华楠和副总编辑姚远方表示完全赞成这篇文章的观点，答应刊登。我提议不用我个人名义而用《解放军报》特约评论员名义发表，以加重文章的分量，他们也同意，这是《解放军报》第一次以这种形式刊登文章。文章发表的当天，《人民日报》《光明日报》的负责人经过商量，在文章发表的当天，均在各自报纸的显著位置转载，新华社也在当天转发，因此各省、市、地方报纸也陆续转载。

这里特别要提一下的是，当我接到第一次发稿清样时，突然想起，建议将文章送请当时任中央军委秘书长的罗瑞卿过目。我此举自然是想寻求支持，但我没想到罗瑞卿同志竟如此认真，他不仅表示支持，并通过编辑部口头向我建议作两处重要增补：一是多介绍《实践论》的思想；二是再援引邓小平在全军政治工作会议上讲话中的一段重要文字。我都照办了。

罗瑞卿曾为这篇文章直接同胡耀邦通过几次电话，表示对这场斗争的支持。文章发表后不久，罗瑞卿出国治病，临行时还留下一句话，说这篇文章如果打屁股的话，他愿意领受40大板。这位文武兼备的将军在这场结局尚未明朗的斗争中所给予我们的支持，是令人难以忘怀的。不幸的是，不久他竟因病永远离开了我们。

这篇文章是在《解放军报》的严正支持下，突破了当时的某些压制与封锁，并引起了中央其他主要领导人的注意。据我所知，邓小平同志也是在看了这篇文章之后才注意到这场争论的。

有两件事我认为需要记录在案：一件是，文章发表的当天，有人匆匆忙忙赶到胡耀邦家里，说这篇文章是表示我们主动发起攻击，把事态搞严重了，把内部争论公开化了，他对此表示遗憾。另一件是，胡绩伟有一次到医院去看望指责他的吴冷西，吴对他说：“我看了《解放军报》特约评论员的文章，更认为我那天晚上在电话上向你提出的意见是对的。”

如果说，第一篇还只是在中央内部不大范围内引起争执，那么，第二篇文章在中央各报和几乎所有各省市报纸刊载后，诚如有人所说，是把这场内部争论公开化了，也就是将党内分歧公开化了。争论在全国范围内公开地、十分引人注目地展开了。

1978年7月至10月这4个月当中，大多数地方，包括军队，都对这场争论或先或后地做出了反应，公开地表明了态度。这样的事在党的历史上还是少见的。

真理标准的讨论分三个阶段：

第一阶段从1978年5月开始，到12月党的十一届三中全会对这场讨论做出了肯定的评价。

第二阶段是从1979年1月18日至1979年4月初召开的理论工作务虚会，集中北京的和各省市的理论工作者和宣传部共四五百人讨论真理标准问题，前后共历时3个多月，这是在中央直接领导下讨论这个问题，是讨论的重头戏。

第三阶段是1979年7月开始的真理标准讨论补课。这里因故略掉理论工作务虚会的讨论，只记第三阶段的补课。总而言之，争论并未因两篇文章的发表而停止，相反，真正的争论还在其后呢！

真理标准讨论补课

十一届三中全会后，甚至理论工作务虚会后，有关“两个凡是”的争论并没有结束，局势并没有完全明朗化，但真理标准的讨论却中断了，“凡是”势力乘机反扑，理论工作务虚会成了一些人攻击诽谤的目标。社会上盛传三中全会犯了右倾修正主义的错误，有人公然说今后必须继续反右；有些地方又重提千万不要忘记阶级斗争；有人认为批判“凡是”就是同中央分道扬镳；个别部门甚至发生反攻倒算行为。

现在国内外传播的一些有关书籍和文章，当谈到真理标准讨论时，好像认为只是关于真理标准的一两篇文章就解决了问题，因此只限于介绍文章的写作修改过程及细节，不了解这场讨论的全过程及其各个重要环节，有的书籍甚至还作了演义式的描写。其实，第一篇文章（即《光明日报》特约评论员的文章）只是引起了中央内部的争论，而且处于受压的地位；第二篇文章（即《解放军报》特约评论员的文章）虽然把争论公之于世，引起了全国范围内的讨论，但讨论只限于中央及省市上层，并没有深入到广大干部和群众中去。正因为如此，坚持“两个凡是”的人才敢于在中央工作会议和三中全会上再度挑起争论。而理论工作务虚会实际上只是把这场争论搞得更加尖锐化罢了。

理论工作务虚会后，有人提出了政治上反右、经济上反左的口号。

虽然和“两个凡是”不同，但这个口号在当时的出现无形中代表了今后一种有势力的倾向，也反映了党内在改革问题上存在的一种分歧，虽然它一直没有见之于任何中央文件。

1979年下半年，务虚会结束后不久，邓小平赴天津、山东、上海等地考察。他讲了几次话，从思想路线讲到组织路线，重新提出要警惕“两个凡是”。这些讲话后来经过整理集中在《思想路线政治路线的实现要靠组织路线来保证》一文中。这篇文章注明是邓小平接见海军党委常委扩大会议全体人员时的讲话，其中有这样一些重要的段落：

> 就全国范围来说，就大的方面来说，通过实践是检验真理唯一标准和“两个凡是”的争论，已经比较明确地解决了我们的思想路线问题，……
>
> 真理标准问题的讨论是基本建设，不解决思想路线问题，不解放思想，正确的政治路线就制定不出来，制定了也贯彻不下去。
>
> 我们要注意，现在反对党的政治路线、思想路线的，还大有人在。他们基本上是林彪、“四人帮”那样一种思想体系，认为中央现在搞的是倒退，是右倾机会主义。他们打着拥护毛泽东同志的旗帜，搞“两个凡是”，实际上是换个面貌来坚持林彪、“四人帮”那一套。这些人大体上是文化大革命中提起来的，是既得利益的。他们感到现在的一套对他们益处不大，所以对过去很留恋。经过工作，其中有些人可能转变过来，但不一定都能转过来。
>
> 一九七五年我主持中央工作，王洪文就说，十年后再看。现在也有十年后再看的问题。我们对林彪、“四人帮”的影响不能低估，不能想得太天真了。

讲话最后提出：“这个争论还没有完成，现在要考虑补课。”

将邓小平当时几次讲话整理成一篇文章并正式公布是后来的事，当时我看到的是从下面传来的讲话记录，内容大致与后来经过整理的文章相同，只是个别词句删掉了。我将收到的记录送给胡耀邦，请他考虑《理论动态》是否写一篇东西。胡耀邦看完记录给我一个电话，要我先到中宣部跟少数人讲一讲关于补课的内容，也可以提出我个人的意见，让大家议一议。

我除照念记录外，对当时面临的情况和补课的内容谈了我的看法。我认为这次补课，或者说继续讨论，重点应当解决领导思想问题，就是要求各级领导干部带头解放思想，旗帜鲜明。端正思想路线首先要端正领导干部和领导机关的思想路线。领导的责任在于通过讨论把全党的思想统一到三中全会的方针上来。我提出，根据前一段的经验和目前的情况，这次的补课在思想上始终要抓住两个问题：一个，就是弄清楚究竟什么是真正的毛泽东思想，不能把“文化大革命”的错误，林彪、“四人帮”那一套思想体系记在毛泽东思想的名下，要区别真高举和假高举、真坚持和假坚持；另一个，就是着重批判林彪、“四人帮”的极左思想及帮派组织路线并肃清流毒，“两个凡是”就是极左思想及帮派路线流毒的集中表现。

胡耀邦要求将这些内容先在党校向全体学员讲一讲，我照办了。

1979年8月20日左右，中央统战部第一副部长兼全国政协副主席及秘书长刘澜涛找到我，说中央统战部正在召开全国统战工作会议，会上暴露出来的糊涂观念和“左”的东西很不少，想请我在会上就真理标准问题讲一讲，帮助大家统一思想。我有些迟疑，因为这是中央部门的全国性会议，而我并不了解统战干部思想的深浅。但无法推辞。时间就定在8月23日下午。

报告会由刘澜涛亲自主持，年近九十的中央统战部顾问李维汉同志也在台上就座，我实在有些过意不去，站起来请他老人家回去休息，我另找时间向他汇报，他不肯，一直坐到终场，可见会议之认真。

会议印发了我的讲话全文，并开了两天小组讨论会，讨论简报也送给我一份。我留心翻阅这些简报，发觉多数同志赞成，认为弄清这个问题对于统战工作大有裨益，目前统战工作的阻力主要是“左”。但也发现了两个问题：

一个问题是，有一位省委统战部部长说："这样重大的讨论，既然在中央这个问题已经解决了，为什么中央没有正式文件或作正式传达，而由中央党校的副校长出来讲呢？我们那里，党委从来没有传达过，也没有讨论过。这次回去，说补课重要，如果党委不动，我们统战部门补课是补不起来的。"这个反映很重要，说明虽然三中全会公报鲜明地对真理标准讨论作了传达，但有的省委却按兵不动。当然，另一方面也说明这场讨论的方式的特殊性。

另一个问题是关于三分之一的问题。这个问题需要补充说几句。我原来收到邓小平讲话记录稿，有这样几句话："利用毛主席的错误，坚持'两个凡是'，即换一个面孔，坚持林彪、'四人帮'那一套，这样的人，个别单位竟达到三分之一。这是全国的缩影。"我讲时声明，这是根据别人的记录稿，不是原文。会议印发我的讲话稿，上面明白地有我的声明。对于这个问题，讨论简报中有两种不同意见：一种认为个别单位达到三分之一的估计是适当的，党内外思想僵化、半僵化、转不过弯来的人的确相当多；另一种意见则反对三分之一的估计，他们撇开个别单位这个词，说全国有三分之一的干部坚持"两个凡是"，这还了得！

我当然不可能也没有必要向会议作解释。但是我后来听说，中央书记处研究室编写会议简报向中央领导人反映时，把前一种意见略去，只将后一种意见写上，听说邓小平同志看了有些不悦。后来有一次我请邓力群向党校学员报告时专门向他声明这件事，他沉默不语。我想，不管怎样，能够引起邓小平的不悦，编写会议简报向上反映的人的目的总算达到了。

与全国统战工作会议同时，中央组织部也召开了全国组织工作会议。我又被部长宋任穷邀请于9月6日在全国组织工作会议上讲同一个问题，讲话内容基本与上次相同，不过突出了这次邓小平同志所说的用人问题、现在也有十年后再看的问题。但这次会议对这个问题究竟如何对待，是否进行了讨论，我就不得而知了。

事后，根据中宣部意见，新华通讯社的《内部参考》（9月27日）刊登了我两次讲话的要点，题为《真理标准讨论补课重点要解决领导思想问题，补课要落到实处》。《内部参考》发至中央各部（包括司局）、各省市委、地委（包括县委第一书记），军队则是军、师级相应的领导干部。因此，至少可以说，关于真理标准讨论应当补课的问题，1979年九十月间，已经以新华社内参的形式下达全国了。

真理标准讨论补课是真理标准讨论的第三阶段。这一阶段大体到1981年6月党的十一届六中全会基本结束。这次全会通过了《历史决议》，明确指出有一个毛泽东晚年错误问题；全会同时免去了华国锋的党中央主席职务，由胡耀邦接任。这样，就从思想方面和组织方面撤掉了用以支撑“两个凡是”的支柱。

所谓争论基本结束，就是说并没有完全结束。因为思想路线上的斗争并未因此停止，以后在各种问题上（自然包括改革问题），凡是与实践标准的争论仍以各种形式表现出来。有人对改革开放路线始终不以为然，他们看到改革开放出现一些问题，如经济秩序混乱，有的环节开放出现一些问题，如经济秩序混乱，有的环节失控，出现假冒伪劣产品以及出现腐败现象，因此就在相反意义上举起实践是检验真理的唯一标准的旗帜。

关于真理标准讨论的意义和影响，有些外国评论家倒要比我们有些人看得透彻些。

英国广播公司记者菲利普·肖特所写《熊与龙——今日中苏内幕》一书（1982年），其中说道：“《人民日报》把真理标准问题的讨论看成中国现代史上三大运动之一，与五四运动和延安整风并列。苏共二十大后，却提不出类似的口号来。”

美国密歇根大学政治系教授（曾任美国国家安全委员会高级顾问）奥克森柏部，在美国1985年7月出版的《知识分子》季刊中撰文说：“‘实践是检验真理的唯一标准’和‘实事求是’这两句话，不仅是政治口号，而且反映了中国领导人企图改变决策过程的决心。”

更值得注意的还是新加坡《联合早报》于1986年1月1日发表的《中国经济改革的历史意义与国际影响》一文，这篇文章说了这样一段话：“贯穿着整个改革运动的其实是‘实践是检验真理的唯一标准’这种精神。这句表面上看似空洞的口号，其实却是一个涵盖面非常广、效用非常大的原则，使改革领袖可以放手采用古今中外任何发展模式的经验和优点，而完全不受任何既定思想理论的束缚。”

（选自《新中国往事·步履写真》，
中国文史出版社 2011 年 1 月版）

外交部发言人制度是怎样建立的

李建英

1983年，在当时改革开放的形势下，为了国家对外宣传的需要，外交部决定正式建立外交部新闻发布制度。1983年3月1日，中国外交部举行首次例行记者会。时任新闻司司长齐怀远以外交部发言人名义主持记者会并向中外记者宣布：中国外交部从即日起建立发言人制度。

我1984年进入外交部新闻司工作。1985年新闻发布处一成立，我就被调至该处任副处长，后任处长，共六年，有幸为在1985年至1991年担任发言人的三任司长和多名副司长服务；我在1991年至1993年任新闻司副司长期间，也做过发言人。可以说，我亲历了外交部发言人制度早期发展的一段历史。

近几年，我在社会上和与一些大学生互动中，有时听到关于外交部发言人的一些微词，感到虽然近年来发言人曝光率很高，但人们对发言人机制的了解并不多，需要加强对发言人机制的介绍。

建立发言人制度是形势所需

外交部建部后，多次以外交部发言人名义就某一重大问题发表声明或谈话，但没有实体发言人，只是空头衔，没有形成制度。

随着我国外交事业的发展、国际地位的提高、国际作用的增强，逐渐产生了建立发言人制度的需求。新中国诞生之后，由于美国对中国实行孤立封锁政策，到1970年底，与中国建交的国家只有55个。70年代初，随着中美关系打开，一些原来受美国控制的国家纷纷与中国建交。到1979年底，同中国建交的国家增至120个。1971年，中国恢复了在联合国的合法席位，逐渐加入了一些政府间国际组织和民间国际组织。中国作为联合国和国际组织成员，尤其是作为安理会常任理事国，必须积极参与国际事务，在国际问题上表明态度。世界需要了解中国的立场，国内公众也希望听到政府的声音。20世纪80年代初，外交部新闻司有了建立发言人制度的想法。

1982年 3 月24日，苏联领导人勃列日涅夫在塔什干发表讲话，在继续攻击中国外交政策的同时，承认中国“存在着社会主义制度”，强调支持中国“对台湾的主权”，表示愿意改善苏中关系。在中苏关系政治上对立、军事上对峙了20多年之后，勃列日涅夫表示了改善中苏关系的意愿。邓小平注意到讲话所传递的信息，认为这为中国调整对苏政策提供了机会，指示外交部对勃列日涅夫的讲话作出反应。

3月26日，时任新闻司司长钱其琛以外交部发言人身份在位于东四的外交部办公楼主楼门厅举行了发布会，对中外记者表示：“我们注意到了 3 月24日苏联勃列日涅夫主席在塔什干发表的关于中苏关系的讲话。我们坚决拒绝讲话中对中国的攻击。在中苏两国关系和国际事务中，我们重视的是苏联的实际行动。”虽然只有三句话，但向苏联传达了中国也愿意改善中苏关系的信息，向世界传出中苏关系可能发生转变的信息。

钱其琛在《外交十记》里回忆称：“那时，外交部还没有正式的新闻发布会制度。我仍在新闻司司长的任上，正在考虑设立新闻发言人，此事便成了立刻建立发言人制度的契机。”

1983年2月，中央要求外交部和国务院涉外各部门建立新闻发布制度。一个月后，即1983年 3 月 1 日，时任外交部新闻司司长齐怀远在国际俱乐部举行发布会，宣布外交部建立发言人制度。

经过30多年发展，发言人制度逐步成熟

像任何新生事物一样，发言人制度有一个逐渐发展的过程。开始几个月，每周举行一次定期发布会，但是只发布，不接受记者提问。1983年9月，发展为发言人在每月第一周的发布会上现场回答中外记者的提问。1986年7月，发展为每月在两次发布会上现场回答中外记者的提问。1987年6月，发展为在每周记者会上回答记者的提问。1997年，取消了对记者提问次数和记者会时间的限制。2011年9月，开始在每个工作日都举行记者会。

除了例行记者会外，新闻司从建立发言人制度一开始就建立了电话答问制度，记者可以通过电话向发言人提出问题，新闻司通过电话或发布会对问题做出回答。2000年，新闻司又设立了发言人值班移动电话，新闻司处级领导在包括周末和节假日在内的每天值班，移动电话24小时保持畅通，记者可以随时与发言人办公室联系。近年，随着新媒体时代的来临，外交部又建立了网站，开通了微博、微信，用多媒体手段提供发言人在记者会上的发布内容和答问，方便了中外记者的报道。

此外，外交部发言人进行发布和答问的方式也逐渐发生了一些变化。譬如，发言人从坐着发布和答问，改为站着发布和答问；从现场交替传译，改为1996年取消翻译，1997年又改为同声传译，这成倍增加了提问和答问时间。

关于发言人的称谓，一些媒体、一些部门称“发言人”为“新闻发言人”。思来想去，不知为何在“发言人”前加“新闻”二字。发言人通过发布信息和回答问题阐述的是政府在国际问题上的政策、立场、看法和主张，不是“新闻”，记者报道出去才叫“新闻”。在“发言人”前加上“新闻”二字是不确切、不妥当的，正确叫法应该是“发言人”。国际上的普遍叫法也是“发言人”，即“spokesman”或“spokesperson”。

一个人的背后是一个团队

大家在电视上看到的发言人答问，是发言人工作的最后阶段和成果。发言人在举行发布会之前，要做大量准备工作，具体来说主要有两项：设想记者可能提出的问题和准备表态口径。问题设想得全，就可不打无准备之仗，避免在记者会上陷于被动。

表态口径是我外交方针、政策的具体体现、具体表述。发言人答问效果好坏，除了时效、时机等因素外，最主要的取决于口径，取决于口径的质量。因此，高质量的口径是保障发言人工作效果的最关键、最重要的因素。

外交部发言人的表态口径是如何制订的呢？新闻司新闻发布处（现为发言人办公室）是专门负责协助发言人工作的处，以前一些人称之为“口径处”，有数十人。发言人与发布处人员一起设想问题，草拟口径，然后将这些问题连同口径草稿发到外交部有关地区业务司会签。在各司，先由主管人员和处长审阅修改，然后交司领导审改。有些口径还需要报部领导审定。如果涉及其他部委，还需送交有关部委会签。有些重要口径，需经过中央批准。譬如，钱其琛1982年3月26日的那三句话，就是报邓小平审定的。

从上述过程可以看出，表态口径是外交部依据我外交政策，考虑具体问题的具体情况，经过反复研究、推敲、斟酌制订的。发言人工作是一项重要的全部性工作，发言人在发布会上的应对，是整个外交部共同努力的结果。表态口径的制订过程，也是外交部各个司局上上下下协调看法和政策的过程。

拟定表态口径，对外表态，是发言人和发布处的职责和“专业”。发言人及其助手一直致力于提高口径质量和对外表态效果。发言人要拟定好口径，做好准备工作，需要认真学习和领会政府的外交政策，特别是政策的调整；需要时时刻刻密切跟踪国际形势的发展，特别是热点地区的形势、突发事件及老事件的新发展、新动向，对国际形势有全面了解和深刻认识；需要了解我与各国的关系，特别是与大国的关系，知道这些关系中有什么敏感或者重要问题；需要了解中外记者关注的问题；注意学习和积累各种外交知识、国际知识；等等。在制订口径过程中，发言人和发布处开动脑筋，勤于思考，反复推敲，字斟句酌，力争把口径写好。发言人及其助手的政策水平、语言能力、谈话技巧、聪明才智反映在口径中。

发言人“念稿”是正常做法

社会上甚至外交部有人对外交部发言人念稿表示不解。如何看待“念稿”，涉及对发言人机制的看法。发言人不是国家领导人，不是部长，不是决策者。发言人答问，不是智力竞赛，不是即兴演讲，不是现场作秀。发言人不是发表个人看法和意见，是代表外交部表态，是在外交问题上代表中国政府表态，是向全国、全世界诠释中国政府在外交问题上、国际问题上的正式立场、政策、意见。他们被称为“发言人”，实质上只是政府的“代言人”。

陈毅元帅被任命为外长时，向周总理请教，周总理对他说了八个字：“外交工作，授权有限。”陈毅在外交部一直强调“外交大权属中央，外事工作授权有限”。外交部所有人员都熟记周恩来总理“外交无小事”、“外事无小事”、外交决策权属于中央的教导。“外交授权有限”，是各项外交、外事工作的戒律，当然也是发言人工作的戒律。

发言人在记者会上面对的是各国记者，各国记者身后是各国媒体和政府。在信息时代，发言人说出一句话，各国媒体立刻作为中国政府的政策进行报道，立刻传到世界各国。在记者会上说话，是“一言既出，驷马难追”。发言人话一出口，就收不回来；说错话，就会对我国的外交造成影响和损失。按照经过严格审批的口径表态，是发言人应该严格遵守的政治纪律。外交部前副部长齐怀远在“外交部发言人制度30周年座谈会”上说，他担任发言人之前，请示钱其琛：没有口径如何办？钱其琛表示，有口径的问题，就回答；没有口径的问题，就不要现场回答。发言人“念稿”是正常做法，美国白宫和国务院发言人也大都念稿。

外交部发言人由新闻司司长和两位副司长担任。从发言人制度建立至今34年来，30位发言人虽然各有特点，但是都遵守发言人制度的严密机制和严格纪律，都坚持加强学习，不断提高把握和宣介中国外交政策的能力和水平。随着国内外形势的发展，特别是网络媒体和社交媒体的发展，外交部发言人所面临的国内外舆论环境更加复杂，媒体和民众关注问题涉及的范围更加广泛，对发言人的要求也越来越高。随着中国国力增强和国际影响力上升，发言人表态的底气更足，可以发挥的空间也相应增多。在继承外交部发言人制度优良传统和做法的基础上，现在发言人自己研拟口径的比例大大增加，语言更加生动，现场发挥更多。外交部例行记者会越来越成为国内外各界认识和了解中国外交政策的重要平台。

钱其琛是拟定口径的典范

钱其琛对拟定口径工作非常重视，对如何提高口径质量作过多次指示。譬如，1992年，我在随从时任部长钱其琛出访时，他对口径工作讲了几点意见。大意是：外交部的表态口径，对都对，但有两个毛病：一是回应问题的方法不够巧妙；二是老重复那几句话，要有新的说法。答问不能太长，要短一点，口语化一点，不要太死板。

钱其琛是编写口径、对外表态的典范，值得我们学习。20世纪90年代初，我在新闻司做过两次业务讲座，汇报学习钱其琛部长两会记者会准备答问口径和现场答问的体会，现仅举几例。

例一，关于中国同意韩国记者采访两会是出于什么考虑的问题，口径的初稿是“我们欢迎外国记者按我有关规定来华采访两会活动”。钱其琛将其改为“我们欢迎韩国记者按我有关规定来华采访两会”。显然，初稿没有直接回答问题，而钱其琛的回答针对问题，直截了当。钱其琛利用答问的机会，表明我们愿意与韩国建立外交关系的立场。中韩于当年（1992年）8月建立外交关系。口径一般应该针对问题，提高口径的针对性。

例二，关于我对台湾直选问题的口径，钱其琛将“我们不承认台湾选举所谓的‘总统’有合法性”，改为“我们不认为台湾选举所谓的‘总统’有合法性”。原稿中的“不承认”包含的意思是，可能是合法的，但是我们不承认。而“不认为”则表示选举的总统本身没有合法性。发言人必须加强语言学习，体会语言的细微含义、相近语言之间的差异，字斟句酌，准确选择用词，准确表达要表达的意思。

例三，关于中国颁布《领海及毗连区法》是否会影响中日关系的问题，原口径是“中国颁布《领海法》是重申中国的一贯立场，不会影响中日关系”。钱其琛改为“中国颁布《领海及毗连区法》明确规定钓鱼岛属于中国，是重申中国的一贯立场，不应影响中日关系”。原口径未提钓鱼岛，而实质问题是钓鱼岛的归属问题。钱其琛利用答问机会，重申钓鱼岛属于中国的立场，维护国家领土完整。至于中国颁布《领海及毗连区法》是否会影响中日关系，不是中方单方面可以决定的。任何双边关系的发展都取决于双方，而不是一方。说“不会”，有点主观臆断；而“不应”则意味着中日关系可能会受到影响，但这不是中国的愿望。如果日本借此在两国关系上做文章，是不应该的，是错误的。只改一字，表达的意思完全不同。

例四，关于台湾“重返联合国”的问题，原口径是“世界上只有一个中国，台湾是中国的一个省，它能加入联合国吗？台湾一部分人妄图挤入联合国实现其分裂国家的目的，这是绝对不可能得逞的”。钱其琛将其改为“1971年联合国大会以2/3的压倒多数通过了恢复中华人民共和国在联合国的席位的决议。台湾有人妄图重返联合国是不可能实现的”。原口径是经常使用的老口径，完全正确，但总重复老口径，缺乏影响力。钱其琛引用历史事实，援引具有法律效力的联合国决议，更有说服力。将“不可能得逞的”改为“不可能实现的”，语言更平和，更容易被外国记者接受。

例五，关于美国、英国、法国在安理会提出制裁利比亚的决议问题，原口径是“……通过联合国安理会采取制裁措施无助于问题的解决，会加剧地区紧张局势，造成严重后果”。钱其琛改为“我们不赞成联合国安理会采取行动对利比亚进行制裁，这无助于问题的解决，反而会加剧地区紧张局势，造成严重后果”。经钱其琛修改过的口径，表态更加明确。

例六，关于台湾申请加入关贸总协定问题，原口径是：“GATT是一个政府间国际组织。在该国际组织中，一个国家只能有一个政府代表，台湾是中国的一部分，这是早已为国际社会公认的事实。在恢复了中华人民共和国作为关贸总协定缔约国地位后，我们不反对台湾作为中国的一个单独关贸区加入该组织。”钱其琛删掉了前面一段，只用了最后一句，口径更加简明扼要。

例七，关于西方国家有人借中国国防费用增长宣传中国威胁论问题，钱其琛在答问时列举了关于中国军费在国民生产总值中所占比例，中国与美国、日本的人均军费比较，国防预算比较及物价因素等大量数据，说明“中国军费水平是很低的，中国的军事力量完全是用于防御的”。对外表态，摆事实讲道理，可以增强说服力。

上述钱其琛修改口径的范例，显示了对拟定口径的一些基本要求。从钱其琛对口径的修改中，我们可以学到许多关于如何拟定口径和如何对外表态的知识。他修改口径的文本，是极好的教材。

王毅部长在2013年12月12日举行的外交部发言人制度30周年暨外国驻华记者新年招待会上的一段讲话，对外交部发言人工作作了很好的总结：

今年是中国外交部发言人制度建立30周年。“三十而立”，经过30年探索努力，外交部发言人制度日臻成熟和完善，已成为中国改革开放的一个重要窗口和中国发展进步的一个重要标志。30年来，共产生了27位外交部发言人。他们所处时代不同、经历不同，有各自的独特风格，但有一点是共同的，那就是忠诚、使命、奉献。他们从心底热爱自己的国家和人民，热爱所从事的事业。在发言人的岗位上，坚定不移地维护国家的主权、利益和尊严，持之以恒地诠释中国外交的理念、方针和政策，积极致力于增进中国与世界的相互了解和理解。我愿借此机会向27位发言人致敬！

跨越而立之年，外交部发言人制度正站在新的历史起点上。我希望并相信，外交部发言人将继续发出和平发展的声音，传递合作共赢的理念，播撒友谊信任的种子。

（原载于《纵横》2017 年第 8 期）

接待美国总统尼克松首次访华

唐龙彬

1972年2月21日至28日，美国总统尼克松访华和在上海发表的中美联合公报是举世瞩目的大事，在美国国内和国际上引起了极大震动，是国际关系中的一个重要转折，其影响是十分深远的。周恩来总理在欢迎尼克松总统的宴会上讲话时说：尼克松前来中国访问，“使两国领导人有机会直接会晤，谋求两国关系正常化，这是符合中美两国人民愿望的积极行动，在中美两国关系史上是一个创举”，“中美两国人民之间的来往中断了20多年，现在，经过中美双方的共同努力，友好来往的大门终于打开了”。

尼克松总统是应中国政府的邀请前来中国访问的。尼克松政府于1969年上台后，深感到中国的国际威望越来越高，认识到世界上有许多事务，如果没有中国的参加，就不可能有稳定和持久的和平。于是，尼克松决定派基辛格博士作为美国政府的特使于1971年7月9日至11日秘密来华，与我国领导人就寻求中美关系正常化和尼克松访华事宜进行探讨。经过双方磋商，于7月15日中美双方向外界发布了公报。公报称，尼克松总统将于1972年5月以前访问中国。尼克松的访华就是在这种背景下实现的。

对尼克松一行的接待是贯彻落实毛泽东主席和党中央的外交路线的一项重大政治任务。当时我在外交部礼宾司接待处工作，为能参加这次工作深感责任重大和无限荣幸。这次接待任务的特点是：1.人数多。

尼克松一行396人（正式人员15人、非正式人员22人、后勤和机组人员59人、通讯人员72人、安全保卫人员42人。白宫新闻人员15人、记者87人、卫星电视工作人员84人），连同临时来华的美国专机机组人员和先遣人员共494人（这个数字还是经多次商谈大大缩减后的数字，比最早美方提出的人数近千人少了一半）。此外，我国还邀请了第三国记者、港澳记者和各国常驻记者50人参加采访活动，总计500余人。2.时间长。从2月1日美方前站人员抵京至3月2日全部人员离京，前后超过一个月，而我方筹备工作早在两三个月前就开始进行。3.任务重、要求高、活动多且情况复杂多变。这次美方各种类型的专机往返起降架次频繁（进出我国境23架次、起落69架次），我方动员的各种类型专机10架，飞行35架次。动用小轿车仅北京一地就有130到140辆。美方还运进大量的通讯器材和设备、办公医疗用品以及尼克松的日常食品、饮料、茶具。这是我国自新中国成立以来第一次接待来自超级大国美国的国家元首，且当时我方各方面的接待和物质条件包括高级饭店均有限，任务的艰巨和复杂程度是前所未有的。

中美两国领导人的第一次握手

2月21日上午，尼克松总统和夫人、国务卿罗杰斯、总统国家安全事务助理基辛格博士、总统助理霍尔曼等主要美国官员乘喷气式波音707型总统专机从夏威夷起飞经关岛在上海稍事休息后直飞北京。根据中央决定，由外交部乔冠华副部长、章文晋（美大司司长）、王海容（礼宾司副司长）以及唐闻生、章含之、我等专程前往上海迎接并陪同尼克松一行乘坐美方总统座机到北京。这是中国政府官员第一次乘坐美国总统座机。上午9时45分专机从上海虹桥机场起飞。美方对乔冠华一行乘坐总统专机极为重视，尼克松和夫人在专机机舱门口与我们一一握手表示热烈欢迎，尔后尼克松亲自陪同乔冠华等参观专门为总统设置的座机，有舒适豪华的带卫生间的卧室，有宽敞舒服的办公室和会客室，设有贵宾舱，后舱还专门设有供记者、新闻官员发布消息、传真等用的最先进的通讯设备，总统可随时在专机上举行记者招待会，向外界发布新闻。当时在后舱的主要新闻人员和记者正在紧张地工作。那天虽然寒气逼人，但天气晴朗。机舱内温暖如春，在座机上宾主虽是初次见面，但谈笑风生，话题轻松愉快，气氛亲切融洽，双方共同展望即将展开的中美关系新篇章。基辛格博士已两次访华，与乔冠华、章文晋等多次打过交道，见面后更是亲切活跃，称已是老朋友了，他主动向尼克松介绍中国情况。在座的美方官员风趣地说，基辛格访华两次，已成为“中国通”了。在专机上时而可听到乔冠华富有外交家风度的潇洒笑声，尼克松显得精神焕发，充满信心，时而还逗笑基辛格在1971年秘密访华时在巴基斯坦装病休养的尴尬相，引得大家哈哈大笑。尼克松夫人殷勤招待我们品尝美国各种名酒和小点心，并向我们了解中国的风土人情，烹调技术，还学讲几句中国话。她举止大方端庄，言谈稳重得体，也很健谈，颇有第一夫人的风度。为了纪念乘坐尼克松总统的专机，尼克松本人还亲自给我们每人颁赠署有他本人签名的、乘坐总统座机的证书，以作纪念。

专机在我民航人员的熟练领航下，经过1小时45分钟的平稳飞行，于上午11时30分抵达北京东郊首都机场。尼克松夫人专门换上一套玫瑰红的连衣裙，外披橘红色的冬大衣（据其侍从说，这是尼克松夫人最喜爱的套装，是吉祥幸福的象征），与尼克松总统并排手挽手顶着寒风慢步走下专机舷梯，北京已是严冬酷寒。周恩来总理、叶剑英副主席、李先念副总理、郭沫若副委员长、姬鹏飞外交部长等早在停机坪上等候。周总理身穿深色中山装，神采奕奕，精神抖擞，健步迎上前去，尼克松和周总理同时伸出有力和坚定的右手，热烈有劲地紧握在一起，相互致以亲切的问候，周总理并代表毛主席对尼克松和夫人表示热烈欢迎。顷刻间数百名中、外记者争先恐后地把这具有重要历史意义的握手场面拍下。中美两国领导人的第一次热烈握手揭开了两国关系史册上的新篇章。

贯彻执行“不卑不亢，以礼相待，不强加于人”的接待方针

尼克松总统是美国国家元首，是应我国政府邀请来华访问的贵宾。为了对美国人民做工作，我们既给予了国家元首的应有礼遇，但又区别于与我国建交的友好国家元首的来访。安排尼克松在抵离北京时检阅三军仪仗队；在机场、宴会、主车上均挂两国国旗，奏两国国歌；毛主席会见、周总理等赴机场迎接、举行国宴并由周总理陪同赴外地访问。但在迎送活动上没有安排群众场面，也未安排外交使团参加迎送、宴请活动。为了使尼克松的访问在有利于改善中美关系的友好气氛中进行，在为尼克松访华举行的专场晚会和体育表演时，当尼克松和夫人在我领导人陪同下入场和退场时，在场群众均很有礼貌地起立鼓掌，充分体现了中华民族的高尚文化素质。事前我们了解到尼克松爱好音乐，并能弹一手好钢琴，我们在两次正式宴会上专门选奏了美国著名乐曲。根据美国的做法，美国历届总统上任都要选一首喜爱的曲子，罗斯福总统上任时选了《牧场上的家》，是一首牧歌。这次我方专门选奏了尼克松上任后选的曲子《美丽的亚美利加》（美丽的美洲），并安排尼克松在欢迎宴会上发表讲话后演奏，同时还演奏了《牧场上的家》、《火鸡在草堆里》（美国民谣）、《在林荫路上》（进行曲）等美国名曲。周总理还亲自到人民大会堂宴会厅审查中国人民解放军军乐团排练美国乐曲的情况。周总理对军乐团的同志们说：演奏《美丽的亚美利加》这首曲子，要使尼克松听到像回到自己家乡那样亲切。这首曲子优美动听，反映了美国的风光，歌颂了美国人民，我们选奏这首曲子就是要表达中国人民对美国人民的友谊。周总理还要求军乐团一定要把这首曲子演奏好。尼克松在欢迎宴会结束后，在周总理陪同下专门到军乐团前表示衷心祝贺和谢意，称赞美国乐曲演奏得非常出色。他说：他在外国从来没有听到

过演奏得这样好的美国音乐，这给他留下了深刻印象。尼克松的一些随行官员也赞不绝口，表示中方这样安排实在“太周到了”。这次宴会在外界震动很大，反应良好。外电称，中方给予尼克松总统亲切有礼貌而又恰如其分的礼遇。

在接待工作中既坚持原则，又机动灵活

在与美方先遣人员几次会谈中，美方一再强调尼克松从北京飞杭州、上海两地访问时要按照美国的习惯做法，乘坐总统自己的座机前往。表示这是美国的一贯做法不好改变，且根据美国宪法规定，只有总统本人有权宣布国家紧急战争令，所以总统在国外访问期间，无论在乘飞机、轮船或汽车旅行中，每分每秒都要与美国国内保持密切联络。为此，总统专机内设了联络专线，美方还强调这也是从安全角度考虑。为了维护我国家主权的原则，我方拒绝了对方要求。并说明，我一贯做法是我国领导人陪同贵宾访问外地城市时均乘坐中方专机。这次周总理亲自陪同去外地，安排的伊尔-18型专机是机械性能最佳的，并配备了特级最熟练的驾驶员。至于通讯联络，我们会作出妥善合理的安排。我方安排尼克松夫妇和美方主要成员与周总理同乘中方的伊尔-18型专机作为主机在前飞行，中美双方其他官员乘坐总统专机作为副机在离主机有半小时的飞行距离外飞行。在主机上安排有美方通讯人员携带先进轻便的手提通讯设备随时与副机保持联系，以此办法沟通了与美国国内的联络，美方对此合理安排不得不表示同意。当我主机在26日中午12时50分平稳按时抵达杭州机场时，尼克松一行均热烈鼓掌祝贺。美方安全和通讯人员对我提供的工作方便也表示了感谢，并说，与中方合作很愉快。我们针对美方在安全方面的担忧，把我国当时仅有的两辆红旗牌防弹车抽出供尼克松使用。由于当时我国通讯条件有限，采用了在访问期间花钱租用美方卫星地面站和电视播送中心的做法，这样在租用期间主权属于我方。既坚持原则，维护了我国主权和尊严，同时也保证了访问的顺

利进行。

这次尼克松一行的安全工作由我方完全负责，美方保安人员只起联络作用。开始时美方保安人员表现出傲慢态度，索要我警卫工作的具体部署，并要对一些活动场所进行反爆破检查，这种有损我主权的无理要求，遭到我们拒绝。但我方对于其一些合理要求，均给予了满足。美保安人员从担心到放心，从不信任到信任并愉快与我合作。保证了这次访问的顺利进行。

毛主席、周总理亲自过问接待工作，要求在生活上给予热情、周到的接待

根据周总理的指示，我方这次整个接待班子设在人民大会堂南门楼上办公，打破过去设在钓鱼台国宾馆的做法。周总理经常到办公处听取汇报，对工作给予具体指导和督促检查，有些重大问题，周总理还亲自报告请示毛主席。对尼克松一行500余人不分上下，无论是随行官员、翻译、速记、秘书或新闻记者、安全通讯人员、医护人员、行政后勤人员以及专机机组人员均分别主动安排了参观游览，赠送了纪念品，安排在宴会前分批与周总理等国家领导人合影留念。布置我医务人员日夜值班，对美方患病者及时予以护理。基辛格博士的速记员比诺小姐患伤风感冒，周总理知道后在一次会谈结束后亲自向她问候并嘱咐安排医生护理。对有些随行人员因忙于工作未能上街为亲友采购纪念品的，均安排把商品搬至住地任其选购，满足了他们的要求。有一天，居住在民族饭店的一名美方安全人员因入睡前未把烟头熄灭，以致半夜住房着火，由于我值班服务员机智果断，工作认真细致，及时发现和扑灭了火焰，避免了一次大火。事后周总理派人对美方人员进行了慰问并指示有关单位进一步加强安全措施。

在钓鱼台国宾馆下榻的尼克松夫妇和其他官员，我们在其住房内均

摆有各种巧克力糖和北京果脯，宾馆服务员发现每天都吃得一干二净，次日再放上满满一盘，一到晚上又留下空碟，后来发现秘密，他们均把糖果拿走存放在衣箱里准备回国后招待其亲友。周总理知道后指示宾馆每天照旧放糖不误，让他们拿走。

尼克松和夫人爱吃中国菜特别是海味，我们专门找了钓鱼台国宾馆的特级厨师制定每天不重样的菜谱。周总理还委派邓颖超大姐会同人民大会堂和礼宾司同志商定欢迎宴会的菜单，经过反复研究并根据周总理一再提倡的国宴不得超过四热一冷一汤和甜食点心、水果的精神。最后菜单定为：大拼盘、芙蓉竹笋汤、三丝鱼翅、两吃大虾、草菇盖菜、椰子蒸鸡，另有杏仁酥、点心和水果（答谢宴会上还用了一道中国名菜——西湖莼菜汤。莼菜是专门从西湖采出后用飞机运到北京的）。宴会自始至终在亲切友好的气氛中进行，宾主频频举杯祝贺。尼克松和夫人虽使用筷子不太熟练，但仍坚持使用筷子夹菜。宴会中尼克松夫人不断称赞中国的美味佳肴。欢迎宴会一结束，美国记者争先恐后地把尼克松和周总理用过的象牙筷子以及菜单（中英文）拿走，在次日报道中，宣扬他们得到了尼克松和周总理的最珍贵纪念品——筷子和菜单。

在杭州西湖花港公园游览中的一次有趣的“游戏”

为增添访问的亲切友好气氛，中美双方领导人互赠了礼品以作纪念。我国政府向尼克松和夫人赠送了白玉提梁釉瓶一件、双面苏州刺绣大屏风一堂、玻璃纱手绣台布一套等；尼克松向毛主席赠送了瓷器大天鹅一对。这些礼品以后均在各自举办的国宾赠送礼品展览会上展出。另，尼克松总统还赠送毛主席四棵生长在加利福尼亚州的红木树树苗。根据周总理的指示，一棵树苗种在杭州花港公园牡丹亭附近，并约定届时由周总理在游湖前陪同尼克松总统观看这棵树苗。其余三棵树苗种在杭州植物研究所院内。那是2月26日下午3时，当时安排尼克松一行先从杭州住地——西湖宾馆（刘庄）出发，当时我也随外宾一起动身。周总理等随后从其住地出发去花港公园会合。由于我方安排上的问题和有关主管人员未能提前到达会合地点，双方的陪同人员和工作人员也不太清楚准确会合地点和时间，致使现场联络一时脱节，报话机也失去作用，使周总理和尼克松总统在公园里相互找了好几分钟，当时中美双方官员感到焦急万分，美方安全人员更为惊慌失措，这场“游戏”一直等有关人员赶到现场后才告结束。周总理与尼克松见面后相互哈哈大笑。这是访问中的一个纰漏。事后外界报道，中美两国领导人在杭州游览花港公园时玩了一场有趣的“捉迷藏”游戏。在以后尼克松的多次访华时，这件事曾被作为“笑话”多次提及。

克服种种困难，保证各项活动日程顺利进行

每逢我国接待首次来访的国家元首，均按外宾愿望安排游览长城，对尼克松来说更是梦寐已久的夙愿。真是天有不测风云，2月21日抵京后天气突然转坏，连续下了几场大雪，沿途覆盖了一层厚厚的白雪。原想把预定的24日上午游览长城的活动推迟到25日上午，但经向气象台了解，25日的天气更转恶化，这使我们负责安排日程的人员焦急万分，束手无策。美方人员更是担心这次尼克松能否实现游览长城的愿望。在此情况下，只能考虑连夜动员群众扫雪。一时北京市群众掀起了一场扫雪“战斗”，在钓鱼台国宾馆至八达岭80余公里的线路上，数十万北京市群众（一说七八十万人）连夜奋战，清扫积雪，北京市有关单位派出全部洒水车辆在沿途洒盐水化雪，使沿途交通及时畅通，保证了24日上午的游览长城活动。尼克松和夫人兴致勃勃、精神饱满地爬上了长城，观看了这一宏伟的古代建筑并拍照留念。尼克松感叹地说，这是他一生中难忘的时刻。他的随行人员说：毛主席说过，“不到长城非好汉”，现在我们都是好汉了。美方电视转播赞扬这是中国人民高度组织效能的集中体现。美方人员说，依靠群众，这在美国是做不到的。但我们在安排一些游览参观活动中也存在一些弄虚作假，追求表面形式的不良现象。

在游览长城时，有关单位在参观点组织了一些群众在室外零下3摄氏度的寒冷天气下打扑克，在尼克松和夫人经过时也不答理，既不自然也不礼貌。尼克松夫人在参观儿童医院时，医务人员和儿童全部换上新装，儿童涂脂抹粉，还把儿童平日的玩具一下换上新的玩具。美国外宾在参观菜市场时，布置职工扮作顾客买东西，这些做法很不自然，效果很坏，给外宾留下不良印象，周总理知道后严厉批评了这种不良现象。

会谈成功，发表上海联合公报

在短短不到一周时间的访问中，除了宴会、晚会、体育表演、参观游览活动外，周总理与尼克松总统的会谈占去了十七八个小时，广泛地交换了意见，会谈轮流安排在人民大会堂和钓鱼台18号楼尼克松下榻处进行，有些会谈延续到深夜。中美联合公报的会谈主要在乔冠华、章文晋和基辛格之间进行，两位谈判对手，精力充沛，谈判常常在深夜进行，他们放弃了几乎所有的礼仪参观活动，全部精力集中在谈判桌上，常常为公报中的一句话、一个内容争论几个小时，先后会谈超过22个小时，从北京谈到杭州，从杭州谈到上海。27日，在离沪回国前一天会谈仍在艰难地进行。在杭州、上海，周总理随时打长途电话向毛主席报告会谈进展情况。一直到当天下午才最终达成协议。这次高级的重要会谈的翻译分别由冀朝铸和唐闻生同志担任，他们熟练、高水平的翻译技巧获得美方的好评。唐闻生还担任答谢宴会上尼克松总统长达20分钟的即席讲话的翻译。尼克松事前已拟定一个书面讲话稿，但一上讲台尼克松改变了主意，把稿子一放就即席讲起来。唐闻生不慌不忙，准确、一字不漏地即席翻译成中文。事后根据周总理要全文登载尼克松讲话的指示，经核录音，只改了几个字即将译文全文发表。

27日下午6时，基辛格博士在上海锦江饭店中楼二楼会议厅正式吹风，宣布了中美联合公报，与此同时我方也作了公开宣布，从此中美关系揭开了新的篇章。28日上午，周总理与尼克松总统、姬鹏飞部长与国务卿罗杰斯、乔冠华副部长与基辛格博士分别进行了最后会晤，双方互祝访问圆满成功。上午10时整，尼克松和夫人一行乘专机离沪回国。周总理、姬鹏飞、乔冠华等前往送行。在上海虹桥机场上，中美双方官员以无比喜悦的心情紧紧握手告别。经过一周的紧张工作，大家都感到疲惫不堪。基辛格博士风趣地说，上飞机后第一件要做的事是睡个好觉。基辛格的政治顾问洛德（前驻华大使）带着连日熬夜而通红的双眼拖着沉重疲倦的身体但又心情兴奋地走上专机舷梯。

尼克松在1968年当选为美国第37届总统，在任总统的六年里，尼克松充分展示了他的国际战略家的远见卓识和政治家的胆略。1972年他以最大的政治勇气，对中国进行了具有历史意义的访问，从此打开了中美关系的大门。尼克松非常尊重毛主席，他在首次访华期间在周总理为他举行的欢迎宴会上说："毛主席说过，'多少事，从来急，天地转，光阴迫，一万年太久，只争朝夕'，现在是只争朝夕的时候了，是我们两国人民攀登那种可缔造一个新的更美好的世界高峰的时候了。"此后，自1972年至1994年初，尼克松先后七次访华，每次我们都把他作为中国的好朋友、老朋友给予热情友好的接待。

1994年4月22日晚，尼克松因患中风在纽约医院康奈尔医疗中心逝世，享年81岁。他生前曾这样概括他的处世哲学："失败固然令人悲哀，然而，最大的悲哀是生命之旅中既没有胜利，也没有失败。"

他的不幸病逝的消息惊动了世界，许多国家领导人发去了唁电，赞扬这位政治家的战略远见和政治勇气。江泽民主席，李鹏总理，朱镕基、钱其琛副总理分别发去唁电。在唁电中称："尼克松先生是一位具有战略远见和政治勇气的政治家。他在担任美国总统期间同毛泽东主席、周恩来总理一起打开了中美关系的大门，开辟了两国关系的新局面。卸任后，尼克松先生继续关心中美关系，为维护和发展两国关系作出了重要贡献。我们深信，在中美双方共同努力下，尼克松生前所关心的中美关系一定会得到进一步改善和发展。"4月27日下午4时，在尼克松出生地加利福尼亚约旦林镇举行了尼克松的葬礼，许多国家领导人前往参加葬礼，美国克林顿总统主持了葬礼并作了讲话。中国政府派出邹家华副总理前往参加，悼念这位为中美关系正常化作出卓越贡献的、受到中国人民尊敬的美国的伟大政治家。

（选自《新中国往事·外事见闻》，
中国文史出版社 2011 年 1 月版）

田中访华与中日邦交正常化

唐龙彬

1972年9月29日中日两国政府首脑在北京签订了《中日联合声明》，宣告两国邦交正常化，从而结束了中日两国之间的不正常状态。中日两国是一衣带水的邻邦，有着悠久的友好历史。中日复交是历史潮流发展的必然趋势，是中日两国人民的共同心愿和长期为之共同努力奋斗的结果。1997年是中日恢复邦交25周年，每想起今天来之不易的中日关系时，25年前日本前首相田中角荣来华访问和签订联合声明的历史情节就呈现在我的脑海里，我当时作为外交部礼宾司司长，有幸参加了田中访华的接待工作。

北京机场首先向一位美国总统开放而不是向日本首相开放，使日本大为震惊，从而促使日本加快走向恢复两国邦交的步伐

1972年2月21日至28日美国尼克松总统应邀访华的新闻轰动了世界，特别是作为美国盟友的日本，仅仅在消息发布前几分钟才得到美方的通知，更受到巨大的震动和冲击，这给当时一贯追随美国、敌视中国的佐藤内阁当头一棒，激起日本人民和社会各阶层的强烈不满，一时掀起了一个要求早日恢复中日邦交的高潮。许多有识之士不顾政

府阻挠，纷纷来华促进恢复邦交活动。恢复中日邦交已是人心所向，大势所趋。

事实说明，随着美国对华政策的调整和中国在联合国合法地位的恢复，中国在国际上的威望和地位明显提高，佐藤的反华政策遭到彻底破产。不久，佐藤被迫宣布引退。当年7月田中角荣当选为自民党总裁，田中派联合积极主张恢复邦交的三木、大平等建立新的内阁。为了适应国内外政治需要，田中上台后一再表示，日中关系正常化时机正在成熟，日中关系正常化是日本最紧急、最重大的问题，宣称要迅速恢复同中华人民共和国的邦交，建立日中两国人民永远的友谊。日本在历史上每届内阁都要干一件大事，以巩固和稳定其政权，田中决心要在日中关系上有所突破，作为自己的一大政绩。

早日恢复中日邦交是毛主席的伟大思想和战略部署，他要求我们抓紧时机做好工作

田中的积极姿态，受到了中国政府的重视。周总理表示，长期以来敌视中国的日本佐藤政府终于被迫下台。田中内阁成立后，在外交上声明要加紧实现中日邦交正常化，这是值得欢迎的。周总理还向长期从事日本工作的同志传达了毛主席的重要指示。周总理说，毛主席说过，田中能来谈就好，谈成也好，谈不成也好，总之现在到了火候，要抓紧。以后，我国通过访日代表团转达了周总理邀请田中访华的口信，田中很快对周总理的邀请作了积极的响应，并向报界发表了他已决定访问中国的消息。不久发表访华公告：日本国内阁总理大臣田中角荣愉快地接受周恩来总理的邀请将于9月25日至30日到中华人民共和国进行正式访问。

本着坚持原则、有所区别、以礼相待的方针给予田中一行热烈亲切友好的接待

日方非常重视田中的访问，他们组成了一个高层次的庞大代表团，全团包括陪同官员、翻译、秘书、速记、医务等行政人员、安全保卫和卫星技术人员、文字和电视广播记者等共230余人，主要陪同有大平正芳外相、二阶堂进官房长官等。为了使这次访问取得成功，并在亲切友好气氛中进行，田中事先做了大量准备工作，他先后派出了先遣组和政府特使访华，并与中国几次磋商访华活动日程和细节，协商发表联合声明的草案，另外还派出以小坂善太郎为首的日中邦交正常化协议会代表团访华，通过这些活动加大宣传，扩大影响。这些团组均受到了我方热情友好的接待，为田中的访问打下了良好的基础。

作为中方，我们对田中首相的来访给予了政府首脑级的最高礼遇。但考虑到田中此行是来谈判恢复邦交的，所以又要区别于与我国已建交的友好国家的政府首脑的来访做法。我们安排田中首相在抵京时检阅三军仪仗队；在机场、宴会、主车上均挂两国国旗，奏两国国歌，毛主席会见，周恩来、叶剑英、李先念、郭沫若、廖承志等主要领导人赴机场迎接、举行盛大国宴和专场文艺晚会并由周总理陪同乘专机赴上海访问。但在迎接活动上没有安排群众欢迎场面，也未主动安排外交使团前往迎接。为了增加亲切友好气氛，我们在一些重要活动中按总理的指示，作了破格的安排，如在周总理举行的欢迎宴会和日方举行的答谢宴会上，军乐队专门分别演奏了日本古谣《樱花樱花》、田中家乡乐曲《越后狮子》、大平外相家乡民谣《金田比罗船》、二阶堂进官房长官家乡民谣《小原节》。宴会后田中很激动地说，他在国外能听到如此动听的家乡民谣，使他感到终生难忘。在互赠礼品上，日方以日本国民赠送中国人民大山樱花和荷叶松树苗各1000株，根据总理的指示分别种植

在北京的几个公园。我方首次破例以中国人民赠送给日本公民一对最珍贵的动物——大熊猫康康和兰兰。这是震动世界的一条新闻。外界反应说，究竟还是中国对日本另眼相看。

在欢迎宴会上，周总理发表重要讲话，对历史问题重申我一贯立场。总理在高度评价田中这次北京之行后说："自从1894年以来的半个世纪中，由于日本军国主义侵略中国使得中国人民遭受重大灾难，日本人民也深受其害。前事不忘后事之师，这样的经验教训，我们应该牢牢记住。"但田中在致答词中轻描淡写地说："遗憾的是过去几十年间，日中关系经历了不幸的过程，其间，我国给中国国民添了很大的麻烦，我对此再次表示深切的反省之意。"此时，下面有些低声议论，对田中仅使用"添麻烦"一词不满。在次日两国首脑会谈中，总理严肃指出：日本军国主义的侵略战争给中国人民带来了沉重的灾难，日本人民也深受其害；用"添麻烦"作为对过去的道歉，中国人民是不能接受的。田中忙作种种解释，认为从日文来讲"添麻烦"是有谢罪之意等。经过以后几次会谈和磋商，最后在联合声明中明确写入了"日本方面痛感日本国过去由于战争给中国人民造成的重大损害的责任，表示深刻的反省"这一段话。

9月29日上午10时，在人民大会堂东大厅隆重地举行了《中日联合声明》签字仪式。那天，周恩来总理、姬鹏飞外长与田中角荣首相、大平正芳外相在一张铺有绿色台呢的长桌后并排而坐，桌上摆放着两国国旗。两国首相和外长在无数照相机闪光灯的辉映下，分别在联合声明上签字，交换文本后，双方首脑同时伸出双手紧紧有力地握在一起，这是在中日关系上具有重要历史意义的一次握手。

根据中央领导的指示，对田中访问提高了接待规格

由于联合声明的正式签订，我们对田中一行离京和在上海的迎送安排作了新的调整，改为举行隆重盛大的仪式。29日下午1时30分，经毛

主席同意，周总理亲自陪同田中乘专机赴上海访问。北京首都机场红旗如林，数千名欢送者敲锣打鼓、载歌载舞热烈欢送日本贵宾。各国驻华使节按照外交部的通知均赴机场送行。

当时，在北京机场发生了一件意外的事：当周总理抵达机场进入贵宾休息室后，正兴高采烈、谈笑风生地与已在机场等候的叶帅、李先念、姬鹏飞等领导同志闲聊这几天田中访问的情况时，总理突然问及廖承志同志来了没有？当时包括我在内的在场的礼宾司同志顿时紧张万分，因廖承志这次是作为我政府的高级顾问身份参加与日方的所有重要会谈和活动，他为促进早日恢复两国邦交做了不少工作。如他不能前来送行，的确是个很大的不足。我们随即打电话联系，才得知由于有关单位工作上不够认真细致致使廖公刚刚离开家。我们即派了警卫车到机场路口等候。当时总理不时回头看望，而我们更是“热锅上的蚂蚁”。等廖公抵达时，整个欢送仪式已接近尾声，总理正陪同田中慢步走向专机舷梯，廖公急忙赶上前向田中告别并表示歉意，而田中见到廖公来送行，感到格外激动和兴奋，他再三表示感谢并热情邀请廖公早日访日。

9月30日上午9时，田中一行乘日方专机离沪回国，上海虹桥机场由六七千人组成的欢送队伍，周总理陪同田中绕场一周，这时人们挥动花束，身穿各种鲜艳服装的姑娘们和少年儿童在乐曲声中翩翩起舞，锣鼓声响彻四方，周总理把田中首相送至专机舷梯下，两人紧紧握手，默默相约再见。田中说，东京赤坂的国宾馆正在扩建，希望周总理能成为国宾馆建成后的第一位贵宾。田中站立在专机舷梯上向周总理和送行人群深深地三鞠躬以表达他的崇敬之意。

毛主席的亲切会见把田中访问推向最高潮

毛主席在田中抵京后第三天晚上就在中南海接见了田中首相，日方在座的有大平外相、二阶堂进官房长官，我方有周总理、姬鹏飞外长和廖承志高级顾问。当时毛主席显得格外高兴。一见面就风趣地说：怎么样？吵架了吗？总要吵一吵，天下没有不吵架的。田中说，他和周总理谈得很融洽。吵是吵了一些，但是已基本上解决了问题。毛主席还指着廖承志开玩笑地说，他是日本生的，这次把他领回去吧。田中立即说，廖先生在日本很有名，他如果参加参议院选举一定会当选，这引起了哄堂大笑。长达一小时的会见结束时，毛主席向田中赠送一部《楚辞》，会见后田中等对毛主席渊博的学问惊叹不已。

为了贯彻落实毛主席的战略思想，早日实现中日邦交正常化，当时已重病在身的周总理仍坚持夜以继日地会见日本各界朋友，耐心、反复地阐述中国的立场和主张，关心和部署对日工作

田中访华期间，当他得知田中有早起早睡和上下午工作的生活习惯，为了能有更多机会与田中晤谈，多做工作，总理亲自向我们工作人员交代这几天他要改变过去一贯晚上工作的习惯，以适应田中的作息时间，并要我们据此安排日程，等田中走后再改过来。总理是这样说的，也是这样做的。总理知道田中喜欢喝中国名酒茅台酒，尽管医生多次劝总理少喝茅台酒，但在宴会上面对热情友好、嗜爱茅台酒的田中，总理也就破例用茅台酒干杯。田中离开前，总理还专门交代我们补送两箱茅台酒给田中（共48瓶）。据说，两国首脑喝茅台事在日本传开后，茅台酒的价钱一时猛涨三四倍，让酒商发了一笔大财。前不久，有人访日时见到田中的女儿。她告知，周总理赠送给她父亲的茅台酒现只剩下一瓶了，她要把它作为最珍贵的物品永远保存。

总理先后与田中举行了4次长时间的会谈，会谈自始至终是在亲切友好的气氛中进行。会谈每次都在3小时以上，会谈分别在人民大会堂和田中下榻的钓鱼台国宾馆举行。田中一行对总理的旺盛精神和不知疲倦的顽强毅力敬佩不已。田中还写诗敬佩周总理是位很能干的谈判能手。诗里写道："躯如杨柳摇微风，心似巨岩碎大涛。"

在访问期间，总理经常关心田中的身体健康，希望他注意休息。田中别有风趣地说，在他游览长城时，在爬到很高的一处烽火台时曾对记者说，"我比尼克松爬上更高的长城了"。顿时引起大家一片笑声。

在这一段日子里，周总理为中日关系的发展鞠躬尽瘁，希望早日看到中日关系正常化的实现，他的愿望也是中日两国人民的共同愿望，终于实现了。

（原载于《纵横》1997 年第 9 期）

一次具有历史意义的访问

——邓小平访美礼宾工作亲历纪实

唐龙彬

1978年12月15日，中美两国政府在各自首都同时（我国为16日上午10时）发表了联合公报，宣布“于1979年1月1日起，中美双方互相承认并建立外交关系，同年3月1日互派大使，建立大使馆”。1978年12月31日，台湾在华盛顿的双橡园“大使馆”降下了青天白日旗，在美国14个城市的“领事馆”也同时关闭。1979年1月1日，原中国驻美联络处正式挂牌为中华人民共和国驻美利坚合众国大使馆，美驻华联络处改名为驻中国大使馆。是日，双方都在各自使馆举行了隆重的升旗仪式。至此，中国同所有西方大国都建立了外交关系。

中美建交是当时的美国总统尼克松于1972年2月实现访华后，历经尼克松、福特、卡特三任总统任期，经过六年多的曲折复杂的谈判磋商，在卡特总统主政后又与中方举行一段时间的多次会谈最终达成建交协议的。这是中美两国关系中具有重大历史意义的大事，中美关系从此进入了一个新阶段。美方报刊发表消息说：1978年12月中国发生了两件举世瞩目的大事，即中美建交和中共召开十一届三中全会。美国极具影响的刊物《时代》周刊1979年第一期的封面刊登邓小平的大幅彩色相，将邓小平选为1978年世界新闻人物。中美建交公报发表后不久，即公布了邓小平即将访美的消息。

1979年1月28日至2月5日，邓小平副总理和夫人卓琳应美国总统卡特和夫人的邀请赴美进行了为期九天的正式访问。这是新中国领导人30年以来对美国进行的第一次访问。

1949年中华人民共和国成立后，美国政府一意孤行执行敌视、封锁和孤立中国的政策，中美关系被人为地隔断了20多年。1971年，毛主席和周总理打开了中美关系。但毛主席、周总理均未能等到中美建交就与世长辞，因此，推进和深化中美关系的任务历史地落在了已成为中共中央第二代领导集体核心的邓小平身上。

1979年初的访美，是小平同志第二次踏上美国的土地。1974年4月，他曾受党中央和毛主席的委托率中国政府代表团出席在纽约举行的联合国大会第六届特别会议，首次向全世界阐述了毛泽东关于三个世界划分的理论，震动了世界。

小平同志于1977年7月恢复工作以后，和一批老革命家一起，拉开了改革开放新时期的序幕，引导中国向着建设有中国特色社会主义的正确方向开始酝酿实行具有伟大历史意义的转变。当时，苏联正联合周围某些国家对中国形成包围圈，中国所处的国际环境是严峻的，为了打破苏联的包围，首先要靠中国自身的强大和第三世界人民的支持，同时也要利用西欧、日本和美国的力量，这正是小平同志在农历大年初一就飞往太平洋彼岸的目的。这次访问是新中国成立以来在外交上的一个重大战略行动，推动中美关系走上了新台阶。国际舆论认为，这是战后国际关系的一个转折点。

我当时在外交部礼宾司负责国宾接待处的工作，奉命参加了访美先遣组，而后又随小平同志访美，负责礼宾日程安排。虽已过去20年的时间，可那次访问的情景仍记忆犹新。

一、先遣组赴美，中央指示确保小平同志的安全

美国社会情况复杂，治安秩序不好是人所共知的。中美建交后，美

国国内虽出现了对中国友好的热潮，但也存在令人担忧的不安因素。党中央一开始就对小平同志访美的安全问题给以极大关注，指出这次访问敌情复杂，绝不可掉以轻心，要尽全力做好安全工作。中央决定派先遣组先期赴美进行安排。先遣组的组成人员有公安部副部长凌云、外交部礼宾司司长卫永清、新闻司处长姚伟、中央警卫局处长滕和松，连我共五人。

先遣组肩负党中央的重托和信任，于1979年1月12日晨登机离开北京踏上去美旅途。我们途经东京、纽约，于当晚到达华盛顿，晚上就在我驻美联络处柴泽民大使主持下，与联络处的同志一起开会，传达中央有关确保小平同志访问安全、顺利进行的精神，并具体分析了美国国内的情况，商定访美期间的安全责任必须由美方全部承担，而近身的安全警卫不能假借他人之手，必须由我们随行的警卫人员严密部署，争取美方的合作，实行24小时值班制，安全警卫工作要与礼宾活动安排紧密结合。

1月13日至17日，先遣组与美方共同工作了五天。在华盛顿三天，一天是会谈（上午全体会议，下午分组会议），两天是现场考察，然后赴外地城市考察，17日返华市，18日离美经东京回国。

先遣组与美方的会谈在白宫举行。柴泽民大使和我们一起参加了会谈。美方对先遣组的到来十分重视，派出礼宾司长杜贝夫人主持会谈，白宫国家安全委员会中国事务助理奥克森伯以及联邦安全局负责国宾安全官员泰勒等参加。

会谈中，我们本着客随主便精神，既坚持原则，又照顾美方的实际困难，通过友好协商，在礼宾日程上很快达成共识。美方非常感谢我方的诚恳合作和谅解态度，对我方把小平同志访美的安全责任交由美方负责殊为感动，认为这是对美方的最大信任，表示将运用一切力量来保证这次访问的圆满成功。会谈中，当他们得知我方只配备七名安全人员时（包括方毅副总理的安全人员一名）甚为惊讶。为防止翻译有误，他们又向翻译核实了一遍。美方解释说，按照美国的做法，如总统或副总统要来中国访问，见于名单的安全人员就会有数十人甚至上百人，到别的国家还要加码。由于美方态度比较友好和积极配合，先遣组的工作进行得很顺利，为访问的成功打下了良好基础。

二、专机克服恶劣气候影响，按时抵达华盛顿

1月28日正是中国农历羊年的大年初一，上午8时30分，小平同志一行乘坐中国民航波音707型专机飞离北京首都机场。陪同出访的有方毅副总理、黄华外长等。前往机场送行的有李先念、王震、余秋里、耿飚、陈慕华副总理。

真是天有不测风云，当专机在跑道上徐徐滑行准备起飞时，忽然接到上海有大风大雨的气象预报，上海虹桥机场能见度一下降至一公里之内，根本不符合降落要求。在此情况下，专机不得不滑回停机坪等候。半个多小时过去了，大家都焦虑万分。若要继续延误下去，就要影响访美日程。为了不影响访美日程，在气候稍稍有所好转时，小平同志就当机立断，要求机组抓紧时间及早起飞。我们也深知延误下去的影响，但总感到忐忑不安。之后，机组同志根据小平同志的指示，在技术熟练、经验丰富的机长徐柏龄的率领下，信心百倍地启动专机起飞。经过不到一个半小时的飞行，到达了上海虹桥机场上空。专机盘旋一圈后准备降落时，风雨交加，浓雾弥漫，能见度仍然很差。第一次降落未获成功，专机立即被紧急拉起，重新寻求降落机会。当时，大家都捏了把冷汗，机舱内顿时变得鸦雀无声，大家紧闭双眼等候着再一次的降落。机组沉着镇静地进行第二次降落。又过了几分钟后，当大家感到机轮擦地的震动声时，不约而同地高呼："降落成功了，成功了！"欢呼声和鼓掌声交织在一起，对机组同志出色的驾驶技术热烈祝贺。此时此刻，大家都兴奋万分，但我注意到，小平同志镇静自若，就像没有发生过任何事一样，倚坐在座椅上半闭着双眼思索着即将到来的重要访问。飞机在沪加油后，小平同志就要求机组提前抓紧起飞赶路。

专机经过15个多小时的飞行（路途在阿拉斯加州的安克雷奇停留一小时），于北京时间29日凌晨4时半，美国当地时间28日下午3时半（北京与华盛顿时差13个小时）抵达华盛顿安德鲁斯空军基地。从机窗望去，整个城市覆盖着一层厚厚的白雪，显得格外俏丽。鲜艳的五星红旗和星条旗以及五颜六色的彩旗迎风飘扬，在凛冽的寒风中欢快地啪啪作响，热烈欢迎来自远方的贵宾。

机场上蒙代尔副总统和夫人、万斯国务卿和夫人等以及400多名美国各界人士、旅美华侨、我驻美联络处人员顶着寒风，手里挥舞着小国旗热烈欢迎来自中国的贵宾。

经过整整一昼夜18500多公里的飞行，大家都感到疲劳。但身着深灰色中山服和深色大衣的小平同志没戴帽子，顶着寒风，神采奕奕、精力充沛、情绪饱满地走出专机机舱，鼓掌欢呼声一时响彻机场。小平同志笑容满面地走下舷梯与迎接人员一一握手。万斯和夫人分别陪同邓小平和卓琳同志驱车到白宫对面的布莱尔大厦（国宾馆）下榻。小平同志还来不及倒时差，简单换了一下服装就风尘仆仆地来到美国总统顾问布热津斯基的郊外别墅做客。这是在八个多月前，邓小平在北京北海仿膳饭庄宴请布热津斯基时与布谈好的聚会，小平几次催促要争取按时到达。这是一次别有风味的、亲切的家庭晚宴——吃烤牛肉，布和夫人以及子女在别墅门口迎接并热情好客地接待小平和夫人。

三、邓小平受到了国家元首的高礼遇和破格的隆重接待

出于国内外政治上的需要，美方对小平同志的访问极为重视。访问气氛之热烈、接待之隆重、规模之破例、访问产生的影响之深远是多年来外国元首访美时罕见的。正如美报刊所说，这是美国历史上最具有历史意义的事件之一。

小平同志率代表团抵达华盛顿的次日上午10时，卡特总统亲自在白宫南草坪上主持了欢迎小平同志的隆重仪式，美国国务卿、内阁重要阁员、三军参谋长、众参两院议长、外交使节等参加了欢迎仪式。在蔚蓝色天空的映衬下，第一次在白宫草坪上并排飘扬的五星红旗和星条旗显得格外鲜艳夺目。在检阅三军仪仗队、鸣礼炮19响后，卡特总统和小平同志分别致辞。卡特在致辞中说："今天是你们春节的开始，是中国人民开始新的历程的传统日子。我听说，在这新年之际，你们向慈善的神灵打开了所有的门窗，这是忘记家庭争吵的时刻，也是团聚欢乐的时刻。对于我们两国来说，今天是团聚和开始新的历程的时刻，是久久已关闭的窗户重新打开的时刻。"小平在致答辞时说：中美关系正常化远远超出两国关系范围，位于太平洋两岸的两个重要国家发展友好合作关系，必将对世界形势的发展产生极为深远的影响。

此类隆重仪式往往只是为重要的来访国家元首和政府首脑举行。对此，有些美方记者感慨地评论说：一个国家总统举行正式仪式，隆重欢迎另一个国家的副总理，并陪同检阅三军仪仗队，这种超乎寻常的礼遇是极其罕见的。当晚（29日），卡特总统和夫人又在白宫举行了盛大国宴，欢迎小平同志和夫人。美国国宴向来以讲究豪华隆重著称，安排国家乐队席间奏乐，菜单有火鸡、小牛肉、龙虾等。国宴的服务人员均为训练有素、有多年服务经验的人员。宾主身着庄重深色礼服出席宴会。卡特和夫人陪同小平同志和夫人并排站立在宴会厅门口与出席宴会的中美贵宾一一握手致意。美方具有丰富经验的礼宾官站立在旁，为宾主大声唱名，一一介绍来宾。宴会厅里特别引人注目的是刚从卡特总统的故乡——佐治亚州专程运来的1500株红色和粉红色的山茶花（据说山茶花最早在公元前2700年起源于中国）点缀其间，馨香宜人。这一别致的装饰使宴会厅里充满了春天的气息，增添了亲切友好的气氛。当卡特按照美国习惯手挽小平同志夫人，卡特夫人手挽小平同志一前一后缓步走入宴会厅时，全场起立热烈鼓掌。乐队随后奏起中美两国国歌。之后卡特和邓小平分别祝酒致辞。卡特称："中美两国新的关系可以为世界和平事业服务，特别能对亚太地区的和平与稳定作出贡献。”小平同志则在祝酒词中指出：我们两国曾在30年间处于相互隔绝和对立状态，现在这种不正常的局面终于过去了。在这个时刻，我们特别怀念生前为实现中美关系正常化开辟了道路的毛泽东主席和周恩来总理。我们也自然地想到前总统尼克松先生和福特先生，基辛格博士，美国参众两院的许多议员先生和各界朋友所作的努力。我们高度评价卡特总统、万斯国务卿和布热津斯基博士为两国关系正常化所作出的宝贵贡献。此时，全场响起经久不息的热烈掌声，当时我发现前总统尼克松表现得特别激动兴奋。在宴会前邓小平与尼克松进行了亲切会见。会见时，小平说：这是我第一次见到您，您访问中国时，我还在南昌市郊区的一家工厂做工，得知毛主席请您来访华，我是很高兴的。宴会自始至终洋溢着轻松友好的气氛。小平同志谈笑风生、轻松自如、幽默风趣的风度给主人留下了极其深刻的印象。

30日晚，美方精心安排了一场破格创新的晚会。晚会在能容纳2300多名观众的华盛顿最高级剧院——肯尼迪艺术中心举行。美国职业篮球的表演也搬上了舞台。晚会由卡特总统和夫人及女儿艾米、蒙代尔副总统和夫人、万斯国务卿和夫人、布热津斯基特别助理和夫人、参众两院议长、议员、内阁部长等陪同观看。据说，这次晚会是由各大企业捐款（其中一家石油公司资助了50万美元）举办的。堪称卡特总统任期内举行的最讲究、最精彩的晚会活动。演出结束后，卡特和夫人陪同小平同志和夫人登台谢幕。邓小平拥抱亲吻演唱中国歌的小演员的场面极为感人，有些观众当场流了泪，把文艺演出的气氛引向最高潮。

在华盛顿停留的最后一个晚上，小平同志和夫人在我驻美联络处举行了答谢招待会，参加的客人之多大大超出预料，把联络处的大厅挤得水泄不通。蒙代尔副总统代表总统出席了招待会（按美国习惯做法，总统不出席外国驻美使节举行的活动）。来宾们根本顾不上品尝我联络处高级厨师精心细作的中国美味食品，大家都争先恐后地挤上前去与小平同志握手、碰杯、签名并留影。为小平同志作翻译的、瘦小的费斐女士几乎挤不上只有一尺高的讲台，还是美方两名高大健壮的保安人员把她轻轻举起推上台去。热烈空前之气氛感染了每个在场的人。

根据美方习惯做法，一般不派高级官员前往边境城市迎接来访外宾，这次破例安排了美驻华联络处伍德科克大使和夫人、大使级礼宾司长杜贝女士等会同我驻美联络处柴泽民大使和夫人专程赶到安克雷奇迎接并随我代表团专机陪至华盛顿。在抵达华盛顿时，美方又临时提高接待规格，改由蒙代尔副总统为首前往迎接。在赴外地参观访问时，除由伍德科克大使、礼宾司长杜贝大使全程陪同外，另有总统贸易谈判特别顾问、三名重要内阁部长、数名参众议员分段分城市陪同访问，这是美方经过一番精心研究后安排的。

在华盛顿，卡特与小平同志先后举行了五次会谈（包括两次小范围的会谈，习惯做法都是二三次）。会谈内容非常广泛，小平同志表现出的鲜明立场、渊博知识、幽默坦诚、敏锐机智、耐心友善博得了美方的好评。卡特曾说：他每次与邓小平交谈时均感到非常愉快。事隔多年，我仍清楚地记得就在这次访问中小平同志和卡特举行第一次会谈，在双方记者尚未离开现场时，小平同志从口袋里掏出香烟来，并很有礼貌而又幽默地问卡特：白宫可不可以吸烟？美国国会有没有通过一条在会谈中禁止吸烟的法律？卡特笑着说：没有、没有，只要他当总统，就不会通过这样的法律。小平开心地笑了，随即在卡特的帮助下点着了烟，颇有乐趣地吸起来，当时引起了现场人员和记者们的愉快笑声。

经过几次会谈后，中美双方发表了联合公报。小平同志说："两天会谈的结果是令人满意的。"

在美期间，小平同志会见了大多数美内阁部长、数以百计的议员、州长市长以及企业、文化、教育、科技、新闻等各方面的重要人士，包括为中美关系正常化作过贡献的尼克松和基辛格等。小平同志向他会见过的各方面人士一再地表示，希望中美两国人民能千秋万代地友好下去，能在维护和平和发展经济这两大方面开展合作。这次访问中小平同志会见人员之多、接触面之广、会见气氛之热烈可谓是空前少有的。

四、美方非常注意把礼宾形式与政治需要密切结合

美国一方面希望通过小平同志的率团来访发展中美两国在政治、经济、文化、科技等方面的合作，通过中美两国一系列科技、文化合作协定的签订使这次访问富有成果。另一方面，极力想借小平同志访美突出美中友好，以提高卡特政府的政治影响。所以，美方在小平同志的活动日程上作了一番精心安排。为照顾到各方面的要求和愿望，分别安排小平同志与参众两院议员聚会，回答他们提出的各种问题。在参院举行的午餐会上，美国各地100名参议员中有近90名议员汇集在一起，这是过去很少有的现象；还多次安排小平同志与报刊、出版界的主编、记者见面，接受电视评论员的联合采访。对此，我们曾与美方商量，拟取消几起地方记者的采访，以保证小平同志有更多时间休息，但美方强调地方报界的特殊性和独立性，说它们的影响很重要，得罪了地方报界不好办。当我们向小平同志报告此类事时，他总是表示能见还是见见为好。每次在接见记者时，无论是记者招待会或记者采访，以及临时蜂拥而至的记者们的提问，小平同志均给予答复，从未用过那种“无可奉告”的简单生硬的语调。小平同志有时还很风趣地向记者说，我们这次会晤无所不谈，上至天文，下至地理。他的诙谐幽默、坦诚友善，使美方访谈记者深为折服、深受感动。难怪美报界对小平同志评论说：他对美报界十分“慷慨大方”。

小平同志还在华盛顿和外地城市会见了一批又一批的财团、企业界、金融界人士。华盛顿美中贸易全国委员会举行的招待会有800多人参加，亚特兰大城的商会举行的午宴参加者竟达1500人，座无虚席。据说，另有1000余人报名，因座位有限未能如愿。西雅图商界举行的午宴也有近700人出席。这次访问因时间有限，只能选择几个外地城市，在

乔治亚州州长举行的晚宴上，美南部17个州的州长为了要与小平同志见面均专程赶来参加。小平同志还抽出时间在各地广泛会见华侨、华人和留学生，向他们介绍国内情况。

在这次访问中，小平同志通过与美政府官员、议员、企业界、金融界、新闻界以及其他各界人士的接触交谈，使美国各界人士和广大公众了解了中国在一些重大国际问题和双边关系问题上的立场、方针、政策以及中国经济的发展情况，增进了了解，促进了友谊，加强了两国经贸合作关系，扩大了中国的国际影响。

在选定外地城市上，美方极力推荐去卡特家乡——亚特兰大。卡特还直接向小平同志提出去黑人领袖马丁·路德·金墓献花圈的建议，以扩大卡特在黑人中的政治影响。在参观游览项目上，还安排小平同志参观福特汽车工厂、美国国家航空和宇宙航行局、波音飞机制造厂等。在去西蒙顿市观看美国西部风情的骑牛骑马表演时，当两名骑白马女士把邓小平和卓琳请到观众面前，向他们各赠了一顶崭新的白色牛仔帽，他们当即很高兴地戴上了，代表团人员也戴上了被赠送的牛仔帽。随即，小平和夫人乘上一辆十分精致的马车，绕场跑了两圈，全场顿时响起热烈的欢呼声和掌声。他头戴牛仔帽的镜头和照片，传遍了世界各地，被美方新闻媒介誉为：戴上美国文化象征——牛仔帽的伟人邓小平。小平同志还结识了美国西方石油公司董事长哈默先生，使哈默产生了同中国搞经济合作的浓厚兴趣。

美国各大报刊、电视台大量报道了邓小平同志率团访问的盛况，电视台每半小时就有一次电视新闻，据估计，有上亿的美国人看了小平同志访美电视新闻。一时间，小平同志的豪爽、风度、魅力风靡美国。

五、访问日程紧张，活动繁多，形式生动活泼

在不到八天的访问中，小平同志参加会见、会谈、宴会、酒会、招待会、工作早餐和午餐、文艺晚会、马技表演、参观游览活动共达76

次，平均每天有10场活动。

美方共举行宴会、酒会、招待会达19次，加上我方招待会共20次。这次访问中，我方共发表正式讲话27次，其中小平同志亲自讲话22次，平均每天正式讲话三次多。会见记者和举行记者招待会共八次之多。活动之频繁是过去我领导人出访中少见的。在美访问期间，小平同志始终精力充沛。他平易近人，广交朋友，耐心做美方各界人士的工作，使美方各界人士和我代表团全体成员都敬佩不已。

访问安排活动繁多，形式生动活泼，不拘一格。在华盛顿和各地举行的宴会桌次和座位安排上，除主桌按习惯做法安排双方主要领导人外，其他桌次座位安排均打破以往按身份高低顺序排列的做法，改为按双方对口官员和工作需要安排，这样既便于自由交谈，也有利于就对口问题继续交换意见，增强了解。

29日中午，万斯国务卿和夫人在国务院两个宴会厅分别宴请小平同志和夫人。万斯午宴系小范围的工作午宴，午宴后万斯陪同小平同志步入万斯夫人举行宴会的大厅（规模较大），并向大家分别致辞祝酒，这种形式既活跃又亲切热烈。

30日在华盛顿举行的专场晚会是由美中贸易全国委员会举办的。节目内容丰富、生动活泼，除歌舞、合唱外，还根据小平同志的爱好，安排著名黑人篮球技巧表演。另有访华著名歌唱家演唱，幕间由参议员和著名演员分别穿插报幕，真是生动活泼、别出心裁，博得全场热烈鼓掌。

代表团每到一地，沿途所经街道均张灯结彩，路灯杆上挂上两国国旗，高楼大厦垂下热烈欢迎小平同志的横幅；天空中升起不少写有欢迎中国贵宾、欢迎邓小平的大气球；在西雅图市，波音飞机公司还专门安排一架飞机挂上一条大横幅，上面写“热烈欢迎邓小平”，在城市上空来回盘旋。

在到达下榻的外地城市的豪华饭店时，饭店总经理均率主要员工在大门口热烈迎接小平同志，并在小平居住的总统套间大客厅墙上按国家元首规格和先后居住饭店的元首次序挂上小平同志的半身大照片。

六、安全工作认真细致、有条不紊

对这次访问，美方提前三个月就开始做充分细致的准备，投入很大财力和人力。为了确保小平同志的安全，在各访问城市出动了数千名武装警察和便衣安全人员以及骑警队和警犬。车队行车路线上安排直升机在上空盘旋飞行。沿途建筑物的制高点上均有严密的安全措施。一些近身重要警卫任务，配备经验丰富、技术过硬并略懂中文的保安人员。在各活动现场包括重要宴会，他们从不坐下聊天喝咖啡或用餐（尽管现场也留给他们座位），始终精神抖擞地站立在各个角落，警惕地注视着周围动静，有时一站就是好几个小时。每次外出活动时，只要邓小平一上车，车队立即启动出发，无论届时代表团是否有人未及时登车随行。在访问外地城市时，代表团均下榻在高层豪华饭店，除安排小平同志使用专用电梯外，代表团其他人员均要转乘几道电梯才能抵达底层大厅，为适应这种情况，我们团里规定在每场活动前15分钟，所有人员务必在车里等候。车队出发后如临时发生情况，前后卫车和主车即可临时决定，脱离车队另选安全路线行驶。有一次，我们其他人员已先到目的地，但小平同志尚未到达。事后了解，他们中途改变了行车路线。

访问中，曾发生过两件事。一件是在华盛顿白宫南草坪的欢迎仪式上，正当卡特总统致欢迎词时，离讲台左侧不到五米处的记者群里突然冒出一男一女挥拳狂呼，在场的人还未反应过来，夹杂在记者群中的便衣警卫人员，闪电般地上前掐住他们的脖子，把他们架了出去，处理得非常及时利索，前后只有两分钟时间。仪式照常顺利进行。另一件事发生在2月2日晚，小平同志一行应邀去西蒙顿市竞技场进晚餐并观看竞技表演，当我们从旅馆楼上到楼下大厅，准备出门乘车时，我方的随身警卫人员走在前面两侧，我走在前面带路，在小平同志后面相距数米跟进的是美方安全人员凯利先生。此时，突然有一男青年插到凯利的前面奔向小平同志，只见凯利一个箭步抢上前去，胳臂一挥便把这个青年击倒，附近警卫人员一拥而上把他架走。瞬息之间化险为夷。在这两起事件中，美方保安人员极其机智果断，表现出强烈的敬业精神。访美结束前，小平同志专门与美方警卫人员一一握手道谢并合影留念，并向他们赠送了有他本人亲笔签名的半身照片以及纪念品，欢迎他们以后有机会到中国看看，使美方人员很受感动。之后，他们中不少人员来华访问，凯利还曾携夫人和孩子来访。

这次访问，公安部凌云副部长、中央警卫局孙勇副局长以及在他们率领下的六七位警卫干部，与美方保安人员紧密保持联系和配合默契。他们忠于职守、日夜操劳，对于保证安全起着决定性的作用，出色地完成了任务。美方安全人员一再表示，与中方警卫人员一起共事感到很愉快。在访问中，中美保安人员进一步增进了友谊和合作。中方警卫人员还应美方盛情邀请参观了白宫的各种安全警卫设施。

七、礼宾安排扎实、细致

在礼宾活动日程安排上，美方也动员了不少力量，工作扎实、细致，效率较高。这次小平同志连同随行人员一共72人（包括随团记者在内），加上我专机机组人员和我驻联络处人员去外地参观访问时人员近百，美方全程陪同人员60余人（除陪同人员外，礼宾官员15人，安全人员30余人，还不包括外地的礼宾、安全人员）分乘两架美空军波音专机。另有200多名记者分乘两架波音商业飞机随同去外地采访。这样庞大的队伍，美方组织得很有条理，没有出现混乱现象，各项活动的具体细节均能提前通知各方，保证了访问的顺利进行。

2月5日，小平同志胜利结束了在美国的访问，乘专机离开西雅图市，飞经安科雷奇、东京。在东京停留访问两天，于2月8日安全回到北京。小平同志离美时专门致电卡特总统，肯定了这次访问的圆满成功，并表示“中美两国关系将会在新的历史条件下得到重大的发展”。我们大家经过八个昼夜的紧张操劳，虽感到有些倦意，但更从内心深处感到无比喜悦和兴奋。因为这是一次极为成功的访问，对发展中美友好关系起到了巨大的、历史性的推动作用。

（原载于《纵横》2000 年第 2 期）

旋风九日

——随小平同志访问美国

廉正保

今年是邓小平同志访问美国40周年，也是中美建交40周年。我不禁回忆起40年前随同小平同志对美国进行历史性访问的往事。

1979年1月1日，中美正式建交。1月28日，是中国农历正月初一，邓小平副总理和夫人卓琳应美国总统卡特的邀请访问美国。这是中华人民共和国成立以来，中国国家领导人第一次访问美国。方毅副总理、黄华外长、章文晋副外长、冀朝铸、杨洁篪等众多官员随行。

隆重的欢迎

美方对邓副总理来访特别重视，以政府首脑待遇破格接待。邓小平乘中国民航专机途经美国阿拉斯加安克雷奇，美国驻华大使伍德科克和夫人、中国驻美大使柴泽民和夫人、美国国务院礼宾司司长杜贝尔夫人和几位美国安全官，从华盛顿赶来迎接，并登上专机陪同到华盛顿。

邓小平抵达华盛顿特区的安德鲁斯空军基地，受到美国副总统蒙代尔和国务卿万斯等迎接。卡特总统亲自主持在白宫南草坪的欢迎仪式，鸣礼炮19响。当我站在白宫草坪上，耳闻隆隆礼炮声，仰望高高飘扬的五星红旗时，热泪盈眶，心潮起伏。

邓小平副总理曾表示，希望通过与美国领导人和美国人民的直接接触和会谈，进一步促进中美两国人民的友谊和了解，以及两国在科学技术、经济文化等多个领域的友好联系和合作，借鉴学习美国的先进管理经验，促进国内经济发展。

邓副总理夫妇下榻白宫斜对面的布莱尔国宾馆。布莱尔国宾馆始建于1824年，楼高4层，面积不大，但精致、漂亮，典型的爱尔兰式建筑，室内装饰着古色古香的美国式家具，是美国总统接待外国元首和政要名人的地方。据说，美国每位候任总统都会于就职前一周，入住布莱尔宾馆。

邓副总理抵达华盛顿当晚，即赴弗吉尼亚麦克林镇，出席总统国家安全事务助理布热津斯基和夫人为他准备的家宴。这是八个月前布热津斯基访华时，他和邓副总理当面约定的。布热津斯基还请了国务卿万斯、白宫中国问题专家奥克森伯格作陪。布热津斯基夫妇殷勤待客，他们三个十几岁的孩子端盘子上菜，增加了亲切的气氛。晚宴吃的是美国菜，喝的是苏联前驻美大使多勃雷宁送给布热津斯基的伏特加。邓副总理和卓琳虽然旅途劳累，但在整个家宴上兴致都很高。

1月29日上午10时，卡特总统在白宫南草坪举行欢迎仪式，欢迎邓副总理来访。卡特致辞说：昨天是你们春节的开始，是走亲访友的时刻，也是团聚和和解的时刻。对我们两国来说，今天是和解的时刻，是久已关闭的窗户重新打开的时刻。我们期望，中美关系正常化能够帮助我们一同走向一个多样化的和平世界。邓副总理致答词说：中美关系正常化的意义远远超出两国关系的范围。位于太平洋两岸的两个重要国家发展友好合作关系，对于促进太平洋地区和世界和平，无疑将是一个重要因素。中美关系正处在一个新的起点，世界形势也在经历着新的转折。中美两国是伟大的国家，中美两国人民是伟大的人民，两国人民的友好合作，必将对世界形势的发展产生积极深远的影响。

与卡特的坦诚会谈

欢迎仪式结束后，卡特总统和邓副总理步入白宫椭圆形办公室进行会谈。卡特先寒暄了几句。他说，1949年4月，他作为一名年轻的潜艇军官曾在青岛待过。邓副总理说，我们的部队当时已经包围了那个城市。布热津斯基插话说，那你们早就见过面了。邓副总理笑着说，是的。然后开始正式会谈。

双方首先就国际问题交换意见。邓副总理指出，我们的看法是，整个世界局势是不安宁的，如果要创造一个有利于和平、安全、稳定的世界，就应该认真对待国际形势。就中国来说，我们不希望打仗，我们的目标是实现四个现代化，这就需要一个比较长时间的和平环境。会谈中，邓小平开门见山地主张，中美应联起手来，一起面对共同的威胁。这一建议被卡特接受了。

在谈到美苏限制战略武器协议时，邓副总理说：我们不反对美苏签订这种协议，这种协议甚至是必要的，但我们认为重要的是要做扎扎实实的工作。

然后谈到台湾问题。卡特仍然强调美国对中国和平解决台湾问题的关切。卡特要求邓小平在美国公开讲话时使用较温和的措辞，如“和平”“耐心”等。而邓小平则表示，希望美国推动台湾当局同中国谈判，在和平解决台湾问题上作出贡献，而不要使他们翘尾巴，有恃无恐。邓小平还要求卡特来年在对台出售武器问题上采取审慎态度，他不赞成美国对台湾出售任何武器。

在接下来的会谈中，双方还讨论了其他一些问题。在向中国出口技术产品问题上，卡特表示，今后将放松些限制。双方同意，通过谈判解决仍然冻结的中美资产问题，签订航空和海运协定，互派留学生和常驻记者，增加高层官员互访。邓小平的睿智为化解中美关系中的一些难题奠定了基础。

卡特谈到根据《杰克逊-瓦尼克修正案》（即1974年美国国会通过的《贸易改革法案》所附法案，内容是禁止给苏联、东欧等限制移民出境的国家贸易方面的优惠。——编者注）美国视移民状况对苏联等国限制最惠国待遇的问题。邓小平对卡特讲，在移民问题上，美国不能将中国同苏联相提并论。如果需要，中国可以向美国“输送1000万中国人”。在场的人听了都笑了起来。1980年2月1日，根据《中美贸易关系协定》，中美双方给予对方最惠国待遇，给中美双边经贸关系注入巨大推动力，中国先于苏联获得最惠国待遇。

会谈间歇时，邓副总理笑着问卡特，美国国会有没有通过一条法律禁止在会谈中吸烟？卡特说：没有，只要我任总统，他们就不会通过这样的法律，我的州种植大量的烟草。邓副总理开心地笑了起来。

我记得有一次会谈一开始，邓小平同卡特谈到了自己的家史，谈到了小时候母亲对自己的谆谆教诲，情真意切，使在座的每个人包括卡特总统在内，都无不感动。

卡特出生于乔治亚州，是美国历史上最年轻的总统之一。他一生经历丰富，种过花生，当过海军，木工活也干得不错。他曾在日记中写道，实现中美关系正常化和接待邓小平来访，是其任内最愉快的事情之一。卡特在任时没有访问过中国，卸任后曾多次访华，为促进中美关系的发展和中美两国人民的友谊做了大量工作，是中国人民十分尊重的老朋友。

最古老的宪法和最古老的文明

1月29日，卡特总统和夫人举行盛大国宴欢迎邓副总理和夫人。卡特在祝酒时说：在争取自由的革命中诞生的美国，是一个只有200年独立历史的年轻国家，但美国的宪法是世界上最古老的、仍在继续生效的成文宪法。有4000年文字记载历史的中国文明是世界上最古老的文明之一，但作为一个现代化国家，中国还是很年轻的。我们能够相互学到很多东西。

邓副总理在答词中说：在中美关系正常化的此刻，特别怀念生前为实现中美关系正常化开辟了道路的毛泽东主席和周恩来总理，也自然地想到前总统尼克松先生、福特先生和基辛格博士、美国参众两院的许多议员先生和各界朋友，他们都为中美关系正常化作出了努力。我们高度评价卡特总统、万斯国务卿和布热津斯基博士为今天实现两国关系正常化所作出的宝贵贡献。我们两国曾在30年间相互处于隔绝和对立的状态，现在这种不正常的局面终于过去了。我们两国社会制度不同，意识形态不同，但是两国政府都意识到，我们两国人民的利益和世界人民的利益要求我们从国际形势的全局出发，用长远的战略观点看待两国关系。双方承诺，任何一方都不应当谋求霸权，并且反对任何其他国家或国家集团建立这种霸权的努力。这一承诺既约束我们自己，也使我们对世界的和平与稳定增添责任感。

整个宴会期间，气氛友好热烈，宾主间轻松、幽默的交谈常引发阵阵欢笑声。

宴会结束后，邓小平副总理和夫人在卡特总统和夫人的陪同下，出席了在肯尼迪中心举办的文艺晚会。美国艺术家表演了精彩的节目，博得全场喝彩。最后一个节目是一群天真活泼的美国儿童唱起了中国歌曲，使晚会的欢乐气氛达到了高潮。邓副总理和夫人，以及卡特总统和夫人，一起登台同演员见面、合影。卡特在当天的日记中写道：当邓副总理拥抱和亲吻演唱中国歌曲的小演员时，流露了真诚的感情。后来记者们报道说，不少观众被感动得热泪盈眶。

小平同志谈台湾问题

1月30日，美国外交政策协会、国立图书馆、美中关系全国委员会、与中华人民共和国学术交流委员会、亚洲协会和中国理事会等六个团体联合举行招待会，与会者达800人之多。邓小平在会上阐述了中国在世界形势、中美关系和台湾问题上的立场和政策。

关于国际总形势，邓小平指出，“霸权主义”是世界“各个地区动乱的主要根源”。他批驳了有些人宣传的“中国人好战”的谬论，指出“我们之所以一再呼吁各国人民警惕新世界战争的危险，正是希望能够通过联合的努力，推迟战争的爆发”。

关于中美关系，邓小平说，“我们两国人民的利益和世界和平的利益，都要求我们从世界的全局着眼，用长远的政治和战略观点来处理中美关系”。

在谈到台湾问题时，邓小平指出：“统一祖国，这是全体中国人民的共同夙愿。我想，曾经在一百年前经受过国家分裂之苦的美国人民，是能够理解中国人民统一祖国的民族愿望的。至于用什么方式解决台湾回归祖国的问题，那是中国的内政。按照我们的心愿，我们完全希望用和平方式来解决这个问题，因为这对国家、对民族都比较有利，这在我们人大常委会《告台湾同胞书》中已经说得很清楚了。应该说，中美关系正常化以后，这种可能性将会增大。当然，这并不完全取决于我们单方面的愿望，还要看形势的发展。”

在美国社会中，国会分享外交决策权力，国会和议员具有重要的政治影响力。邓小平在美国访问期间，同美国议员进行了多次接触。在同议员的接触中，台湾问题占了重要的位置。邓小平在国会参众两院举行的联席会议演讲中，首次向他们勾画了“一国两制”的伟大构想。他说：我们不再用“解放台湾”这个提法了，只要台湾回归祖国，我们将尊重那里的现实和现行制度，台湾当局可以继续管理其军队，还可保持它同美国和其他国家的商业等非官方关系。在尊重台湾现实的情况下，我们要加快台湾回归祖国的速度。

在中美建交之后，海外人士普遍关心的一个问题就是台湾问题的解决方式，特别是“武力解决”问题。美国广播电视网雷诺兹就向邓小平提出了这样的问题：“如果台湾人民和政府拒绝自愿和你们重新统一，而美国甚至在《共同防御条约》废除后，继续向台湾人民提供防御性武器，那你们除了使用武力外，还有什么选择求得统一？”

邓小平回答说：“我们力求用和平方式来实现台湾回归祖国和完成我国的统一。”但是中国不能作出不使用武力的承诺。因为“问题是如果我们承诺根本不使用武力，那就等于将我们的双手捆缚起来，结果只会促使台湾当局根本不同我们谈判和平统一，那反而只能导致最终用武力解决问题”。由于美国《时代》周刊把邓副总理评为1978年度新闻人物，把邓副总理的画像作为该刊1979年第1期的封面，议员们纷纷拿这本杂志请他签名留念，邓副总理热情地满足了他们的愿望。

在美中友协和全美华人举行的招待会上，邓小平对美国人士和华人代表表示：中国政府出于民族大义，准备以合情合理的态度处理台湾问题。邓小平说：“一定要考虑到台湾的现实，重视台湾人民的意见，实行合情合理的政策。统一祖国是全体中国人民、包括台湾在内的共同愿望。我们关怀台湾同胞，寄希望于台湾广大同胞。我们也寄希望于台湾当局，希望台湾当局以民族大义为重，正视现实，这样，台湾回归祖国就能够比较顺利地实现。”这也是中国领导人最早提出“寄希望于台湾同胞”的重要思想。

邓小平还对作为“无冕之王”的媒体做了大量工作。邓小平同《华盛顿邮报》《纽约时报》《洛杉矶时报》《基督教科学箴言报》《芝加哥论坛报》《时代》《新闻周刊》《美国新闻与世界报道》及美联社、合众国际社、《华尔街日报》的新闻工作者共进午餐，并回答了他们的提问。他指出，中国实现四个现代化政策的持续性，不是由个人因素决定的，关键在于这些政策是否正确，人民是否赞成，对人民是否有好处。如果这些政策是正确的，对人民有好处，又得到人民的支持，政策的持续性就有了根本保证。既然我们现在执行的政策是正确的，可以肯定，这些政策会继续下去。

广泛接触社会各界

邓小平在美国期间同美国社会各界进行了广泛的接触。邓小平在接受美国广播电视评论员采访时说："我这次访问美国肩负着三项使命：第一是向美国人民转达中国人民的情谊；第二是了解美国人民，了解你们的生活，了解你们建设的经验，学习一切对我们有用的东西；第三是同贵国的领导人就发展两国关系和维护世界和平及安全问题广泛地交换意见。我可以告诉美国公众，我同卡特总统和其他美国领导人两天会谈的结果，是令人满意的。"

访问中，邓副总理和卡特总统共同签署了《中美科学技术合作协定》和《文化合作协定》。方毅副总理和黄华外长同美方相应官员分别签署了中美《教育、农业、外层空间合作的谅解备忘录》换文、《高能物理方面合作的协议》以及《建立领事关系和互设总领事馆的协议》。双方同意成立联合经济委员会。我记得，签字后，一位在场的美国记者问邓副总理："你们当初决定与美国实现关系正常化时，您在国内有没有遇到政治上的反对势力？"邓副总理回答说："有！在中国的一个省台湾，遇到了激烈的反对。"全场顿时爆发出热烈的掌声，人们为邓副总理机智而幽默的回答高声喝彩。

1月30日晚，邓小平出席中国驻美大使柴泽民为庆祝中美两国建立正式外交关系举行的盛大招待会。邓小平同出席招待会的共和党议员富布莱特和民主党议员曼斯菲尔德亲切交谈。

中国人民的老朋友海伦·斯诺远道来华盛顿出席招待会。海伦来到邓小平面前，无限感慨地说："你好难找啊！""你就是斯诺夫人？"邓小平热情地握住海伦的手，亲切地问道。"你可是大名鼎鼎的记者啊！我听说过的，听说过的，遗憾的是，我们今天才见面。"邓小平说。然后，海伦拿出了那封42年前毛泽东介绍她去太行根据地时给小平同志的亲笔信，交给了它的收信人。信中写道：

弼时、小平同志：

斯诺夫人随部队一起赴前方，作为战地记者，向外写报道。请在工作、生活方面予以协助和关照。

致礼！

毛泽东

1937年8月19日

1月31日上午，邓副总理接受美国费城坦普尔大学授予的名誉法律博士学位。邓小平致答词说：这不仅是给我个人的荣誉，也是美国人民对中国人民友好和尊重的表示。坦普尔大学已经有上百年的历史，为美国以及其他国家造就了许多人才，在美国国内外享有很高声誉。坦普尔大学又是以主张学术自由著称的，我认为这是贵校的事业兴旺发达的一个重要因素。你们把名誉博士学位授给像我这样一个信仰马克思主义和毛泽东思想的人，也足以说明这一点。为了实现四个现代化的宏伟目标，我们主要依靠过去30年建立起来的基础和积累起来的建设经验，同时也特别注意加强同世界各国的经济、文化和科技交往。美国作为当今世界上经济发达的国家，在工农业生产和科学技术的许多领域领先，在经济管理和教育事业方面也有很多成就。我认为，进一步发展我国人民同美国人民的友谊，向美国人民学习，完全符合中国人民的利益。中国人民深信，把自己的社会主义制度的优越性同经济发达国家的先进科学技术和经济管理、人才培养等方面的先进经验结合起来，对于加快实现四个现代化具有重要意义。

当天上午，邓小平还会见了美国前总统尼克松，就共同关心的问题交换了意见。邓小平指出：在尼克松、毛泽东、周恩来，还有基辛格的努力下，开始了实现中美关系正常化的进程，尽管时间稍长了一点，但也还不晚。他对尼克松提出的中国不仅应注意加强培养高级教授、律师、哲学家，还应重视培养工农业技术人员的建议表示赞同。他还指出：这正是我们需要注重的方面，不仅要培养技术专家，还要培养管理人员；管理是一门专门的学问，这是我们最薄弱的一个环节。

访美期间，邓小平还会见了美国前国务卿基辛格、迪安·腊斯克和在美国参加联合国安理会的柬埔寨诺罗敦·西哈努克亲王，同他们进行了亲切、友好的交谈。

在华盛顿，邓小平参观了林肯纪念堂，并献花圈。同时，他参观了美国宇航博物馆，并进入阿波罗十一号指令舱，听取宇航员介绍阿姆斯特朗等人1969年乘这一座舱飞往月球的情况。

2月1日，邓副总理结束了在华盛顿的访问。中美发表《联合公报》说："双方回顾了国际形势，一致认为双方在许多方面有共同的利害关系和相似的观点；双方也讨论了彼此看法有所不同的方面；双方重申反对任何国家和国家集团谋求霸权或支配别国，决心为维护世界和平、安全和民族独立作出贡献。双方认为，两国社会制度和意识形态不同不应妨碍彼此加强友好关系和合作。"

邓副总理离开华盛顿后，访问了亚特兰大、休斯敦和西雅图。在亚特兰大，邓副总理在黑人人权运动领袖马丁·路德·金遗孀的陪同下，拜谒了他的墓并献花圈。在美国南部最大的城市休斯敦，得克萨斯州州长和休斯敦市市长邀请邓副总理观看马术竞技表演，还赠送邓副总理和我们每人一顶牛仔帽。邓副总理把帽子戴在头上，应邀乘上一辆19世纪的马车，绕场一周，向在场的美国人挥动帽子致意。这种入乡随俗的做法，立即赢得在场群众的欢呼。

在西雅图，邓副总理参观了美国波音公司有六层楼高的747客机装备车间，受到波音公司董事长威尔逊和工人们的热烈欢迎。邓小平乘电瓶车绕厂一周，他对墙上"质量就是艺术""质量同成功是伙伴"等标语表示赞同。他对美国主人说，在中国争取四个现代化的努力中，有许多方面要向创造了先进工业文明的美国人民学习。

2月5日，邓副总理离开西雅图回国。他在机场发表告别讲话说："我们是带着中国人民的友谊来的，现在是带着美国人民的情谊回去的。我们亲眼看到了美国山川秀丽、土地富饶、经济发达，但是最使我们难以忘怀的是美国人民的友情。”“中美两国之间一度中断的联系恢复了，我们面前展现了两国人民广泛合作的前景。”

（原载于《纵横》2019 年第 2 期）

邓小平会见意大利记者法拉奇和英国首相撒切尔

傅志义
明　红　整理

令世界折服的外交家

我是1980年8月16日被解放军总医院派到邓小平同志身边工作的。在给首长做专职保健医生的3年时间中，小平同志先后会见外宾187次，接受外国记者采访7次。我曾多次亲眼目睹小平同志接见外国元首和接受记者采访的各种场面，他的外交家风采给我留下了极其深刻的印象，记忆最深的是他会见英国首相撒切尔夫人、美国前国务卿基辛格、意大利女记者法拉奇、利比亚总统卡扎菲，还有他老人家接受法国、南斯拉夫、西班牙、英国、丹麦等广播电视记者的采访等。

我给小平同志服务时，他已是76岁的老人了。然而，给人的印象全然不像年近八旬的老人。他的精力很旺盛，外事活动更是频繁，工作日程排得满满的，一天会见几批客人是常事。他从容不迫，有条不紊，对答如流。就拿1982年9月24日来说吧，我作为专职保健医生，对小平同志那天紧张的安排、繁忙的工作很担心。因为头天我随小平同志刚乘专列从成都回北京，长途乘车的疲劳还没有消除，就这么忙得连轴转。24日上午，小平同志会见英国首相撒切尔夫人，谈判香港回归重大问题；

下午会见香港环球航运集团主席包玉刚，畅谈经济发展形势；晚上参加朝鲜劳动党主席金日成举行的答谢宴会，发表增进中朝友谊的讲话。这三个外事活动，持续时间都特别长，但小平同志的精力仍是非常充沛，思考问题敏锐，言辞铿锵有力，会谈成果卓著。

小平同志的精力非一般人可比，我们这些在他身边工作的年轻人更是自愧不如。有一天，小平同志上午刚主持完会议，秘书就告诉他下午3点有外宾等着接见。由于连续几天频繁地参加各种活动，我们工作人员都感到很疲乏，那天中午饭吃过后，我一躺在床上就睡着了，待我猛然醒来后，才知道小平同志早乘车到钓鱼台会见外宾去了，我忙乘车追去。那次失职，除了自己工作责任心不够外，还说明我一个年轻人的精力还不如年近八旬的小平同志。还有一次，我随小平同志到中南海怀仁堂，小平同志在里面主持召开政治局扩大会议，我们随行人员则在会议室等候。下午1点，会议还没有结束。早晨匆匆忙忙，早饭没吃好，我饿得难受，一连喝了好几杯开水充饥。可小平同志和中央领导同样饿着肚子，还在为党和国家操劳。散会后，我见小平同志精神抖擞，没有一点饥饿疲劳的感觉。

据我观察，小平同志平时少言寡语，在家中也很少与家人说话，但他一进入工作状态，尤其是会见客人，马上判若两人，顿时充满活力，神采奕奕，谈笑风生。小平同志会见外宾时，允许我们工作人员在场，我常常侍立一旁听他老人家与外宾谈话。无论是发达国家的元首，还是发展中国家的首脑，或是风云世界的大腕外交家与著名记者，他们初次见小平同志时一般都有些拘谨，有的甚至手足无措。但是，小平同志善于用风趣、坦诚的语言使对方精神放松，很快赢得客人的信任和对他所述观点的赞同。

小平同志乐于面对任何一位被世界称为“铁腕人物”的交谈高手，善于通过记者的笔向世界人民宣传社会主义中国，宣传我国政府对国内外各种问题的态度和立场。小平同志思维敏捷，谈锋犀利，善于用通俗易懂、生动贴切的语言来表述对一些重大政治问题的态度。交谈中，尽管他的右耳听力有些障碍，但他从不反复询问；他理解问题非常迅速，反应速度相当惊人。他博学多识，大智大谋，胸有成竹，精明机警，出口成章，说话入情入理，分析问题简明透彻。他老人家在各种外交场合非常从容，再难的问题，他都能应答自如，不卑不亢，充分显示出他那闻名世界的大政治家、外交家的风采。

据我多次观察，小平同志会见外宾时的谈话内容，事先都没有文字准备。他从不看什么资料，有时还看点武侠小说什么的。外出会见时间一到，工作人员进门提醒一下，他马上放下书报，更衣上车。小平同志的时间观念很强，总会准时出现在会客厅。在我的记忆中，唯一例外的一次是利比亚总统卡扎菲来访，会见时间已过了10分钟，卡扎菲还没到。工作人员都很着急，而小平同志却安然若素，静静地等候着。15分钟后，卡扎菲的车队才赶到人民大会堂前。车门打开，先是两队武装整齐的女卫兵跑了出来，迅速站成两排，然后卡扎菲总统才下车，从两排女卫兵的夹道中走向小平同志。对此，小平同志微微一笑，表示理解。

唇枪舌剑答法拉奇

我刚到小平同志身边工作的第一个月，就有幸聆听他同法拉奇的唇枪舌剑。那是1980年8月21日和23日，意大利记者法拉奇两进中南海，就当时国际国内十分关注的政治敏感问题专访小平同志。

众所周知，世界著名女记者法拉奇一向以言辞泼辣、提问尖锐而著称，并有《风云人物采访记》书行于世。法拉奇采访过很多国际知名人物，如英·甘地、基辛格、阿拉法特等，是一个令世界许多政治家闻之挠头发怵的记者，连能言善辩的美国前国务卿基辛格都经不住她的诱问，吐露了隐秘。基辛格在接受她的采访后曾诙谐地叹息说：“她把我完全给毁灭了。”果然，法拉奇与小平同志一见面，便连珠炮似的提出许多尖锐问题，令我们这些侍立一旁的工作人员瞠目结舌。我见小平同志有问必答，特别是对她暗设“陷阱”的敏感政治问题，都一一给予了精彩的回答。

法拉奇问：四个现代化将使外国资本进入中国，这样不可避免地引起私人投资问题。这是否会在中国形成小资本主义？

小平同志用他那浓重的四川口音回答说：归根到底，我们的建设方针还是自力更生为主、争取外援为辅的方针。不管怎样开放，不管外资引进来多少，它占的份额还是很小的，影响不了我们社会主义的公有制。吸收外国资金、外国技术，甚至包括外国在中国建厂，可以作为我们发展社会主义生产力的补充。当然，会带来一些资本主义的腐朽的东西。但这不可怕。

法拉奇：那么，你是否认为资本主义并不是都是坏的？

小平同志：要弄清什么是资本主义。资本主义要比封建主义优越。有些东西并不能说是资本主义的。比如说，技术问题是科学、生产管理是科学，在任何社会，对任何国家都是有用的。我们学习先进的技术、先进的科学、先进的管理来为社会主义服务，而这些东西并没有阶级性。

法拉奇：共产主义是否也承认个人利益？

小平同志给了她肯定的答复：按照马克思说的，社会主义是共产主义第一阶段，这是一个很长的历史阶段，必须实行按劳分配，必须把国家、集体和个人利益结合起来，才能调动积极性，才能发展社会主义的生产。共产主义的高级阶段，生产力高度发达，实行各尽所能，按需分配，将更多地承认个人利益，满足个人需要。

法拉奇还问了怎样看待毛泽东的错误，周恩来在“文化大革命”中为什么没有被打倒等问题。小平同志都非常巧妙地作了回答。法拉奇接着问：你给江青打多少分？

小平同志不假思索地说：零分以下。

法拉奇又问：你对自己怎么评价？

此问题的提出，回答不好就会造成与毛泽东、周恩来，还有江青相比较的假象。小平同志平静地说：我自己能对半开就不错了。但有一点可以讲，我一生问心无愧。你一定要记下我的话，我是犯了不少错误，包括毛泽东犯的那些错误也有我的份，只是可以说是好心犯的错误。

小平同志坦率的回答令法拉奇大为敬佩，很是感动。小平同志在与法拉奇的谈话中，用辩证的观点阐述了他对某些问题的看法。他的思维之敏捷，见解之精辟，深深地烙在了法拉奇的心上。采访结束后，法拉奇带着满意的微笑离开了中南海。

两年后的1982年9月30日，基辛格博士访华时称赞小平同志说："我看了你与法拉奇的谈话，你是唯一同法拉奇谈话取胜于她的人。"1985年，小平同志在会见意大利共产党书记亚历山德罗·纳塔时，客人又提起他与法拉奇的那次"答记者问"。小平同志笑着说："我同她谈了七八个小时，她给我出了许多难以回答的题目，我总算通过了考试。"是啊，小平同志每次接见外宾与"答记者问"，无一不是严格的"考试"。同时，他也由此折服了世界政坛和新闻界。

与铁娘子的智慧较量

邓小平会见撒切尔夫人时的情景，读者一定在当时的新闻纪录片或照片中瞻仰过小平同志的风采。撒切尔夫人在英国政界是一个铁腕人物，处理国际事务一向以强硬和变通著称，所以人称铁娘子。香港问题怎样谈，她早就打了如意算盘。英方外交官员已多次与中方接触，她知道中方收回香港的决心很大，但并不想改变香港自由港的地位。撒切尔夫人寻思：如果能让中方把主权和治权也分开，主权归还中国后，英国仍然保留对香港的实际管治权，岂不是更好？要做到这一步，必须首先让中国承认历史上有关香港的三个国际条约继续有效。这是撒切尔夫人的如意算盘。

1982年9月24日，中英双方进入实质性的会谈。那天，"铁娘子"接到通知，小平同志在人民大会堂福建厅与她会谈。她走向福建厅，见大门紧闭，她有些纳闷，为何小平还不出来迎接？她正在疑惑之时，福建厅的大门忽然洞开，小平同志身着笔挺的灰蓝色中山装，脚蹬黑色锃亮的皮鞋，精神焕发地走出，上前五六步与她握手。“铁娘子”锋芒毕露，说：我作为现任首相访华，看到您很高兴。小平同志绵里藏针，说：是呀，英国的首相我认识好几个，但我认识的现在都下台了。欢迎你来呀！

寒暄过后，转入正题。“铁娘子”先声夺人，把英国历史上强加给中国的三个不平等条约搬了出来，言称按国际法，三个条约仍然有效。还说1997年后英国要继续管治香港。会谈一开始她就把香港主权的归属问题提出来了。

小平同志毫不客气，斩钉截铁地说：主权问题是不能谈判的。中国在这个问题上没有丝毫回旋余地。随即加重语气说：香港是中国的领土，我们一定要收回来。还特别提醒“铁娘子”：我们要收回的不仅是新界，而且包括香港岛、九龙。如果到1997年还收不回香港，那就意味着中国政府是晚清政府，中国领导人是李鸿章，任何一个中国领导人和政府都不能向中国人民交代，甚至也不能向世界人民交代，应该自动退出历史舞台，没有别的选择。小平同志开导“铁娘子”说：中国收回香港主权，对英国也是有利的。这意味着届时英国将彻底结束殖民统治，在世界公论面前会得到好评。

“铁娘子”早就知道小平同志精明果断，搞谈判既强硬又灵活，初次交锋，确实厉害。“铁娘子”没料到小平同志在香港主权问题上寸步不让，她打出的第一张牌就碰了硬钉子。但她仍不甘心，说：中国不是很关心繁荣吗？如果中国收回香港，给香港带来的将不是繁荣，而是灾难性的影响，这可对中国的“四化”建设不利啊。“铁娘子”发出了威胁。

小平同志从来不惧威胁恫吓，掷地有声地说：不能说香港保持稳定必须在英国的管治下才能实现，中国收回香港后自有办法继续保持香港的繁荣。即使香港不能继续繁荣，对中国的“四化”建设又有多大影响？如果中国把“四化”建设能否实现放在香港是否繁荣上，那么这个决策本身就不是正确的。小平同志索性把话说开：如果中国宣布要收回香港，就像夫人所说的“带来灾难性的影响”，那么我们要勇敢地面对这个灾难，作出决策。小平同志向“铁娘子”交底说：我们还考虑了我们不愿意考虑的问题，即如果有人不愿合作，在香港制造混乱，中国政府不得不对收回香港的时间和方式另作考虑。小平同志的话表现了爱国者的坚定、革命者的胆略和政治家的高瞻远瞩。

“铁娘子”在会谈较量中一直处于劣势，她的观点被小平同志逐一驳回。不过她也明白，如果最后谈不好，对英国也没有好处。会谈结束后，“铁娘子”落寞地从大门走出，脸色沉重。因未能如愿以偿，心态很不平衡，当她走到人民大会堂前倒数第二级台阶时，让高跟鞋绊了一下，旋即栽倒在石阶上，皮鞋和手袋摔到一边。幸亏摔得不重，左右连忙把她扶起。当时有许多记者在场，一时间，“撒切尔夫人摔了一跤”成了国内外街谈巷议的话题。

此次会谈中，小平同志将思考很久的伟大政治构思“一国两制”，首次公布于世（之前的1981年8月26日，小平同志在接见港台知名人物傅朝枢时，曾提出“台湾不搞社会主义，社会制度不变”的统一构想，当时我也在现场）。小平同志与撒切尔夫人的会谈，大长了中国人的志气，使那位在全球有“铁娘子”之称的世界著名政治家在会谈一开始就处于下风，令她原来坚持的许多观点都被迫让步，说得她口服心服，最后终于在香港回归问题上达成共识。我们这些站在一边的工作人员听了小平同志的雄辩，都感到振奋和骄傲，当时的心情真是非常激动，难于言表。那天的会谈气氛表面上平和，实际却刀光剑影，剑拔弩张。

“铁娘子”虽“铁”，但在香港归还中国的问题上，不得不按小平同志的主张办。这是大势所趋，历史必然。尽管如此，撒切尔夫人对小平同志仍很敬佩，她再次访华时曾这样评价说：我认为，从历史的观点看，“一国两制”是最富于天才的创造。这种构想看起来是简单的想法，但却是充满想象力的构想，是解决香港问题的关键，是我们达成协议的关键。

不久前，我再次重放小平同志妹妹先群同志赠送给我的大型电视文献纪录片《邓小平》影碟，望着画面，倍感亲切。小平同志仍在我们身边：他远行在祖国大地，四处视察民情；他漫步在烂漫的山花中，静静地思考；他畅游于万里海疆，欣慰地微笑着。像他这样的人，在人们的记忆中，永远是刚强的，勇毅的，生气勃勃的。

（选自《新中国往事·政坛旧闻》，
中国文史出版社 2011 年 1 月版）

邓小平南方之行

陈开枝

来了，来了。不远处的专列发出一声让人振奋的长鸣，徐徐向我们靠近，靠近，再靠近。此刻，是1992年1月19日上午9时

专列将要到达深圳。我和省市有关领导及其他工作人员等候在车站的月台上，大家既兴奋又激动，数日来的奔波劳累在我身上已一扫而光，只有亢奋的中枢神经还在不断地驱动我的思绪。马上就要见到久久思念的老人家了，不知道我们的安排是否会使老人家满意？也不知道老人家是不是赞成我们的做法？这心里像一面被不停地击打的鼓，那激越的鼓点仿佛就像要争先恐后地跳出来。

来了，来了。不远处的专列发出一声让人振奋的长鸣，徐徐向我们靠近，靠近，再靠近。此刻，是1992年1月19日上午9时，一个历史性的时刻。

大家期待的目光像舞台上方的聚光灯，于瞬间投注在身穿深灰色夹克，黑色西裤的老人家身上，他迈着稳健的步履走下列车，进入已久候多时的人们的视野。省市领导赶忙迎上前去与他握手。谢非书记握着老人家的手说："广东人民想念您，盼望您的到来。"深圳市委书记李灏激动地说：“我们全市人民欢迎您的光临。”深圳市市长郑良玉也补充说：“深圳人民盼望您来，已经盼了8年了。”

老人家的小女儿邓榕生怕老人家听不清楚，马上附在他耳边说：“广东人民欢迎你！深圳人民欢迎你！”老人家听后微微点头。

老人家在鼓励我们勇于借鉴外来经验求得自我发展，而自我发展不是一蹴而就的，它是在一个基础上不断优化和改良的发展过程

9点30分，车队进入桂园。列队欢迎的员工见到老人家时都惊呆了，他们没有想到要来的首长竟然是邓小平。看到这情景，当时的深圳市委接待处处长姚欣耀（现任深圳市政协秘书长、办公厅主任）赶紧提醒大家鼓掌。然后又对微笑着的老人家说：“首长，这是你1984年来时住过的地方。”老人家回答：“噢，我忘记了。”姚欣耀又对老人家说：“这屋子重新装修后有点小。”老人家马上接话：“屋子还是小点好。”

进屋后不久，孙勇就匆匆走了出来。他急忙地对姚欣耀说：“快去备车，小平同志要出去看看。”因为考虑到老人家长途旅行十分劳累，第一天上午是安排让老人家休息。姚欣耀没有任何思想准备，赶紧跑出去组织公安局的同志安排车，这时李灏与时任深圳市公安局局长的梁达成还在外边抽烟。其他领导已陆续离去，只剩下我这个“接待总管”还在原地照应。不想车还未到，老人家已换了一件衣服走了出来，一见我就说：“你快点叫车，让我出去看看！”这句话一下子就让我感受到了老人家牵挂特区命运的迫切心情，也印证了我一开始的判断——他不是来“休息”的。他急于触摸和拥抱特区这个他萦系心头的“孩子”，他急于了解他早就想了解的东西，他甚至全然忘记了自己的旅途劳累。更忘记了自己已是个年届88岁高龄的老人。可是我无法马上满足他的要

求。只能抱歉地跟他说："其他的人都走了，只剩下办公室的人。我们计划是下午出去的，您还是先休息一下吧。"老人家的回答却出乎我的意料："你不知道，我坐不住啊！"

1月19日下午3时，我们准时出发，陪老人家浏览市容。

映入老人家眼帘的是一派兴旺发达的繁荣景象：宽阔的马路平坦齐整，四通八达。两边鲜花夹道，绿树成荫。巍然耸立的高楼，鳞次栉比，像两排威武的战士在等待首长检阅。商店里不断进出的人们衣着鲜艳……看到深圳这些年的巨大变化，老人家眼睛里闪烁着极其喜悦的光芒，兴奋之情溢于言表。"八年过去了，这次来看，深圳特区发展得这么快，我没想到，看了以后，信心增加了。"从这些话里，我得到了一个明确的信息，深圳的做法老人家是满意的，深圳的做法没错，深圳人干的事情得到了老人家的充分肯定。

还有什么能比老师的夸奖更让一个历尽艰辛学习实践后，而终于交出一份合格答卷的学生们更感到高兴的呢！我们的汗没有白流，我们的努力没有被忽视，我们所受的委屈也得到了最高的回报。这一切值得，太值得了。我们无愧于这个时代，无愧于我们的祖国。尽管老人家不在国家领导人的岗位了，但在人民心中，他永远是我们衷心爱戴的改革开放的总设计师。能亲身描绘他老人家设计过的图纸，我们发自内心地感到自豪和光荣。

老人家意犹未尽，又兴致勃勃地与省市负责同志继续交谈。他十分感兴趣地询问起深圳经济发展，特别是利用外资的情况。李灏汇报说：这些年来，除个别年份以外，深圳的发展速度都很快，平均年增长超过20%，利用外资情况也比较好，国有经济和其他经济成分增长也很快。老人家问道："外资在深圳的经济总量中占多大比重？"李灏回答："约占25%，在总量中不到四分之一。"李灏又接着说："深圳这些年来之所以发展很快，主要是得益于对外开放。我们不仅从国外引进资金、技术和管理经验，我们进行的土地有偿使用、发展股份制、建立证券市场，以及公务员制度和廉政建设等许多改革和做法，也是借鉴了香港和国外的经验。”

接过李灏的话题，老人家说：“也有不少人担心股票市场是资本主义的东西，所以让你们深圳和上海先搞试验。看来，你们的试验说明社会主义是可以搞股票市场的，说明资本主义能用的东西，也可以为社会主义所用。证券、股市，这些东西究竟好不好，有没有危险，是不是资本主义独有的东西，社会主义能不能用？允许看，但要坚决地试。看对了，搞一两年。对了，放开；错了，纠正，关了就是了。关，也可以快关，也可以慢关，也可以留一点尾巴。怕什么，坚持这种态度就不要紧，就不会犯大错误。”

接着，老人家对开放问题作了十分精辟的阐述。他说：“社会主义要赢得与资本主义相比较的优势，就必须大胆吸收和借鉴人类社会所创造的一切文明成果，吸收借鉴当今世界各国包括资本主义发达国家的一切反映现代社会化生产规律的先进经营方式、管理方法。”他还认为“在市场经济方面，香港、新加坡做得好，我们要向他们学习”。老人家在鼓励我们勇于借鉴外来经验求得自我发展，而自我发展不是一蹴而就的，它是在一个基础上不断优化和改良的发展过程。就像美国著名的“飞人”刘易斯，他不可能一生下来就跑得这么快，他是在不断挑战别人的纪录，自己成为标准之后再不断地挑战自我。

世事不能尽遂人意，但求无愧己心，
不管黄猫、黑猫，能抓住老鼠就是一只好猫

老人家来到深圳，你不能不安排他去参观国贸大厦。因为它不仅是当时深圳最高的楼，也是当时中国最高的楼，号称神州第一楼。

这楼从建成的第一天开始就成为海内外各路“神仙”的“朝拜”之地。不论你贵为国家元首还是普通的黎民百姓，只要你一踏进这座神奇的楼内，它就会敞开胸怀对你施以热情的拥抱，它绝对是当之无愧的

“大众情人”。某种意义上讲，它就是微缩的深圳、微缩的中国。

说到它，不能不让人忆起这样一段佳话。1984年，聪明的深圳人开创了大规模集资盖大厦的先例。这也不能不启发人们，任何风光无限的成就背后，也许都会有一段莎士比亚戏剧式的故事。

构想不易，将成功的构想变成成功的现实就更加难上加难。中国从来没有人设计过这么高的大厦，当方案的设计者去向南京金陵饭店取经时，图纸早已让香港人带走。去国外想看看高层建筑怎样诞生，又受到海外同行的顾左右而言他。

四面都是墙壁，没有一条现成的出路留给自己。既然出海找不到现成的船，只好自己扎一个竹排去闯激流险滩。反正只要是人干的活，我们就没有理由不会做。凭借聪明智慧，靠着埋头苦干，他们终于拿出了比较理想的设计蓝图。

经过极其艰苦卓绝的努力，终于创造了两天半1层楼，四天拿下10层楼的超人纪录。50层的地面主楼工程，只用了10个月就封顶完工。顶上又建造了26米直径的直升机停机坪和6米宽的环形旋转厅。

事后，创造了深圳速度、不按常规办事的张恩佩却受到了上级主管部门的追究。难怪他留下一句令人玩味的“名言”：“世界是成功者的世界，历史却是冒险家的历史。”在一个亟待发展而前进步履尚又有些蹒跚的国家里，每个人都有每个人的道理，我们不必去争论谁对谁错。世事不能尽遂人意，但求无愧已心，不管黄猫、黑猫，能抓住老鼠就是一只好猫。

时间的指针拨到了大厦落成10年后的1992年1月。翻开这个月的报纸，打开这个月的电视，随着一张张被撕去的日历，你会惊喜地发现：深圳就是深圳，它不愧是改革开放的先头部队。在老人家踏上这块热土的前十几天还在创造着自己的第一速度。1月1日，妈湾电厂正式开工建设；2日，大亚湾核电站常规型一号机组一次并网成功；4日，深圳市委理论刊物《特区理论与实践》举行向国内外公开发行首发式；6日，由泰国驶来的滦河轮载着深圳的82个集装箱徐徐起锚，直航日本，至此，深圳市集装箱无班轮航线的历史宣告结束；8日，《深圳市机构改革方案》正式出台；10日，又迎来改革开放的先行官，时任全国政协副主席谷牧同志到深圳考察……

然而，更盛大的节日还在后边——1月20日上午，他们迎来了盼望已久又深深爱戴的老人家。上午9时25分，老人家在省、市领导的陪同下，来到了国贸大厦参观，全大厦的男女职工站在两旁，鼓掌欢迎老人家，他们齐声呼喊“邓爷爷好”！老人家高兴地向他们招手并鼓掌致意。

在53层的旋转餐厅，老人家面窗而坐，随着转盘的缓缓旋转，细心地俯瞰着深圳的全貌，当他看到高楼林立，鳞次栉比，一派欣欣向荣的景象，脸上洋溢着无比欣慰的神情。

在历史的大转折中将一艘起伏不定的航船导向宽阔浩瀚的水域，让中国笑迎大洋上的新鲜空气和八面来风

9时50分，深圳市委书记李灏的汇报中断了我的遐想。只见老人家一边看那张深圳特区总体规划图，一边认真地听着李灏的汇报。李灏说，深圳的经济建设发展很快，人民生活水平有了很大提高，1984年，人均收入为600元，现在是2000元。改革开放也有了很大的进展。他还说，这些年来，我们的精神文明建设和物质文明建设是同步发展的。深圳人对建设有中国特色的社会主义坚定不移，并且充满信心……

老人家听后很高兴，对深圳市的成绩很满意。他铿锵有力地说：“深圳的重要经验就是敢闯，没有一点闯的精神，没有一点‘冒’的精神，没有一股气呀，劲呀，就走不出一条好路，走不出一条新路，就干不出新的事业。不冒点风险，办什么事情都有百分之百的把握，万无一失，谁敢说这样的话？一开始就自以为是，认为百分之百正确，没那么回事，我就从来没那么认为。”他还说：“改革开放胆子要大一

些，敢于试验，不能像小脚女人一样。看准了的，就大胆地试，大胆地闯。”“现在建设中国式的社会主义，经验一天比一天丰富。经验很多，从各省的报刊材料来看，都有自己的特色。这样好嘛，就是要有创造性。”

望着窗外，老人家又接着说道：“改革开放迈不开步子，不敢闯，说来说去就是怕资本主义的东西多了，走了资本主义道路，要害是姓‘资’还是姓‘社’的问题。判断的标准，应该主要是看是否有利于发展社会主义的生产力，是否有利于增强社会主义国家的综合国力，是否有利于提高人民的生活水平。”听到老人家讲出“三个有利于”，在场的同志无不精神振奋，深感鼓舞。

改革开放以来，广东、深圳、珠海经历了多少风风雨雨，对改革开放的方针、政策和措施，评判的意见和标准五花八门，公说公有理，婆说婆有理，结果不但谁也占不了谁的理，而且还极大地束缚改革开放地区人们改革的手脚。现在好了，老人家抓住问题的实质，以通俗易懂的原理破解了这道似难又不难的难题。

老人家提出判断改革开放好坏的“三个有利于”的标准，既体现了马克思主义的基本原理，又抓住了事物的根本和关键之处，像一个电子遥控器极具操作性。可以说，这是创办经济特区、实行改革开放以来最有科学性的高度概括，把它纷繁复杂的问题简单明了了，为全党和全国人民在改革开放中坚持实事求是的路线提供了强大的思想武器。所以，回过神后，我感觉到像柳暗花明又一村似的豁然开朗，思路一下子明晰起来，头脑也清醒了许多，就像三伏天里吃了冰镇的大西瓜一样畅快淋漓。觉得这就是理论，普通老百姓懂得的理论，不像某些理论家发明的理论那样，叫人雾里看花，一点不懂。此刻，我真的为老人家叫绝，对他是佩服得五体投地。

讲着讲着，老人家激动地举起右手，加重语气说：“要坚持党的十一届三中全会以来的路线、方针、政策，关键是坚持‘一个中心，两个基本点’。不坚持社会主义，不改革开放，不发展经济，不改善人民生活，只能是死路一条。基本路线要管一百年，动摇不得。只有坚持这条路线，人民才会相信你，拥护你。谁要改变三中全会以来的路线、方针、政策，老百姓不答应，谁就会被打倒。”这一番话是老人家到达深圳以后的第一次有系统、有重点的谈话。我认为也是他老人家整个南方谈话中最重要的一次。老人家讲这番话时，声音特别洪亮，神情特别凝重，语气特别严肃，眼睛里放射出一种让人不容置疑的光芒。讲到激动的时候，还不断举起微微颤抖的右手来加强语气，使在场的同志都被强烈感染……

老人家指着窗外的高楼大厦说，深圳发展得这么快，是靠实干干出来的，不是靠讲话讲出来的，不是靠写文章写出来的

紧接着老人家就谈到：“在整个改革开放过程中，必须始终注意坚持四项基本原则。十二届六中全会我提出反对资产阶级自由化还要搞二十年，现在看起来还不止二十年。资产阶级自由化泛滥，后果极其严重。特区搞建设，花了十几年时间才有这个样子，垮起来可是一夜之间啊。垮起来容易，建设就难，在苗头出现时不注意，就会出事。”

他提出要两手抓，两手都要硬。

老人家说：一手抓改革开放，一手抓打击各种犯罪活动。这两只手都要硬。打击各种犯罪活动，扫除各种丑恶现象，手软不得……开放以后，一些腐朽的东西跟着进来了，中国的一些地方也出现了丑恶现象，如吸毒、嫖娼、经济犯罪等等。要注意很好地抓，坚决取缔和打击，绝不能任其发展……事实证明，共产党能够消灭丑恶的东西。廉政建设要作为大事来抓，还要靠法制，搞法制靠得住些。总之，只要我们的生产力发展，保持一定的经济增长速度，坚持两手抓，社会主义精神文明就可以搞上去。

由此，老人家又想到了怎样保卫改革开放成果，怎样保证社会主义千秋大业永不变色的问题。他特别强调必须培养好接班人，老人家说：“要进一步找年轻人进班子。现在中央这个班子年龄还是大了点，六十过一点就算年轻的了。这些人过十年还可以，再过二十年，就八十多岁了，像我今天这样聊聊天还可以，做工作精力就不够了。现在中央的班子干得不错嘛！问题当然还有很多，什么时候问题都不会少。我们这些老人关键是不管事，让新上来的人放手干，看着现在的同志成熟起来，老年人自觉让位，在旁边可以帮助一下，但不要做阻碍人的事。对于办得不妥的事，也要好心好意地帮，要注意下一代接班人的培养。我坚持退下来，就是不要在老年的时候犯错误。老年人有长处，但也有很大的弱点，老年人容易固执，因此，老年人也要有点自觉性。越老越不要最后犯错误，越老越要谦虚一点。现在还要继续选人，选更年轻的同志，帮助培养。不要迷信。我二十几岁就做大官了，不比你们现在懂得多，不是也照样干？要选人，人选好了，帮助培养，让更多的年轻人成长起来。他们成长起来，我们就放心了。现在还不放心啊！说到底，关键是我们共产党内部要搞好，不出事，就可以放心睡大觉。十一届三中全会确立的这条中国发展的路线，是否能够坚持得住，要靠大家努力，特别是要教育后代。”

从老人家说的话中，我听得出，老人家想得很长远、很周密。他深知正确的政治路线确定之后，干部就是决定的因素。他要提醒全党，为了中国的社会主义事业、改革开放大业，必须加强党的建设，抓紧培养接班人，大量使用年轻人，只有这样，我们才能彻底打破西方敌对势力和平演变中国的幻想。谈话中，老人家强调要多干实事，少说空话。他说：“要腾出时间来多办实事，多做少说。毛主席不开长会，文章短而精，讲话也很精练。周总理四届人大的报告，毛主席指定我负责起草，要求不得超过五千字，我完成了任务。五千字不是也很管用吗？我建议抓一下这个问题。”说到这里，老人家指着窗外的高楼大厦说，深圳发展得这么快，是靠实干干出来的，不是靠讲话讲出来的，不是靠写文章写出来的。

听了老人家的话，真能品出投石击破水中天的味道。

我很赞同对老人家作这样的解读：他没做过党的主席、国家主席。但是，他的地位来自他的权威，而这种权威源于他过去的经历、领导才能以及随着时间推移他作为一名决策者和设计师所取得的成就。

作为一名决策者，老人家最突出的长处是他目光远大。他规定对所有计划与建议的可行性都要先进行试验……他所决定的一些政治和经济目标，有的他生前或许可以看到，有的可以肯定他这辈子根本看不到……他的社会主义（以及共产主义）思想是与实现中华民族乃至全世界人民的繁荣富强相联系的（这是马克思的观点），他要领导和引导人民千方百计来实现这种繁荣富强。

老人家来到生产车间，他很仔细地看了光盘生产线及流程。一边看一边问叶华明：这些光盘的版权问题是如何解决的

1月20日上午10时，老人家来到先科集团。

老人家一下车，便与走上前来的叶华明亲切握手。当他听到随行人员介绍说，这是叶挺将军的儿子时，老人家注视着叶华明亲切地问：“你是老二吧？”

“我是老四。”叶华明伸出四个手指回答老人家。

“啊！我们快40年没见面了。”老人家深情地说。

“是的，我那时还是个孩子，可现在50多岁了。”叶华明看着88岁高龄的老人家也十分感慨。

老人家向前走去，随即又想起了什么，他问：“你弟弟叶正光在哪里工作？”

叶华明说：“他在海南岛。”

老人家对出生在广东的北伐名将叶挺将军是很熟悉的。对叶挺将军的后代也很熟悉。原来，1946年叶挺将军不幸遇难后，叶华明离开了延安，以后便一直生活在聂荣臻元帅家里。因老人家与聂帅既有公交又有私谊，时有往来，所以见过他。

沿着由四季青鲜花公司设计铺陈的鲜花走廊，老人家来到了集团公司的贵宾厅。在这里老人家听取了关于先科集团的介绍，作为主讲的人，叶华明介绍道：先科激光公司是1991年10月投产的，它的投产使我国成为继荷兰、日本、美国之后的第四个能够生产激光视唱盘的国家。公司年产激光唱片500多万张，视盘150多万张，激光视唱盘机4.5万台。老人家的二女儿邓楠拿起一个锃亮的激光视唱盘给老人家看。叶华明告诉老人家，这种状如镜子般的盘片，可永久保存，图像清晰，永不磨损。老人家听了十分高兴，问是什么材料制造的。公司的同志回答，是塑料上面镀一层银……

老人家当时十分高兴，他又兴致勃勃地看了视盘的功能、音响效果、检索功能等演示，接着又看了传记资料片《我们的邓大姐》。他说：“我今年88岁，邓大姐和我同年生，她比我约大半岁。”

接着，集团公司的一位业余歌手为老人家表演了卡拉OK《在希望的田野上》。听后，老人家一边带头鼓掌一边说：“很好，不走调，音响效果不错。”

从贵宾厅到生产车间有一条30多米长的走廊。这条走廊是先科集团特意为老人家建造的，并专门铺着红地毯。

看到走廊两边热情的员工，老人家问叶华明：“这些职工多大年纪？”

叶华明回答：“大约25到30岁。”

老人家来到生产车间，他很仔细地看了光盘生产线及流程。一边看一边问叶华明：“这些光盘的版权问题是如何解决的？”

叶华明回答说：“我们都按照国际惯例运作，不搞盗版。”

在车间里，老人家问一个正在操作的工人是哪里来的，收入怎么样。听了那个工人的回答后，老人家满意地点了点头。

这时，老人家转过头来对叶华明高兴地说："华明啊，你引进先进的东西是对的。"

叶华明说："公司也有困难，比如偿还贷款问题。"

老人家鼓励叶华明说："不要怕贷款，有了先进的技术就能创造效益，还贷款也就不难了。"

时间过得奇快，越是让人感到重要的历史场面，就越是使人感到一闪即过。

临别，叶华明代表先科集团送了10张经过精心挑选的CD盘给老人家作为礼物，他们知道他们生产的国际水平的产品，就是老人家想看到的最好的礼物。

老人家给深圳、给广东带来了春天，也给改革开放带来了春天，给全国带来了春天

1月21日，老人家又在省市负责同志的陪同下游览了深圳华侨城的民俗文化村和锦绣中华微缩风景区。

22日下午3时10分，老人家精神矍铄地步出下榻的桂园，会见了中央军委副主席刘华清和省市及广州军区、新华社香港分社的负责同志，并同他们合影留念。

老人家也没忘记这些天忙里忙外、跟随左右的警卫、司机（包括所有奉命来工作的记者）、服务员，一起留下了极为珍贵的历史镜头。

合影后，新华社香港分社社长周南握着老人家的手，向他问好，并邀请他1997年访问香港。老人家连声说："好，好！"广州军区司令员朱敦法向老人家行军礼问候。刘华清向老人家介绍说："朱敦法同志在淮海战役中是个连长。"老人家笑笑说："那时还是个娃子哩。"

随后老人家即席对省市领导做了重要谈话。当谈到什么是社会主义

本质时，他十分明确地指出："社会主义的本质是解放生产力，发展生产力，消灭剥削，消除两极分化，最终达到共同富裕。"听到这，我突然想起老人家看到发财树时说话的那个细节，"让全国人民都种一棵发财树"莫不是老人家在形象地比喻只有全国人民都发财，都过上好日子，才是社会主义真正的本质吗？！

老人家在深圳下榻处对在场同志发表的上述论断，真正是继承和发展了科学社会主义的基本原则，是探索建设有中国特色社会主义道路的最重大的理论成果之一，是对马克思主义的重大发展。这一社会主义本质论，反映了人民的利益和时代的要求，廓清了不合乎时代进步和社会规律的模糊观念，摆脱了长期以来拘泥于具体模式而忽视社会主义本质的错误倾向，深化了对科学社会主义的认识。使在场的每一位同志都耳目一新，仔细体味则更加钦佩老人家深邃的洞察力和敏锐的政治眼光。

老人家还论述了社会主义市场经济问题。他说："计划多一点还是市场多一点，不是社会主义与资本主义的本质区别。计划经济不等于社会主义，资本主义也有计划；市场经济不等于资本主义，社会主义也有市场。计划和市场都是经济手段。"至此，老人家对社会主义可不可以搞市场经济这个长期争论不休、阻碍我们前进的问题，作出了一个清楚、透彻、精辟的明确结论。从根本上解除了把计划经济和市场经济看作是社会主义基本制度范畴的束缚，像一把利剑斩断了捆在我们身上的绳索，像天籁之音发出振聋发聩的惊世绝响。人们从此可以像脱掉紧箍咒的孙悟空一样，一个筋斗翻个十万八千里，在建设中国特色社会主义的征途上去不断争取新的自由了。

老人家提出要把社会主义和市场经济结合起来，突破了传统观念和多年沿袭已久的陈旧经济模式，为我们党确定建立社会主义市场经济体制的改革目标，奠定了坚实的理论基础。

最后的告别总是依依不舍的。老人家要离开深圳，离开这个他亲手开辟的实验区。我想他是心满意足的，深圳人没有辜负他的期望，深圳圆满完成了自己的使命。纵观世界历史，从来没有一个城市和一个伟人如此亲密地连接在一起，它甚至改变了一个国家的命运。

老人家留给深圳人的最后一句话是："你们要搞快一点。"这是一个眺望日落的老人，相信明天还会有黎明。这不仅是对一个城市的呼唤，也是对整个中国的呼唤，那种发自内心深处的期待，将永久地震撼我们的心灵。我们每一个有见识有血性的中国人都不会忘记这个老人。他其实就是一座丰碑，永生永世竖立在我们的心灵深处。

老人家给深圳、给广东带来了春天，也给改革开放带来了春天，给全国带来了春天。

如果没有邓小平1992年的南方之行和南方谈话，中国的改革开放和社会主义现代化建设也许还要在迷茫中摸索

老人家的南方之行，是一次关系中华民族何去何从，关系中国社会主义发展举什么旗、走什么路，关系中国改革开放是收还是大胆地试、大胆地闯，关系中国乃至国际共产主义运动之命运的伟大历史之行。

老人家南方之行发表的一系列重要谈话，是他老人家长期领导我国社会主义建设和改革实践经验的结晶，是他一贯思想的继续和发展，是建设有中国特色社会主义的理论纲领。这些谈话作为阐述邓小平理论一系列精辟观点的"收官之作"，被收入《邓小平文选》第三卷的终篇之作，实际上成为中央第二代领导集体核心留给全党的一个政治交代，也为中共十四大奠定了思想理论基础。它在中国特色社会主义理论建设上具有承前启后、继往开来的作用，对整个社会主义现代化建设长远大局不能不具有极其重要深远的意义。更直接确保了中华民族不再重蹈18、19世纪末两次错过历史发展机遇的覆辙。

回忆这段历史，展望今天已不可逆转的改革开放大潮，我们完全有理由说：如果没有邓小平1992年的南方之行和南方谈话，中国的改革开

放和社会主义现代化建设也许还要在迷茫中摸索。

南方谈话作为老人家号召全党和全国人民深化改革的动员令、宣言书，绝非是他在南方之行途中，在武昌、深圳、珠海、上海等地的即兴之作，而是他借南行之机对“什么是社会主义，怎样建设社会主义”等一系列重大理论问题所作出的系统总结和阐述，是他对中国这么一个落后国家怎样建设中国特色社会主义，以及在中国建设社会主义就必须实行改革开放等一系列问题进行长期思考之后得出的真知灼见，是他对自己长期以来领导中国革命和建设实践而作出的理论总结。

“不坚持社会主义，不改革开放，不发展经济，不改善人民生活，只能是死路一条”；加“经济发展要搞市场经济，要力争隔几年上一个台阶，要依靠科技和教育”；加“两手抓，两手都要硬”；加“培养和造就千百万坚持马克思主义的改革者”是南方谈话的精神实质。这些有中国特色社会主义理论的主要内容，是在国际社会主义运动受挫之后，老人家就改革开放的中国将继续“举什么旗、走什么路”的问题向全世界作出的公开昭示，也是他老人家毕一生之心血而留给他所深爱着的人民和祖国的最后一笔政治财富。

南方谈话道出了人民群众的心声，说出了反映中国特色社会主义发展规律的客观真理，从而也就拨开了笼罩在改革开放前进方向上的重重迷雾，最终廓清了壅塞在人们心头的种种谜团，实现了对全党全国人民继续深化改革开放的再动员。

令人备受鼓舞的是1992年10月召开的中共十四大。会议高度评价了老人家的南方谈话，认为谈话坚持中共十一届三中全会以来的理论和路线，联系14年的伟大实践，深化了全党在如何对待发展生产力，如何判断姓“社”姓“资”和为什么要确立社会主义市场经济改革目标等一系列改革开放重大问题上的认识。从而，科学地、深刻地、全面地回答了“什么是社会主义、怎样建设社会主义”的重大理论问题，是又一次的拨乱反正，在党内外进一步凝聚了坚持和贯彻党的基本路线的共识，为建设有中国特色社会主义指明了方向。十四大还提出用邓小平建设有中国特色社会主义理论武装全党的战略任务。大会公开确立了社会主义市场经济体制的改革目标。

（节选自《1992，邓小平南方之行》，
中国文史出版社 2012 年 2 月版）

我曾为香港回归探路

柯　华

1997年7月1日零时零分，英国国旗在香港降落，中华人民共和国国旗高高升起。我在举行交接仪式的大厅前排座位上，看着眼前的一切正按照事先商定的程序有条不紊地进行，作为一个曾经为香港回归探路的人，思绪万千……

出使英国　了解英方动向

1978年7月16日，我作为中华人民共和国驻大不列颠和北爱尔兰联合王国大使，来到英国伦敦。

英国女王伊丽莎白二世派她的典礼官用一驾四轮马车接我去白金汉宫递交国书。宝马雕鞍，马蹄声声，庄重、显赫，充满皇家气派。然而，我却想起了中国第一个出使英国的郭嵩焘，他和副使刘锡鸿专为“谢罪”而去白金汉宫。郭嵩焘是湖南有名的才子，一向恃才自傲，他是左宗棠的朋友，对于当时炙手可热的曾国藩都不肯买账，但在国势衰微、朝廷积弱的形势下，不得不低下头来担当去伦敦“谢罪”的屈辱使命。而今天，中国使节在伦敦受到了应有的尊重和礼遇。

收回香港是100多年来所有中国人为之魂牵梦萦、奋斗不息的心愿。出于历史责任感，我十分关注香港问题。特别是受命到英国当大使不久后，中共十一届三中全会胜利召开，邓小平随后提出把加紧社会主义现代化建设、维护世界和平、统一祖国作为今后三大任务，我驻英使馆更加注意英国朝野在香港问题上的动向，报告国内，提供决策的参考。

当时的英国首相卡拉汉在访问中国时，曾经说“两三年以后”将是讨论香港问题的适当时候。

1979年3月29日，香港总督麦理浩访问北京，向邓小平提出说，由于港英政府租借“新界”土地不能超过1997年，只剩下18年了，投资者不放心。很明显，其意在试探中国政府对香港的态度。邓小平同志告诉他说，香港主权属于中华人民共和国，这个问题本身不容讨论。但是，中国政府会考虑和尊重香港的特殊地位。中国政府可以明确告诉英国政府，即使那时作出某种政治解决，无非一个是收回，一个是保持现状，不管哪种政治解决，都不影响投资者的利益，请投资者放心。邓小平同志还指出，在20世纪和21世纪初相当长的时期内，香港还可以搞他的资本主义，我们搞我们的社会主义。

我们十分关注英国下院1979年6月13日就麦理浩访问北京得来的信息的辩论。英国外交大臣欧文发言说，香港并非时代的错误产品，而是一个成功的例子。麦理浩北京之行也并不意味着英国政府想谈判解决香港问题，现时还不存在一个“讨论香港问题的适当时机”。

1979年7月5日，英国驻中国大使柯利达即向中国外交部递交了《关于香港新界土地契约的问题备忘录》，并说中国可以不作答复。这不仅是再次试探，而且想让中国默认英国取消新界管治权期限的做法。中国政府以毫不含糊的言辞作出了答复：“奉劝英方不要采取所建议的行动，否则形势将引起对中英双方都不利的反应。”

过去的中国政府，在辛亥革命胜利的时候，在抗日战争胜利之时，因种种原因而两次失去了收回香港的良机。随着中国和国际形势的变化，解决香港回归的时机和条件日渐成熟，通过谈判解决香港问题有了可能。这时，我国领导人及时作出了“一国两制、谈判解决”的英明决策。

1981年初，邓小平同志指示：香港问题已摆上日程，我们必须有一个明确的方针和态度。请有关部门研究提出方案，并尽快整理出材料，供中央参考。

中国大使馆将所了解的英国有关情况，向国内提供报告。

1981年4月3日，邓小平同志会见来中国访问的英国外交大臣卡林顿时，郑重地说："我在1979年对麦理浩爵士所说的，是中国政府的立场，是可以信赖的。请你注意研究我们对中国台湾的政策。我们提出和平统一台湾，台湾的生活方式、政治制度不变，也不降低台湾人的生活水平和经济收入，甚至允许他们保留自己的军队——要求他们的只是取消'国号''国旗'。"

邓小平同志概括地提出"一国两制"的构想：在一个中国的前提下，大陆主体实行社会主义制度，香港、澳门、台湾作为中华人民共和国的特别行政区，保持原有的资本主义制度长期不变。

1982年4月6日，邓小平同志会见英国前首相希思时明确地说，中国要在1997年恢复对香港行使主权。中国愿意同英国谈判解决这个问题。

不久，我奉命回国，接受中央港澳领导小组领导人兼国务院港澳办公室主任廖承志的指示。返回伦敦后，开始广泛接触英国各界。

在英国，有许多中国的老朋友坚持中英友好，像年逾90的前首相麦克米伦，就曾直接对我说："中国对香港享有主权是不容争议的。"上议院议员索姆斯勋爵是前首相丘吉尔的女婿，是欧洲共同体前任主席，他在参加中国大使馆举行的宴会上大声说："英国政府应该把香港主权归还中国，我们将会为此大声疾呼。"在同前首相希思、卡拉汉，外交大臣卡林顿，国防大臣皮姆，工党副领袖希利，前国防部参谋长卡梅隆元帅，怡和洋行董事长亨利·凯瑟克，太古洋行董事长斯威尔兄弟，英之杰公司董事长坦劳勋爵，还有一些政府部长的接触中，我发现他们中的多数人，以及英国舆论界如《卫报》等，都表示英国不应该坚持19世纪同清朝政府签订的三个条约，应该无条件把香港归还给中国，也没有理由要求继续参加管理香港。但也还有人主张在归还主权后，中国和英国共同管理一段时间，例如30年；更有人对中国能否管理好香港有各种各样的疑虑，主要是担心中国将在香港推行内地所实行的社会主义制度。

撒切尔夫人访华的接触

当然，解决香港问题最终还要同英国政府进行交涉。

1982年4月2日，英国和阿根廷因为马尔维纳斯群岛（英国人称为福克兰群岛）爆发战争，英国首相玛格利特·撒切尔夫人在4月5日向议会宣布派出特遣舰队远征南大西洋。战争取得胜利后，英国一片欢腾，前几年因经济不景气带来的消沉、分歧也有所缓解，政府威望提高了，撒切尔夫人成了英国人心目中的英雄。

这时，撒切尔夫人决定访华。这是中英建交后英国第一任在任首相正式访问中华人民共和国。

1982年7月12日，我宴请撒切尔夫人。席间，撒切尔夫人礼貌地、也是真诚地称赞中国的烹饪，盛赞中英友谊。接着，撒切尔夫人说："我将要访问中国，希望主要谈香港问题。"我说："首相对我国邓小平先生同希思先生的谈话有什么看法？"撒切尔夫人说："我看过有关报告，但记不清楚了。"我略一思忖，觉得撒切尔夫人是希望从中国大使口中再次明确中国政府的态度，我立即简要地重申邓小平同志关于香港问题讲话的要点。

撒切尔夫人说："香港问题对双方都是很敏感的，中国政府所说的主权问题是不是指香港整个地区？"我明确回答说："是的，中国要收回的不仅是新界，而且包括香港岛、九龙等全部地区。"撒切尔夫人说："租借新界的条约到1997年就要期满，现在香港人和英国人都比较着急。我希望就这一问题同中国领导人交换意见，使投资者不致为他们的前途担忧而失去信心。中国主张不改变香港作为国际金融中心和自由港的地位，这对双方都有利。"

撒切尔夫人接着又说："最好的办法是继续保持目前同中国合作的办法，保留英国的行政管理，香港地位不变，维持现状三十年、四十年或五十年。我请中国政府注意英方的主张和意见。"

我仔细听清了她的话，当即根据我国一贯立场，特别是将邓小平同志4月6日对英国前首相希思的讲话作了阐述。撒切尔夫人表示知道中国的有关政策，说："希望在访华前再进一步讨论，找到双方满意的解决办法。"

应邀作陪的英外交部助理次官唐纳德单独对我说，撒切尔夫人访华要解决的关键问题是主权问题。主权问题只能一步一步解决，性急不得。撒切尔夫人非常不愿意说"主权"这个字眼，最好在三五年后再提主权问题，或者10年、20年、30年后再提更好。

至此，英方的基本态度和他们一厢情愿的打算，已经说得很明白了。我重申了中国政府的立场和态度。唐纳德建议说："撒切尔夫人访华公报的措辞需要认真斟酌，可以写明双方各自的观点，但表示双方都愿意寻求共同点，以维护香港作为国际金融中心和自由港的地位，保持香港的繁荣。"

7月24日，我在伦敦同当时的香港总督尤德和前任总督麦理浩就香港问题进行讨论，尤德和麦理浩坚持英国政府的立场，提出交回主权，但由英国继续管理。我据理说明：主权和管治权是不可分的，中国将同时恢复行使主权和管治权。双方争论了两三个小时，不能取得一致意见。尤德和麦理浩几乎同时说道："这样争论下去，达不成一致怎么办？"

我看着眼前的这两位英国绅士深思。在英国政府人士中，仍然承袭着上两个世纪"炮舰外交"的衣钵，力图维持其既已取得的利益。他们积几个世纪的经验，在外交上极其精明老练，同时又保持着他们习以为常的"绅士风度"，既能长时间与你争论，也能在一旦无法坚持的时候，善于寻找妥协的台阶。

于是，我微微地笑笑，回答说："这也很好办。你们不是出兵远征马尔维纳斯群岛了吗？那里距英国本土1万多公里，中途无法补给，飞机只能空中加油，而且大西洋气候恶劣，但你们还不是去了？而香港距离伦敦只有8000多公里，沿途有许多可以补给、加油的地方，太平洋西岸的气候也是非常好的，你们不妨用对付马尔维纳斯群岛的办法试一试，这也不是不可以的呀？”

尤德和麦理浩一下子都愣了，稍一回过神来，几乎异口同声地赶忙说：“那当然是不能的。用福克兰群岛和直布罗陀的办法是不行的，对中国只能谈判。”

北京中英首脑首次会谈

1982年9月22日，金秋时节，英国首相玛格利特·撒切尔夫人来到中国北京访问。她不是第一次来中国，5年前，她曾以英国保守党领袖身份访问过中国。而这次来访时，英国的经济几乎可说是“二战”后最好的时期，她处于优势地位。她更是挟马尔维纳斯群岛胜利的余威来同中国谈判的，她是有备而来的。种种迹象表明，撒切尔夫人将坚持英国固有的立场，坚持不平等条约的“合法”性。谈判将是艰难而持久的。

9月24日上午，撒切尔夫人来到人民大会堂。她雍容华贵，笑容可掬，在新疆厅同周恩来夫人邓颖超倾谈片刻，然后被引导向福建厅走去。快到门前时，厅门大开，邓小平同志迎了出来。宾主双方落座。邓小平同志胸有成竹，安然半靠在沙发上。撒切尔夫人两手平放膝上，面含微笑，端庄凝重。中方在座人员有黄华外长和我，英方参加谈判的有尤德、巴特勒和柯利达大使。

宾主一阵寒暄，对四川菜、广东菜和苏州菜的口味比较一番。会谈初，气氛平和、融洽。

此前几天，中共中央政治局常委举行会议，议决1997年必须收回香港，邓小平同志最后一锤定音说：“这件事，就这样定下来。”

撒切尔夫人外号“铁娘子”，外国报纸称“她是资产阶级一名凶猛、狂热的斗士，她像一只铁蝴蝶到处飞舞”，说她坚持的是“鲜明的传统的保守主义哲学和强硬的经济政策”。而邓小平是被毛主席誉为“绵里藏针”的“钢铁公司”。很快双方就为解开两个国家、两个民族间百多年来的“死扣”，围绕中国固有领土香港的前途展开交锋。两人谈笑风生，却挟电带闪；轻言慢语，无不字字千钧；唇枪舌剑，针锋相对，然而又处处峰回路转，暗含转机。

撒切尔夫人在会谈中，强调“三项条约”是“有法律依据的”，甚至断言，“如果中国政府宣布收回香港，将会带来灾难性的影响”。对此，邓小平同志斩钉截铁地回答说：“主权问题不是一个可以讨论的问题……中国要收回的不仅是新界，而且包括香港岛和九龙。中国和英国就是在这个前提下来进行谈判，商讨解决香港问题的方式和办法……不迟于一两年的时间，中国就要正式宣布收回香港这个决策。”“如果说宣布要收回香港就会像夫人说的‘带来灾难性的影响’，那我们要勇敢地面对这个灾难，作出决策。”并说如果“香港发生严重波动……中国政府将被迫不得不对收回的时间和方式另作考虑”。“希望从夫人这次访问开始……通过外交途径进行很好的磋商，讨论如何避免这种灾难。”

会谈原定一个半小时，结果比原定时间又延长了50分钟，撒切尔夫人最后表示：希望不要把今天会谈的内容传出去，并建议共同对外宣布会谈是坦率的、友好的。邓小平同志表示：“完全赞同你的意见。”

中国政府为谋求政治解决香港问题的第一阶段的努力达到了预期的目的，为以后谈判奠定了基础。

事出偶然，会谈后撒切尔夫人在步出人民大会堂时，在台阶上不慎险些绊倒，一些新闻记者作了渲染报道，虽说是人们反殖民主义情绪的一种流露，但我还是不赞成那样牵强附会的描绘，像撒切尔夫人这样的政治家，是不会因在谈判中出现不愉快的情况就贸然失控的。

当天下午，我和夫人陪撒切尔夫人游览了颐和园。撒切尔夫人还即兴参观了海淀农贸市场，兴致勃勃地买了一袋葡萄。虽然上午的会谈是严峻的，但此时撒切尔夫人的表现，用中国一句话来说，称得上是“举起千斤，放下四两”，很具政治家的风度。

离开北京前，撒切尔夫人回答英国广播公司记者提问，仍坚持说：“管理香港的条约，至今仍为国际法所公认……英国将以条约处理香港问题。”

9月27日，撒切尔在香港的记者招待会上，重复她的立场说：“英国立场是根据‘三个条约’。其中一项是占香港面积92%的土地的租借，将在1997年到期。另外两项条约是关于香港岛和九龙半岛的主权，占整个土地面积的8%。如果有人不喜欢这些条约，解决的方法是由双方进行讨论，经双方同意而失效，但不能毁约。如有一方不同意这些条约，想废除条约，则任何新的条约也没有信心执行。”

中国政府迅速作出回应，外交部新闻发言人重申：“过去英国政府同中国清政府签订的有关香港地区的条约是不平等的，中国人民从来是不接受的。中华人民共和国政府的一贯立场是，不受这些不平等条约的拘束，在条件成熟的时候收回香港整个地区。”

撒切尔夫人在香港记者招待会讲话的当天下午，香港中文大学和理工学院的学生举行了抗议游行。香港许多报纸，包括一些英文报刊以及各界人士也纷纷发表言论，反对英国坚持“发了黄的条约”，拥护邓小平代表中华民族发出的强有力的正义的声音：中国对香港拥有主权是不能讨论，不容讨论的！

离任回国　重申中国立场

1983年2月，我的任期将满，将要离任回国，借这个机会我向更多的人阐明中国在香港问题上的主张，推动中英谈判。

我应伦敦、曼彻斯特、约克郡、新堡市等地华侨、华人的邀请，参加他们举办的饯别酒会，在讲话中反复说明中国政府的主张，华侨们为祖国日益强盛、洗雪国耻有日而举杯流泪欢呼，坚决拥护祖国的正义主张。

2月6日，我举行酒会，一方面向英国华侨和文化界祝贺春节，另一方面和他们告别。当地和香港的报纸纷纷详细报道，香港《星岛日报》从伦敦发出专讯，标题写道："中国大使柯华透露：中国领土不容分割，前途看重港人治港；'三不变''两原则'将维持繁荣安定。"文中报道说：柯氏透露英国曾要求把统治香港的时间延十年，甚至五十年，但中国政府坚决拒绝。柯氏斩钉截铁地表示，"1997年6月30日，英国政府就要离开香港，一日也不能延长"。

3月7日，我设酒会向英国官员和各国驻英使节告别，英国财政大臣豪尔夫妇、教育大臣约瑟夫夫妇、贸易国务大臣里斯夫妇、国防参谋长百拉摩尔夫妇、外交国务大臣鲍斯特、外交国务大臣许德夫妇、外交部助理次官当奴夫妇、皇家典礼官理查士夫妇、工党副领袖希利夫妇和前任香港总督麦理浩等100多宾客来到中国大使馆。我在同他们交谈中，一再阐明中国政府坚持中英友好谈判解决香港问题的立场和诚意。

3月8日，英国国防大臣皮姆在官邸设宴饯行，参与作陪的有英国前首相卡拉汉、港督尤德爵士、前港督麦理浩爵士、英国驻中国大使柯利达、坎特伯雷大主教尼尔逊勋爵、鲁因元帅、英国石油公司董事长彼德霍加斯、英国文化委员会主席托诺夫顿爵士、驻登诺普公司董事长金宝·费里沙、英国宇航公司董事长皮雅士爵士、皇家学会会长卡臣爵士、保守党议员阿坚斯、贸易部次官高利、外交部助理次官当奴、《泰晤士报》主笔察夏里斯等。我和他们坦诚交谈，争取更多的英国人士了解中国的坚定立场和所采取的照顾英方的灵活、务实的方针和政策。

3月16日，我去白金汉宫向英国女王告别，再度重申中英友好。

在北京，中国代表在谈判中坚定而明确的立场，中国政府合情合理的主张，使英方看清了中国不可改变的决心。

1983年3月3日，撒切尔夫人给中国国务院主要负责人来信，表示对中国的主权立场已有所了解，不反对中国以自己对香港拥有主权的立场进行谈判。她本人愿将香港主权问题提交议会重新讨论。这表明英国政府不再坚持“三个条约”的有效立场，从此，中英香港问题的谈判出现转机。

1984年12月19日，双方正式签署中英联合声明。之后，历史按照其应有的逻辑继续发展，直到1997年6月30日午夜的回归庆典。

（选自《新中国往事·步履写真》，
中国文史出版社 2011 年 1 月版）

在历史的转折点上

——亲历香港回归

陈佐洱

1997年7月1日，历史揭开新篇章，“一国两制”科学构想终于成为中国特色社会主义伟大实践的重要组成。投入祖国怀抱的香港，从此以一浪高过一浪的气派奔腾向前，奔向波澜壮阔的大洋大海。

香港回归，是中华民族史无前例的一大壮举。我有幸参与其中，在一个横断面里一条主线的前端，充当过执行人之一。“天之厚我可谓至矣”，这段经历“苟不记之笔墨，未免有辜彼苍之厚”。

香港回归前夕

回归祖国前夕的香港，从天上到地下都笼罩在浓浓的喜悦中。地铁、酒楼、商店乃至写字楼里，人们谈论节节上升的股市、楼市还有马经，几乎话题都要落到“回归”这件大事情上。那几天，北京和内地各省市来港的客人非常多，几乎各个部门、各个地方都有大员过境来，参加各种各样的庆祝回归活动，协调、衔接方方面面的两地联系，到处都是熟悉的普通话的声音。在一些大型的社交场合，不仅内地来的嘉宾说普通话，本地的主人也力争说普通话，往往表面谦虚、内心得意地在开场白里诙谐地夹杂一句带着广东腔的流行声明：“对不起，我的普通话

‘很普通’……”此话一出，必然博得一片鼓励的掌声和笑声，会场气氛更加活跃起来。

一个时期来，商界政界的“大佬”们纷纷在家、在办公室聘请教普通话的老师，连大名鼎鼎、能在商界呼风唤雨的“打工皇帝”霍建宁也特地请了一位北京来的普通话老师；据说特区候任终审法院大法官为了能在7月1日1时30分的就职仪式上面对首任特首念好就职誓词，直到6月30日上午还在普通话老师的辅导下一字一句地反复练习。

一些香港朋友、团体招待内地来的要员常邀我作陪，那时我在两地媒体上的曝光率比较高，有我在场，好像能产生点“明星效应”。

6月29日下午，我作为中央政府代表团的成员，从香港到深圳去集合报到，翌日下午随代表团集体乘大巴从皇岗口岸进入香港，入住会展中心旁边的新世界海景酒店。

从6月30日下午起，香港下起了瓢泼大雨，汽车挡风玻璃的雨刷拨到最高一挡来回刷，前方路面的能见度最多也不过10米。我在香港那么长时间从没有见到这么大的雨，而且一直下到7月1日晚上，“香港明天更好”烟花晚会开始前才骤然收停。

我在酒店的29层居高临下，透过落地玻璃幕墙，俯瞰维多利亚海港在大雨中唯余茫茫，玻璃上的雨水如同从天上泼泻下来，一拨拨往下流，好像为玻璃贴上了一层水帘。我想，这许是苍天洗涤耻辱的泪水呢。香港用这样的方式，走进了今后永远属于她的祖国的历史。

脚下左侧，紧挨着港湾的会展中心新翼和旧翼都灯火辉煌，像一只伸张开银色巨翅的鲲鹏，即将腾空飞起。7月1日零时前后，那里要举行两个庄严隆重的仪式：一个是中英关于香港政权交接的仪式，接着是中国香港特区成立及特区政府宣誓就职仪式。两个仪式在会展中心不同的楼层里举行。

因为两个仪式要到接近半夜才开始，我且留在酒店房间里专心收看电视直播节目。英国政府正在添马舰旁边举行露天告别仪式，在滂沱大雨中，所有参与者都被浇淋透湿，但仍不失庄严。查尔斯王子和彭定康分别在说着什么，只看得见他们手上的稿子被淋得一团糟，彭定康的脸上有水往下流，不知是雨水还是眼泪，也不知他是真的伤感还是在想着别的什么。但无论如何，他在《东方与西方》代序末尾是这样写的：“香港是大不列颠帝国真正终结的地方。”

我所见所闻的末代港督

在香港回归的整个后过渡期，末代港督彭定康的主要形象和实际作用是个搅局者。或许对英国历史来说也是。

彭定康1944年生于英国兰开夏郡，毕业于牛津大学，以说话尖刻辛辣、文字功底老到而著称，年方30岁就成为英国保守党研究部的主管，不少大选的竞选宣言都出自他的手笔。

1992年，彭定康刚上任就抛出一套“三违反”的“政改方案”。他自诩此举是为了在“把这个自由的中国城市交还给实施极权统治的中国政府”的最后时刻，“努力维护自由市场与自由民主，超越这个世纪”。众所周知，英国在对香港150多年的统治中，什么时候讲过“民主”？港督既是三军司令又是立法会的主席，而且有权否决法院所有的判案，是绝对的独裁者。香港的主要官员都是英国指派的。所谓立法局只是港督的咨询机构而不是立法机构，立法局里的官守议员是他委任的政府高官，非官守议员也是他委任的来自社会各界的代表。直到中英联合声明签署，中国制定了香港回归后循序渐进发展民主政治的基本法，英国才在香港开始大搞所谓“代议政治，还政于民”。英国国内就有不少有识之士对此坚持异议，年近90岁的资深上议院议员萧克罗斯公爵公开表示：“英国用了400年时间才建立了议会民主制度，而且至今还保存了一个非普选产生的上议院，相比之下，香港的‘民主进程’已经是超速度的了。如果还要加快，那对香港的未来一点好处也没有了。”

1992年10月，彭定康在公布了他的“政改方案”后才傲慢地动身北上，企图以既成事实压中方接受。他心中的北京政权是脆弱无能的。老天有眼，彭定康首访北京的48小时里，趣闻真不少。

他抵达的当晚，鲁平主任请他在港澳中心酒店吃饭。他最关心的是哪个国家领导人会见他。直到宴请结束，他在赞美了酒店的瑞士冰激凌后一再打听，我们也没有告诉他是哪一位国家领导人，只是说，反正会有一位见你的。

第二天上午，陈滋英副主任陪他参观故宫。那天他着凉了，从电视画面就能清楚看到，鼻涕一把一把地流。下午开始在钓鱼台国宾馆与鲁主任会谈。不巧英国大使馆那辆古典的劳斯莱斯车一进钓鱼台院门车胎爆了，彭定康只好哆嗦着下来，步行到18号楼。

彭定康自己回忆说，由于“中国一贯的政治诡计”，“我受到轻慢的例子不胜枚举”。有些人认为委实过巧，不太可能是“意外”。可是，那晚在英国使馆大使宴会上发生的悲喜剧，就恐怕不能不说是“意外”了。

英国式的宴会，一道道菜和汤不是由服务生分好，端到每个客人面前的，而是端着一大盘菜或汤走到每个人身后，请客人自己根据需要从大盘里舀一点。上餐末甜点的时候，彭定康还不时在餐厅里外跑出跑进，对付守在门外的记者们，因为下午他被鲁平训斥、被钱其琛会见已经窝了一大团火：其一是他在与鲁平谈崩后才得知将受钱其琛会见。他质疑钱外长的资格，我们说外长是国务委员兼任的，国务委员就是国家领导人。其二是钱外长见他时，当着众多记者面没与他握手，并且给他戴了顶“三违反”的帽子，即违反中英联合声明、违反与基本法相衔接、违反中英两国已经达成的协议和谅解。所有这些都是中外传媒的新闻热点，彭定康对此十分紧张，想给新闻降温。他从外面跑进餐厅时，跟一位端甜点的服务生撞了个满怀，西装上一下子喷了很多奶油，在场的中国人、英国人都哈哈笑了起来。

我看到彭定康数秒钟内从愤怒急转为干笑，马上对餐桌两旁的人们说：“我给你们讲个故事，当过英国副外相的杰弗里·豪有一天去吃饭，与一位端热汤的服务生撞了一个正着，汤浇在身上，烫得他直跳……”彭定康边说，边抖动自己涂上奶油的肥胖身躯跳了几下。

观看着彭定康绘声绘色的表演，我顿时觉得这人可真厉害，为了摆脱尴尬，竟连自己的老上司都可以拿来取笑。

当天下午彭鲁会谈时，我作为中方成员坐在鲁主任身边。鲁主任说：“两国外长交换七封信件，已经达成共识，过渡时期很多事情都写在信里面解决了。这些信件都是外交文件，代表国家的承诺。”

彭定康一时觉得莫名其妙，反过来问：“有这七封信吗？”又回过头问坐在后面的英方工作人员。工作人员向他点头说有，从公文箱里面拿出来，放到他面前。

彭定康接过文件，看了很久。过了一会儿，他抬起头，一脸严肃地说：“这七封信非常重要，是两国间的绝密文件。你不能随便公布，你公布就违反了最初的协议。”

鲁平说：“你再这么一意孤行违反英国作出的承诺，我们就要公布，拿你的‘政改方案’和这七封信对照对照。”

彭定康强调说：“不，你不能公布。”

不久后的事实证明，狡猾的彭定康嘴上威胁对方说“不，不能公布”的时候，已经在为毁诺打主意了。他离开北京后的第七天，中国外交部突然接到英国使馆的知会，英方将于当晚北京时间20时，即伦敦时间12时公布两国外长的七封信并同时发表英方对信件的解释。这个突袭使得外交部和国港办忙碌了大半天，好在真理在手，中方也同时公布了七封信和有力评析。

英国的“老中国通”们很失望

彭定康是百余年来唯一不是由外交官产生的港督，他在香港五年的作为受到了前几任港督以及英国外交部高级官员们的批评，甚至受到新加坡李光耀资政的批评。但是有首相做靠山，彭定康对批评毫不在乎，反讥这些前辈是“中国的啦啦队员”。据报载，梅杰首相曾经对中国领导人说，香港有什么事情，你们找彭定康就行了，彭定康可以代表我。

彭定康是否值得他的挚友、祖国那么信任呢？这使我想起出席一次香港总商会的活动时，与我邻座的一位英商副主席对彭定康其人作的评价："在彭定康的心里，第一是他自己彭定康，第二还是彭定康，第三还是彭定康，第四也许是英国保守党，第五是英国，第八或者第九才是香港……"再联想到不久前报载彭定康的宠物爱犬在港督府失踪，他发动里里外外地毯式搜找，弄得全香港满城风雨，以及港岛某夜遭暴雨山洪，西环观龙楼护土墙倒塌，年届古稀的新华社香港分社周南社长闻讯，当即撑着伞涉水前往察看，而彭定康到现场比周社长迟了好几个小时。不是他早不知道，而是下面官员向他报告灾情时他正在跳舞，他回答一声"知道了"继续跳舞，直至下半夜尽兴后，才前呼后拥地去灾区"慰问"，拍照。——他"祖家"同胞对他的评价，真是入木三分。

这时候，我的手头正好有一本《香港文汇报》编辑部编印的《香港回归纪念画册》。这部图文并茂的大书里收集了一组英国前首相希思、前首相顾问柯利达和麦克纳利、前港督麦理浩和卫奕信等香港熟悉的政坛名人曾经发表过的文章或者对他们的采访录。

柯利达在4月号《展望》杂志的一篇文章里扼腕总结《英国对香港事务的失策》，直斥由于政客彭定康对中国作出的"致命的错误估计"，使得"拥有长期与中国打交道的经验丰富的英国，留到这场戏的最后一幕才犯下最大的错误"。

李光耀也在接受香港记者采访时透露，曾经劝诫过彭定康别去香港种那棵"民主树"，说："我们浇灌新加坡的民主已经30多年了，而它仍是一棵根还没扎稳的树。你在香港充其量只有五年。"并说："只要遵守联合声明及基本法的条文和精神，一切都会顺利。但是他不这样做……"李光耀赞同柯利达以及前两任港督麦理浩、卫奕信的对华政策，呼吁未来的中国香港特区行政长官董建华应该搁置彭定康的政策。

迎来了155年奋斗期盼的时刻

1997年6月30日23时的最后一分钟，我赴香港担任中英联合联络小组中方代表1208天的最后一分钟。在香港政权交接仪式的会场上，我昂首挺胸肃立，目不转睛地盯着英国国旗徐徐降下，然后凝望着五星红旗冉冉升起，心中同时奏响了神圣的国歌。

这一刻，竟找不到“热泪盈眶”“激情澎湃”的狂喜感觉，只是默默对自己说：“不辱使命，我做到了！”

交接仪式结束后，我在激动的人流中，摩肩接踵地从会展中心新翼五层向七层移动，中华人民共和国香港特别行政区成立暨特区政府宣誓就职仪式将于凌晨1时30分在那儿举行。现在，无论是我脚下踏步的每一寸土地，还是整个1100平方公里的香港地区都已经属于中国中央人民政府管治了。根据1990年4月4日颁布的中华人民共和国主席令第26号，中国的《香港基本法》已经从零时第一秒起在全中国——当然包括全香港生效实施了。一俟江主席在特区成立仪式上庄严宣布香港特区正式成立，中央将依据基本法授权香港特区政府在这片刚刚回到祖国怀抱的土地上实施前所未有的“一国两制”“港人治港”“高度自治”方针。

七层宽广的会场内外充满欢声笑语，数千港澳台同胞、来自30多国的侨胞以及中国和受邀各国政要济济一堂。乐莫乐于此时此地，我不期而遇了曾庆红主任。主任见到我也非常高兴。他告诉我，姬鹏飞同志29日在深圳的时候就发高烧，但他一定要坚持带病来香港参加这场盛典。刚才在政权交接会场，在奏国歌的时候，他发现身边的姬老有点站不稳，就和卓琳同志临时交换了位置，及时用力扶住了他，以免摔倒。姬老因身体不支，坚持到政权交接仪式结束后必须立即休息和就医。但按既定的安保方案，所有继续参加第二场特区成立暨特区政府宣誓就职仪式的人员都不得离开会展中心，主席台贵宾也不例外。这可使负责中央代表团下榻的君悦酒店接待组组长、香港新华社青妇部王志民部长为难了。他灵机一动，拨通仪式安保负责人的电话，友好、耐心地说明情况，终于得到了刚刚诞生的特区警方配合。当姬老被送回君悦酒店时，他的房间已经布置成医院病房一般，医生、护士都在那儿迎候。王组长当机立断的一系列措施奏效，他与特区方面打的这次交道，应是中央政府与特区政府正式洽商合作的第一例。

——我们的祖国，我们的香港就是靠着一代一代的先锋精英、志士仁人相互扶持，前赴后继，才有了今天的辉煌。

不少在电视新闻里见过我的侨胞，纷纷邀我合影留念，有来自美国的、英国的、加拿大的、南非的……看着他们夫妇成双成对、甚至阖家在会场上欢乐的样子，我的脑海里浮现出了另一张年轻的面孔，他是我的兼职秘书小任。这是一个很聪明、沉稳的年轻人。

在中英谈判十分胶着的1996年，有一天，他突然向我请假，说要回北京几天。他迎着我不解的目光，平静地解释说："我要回去离婚。您放心，三天后就回来。"

我吃了一惊，小任天天在我身边工作，这么大的事怎么竟一点端倪也没看出来呢？小任的太太是北京一家外企职员，英语很好，性格比较活泼，她来香港探亲时我还款待过他们。虽然长期分居，但回归以后马上就能团聚，也不至于离婚嘛。

我还想尝试劝和。小任摇头说："不行了，她已经有人了，就是她的老板，一个老外。"

后来我才知道，小任面对婚姻的变故，经历了特别痛苦的过程。有一次甚至和一个友人通了一晚上电话，但是白天在中代处同事们面前却不露声色，默默吞下了这颗苦果。这是一种构成"民族良心"的高尚品质，通过自我克制实现整体利益的坚忍。祖国啊，看看你这些战斗得如此艰苦的儿女吧。

我暗下决心，一定要帮小任找到真爱，重筑爱巢。

回归使命完成后，果真如愿以偿。我和热心肠的同事小薛给小任介绍了一个心地善良又漂亮的女孩，也是外企的白领，两个人一见钟情。现在他们聪敏的掌上明珠都要上中学了。看到这个幸福家庭，我相信，上苍特别眷顾那些心中装满大爱的人。

（原载于《纵横》2012 年第 7 期）

我曾亲历香港回归中英谈判

张幼云

今年是香港回归15周年，也是1982年开启的中英两国政府关于香港问题的谈判30周年。我十分有幸遇上并参与了1982年到1984年两年共22轮的中英香港问题谈判的全过程，并在其中担任主翻。回想30年前的这段经历，一切都历历在目，如在昨日。这是我终生难忘的一段经历。

中英香港问题提上日程

说起香港问题，要先说说香港的构成。香港由香港岛、九龙半岛和新界三部分组成。1840年英国发动第一次鸦片战争后，清政府被迫签订《南京条约》，永久割让了香港岛。1860年英法联军攻占北京、火烧圆明园后又与清政府签订了《北京条约》，九龙半岛的南端就此割让给了英国。甲午战争后，日本抢占了台湾，英国趁火打劫，迫使清政府签订了《展拓香港界址专条》，强行租借香港的九龙半岛北部、深圳河以南的大部分领土，后来称之为“新界”。新界的租期从1898年开始，到1997年6月30日结束，租期99年。

1979年，时任香港总督的麦理浩访问北京，实际上他是来摸底的，想看中国政府对1997年后香港到底有什么打算。虽然距1997年新界的土地租期期满还有十几年的时间，但是到香港进行长线的投资都要有长远的打算，这就涉及跨越1997年的批地权问题。麦理浩此行，是想劝说中国政府不反对港英政府当局在新界批出超过1997年的土地契约，而如果中国政府同意，就意味着同意英国在1997年新界租约期满后还有权继续管治整个香港地区，这显然是不可能的。小平同志会见麦理浩时就对他说，香港是中国的一部分，是一定要收回的，但我们一定会保持香港的繁荣与稳定，香港也可以继续搞资本主义，请投资者放心。这就是后来小平同志很形象地说过的香港可以“马照跑，舞照跳”，生活方式不变，政治制度不变。

现在大家一谈到香港，一提到“一国两制”这个词，都已经习以为常了。但在1981年，“文化大革命”刚刚过去不久，我们刚接触到“一国两制”这个提法时，还是十分兴奋和激动的。在中国这个社会主义国家内居然可以让香港保留资本主义制度，真是觉得不可想象。也正因为如此，参加香港谈判的全过程，对我来说也是极好的学习和受教育的过程，使我对“一国两制”，对国家利益高于一切，对实事求是、一切从实际出发，都有了更生动、更具体、更深刻的体会和认识。

邓小平和撒切尔的首次会见

1982年9月，撒切尔夫人作为第一位在任的英国首相访问中国，同中国最高领导人首次就香港问题进行正式会见和会谈。9月24日，小平同志在人民大会堂会见撒切尔夫人。当时我任会见翻译，亲历了这个具有历史意义的时刻。

撒切尔夫人很有风度，但她又是一位非常强势的女性。当时她刚刚成功连任首相不久，她领导的保守党在下院又获得了绝对压倒多数的席位，再加上英国刚刚在马尔维纳斯打了胜仗，她当时的态势可想而知。会见一开始，她就抛出了“三个条约”有效论。

撒切尔所说的“三个条约”，就是我们上面提到的《南京条约》《北京条约》和《展拓香港界址专条》，这是清政府被迫签订的三个丧权辱国的不平等条约。我国早在新中国成立之初就向全世界明确宣布，中国政府不承认英帝国主义强加给我们的这三个不平等条约。而且，1971年10月我国恢复在联合国的合法席位后，第二年我们就向联合国非殖民化特别委员会提出："香港、澳门是历史上遗留下来的帝国主义国家强加于中国的一系列不平等条约的结果。香港和澳门是英国和葡萄牙当局占领的，解决香港、澳门问题完全属于中国主权范围之内的问题，根本不属于通常的殖民地范畴。中国政府主张，在条件成熟时，用适当的方式解决香港、澳门问题，因此不应列入反殖民宣言中使用殖民地地区的名单之内。"之所以提出这个要求，是因为列入殖民地名单的这些地区最后都要逐步地实现独立，我们要求把香港和澳门从名单中删除，就是要从国际法的角度上，确立这是中国主权范围之内的事情，将来香港和澳门不是一个独立的问题，而是我们恢复行使主权的问题。1972年6月，这项决议获得通过，联大非殖民化特别委员会批准了这份报告，从而确认了对我国香港、澳门问题的立场，实际也就从国际法上确认了我国对香港、澳门问题的主权。

针对撒切尔的"三个条约"有效论，小平同志当然做了针锋相对的回应。他说，中国历届政府都不承认这三个条约，"关于主权问题，中国在这个问题上没有回旋的余地。坦率地讲，主权问题不是一个可以讨论的问题。现在时机已经成熟了，应该明确肯定：1997年中国将收回香港。中国要收回的不仅是新界，而且包括香港岛和九龙。中国和英国就是在这个前提下来进行谈判，商讨解决香港问题的方式和办法。如果中国在1997年，也就是中华人民共和国成立48年后还不把香港收回，任何一个中国领导人和政府都不能向中国人民交代，甚至也不能向世界人民交代。如果不收回，就意味着中国政府是晚清政府，中国领导人是李鸿章"！

香港对英国来讲，是大英帝国皇冠上最璀璨的一颗明珠。撒切尔夫人认为，香港今日之繁荣，全得益于英国的统治和管理，没有英国的治理，中国收回香港就会有"灾难性的后果和影响"，香港就会丧失繁荣和稳定，要保持香港的繁荣，就要继续由英国来管治。针对撒切尔的这一傲慢立场，小平同志明确地回应说，要保持香港的繁荣与稳定，根本上取决于中国政府对香港的政策，而不是英国的继续管治。我们希望同英国政府友好磋商，解决历史遗留下来的问题，希望得到英国的合作，这对中英两国和香港当地都是有益的。如果说中国宣布要收回香港会像夫人说的“带来灾难性的影响”，我们也要勇敢地面对这个灾难，做出决策。

小平同志还特别提到了过渡时期的问题，他说：“我们还考虑了我们不愿意考虑的一个问题，就是如果在15年的过渡时期内香港发生严重的波动，怎么办？那时，中国政府将被迫不得不对收回的时间和方式另作考虑。”小平同志最后明确表示，我们希望通过友好磋商顺利解决香港问题，如果两年达不成协议，我们将单方面宣布收回香港的政策。撒切尔首相当然还是坚持她的“主权换治权”立场，针对小平同志对谈判设限两年的问题，撒切尔首相也表示不赞同，认为不宜限定时间，而应以双方达成协议为准。关于这一点，我们后面还会谈到。

这次会见，我的角色是翻译，自己全部的注意力当然都放在了准确翻译和传达上，但小平同志那种政治家、战略家的气概，那种高瞻远瞩、掌控全局的气魄，那种为了捍卫国家利益和尊严而字字句句掷地有声的表述，我是真真切切地感受到了，作为中国人的自豪感也从心底油然而生。这种强烈的自豪感不仅来自因国家日益强大而产生的国家荣誉感，更有身临重大历史时刻，见证历史的一种激情，正像两年后在签字仪式上撒切尔夫人激动地握着我的手说过的：“我们正在见证历史！”

小平同志与撒切尔夫人的这次会谈，可以说是中英两国最高领导人、两个强势的政治家各自从本国的最高利益和立场出发，在最高层面上进行的一场博弈，是两个领袖级人物之间的一场硬碰硬的较量，“铁娘子”遇到了“铁汉子”。首轮中英两国最高领导人的这次会谈，形势非常清楚，双方立场相距甚远，分歧很大。尽管如此，双方有一个基本点是共同的，即双方都有通过磋商来解决问题的意愿。这次会谈后发表了新闻公报，说中英双方同意通过外交途径就香港问题进行磋商。这是中英香港问题谈判最重要的一次会谈，也为以后整个会谈定了基调。

谈判常临“山穷水尽”险境，但总能“柳暗花明”前行

中英两国最高领导人会谈之后，双方就开始了“为了正式谈判的谈判”。双方直到1983年7月才进入正式的谈判，即现在大家常说的22轮谈判。当时中方谈判团团长是姚广副部长，英方团长是柯利达大使。

谈判伊始，双方围绕主权问题交锋十分厉害，特别是前三轮。我记得柯利达曾把这三轮谈判说成是“聋子对话”（dialogue between the deaf），也就是各说各的，谁也听不进对方意见。英方在这几轮谈判中大打经济牌、民意牌、信心牌，以图达到他们“主权换治权”的目的。中方对此早已做好了准备，坚持“主权问题不容谈判”，对英方的立场进行了有力批驳。

所谓“主权换治权”，就是英国想通过把他们自认为拥有的对香港的主权归还中国，来换取继续对整个香港地区的行政管理。在谈判桌上，英方态度强硬，语言激烈。柯利达说，中国政策多变，这些年里，你们颁布了几部宪法？你们政府对香港的政策只是一种美好的信念，人们怎么能相信你们的政策不会再变？良好愿望是不能保证香港繁荣的。他还告诫中国，对香港的政策应该遵循实事求是的态度。谈判过去30年了，我还能清楚地记得柯利达当时说话的语气和面部表情。

英方的这种态度当然遭到了中方的有力批驳和回击，姚广副部长说，香港问题最基本的事实是：香港是中国的领土，至今仍为英国占领，要解决这一历史遗留的问题，最实事求是也是最根本的一条就是把香港归还中国，但你们英方至今仍无视这一基本事实，还想以主权换治权，这是绝对行不通的，希望英国政府采取明智态度，不要把路走绝了。

经过谈判桌上的激烈较量，从第七轮开始，英方立场有所改变，主权换治权的问题基本解决了。英方表示不再坚持1997年后对香港的管治，也不谋求任何形式的共管。从第八轮开始，双方团长易人。柯利达调回伦敦任撒切尔的外事顾问，英方由新任驻华大使伊文思担任团长，我方则由周南副部长接任中方团长。双方继续就1997年后的安排问题进行谈判（这是双方达成的谈判议程的第一项内容。当时的议程安排是：先谈1997年后的安排，再谈1997年前的安排，最后谈关于主权移交的事宜），谈判涉及面很广，这就是后来作为中英《联合声明》附件的12个领域中的内容。虽然这些内容都涉及的是1997年后各个领域的具体安排，但在一些问题的争论上仍然是主权问题的具体体现，像驻军、外交和高度自治问题就尤为突出。

谈判过程远非一帆风顺，有时真觉得到了“山穷水尽疑无路”的境地，濒临破裂的边缘。但最后，双方通过充满智慧的博弈，总能找到解决问题的办法。围绕“中英联合联络小组”设立的问题就是其中特别突出的一个例子。

谈判进行到第二项议程，即1997年前的安排时，出于对平稳过渡和顺利交接的考虑，根据小平同志的意见，我方提出在过渡期内应成立一个中英联合机构进驻香港，便于双方就过渡和交接等事宜及时沟通商量，以利更好地贯彻《联合声明》。没想到我方的这个提议刚一提出来，就遭到了英方的激烈反对。他们认为，我们设立“中英联合联络小组”是对他们管治香港的权威的挑战，港英政府会因此成为“跛脚鸭”，担心我们进驻后会插手他们的地方事务。因此他们态度强硬，拒不接受。谈判陷入僵局。

到了1984年7月，僵局仍未打破。我们在内部听说伦敦方面已经放出风了，说准备“破裂”，我方对形势分析也做了两手准备。我记得我们谈判小组内部在分析形势时，有的同志情绪十分激动，反应也很激烈。总之，当时的形势好像真的到了“山穷水尽”的地步，气氛异常紧张。因为离小平同志定的两年谈判期限只剩下两个月的时间了，但谈判却卡住了，要真是破裂的话，就真是前功尽弃了。就在这个时候，英国外交大臣杰弗里·豪决定对北京进行工作访问，这是非常重要的一次访问，为打破僵局提供了双方高层对话的机会。

在这关键时刻，小平同志对联合联络小组进驻和撤出时间又做出了新的指示。小平同志说，“中英联合联络小组”必须进驻，但进驻的时间可以松动，晚两年进驻，晚两年撤出，这些都可以协商。原先，我方的立场是，联合联络小组1985年进驻，1997年撤出，有了小平同志的指示，我方在坚持提出联合联络小组一定进驻的前提下，照顾到英方的立场和情绪，在时间上做出了让步，晚三年进去，晚三年出来。英方在撒切尔夫人的最后授意下，也做出让步，同意过渡期内成立“中英联合联络小组”，并接受了我方提出的进驻和撤出的新时间表，只是把进驻时间从1988年的1月1日又往后推迟了半年到7月1日。

双方利用杰弗里·豪这次访问提供的契机，使得谈判从原本面临的“破裂”变为“取得了突破性进展”。围绕联合联络小组的成立、进驻和撤销而出现的僵局以及实现的突破是外交上原则性和灵活性高度结合的一个经典范例，充分体现了两国领导人的政治家风范。有意思的一点是，在英语里，“破裂”和“突破”动词都是break，破裂是break down，突破是break through。后来，在同当年参加香港谈判的英方同事谈起这些往事时，我们还不时说到，参加香港谈判使我们对break down和break through这两个词有了太多的体会。

“中英联合联络小组”在1985年5月成立后到1988年7月1日进驻香港之前的这段时间，每年在北京、伦敦和中国香港轮流开会。这同香港问题《联合声明》签署前的22轮谈判不一样，由于香港问题是中国主权范围之内的事情，“主权是不容谈判的”，所以之前22轮谈判的地点都是在中国北京。

中英《联合声明》签署

经过两年22轮的谈判，到1984年9月，双方就香港问题终于达成协议，双方团长草签了《中华人民共和国政府和大不列颠及北爱尔兰联合王国政府关于香港问题的联合声明》。12月，撒切尔首相再次访华，12月19日，两国政府首脑正式签署了关于香港问题的《联合声明》，正式确认了中华人民共和国将在1997年7月1日起对整个香港地区恢复行使主权，在香港实行“一国两制”，联合王国政府于1997年7月1日将香港交还给中华人民共和国。这是一个具有重大历史意义的声明。

就在当天，小平同志亲自出席了签字仪式。双方高度评价了两国通过和平谈判顺利解决香港问题这一历史事件，并称这为其他国家和平解决历史遗留的国际问题树立了榜样。同一天，小平同志、国家主席李先念、国务院总理赵紫阳、党的总书记胡耀邦分别会见了撒切尔夫人，给予了其很高的礼遇。

小平同志对撒切尔夫人说，中英两国领导人对各自的国家和人民做出了一件非常有意义和有益的事。香港问题有一个半世纪的历史，这个问题不解决，在两国和两国人民之间总存在阴影。现在这个阴影消失了，两个国家之间的合作和友好一片光明。我们不仅要告诉阁下和在座的英国朋友，也要告诉全世界的人：中国是信守自己的诺言的。撒切尔夫人则特别赞扬了小平同志提出的“一国两制”构想，说这是“最有天才的创造”。她对小平同志说，自两年多以前我同您在这里见面以来，我们已经取得了很大的成就，我们双方的了解也加深了。她还主动提及小平同志给谈判设定两年期限的问题，她说，您为中英香港谈判设限两年现在看来很英明（very wise），有利于香港的繁荣与稳定。两年前他们第一次会见时，小平同志提出给谈判设限两年曾遭到撒切尔夫人的反对，但通过两年“不打不相识”的博弈以及其间香港形势的发展，撒切尔夫人的态度转变了，她不仅认可了这一决定，而且还亲自对小平同志表达了敬意，撒切尔夫人这一举止给我留下了十分深刻的印象。这次会见，气氛十分亲切友好，同1982年9月第一次会见时的气氛有了很大的不同。

之后，胡耀邦总书记也会见了撒切尔夫人。他说，香港《联合声明》是两国友好关系史上的里程碑，是撒切尔夫人和邓小平先生共同建造的，值得子孙后代永远纪念，并赞扬了撒切尔夫人在香港问题上所表现出的远见卓识。胡耀邦还特别强调说，中国一向重视信义，中国有句古话叫“百金求名，千金买誉”，我们将以实际行动贯彻执行《联合声明》。撒切尔夫人也很高兴地回应说，赢得荣誉是困难的，保持荣誉更不容易，英方一定会认真执行协议。

在19日当晚举行的正式欢迎宴会上，中方在致辞中高度评价了撒切尔首相以其杰出的政治家风范为中英会谈作出的重要贡献。撒切尔首相在致对答辞时则说，《联合声明》对中英两国政府和人民具有最重大的意义，相信中英两国将来可以更加密切地合作。她还说，全世界“从我们经过共同努力而取得的圆满结果中可以得到如下教益：果断的谈判是能够取得成功的，对抗必将导致灾难；亲善和友谊能够克服误解；历史上留下来的无法解决的问题能够通过对未来富有想象力的做法得到解决”。撒切尔首相讲上述这番话时，我认为，这既代表了英国政府的看法，同时也是她对香港谈判的“个人体会和收获”。

香港谈判至今已过去近30年了，谈判的过程令人难忘，谈判所产生的影响也十分深远。谈判之所以成功，原因是多方面的——天时、地利、人和。首先是中央特别是小平同志创造性地提出了“一国两制”伟大构想并指引香港谈判朝这一目标进行，当然还有我们国家的实力以及改革开放中迸发出的活力和蕴藏的巨大潜力作后盾。此外，双方优秀的谈判队伍也功不可没。中国代表团成员大都来自外交部、港澳办、香港新华分社等有关部门，他们当中有法律专家、经济专家、土地专家、香港问题专家、国际问题专家等。英国代表团成员也是这样，他们除了精通各自专业领域外，不少人还是中国通。比如柯利达大使，他不仅知识渊博，能言善辩，对中国文化特别是中国瓷器也很有研究，是一位经验非常丰富的外交家。他虽然看上去比较傲慢，英国学者味十足，在谈判桌上语言犀利、咄咄逼人，但他比较了解中国，懂得如何同中国人打交道。他后来是撒切尔夫人的外事顾问，无论是在任大使期间还是回伦敦以后，在谈判的一些关键时刻，他都能为撒切尔首相提出一些重要的和比较务实的建议，并为撒切尔首相所采纳，为香港谈判的成功作出了贡献。我方两任团长姚广和周南同志，对香港谈判做出的贡献也都有目共睹。还有不少同志，他们兢兢业业，对谈判全身心投入，真的是时刻都把“国家的利益放在心中”。他们中有的人现在已经去世了，每当想起他们，我仍然十分感动，他们都是香港谈判成功的幕后英雄。

香港谈判是我一生中最重要的一段经历，亦使我受到了很深刻的教育——国家利益高于一切。翻译工作固然辛苦，但我在其中也得到了锻炼和提高，工作亦得到了国家和领导的肯定。1985年，我被任命为我驻英使馆政务参赞，负责议会工作，并作为“中英联合联络小组”中方五人小组成员参加联络小组工作。1986年英国女王访华时，我又被临时调回国内，全程陪同女王访华，担任女王翻译。1987年12月，英国巴斯大学授予我荣誉硕士学位，以表彰我为推动中英关系发展做出的“突出的工作”（distinguished work），12月23日《泰晤士报》刊登了授予我学位的照片。12月24日圣诞节前夕，我意外地收到了撒切尔夫人的来信，她在信中说：“亲爱的张女士，我很高兴得知巴斯大学已授予你荣誉学位，并在今天的《泰晤士报》上看到了你的照片。这又使我想起了女王访华时许多愉快的回忆。请接受我热烈的祝贺。你的诚挚的玛格利特·撒切尔。”1990年我离任回国前夕，又收到了英国副首相兼外交大臣杰弗里·豪的信。他在信中说：“我通过翻译或在翻译的帮助下参加过许多谈判。翻译的角色永远是重要的。但我认为，没有哪一次的成功像香港谈判这样，在这么大程度上归功于翻译，你在香港谈判中起了十分宝贵的作用……”他最后还写道：“我还清楚地记得，1986年女王陛下对中国进行国事访问时你作为翻译做出的突出工作。你为访问的成功作出了很多的贡献。”这当然是过誉，但我同时也很高兴，因为这不仅是对我个人的肯定，更是对外交和国际交往中翻译工作重要性的充分肯定。其实，中英香港谈判为双方培养了一批人才。当年英方几个中青年外交官都先后被派往北京担任过英国驻华大使。当年我的同事，年轻的翻译吴红波同志后任外交部副部长、我驻德国特命全权大使，现又刚刚被潘基文任命为主管经济发展事务的联合国副秘书长。

“一国两制”伟大构想在香港已经实施15年了，它的实践意义和成果已经展现在我们面前，举世公认。纪念香港回归15周年，我们要更好地采取“实事求是，一切从实际出发，创造性地解决问题”的态度，因为这是“一国两制”提出的基础，也是使“一国两制”这一创造性构想能够得到更好地贯彻执行的保证。“一国两制”造福香港，造福中国，也造福世界。

（原载于《纵横》2012 年第 7 期）

澳门回归历程回顾

马万祺

澳门自古以来就是中国的领土，16世纪中叶以后被葡萄牙逐步占领。1999年12月20日澳门正式回归祖国，这是澳门历史上最光辉的一天。

1987年4月13日中葡两国政府签署了《关于澳门问题的联合声明》，确认中华人民共和国政府于1999年12月20日恢复对澳门行使主权。1988年9月5日第七届全国人民代表大会常务委员会第三次会议通过并公布《澳门基本法》起草委员会委员名单，委员会由姬鹏飞任主任委员，我和内地及本澳的10位人士任副主任委员，我既感到无比光荣也觉得责任重大。在中央有关部门的直接指导和大力支持下，委员会的全体委员展开了四年零四个多月的起草工作，经过全体委员的共同努力，向内地和澳门各阶层各界人士反复咨询和征求意见，使有九章一百四十五条的《中华人民共和国澳门特别行政区基本法》并三个附件、三个决定、一个建议及区旗、区徽初步草案得以完成，并得以于1993年3月31日在第八届全国人民代表大会第一次会议上通过，并于当日由国家主席江泽民签署公布。

在工作中，全体委员都非常投入，在《澳门基本法》及其附件的讨论当中，都非常认真地一条、一句地逐字研究，其中虽有争论，但都能根据“一国两制”“澳人治澳”的原则和澳门的实际情况取得共识。我们在紧张的工作中，也不时在各省一些名胜地方开会，既观赏了祖国的大好河山，了解了各地的风土人情，大家又将爱国主义的精神融合于这个历史性的重要法律之中。

在这短短的四年多的时间里，能制定出保证澳门能实行“一国两制”“澳人治澳”这样一个既高度自治又能达致长治久安的一项根本法律，是中央的关怀和支持，国内、澳门各界的帮助，以及全体委员共同努力的结果。

我国于1999年12月20日恢复对澳门行使主权，这是澳门同胞的一件大喜事，是祖国的一件盛事，将永载史册。

在起草《澳门基本法》过程中，我们对某些问题也是有争议的，也有不同意见，但是在“一国两制”的方针和“澳人治澳”的原则下，许多重大问题在认识上统一了，争议也就都解决了。

比如在《澳门基本法》第四章第七节增加的第一百零二条，即效忠中央人民政府的问题，条文是：“澳门特别行政区行政长官、主要官员、立法会主席、终审法院院长、检察长在就职时，除按基本法第一百零一条的规定宣誓外，还必须宣誓效忠中华人民共和国。”我们讨论时认为应增加这一条，才能表达出我们对国家的尊重并将影响全体同胞对祖国的认同，经过深入讨论和征询各界意见，认为有此一条更为圆满，故决定加入。

我回忆起1999年12月20日凌晨，澳门天气虽颇寒冷，不时还飘下几滴雨花，但回归祖国的澳门到处洋溢着喜庆气氛，热火朝天。我怀着激动的心情出席中葡政府举行的澳门政权交接仪式。交接仪式真是令我感动，先是降下葡萄牙共和国国旗，然后立刻升起中华人民共和国国旗，国旗升到顶端那一刻正是午夜12点，分秒不差。当时在整个场馆里凡是中国人都热血沸腾，因为澳门回归了祖国。

之后，我到休息大厅稍作休息。在灯火辉煌的休息大厅里，我和国务院总理朱镕基、全国政协副主席叶选平等正在吃小点心，国家主席江泽民在接见各国主要元首后也来到休息室，和我打招呼：“马老！澳门的小点心，哪种较好吃？”我介绍他吃点蛋挞和马拉糕。江主席吃过认为不错，还问："马老，这次回归的工作很出色，刚才的交接仪式隆重和庄严，令人振奋。你的感受如何？"我说："这是我们澳门同胞盼望多年的时刻，当然非常开心，特别是祖国的最高领导人亲临主持这个庄严隆重的仪式。当我听到国歌响起，看到五星红旗升起，我的心情更为激动，这一刻是我终生难忘的啊！"江主席连连点头，他好像又在回忆政权交接的震撼人心的那一刻。这时工作人员通知大家，准备转场到综艺馆进行第二场特区政府主要官员宣誓和特区政府成立仪式活动。我陪江主席边走边说："江主席，等一会儿在澳门第一届主要官员宣誓仪式上，我们增加了向中央人民政府宣誓的内容。"江主席饶有兴趣地问："是吗，有什么意义吗？"我说："澳门回归时如只是向《澳门基本法》效忠，没有向中央人民政府效忠，觉得对祖国的尊重还不够，因此我们筹委会在讨论时认为：澳门是中国的领土，过去被葡萄牙占领，回归后，主要官员理应由中央人民政府任命，这样就要效忠中央人民政府，这是对国家的重视和尊重。同时对澳门全体公务员和澳门各界也会有很好的影响。在宣誓仪式中加上向中央人民政府宣誓效忠的内容，表示澳门特区政府主要官员不仅要效忠基本法，还要向中央人民政府效忠，体现'一国两制'的立法原意。"江主席听后表示："澳门同胞的觉悟很好，把爱国主义放在第一位。"

还有一件值得提及的就是澳门一定要驻军的问题。《澳门基本法》第十三条明确规定："中央人民政府负责管理与澳门特别行政区有关的外交事务。"第十四条明确规定："中央人民政府负责管理澳门特别行政区的防务。"但是，在1998年8月间葡萄牙政府突然提出：葡国在1974年已经撤出了驻军，澳门也没有必要进驻解放军了，要求中国政府不在澳门驻军。

这问题引起了很大的震动，在筹委会上也有个别不同意见。有的委员认为，中葡关系合作一直良好，澳门也确实 20 多年没有正式军队，可尊重历史事实，况且澳门面积也不大，不知要驻多少军队等等。这一年的 9 月，北京的天气特别炎热，当时澳门特别行政区筹委会在北京港澳中心举行第二次全体会议。我反复思考，记得邓小平先生在香港回归问题上谈到驻军问题时斩钉截铁地说过：驻军代表国家的主权，这个问题没有谈判的余地。香港一定要驻军，至于驻多驻少，是我们主权内的事。我认为还是要坚持邓小平先生的观点，澳门也一定要驻军，这样才能体现基本法关于澳门回归后外交、国防由中央人民政府负责的立法精神，体现国家主体。那天是中午休息时间，我通知秘书说有要事面见王启人社长（原新华社澳门分社社长）。他马上到我的会客室，问我有什么急事，我说："澳门一定要驻军，驻多少是我们国家内部的事，因为这是象征主权。况且在中葡两国《关于澳门问题的联合声明》第二条第二款上明确了'澳门特别行政区直辖于中华人民共和国中央人民政府，除外交和国防事务属中央人民政府管理外，享有高度的自治权'。这就是说，外交和国防事务属中央人民政府管理。"王社长是文静之人，他看我有点激动，赶快说："马老，不急，慢慢说。"我把邓小平先生的观点和澳门人的心理，及部分葡萄牙人的一些殖民主义心态，与王社长谈了大半个小时。他很赞成我的意见，说："你的意见非常好，我会及时向中央报告，请马老放心。"这个意见很快便得到中央的认可和支持。

1999年12月20日上午，澳门风和日丽，万人空巷，澳门人极其热情地欢迎中国人民解放军进驻澳门。当看到威武雄壮的人民解放军行进时，人们的欢呼声震动了澳门。我认为澳门同胞显现出空前的热情，这是因为驻军能表现国家的主权原则，同时澳门也需要驻军。过去澳门虽然名义上没有驻军，但实质上还设有保安司令部和保安部队，还有很多个军营。因此，我们在恢复对澳门行使主权后，在澳门驻军就是坚持了原则性和实际性。

中国人民解放军进驻澳门后，军事过硬、纪律严明，在澳门市民中产生了极好的印象。对澳门社会治安的好转，对促进澳门经济的发展，都起到了促进作用。

（选自《新中国往事·步履写真》，
中国文史出版社 2011 年 1 月版）

西部大开发战略决策的提出和实施*

曾培炎

历史上每一项重大战略决策都有很多值得回忆的地方，西部大开发也是如此。近年来，很多朋友和记者问我，西部大开发的起点在哪里？这幅波澜壮阔的历史画卷是如何展开的？回顾这一具有历史意义的战略抉择，从江泽民同志提出西部大开发的战略思想开始，在不到一年的时间里，完成了战略决策、明确方针、制定政策到付诸实施的全过程。这一切都显得自然而然，而只有深入了解这一决策的背景和过程，才能体会到其中蕴藏的理性和睿智。

与以往开发西部的行动相比，这绝不是一次历史的简单重演，而是在社会主义市场经济条件下区域经济开发的成功实践，体现了党的第三代中央领导集体在机遇面前的坚决果断和远见卓识，是当代中国科学决策与民主决策的范例，在中华民族伟大复兴的道路上必将留下光辉的足迹。

一、江泽民同志提出西部大开发战略

实现地区协调发展，是我们党领导中国社会主义建设的一条重要方针。早在1956年，毛泽东同志在《论十大关系》中就强调，要处理好沿

* 本文原标题为《战略抉择：第三代中央领导集体的远见卓识——西部大开发战略决策的提出和实施》。

海工业和内地工业的关系。1988年，邓小平同志提出了“两个大局”的战略构想。一个大局是：“沿海地区要加快对外开放，使这个拥有两亿人口的广大地带较快地先发展起来，从而带动内地更好地发展，这是一个事关大局的问题。内地要顾全这个大局。”20世纪八九十年代，我国经济特区、沿海开放城市和开放地带的形成，就是根据这个大局实施的战略部署。另一个大局是：“发展到一定的时候，又要求沿海拿出更多力量来帮助内地发展，这也是个大局。那时沿海也要服从这个大局。”邓小平同志还强调：“先进地区帮助落后地区是一个义务，而且这是一个大政策。”

以江泽民同志为核心的党的第三代中央领导集体，继承和发展了党的第一代、第二代中央领导集体关于地区协调发展的思想，提出了西部大开发战略。这一重大战略的形成经历了一个充分酝酿和逐步完善的过程。

东部与中西部关系的新思考

1992年10月，江泽民同志在党的十四大上提出，我国经济体制改革的目标是建立社会主义市场经济体制。这个目标提出后，在国内外引起很大反响，得到了各方面的积极拥护和支持。在第二年召开的党的十四届三中全会上，中共中央作出《关于建立社会主义市场经济体制若干问题的决定》。这个文件一共50条，构建了社会主义市场经济体制的基本框架。

在社会主义条件下发展市场经济，是前无古人的重大创举，实践中必然会遇到很多新情况、新矛盾。江泽民同志敏锐地注意到这一点。他当时兼任中央财经领导小组组长，我是中央财经领导小组副秘书长兼办公室主任，同时担任国家计委副主任。1995年初，他要求中财办对社会主义市场经济体制建设中的重大问题进行调查研究。

1995年6月下旬，时任中共中央总书记、国家主席、中央军委主席江泽民到辽宁、黑龙江、吉林三省考察，我和党中央、国务院有关部门负责同志陪同。在吉林的一天晚上，他把我叫到房间里，让我谈谈前段布置的重大调研课题的进展情况。他作了很多重要指示，其中谈到，近几年东部地区发展比较快，人民群众的生活有了很大改善。他担心西部地区发展相对较慢，东部与中西部地区的差距还会继续扩大。他说，发展市场经济必然会有一部分人、一部分地区先富起来。但要未雨绸缪，研究一些政策，处理好先富与后富、发达地区与不发达地区的问题，逐步缩小差距，这样才能最后实现小平同志提出的共同富裕的目标。那晚谈了近两个小时。最后他说，你把今天谈的这些内容整理一下，我到长春开会的时候，听听大家的意见。

6月26日，江泽民同志在长春主持召开东北三省国有大中型企业座谈会，东北三省省委书记、省长出席会议。会上他除了谈国企改革的问题，还谈到在建设社会主义市场经济新形势下，要处理好的若干重大关系，其中就包括东部地区与中西部地区的关系。

9月28日，在党的十四届五中全会闭幕讲话里，江泽民同志系统地谈了正确处理社会主义现代化建设中的若干重大关系，也就是著名的“论十二大关系”。“东部地区和中西部地区的关系”成为其中的一个方面。他说：“要以邓小平同志关于让一部分地区一部分人先富起来、逐步实现共同富裕的战略思想来统一全党的认识。实现共同富裕是社会主义的根本原则和本质特征，绝不能动摇。”“解决地区发展差距，坚持区域经济协调发展，是今后改革和发展的一项战略任务。从‘九五’计划开始，要更加重视支持中西部地区经济发展，逐步加大解决地区差距继续扩大趋势的力度，积极朝着缩小差距的方向努力。中西部地区要适应发展市场经济的要求，加快改革开放步伐，充分发挥资源优势，积极发展优势产业和产品，使资源优势逐步变为经济优势。”“东部地区要通过多种形式帮助中西部欠发达地区和民族地区发展经济，促进地区经济协调发展。”这些论述反映了江泽民同志在社会主义市场经济条件下对区域协调发展问题的新思考。

陕甘考察酝酿加快西部开发

1995年陕西、甘肃两省遭受了严重的旱灾。12月下旬，我和中央有关部门的负责同志陪同江泽民同志前往考察。在陕西商洛地区，有些村子由于贫穷和近亲结婚，人口素质受到严重影响。甘肃定西是有名的干旱和贫困区，那里的农民群众靠积雨水窖维持全家一年的生计。为了节约用水，有些上了年纪的人很少洗脸，成了半拉“黑人”。看到这些，江泽民同志心情很沉重。他反复说，群众贫苦，我们当干部的应该寝食难安啊！目睹西部地区贫困落后的种种现实状况，他深深地沉浸在历史的远思之中，多次与我们一起探讨和追述西部地区在历史上如何越来越陷入荒凉和贫困的演变情况。

在12月25日听取甘肃省委、省政府的工作汇报以后，江泽民同志发表了讲话。他首先说：“诸葛亮在《出师表》中形容自己‘寝不安席，食不甘味’，‘鞠躬尽瘁，死而后已’。我对这几句话是很赞赏的。我们的现代化建设和民族振兴大业，还任重道远。”“我们的各级领导干部都应自觉发扬这种奋斗精神和奉献精神，加倍努力工作。”

他指出，西部地区历史文化悠久，为缔造辉煌的中国古代文明做出过巨大贡献。近代以来，为实现祖国独立，西部地区人民为中国人民的解放事业也做出过巨大的历史性贡献。我国很多民族聚居在西部，长期的文化交流与和睦相处，形成了民族大团结和共同进步的优良传统。西部地区蕴藏着各种丰富的自然资源，是我国有待全面开发的重要资源基地，也是我国下个世纪经济全面振兴的重要依托，还是我们巩固国防的军事战略要地。

他指出，中央对西部地区发展的大政方针，就是“到下世纪初要开始朝着逐步缩小东西部地区差距的方向前进，到下世纪五十年代，西部地区同全国其他地区一样，基本实现现代化”。全党同志特别是在西部地区工作的同志，“要为实现西部地区未来发展的光明前途而奋斗不已”。“到了包括西部地区在内的全国各个地区都基本实现现代化，我们这几代人就为祖国为民族立下了不朽的历史之功，我们就无愧于我们的先人，无愧于我们的革命前辈，也无愧于我们的后人。”

江泽民同志在这篇讲话中，虽然还没有像后来那样使用“西部大开发”的提法，但是在他的脑海中，促进西部地区加快发展已经成为重大的任务。

此后，江泽民同志在不同场合多次谈到加快西部地区发展问题。1996年3月“两会”期间，他在参加八届全国人大四次会议青海代表团的讨论时指出：青海省和其他西部地区，是我们的前人还没有来得及全面开发的地区，我们今天就是要干好这些前人还没有来得及干好的事业，为后人的发展打下更好的基础。1997年8月5日，江泽民同志在一份关于陕北地区治理水土流失、建设生态农业的调查报告上批示：“经过一代一代人长期地、持续地奋斗，再造一个山川秀美的西北地区，应该是可以实现的。”

“两会”党员负责人会议正式提出西部大开发

经过几年的酝酿，1999年3月3日，江泽民同志在九届全国人大二次会议和全国政协九届二次会议的党员负责人会上，曾庆红用特急件转来的江泽民在1999年“两会”党员负责人会上的讲话稿。正式提出了“西部大开发”的战略思想。我当时担任国家发展计划委员会主任兼中央财经领导小组副秘书长，得知江泽民同志这个讲话的内容是在几天之后。

记得是在3月13日下午，我和国家计委的有关负责同志正在研究工作，中共中央办公厅主任曾庆红打来电话。他说：江泽民同志几天前有一个重要讲话，请你看一下，其中关于西部大开发一段论述你们要作些研究。随后，他用特急件将讲话稿转给了我。我注意到，在讲话中，江泽民同志用了很长一段话来阐述西部大开发的问题。

他在讲话中指出：“中央已经明确了加快中西部地区开发的方针，并且把扩大国内需求作为促进经济增长的主要措施，实行积极的财政政策，这对于加快中西部的发展是一个很好的时机。西部地区那么大，占全国国土面积的一半以上，但大部分处于未开发或荒漠化状态。西部地区迟早是要大开发的，不开发，我们怎么实现全国的现代化？中国怎么能成为经济强国？美国当年如果不开发西部，它能发展到今天这个样子？”“从安排全国众多的劳动力，为他们找到力所能及的广阔的就业出路来说，希望也在中西部特别是西部地区的大开发上。”“西部地区一旦加快步伐，加大力度全面开发起来，搞水的搞水，种草的种草，栽树的栽树，修路的修路，开矿的开矿，搞农业的搞农业，那就可以安排成百万成千万的劳动力。这是我们发展的大战略、大思路。”他在这段话的最后说：“请大家进一步思考。这个问题，特别是有关部门要加强研究，统筹规划，提出大开发的实施步骤、政策、办法和组织形式等。”

新世纪到来之前，我国已经实现了现代化建设“三步走”战略的第二步战略目标，并准备向第三步战略目标迈进。亚洲金融危机发生后，中国面临着重大机遇和挑战。联想到此前，江泽民同志几乎每年都要谈及西部开发，此次在各省区市主要负责同志参加的会议上正式谈这个问题，并且强调是大开发，显然有他深入的考虑。这篇讲话向全党和全国发出了一个明确信号，开发西部将成为我国新世纪的重大战略决策。当时，“两会”已接近尾声，我脑子里萦绕的主要是两项工作：一是如何扩大内需，应对亚洲金融危机；二是开展“十五”计划的前期工作。我意识到又将有一项重要任务落在国家计委肩上。我将这篇讲话批转国家计委党组成员传阅，要求大家认真学习领会，并立即在委内成立一个专门小组先进行内部研究。

4月，国家计委相继召开了四个座谈会，分别听取部门、地方、专家对西部大开发的意见。月初，邀请区域经济、农林水利、环境保护等领域的专家在北京研讨。中旬，先后在陕西、重庆召开西北、西南地区两个座谈会，听取地方同志的看法。下旬，召开由国务院有关部门参加的座谈会。这些调研和座谈，主要围绕西部大开发的必要性和可行性展开，同时也对西部大开发的目标、任务、方式、政策进行了探讨。

实事求是地讲，当时的认识还不完全一致。一方面，大家认为，西部大开发十分必要，应尽快提到国家重要议事日程上来。特别是西部的同志情绪高昂，希望国家能增加对西部的投资，西部能享受到改革开放之初沿海地区的优惠政策。另一方面，也有些同志对搞西部大开发的时机和中央财政的支撑能力有疑虑。有的提出，对于开发西部，感觉还不是时候，在具体操作上无从下手。有的认为，我国经济发展总体水平还很低，在相当长一个时期内，应该坚持效率优先的原则，政府资金投入西部地区的经济效益远低于投入东部地区，主张继续把有限的财力集中在东部地区。

在认真学习领会江泽民同志讲话的基础上，经过两个多月的研究，综合各方面观点，国家计委形成了四点意见，我向江泽民同志作了扼要汇报。一是我国要在21世纪中叶实现第三步战略目标，没有西部地区的发展是不可能的。只要有条件，就要尽早加快西部地区发展。二是在有效需求不足的新形势下，抓住时机，实施西部大开发，对于整个国民经济的持续快速健康发展具有重要意义。西部发展潜力很大，只要策略对头，方法得当，开发西部不会成为国家的包袱。三是如果东西部地区发展长期不平衡，就会影响全国发展。经济问题也可能扩展到政治和社会层面，容易引发各种矛盾，影响社会稳定、民族团结和国家安全。四是西部地区生态环境加剧恶化，如果现在还不采取科学的应对措施，使生态环境恶化趋势得到有效遏制并逐渐改善，可持续发展就会落空。从综合国力来讲，我国已经具备了开发西部的条件。

系统阐述西部大开发战略构想

1999年6月初，在中央扶贫开发工作会议上，江泽民同志再次谈到西部大开发问题，他明确指出，有两亿多人口的西部地区，农民刚刚实现低水平的温饱。如果他们的收入和消费水平进一步提高，就会成为扩大内需很大的拉动力量。加大中西部地区扶贫开发的力度，不仅可以解决贫困人口的温饱问题，而且对于扩大内需，促进全国经济的发展也是至关重要的。这项工作，必须同我们对下个世纪整个经济发展战略的考虑结合起来，同加快中西部地区建设、缩小东西部地区发展差距，实现共同富裕的目标结合起来。他进一步强调，加快中西部地区发展步伐的条件已经基本具备，时机已经成熟。我们如果看不到这些条件，不抓住这个时机，不把该做的事情努力做好，就会犯历史性错误。

紧接着，6月17日，江泽民同志在西安主持召开西北五省区国有企业改革和发展座谈会。在这次会上，江泽民同志更加系统地阐述了西部大开发的战略构想。他谈到，现在，我们正处在世纪之交，应该向全党全国人民明确提出，必须不失时机地加快中西部地区发展，特别是要抓紧研究实施西部地区大开发。这是一项振兴中华的宏伟战略任务，实现了这个宏图大略，其经济、文化、政治、军事、社会的深远意义，是难以估量的。全党同志和全国上下必须提高和统一认识。没有西部地区的稳定就没有全国的稳定，没有西部地区的小康就没有全国的小康，没有西部地区的现代化就不能说实现了全国的现代化。他指出，之所以用“西部大开发”，就是说，不是小打小闹，而是在过去发展的基础上经过周密规划和精心组织，迈开更大的开发步伐，形成全面推进的新局面。我们要下决心通过几十年乃至整个下世纪的艰苦努力，建设一个经济繁荣、社会进步、生活安定、民族团结、山川秀美的西部地区。这个讲话经过新闻媒体的报道，很快在社会上引起巨大反响。

9月19—22日，党的十五届四中全会召开。江泽民同志在讲话中指出，实施西部大开发和加快小城镇建设，都是关系我国经济和社会发展的重大战略问题，应该提上议事日程，进行全面调查研究，拿出方案，加紧实施。在这次全会上，实施西部大开发战略写入了《中共中央关于国有企业改革和发展若干重大问题的决定》。

从3月“两会”党员负责人会上的讲话，到扶贫开发工作会议讲话和西安座谈会讲话，再到十五届四中全会讲话，江泽民同志提出的西部大开发战略，已经作为我国社会主义现代化建设和实现中华民族伟大复兴的一项重大决策，提上了党和国家的议事日程。

2005年2月，在西部大开发五周年之际，时任中共中央总书记、国家主席、中央军委主席胡锦涛明确指出，实践证明，中央关于实施西部大开发的战略决策和指导方针是正确的，要坚定不移地把西部大开发继续推向前进。

光阴荏苒，日月如梭。从西部大开发战略正式提出，到现在已是十年过去了。今天回顾当年的决策过程，更能深切感受到以江泽民同志为核心的党的第三代中央领导集体，在历史机遇面前所表现出来的机敏睿智、英明果断和远见卓识。

二、中央作出西部大开发战略决策

江泽民同志在西安召开的会议上提出了西部大开发战略目标后，国家计委紧锣密鼓地开始研究实施方案。形成初步设想之后，我想再听听西部地区同志的意见。1999年10月，国庆五十周年刚过，青海西宁已经有了深秋的凉意。省迎宾馆会议室的讨论却十分热烈，国家计委在这里召开了“十五”计划思路西部地区座谈会，主题是“集思广益，共谋西部发展大计”，重点讨论加快西部大开发的思路、目标、重点任务、政策措施。我在会上作了题为“加快西部地区开发、促进地区经济协调发展”的讲话。西部地区各省区市和新疆生产建设兵团的副省级领导和计委主任参加了会议，国家计委也有十几位司局长参加。会议期间江泽民同志打来电话，了解中央“十五”计划建议起草的准备工作。借这个机会，我将座谈会的情况向他作了汇报。我说，中央决定实施西部大开发战略后，各方面已经开始进行准备。同志们在会上提出，现阶段开发西部，应当有新思路、新办法、新机制，国家需要出台一些重大政策措施，包括加大财政支持，加快科技进步，优先发展教育，吸引和培养人才，扩大对内对外开放等，还应当建设一批标志性工程。江泽民同志听了以后很高兴，说这些意见都很好，还要求我们加强研究，尽快拿出西部大开发的实施方案。

这一年，中央领导同志多次到西部地区考察。国务院总理朱镕基赴陕西、云南、四川考察工作后，又在10月下旬赴甘肃、青海、宁夏，就实施西部大开发战略进行调研。他指出，加快西部地区发展是邓小平同志关于我国现代化建设战略思想的重要组成部分，是促进各地区共同繁荣、共同富裕的必然要求，我们一定要按照江泽民总书记近年来多次重要讲话和指示精神，站在现代化建设全局和长远发展的高度，统一思想认识，不失时机地实施西部大开发战略。他说，要科学地制定实施西部大开发的任务、政策、措施和步骤。当前和今后一个时期，最重要的是抓好以下几个方面的工作：进一步加快基础设施建设，切实加强生态环境保护和建设，积极调整产业结构，大力发展科技和教育。

10月下旬，江泽民同志访问英国、法国、葡萄牙、摩洛哥、阿尔及利亚和沙特阿拉伯六国，我和有关部门的负责同志陪同。这次访问进行得很顺利。结束了紧张的行程，在从沙特阿拉伯回国的飞机上，江泽民同志的思绪从纷繁的国际事务转向国内。他把我叫到前舱，问起西部大开发的情况。我将国家计委的初步设想向他作了一次详细汇报，并建议，把西部大开发这样一个大战略落到实处，需要举全国之力，目前是否可以考虑提出一个初步的实施方案，由中央召开会议进行专题讨论。如有可能，应成立专门机构，统筹推进这项工作。江泽民同志边听边点头，看来他早已有所筹划和考虑。

1999年最后两个月里，党中央、国务院连续召开三次会议，专题听取国家计委关于实施西部大开发战略初步设想的汇报。11月5日，朱镕基总理主持国务院第52次总理办公会议。11月11日和12月30日，江泽民同志分别主持召开中央政治局常委会和中央政治局会议。我和国家计委副主任王春正作了汇报。

在这几次会上，中央领导同志对实施西部大开发战略的认识高度一致，就如何落实提出很多重要的指导性意见。我记得，李鹏同志说，这是个大事，西部开发范围的划定不能完全按地理界限来考虑，要与各地经济发展水平相结合。在开发中，要注意解决好西部的资源优势变成经济优势等问题。朱镕基同志说，西部大开发是一项长期任务，也是系统工程。退耕还林是一举多得的事，可以在条件好的地方先搞试点。国债资金要向西部倾斜，重点用在基础设施建设上，把发展的基础打牢。李瑞环同志说，我完全赞成西部大开发，这件事不简单，要看到它的长期性，在开发实施中要重视解决好水的问题。胡锦涛同志说，西部大开发意义重大，关系到经济社会发展全局，关系到国家长治久安。他还结合在西部地区工作的经历说，退耕还林还草的方式是受欢迎的，西部地区有那么多坡耕地，具体到每个县和乡是不一样的，在实施过程中要因地制宜。其他常委同志也发表了很好的意见。

党中央、国务院几次听取国家计委的汇报，并经过充分讨论，西部大开发的初步设想不断完善、趋于成熟。根据几次会议讨论的意见，国家计委对汇报稿进行了修改，报请中央审批。第二年元旦刚过，2000年1月13日，中共中央、国务院印发《关于转发国家发展计划委员会〈关于实施西部大开发战略初步设想的汇报〉的通知》，即中发〔2000〕2号文件。这一文件阐明了西部大开发的重大意义、指导思想、重点任务、政策措施，成为指导西部大开发的纲领性文件。

三、国务院成立西部地区开发领导小组

通过成立跨部门领导小组来组织实施重大战略任务，是我们党和政府在长期实践中形成的一种有效工作方法。自新中国成立以来，党中央、国务院各个部门，大都按照专业和行业进行职能分工。有的重大任务一个部门难以完全统领，这就需要建立跨部门协调机制。其形式有的是领导小组，这些小组一般都下设办公室；有的是部际联席会议，由主要负责部门担任牵头单位。总的来看，在重大决策具体落实和实施过程中，建立跨部门的协调合作机制，有利于减少层级、提高效率。

为加强对西部大开发工作的组织和领导，根据中央决定，国务院成立西部地区开发领导小组。2000年1月16日，国务院印发《关于成立国

务院西部地区开发领导小组的决定》，即国发〔2000〕3号文件。朱镕基总理任组长，国务院副总理温家宝任副组长，组成人员包括国家计委、国家经贸委、教育部、科技部、国防科工委、国家民委、财政部、国土资源部、铁道部、交通部、信息产业部、水利部、农业部、文化部、中国人民银行、中央宣传部、国家广电总局、国家林业局、国家外专局等19个部门的主要负责同志。同年6月，领导小组成员增加至党中央、国务院23个部门的主要负责同志。

西部地区开发领导小组的主要任务是：组织贯彻落实党中央、国务院关于西部地区开发的方针、政策和指示；审议西部地区的开发战略、发展规划、重大问题和有关法规；研究审议西部地区开发的重大政策建议，协调西部地区经济开发和科教文化事业的全面发展，推进两个文明建设。2000年1月16日，国务院印发了《关于成立国务院西部地区开发领导小组的决定》（国发〔2000〕3号）。

领导小组下设办公室，在国家计委单设机构，具体承担领导小组的日常工作。我兼任办公室主任，国家计委副主任王春正、中财办副主任段应碧兼任办公室副主任。之后，中央调来深圳市市长李子彬担任国家计委副主任兼西部开发办副主任，负责西部开发办的具体工作，国家林业局局长王志宝任副主任。

国务院西部开发办的主要职责是：研究提出西部地区开发战略、发展规划、重大问题和有关政策、法律法规的建议，推进西部地区经济持续快速健康发展；研究提出西部地区农村经济发展、重点基础设施建设、生态环境保护和建设、结构调整、资源开发以及重大项目布局的建议，组织和协调退耕还林（草）规划的实施和落实；研究提出西部地区深化改革、扩大开放和引进国内外资金、技术、人才的政策建议，协调经济开发和科教文化事业的全面发展，以及承办西部地区开发领导小组交办的其他事项。

2003年3月，十届全国人大一次会议选举产生新一届政府。同年5月国务院决定，对西部地区开发领导小组的组成人员进行调整。国务院总理温家宝任组长，我担任副组长。此时我已被任命为国务院副总理。党中央、国务院27个部门的主要负责人为领导小组成员。国务院西部开发办由国家发展改革委主任马凯兼任主任，王春正、李子彬、段应碧、王志宝同志任副主任。后来，中央任命王金祥、曹玉书同志担任西部开发办副主任。

2008年3月政府换届后，国务院决定继续保留西部地区开发领导小组，温家宝总理任组长，国务院副总理李克强任副组长。党中央、国务院24个部门的主要负责人为领导小组成员。撤销国务院西部开发办，有关职能由国家发展改革委承担。

回顾这八年时间，国务院西部开发办人员始终不多。刚成立时只有10个编制，一年半以后增加到24个。由于任务繁重，常年从其他单位临时借用工作人员。进入这个部门的同志，大都是各单位的优秀干部和骨干力量。大家走到一起，怀着饱满的政治热情，认真履行职责，团结合作，勤奋工作，经常加班加点。他们的工作涉及西部大开发的方方面面，包括研究西部大开发的战略目标、重点领域、重点区域、标志性工程，提出重大政策措施和法律法规建议，参加西部开发五年规划、年度计划和人才规划的编制工作，参与重大项目的组织协调，等等。西部开发办发挥了国务院西部开发领导小组的参谋助手作用，他们尽职的态度、求实的作风、高效的服务，为西部大开发做出了重要贡献，其中一些同志，至今仍活跃在西部大开发的工作岗位上。

四、召开西部地区开发会议

在中发〔2000〕2号文件下发之后，国务院决定召开西部地区开发会议，主要议题是学习贯彻中央关于实施西部大开发战略的重要决策和指示精神，研究加快西部地区发展的基本思路、主要任务和相关政策。

2000年的农历大年初一是2月5日，会议本可以放到春节之后召开，但为了尽快将西部大开发战略部署下去，国务院决定在春节之前召开。

办会任务交给了国家发展改革委。在确定会场的时候，具体负责同志颇费了一番周折。岁末年初，各大单位都在开会，原本经常承办中央有关会议的京西宾馆和国务院一招、二招等场所，早已预订出去。最后是铁道部大力支持，把铁道大厦腾出来，解决了会场问题。

按以往惯例，开这样一个全国性大会，从发通知到报名再到开会，一般来说至少要提前一个月筹备。而这次会议，从1月13日下达中央2号文件，16日成立国务院西部地区开发领导小组，到19日开会，前后只用了一周时间准备，为后来西部大开发的高效推进开了一个好头。

这次会议，从1月19日下午开始到22日中午结束，开了三天。党中央、国务院有关部门，全国各省区市以及新疆生产建设兵团的负责同志参加了会议。19日下午召开全体会议，温家宝副总理做工作报告，进一步明确了西部大开发的意义、重点和要求。20日起，与会代表学习文件，进行分组讨论，具体衔接有关计划。21日，朱镕基总理请主要代表到中南海，专门召开一个座谈会，国务院副总理李岚清、温家宝，国务委员司马义·艾买提，国务委员兼国务院秘书长王忠禹出席了会议。

朱镕基总理在座谈会上强调，要统一思想，提高认识，正确领会中央关于实施西部大开发战略的决策，扎扎实实地推进西部大开发。他说，有的同志认为，西部地区基础差，投入产出率低，国家在西部地区投入五元的产出效益，不如对沿海地区投入一元的产出效益。这里需要指出，强调投资效益和经济效益是对的，但要全面地、辩证地看待效益问题。一是不能只从单个项目看效益，还要看综合效益。就建设一个项目来说，东部地区的成本可能低一些，但现在东部地区产业结构矛盾已经相当突出，国家如果不增加对西部地区的投入，东部地区传统产业的产品，如钢材、水泥、玻璃等就没有市场，哪里还有效益可言？二是不能只看当前效益，还要看长远效益。在西部地区投资，有些是近期就可以有明显效益的，有些需要一定时间，效益才能充分发挥出来。三是不能只看局部效益，还要看整体效益。国家对西部地区增加投资，不仅有利于西部地区发展，也为全国经济协调发展创造条件，应当从经济发展全局看效益。四是不能只看经济效益，还要看社会效益。加强西部地区的基础设施和生态环境建设，对改善全国的投资环境和生态环境都是很重要的，有利于促进全国经济与社会协调发展。五是不能只看到西部地区的薄弱环节和不利条件，还要看到优势。比如，有些地方自然和地理条件得天独厚，能源、原材料资源丰富，有些地方也拥有雄厚的科技和人才力量，有不少当地特色产业。在这些有优势的地方投入同样的资金，经济效益不见得比东部地区差。当然，推进西部地区开发，也要尽可能地重视提高投入产出效益，合理使用建设资金，用较少的钱办更多的事。

温家宝副总理在讲话中提出，实施西部大开发，是扩大国内需求，促进国民经济持续快速健康发展的重大举措；是进行经济结构战略性调整，促进地区经济协调发展的重大部署；是促进民族团结，保持社会稳定和巩固边防的根本保证；是逐步缩小地区差距，最终实现共同富裕的必然要求。他还指出，加快基础设施建设是西部大开发的基础，加强生态环境保护和建设是西部大开发的根本性措施，调整产业结构是西部大开发的关键，发展科技教育是西部大开发的重要条件。

会议期间，我作了题为“加快基础设施建设，搞好总体规划，为西部地区开发打下坚实基础”的发言；王志宝作了关于“开展退耕还林还草试点示范工作”的发言。与会同志赞同把交通、水利、电网、通信和广播电视作为加快基础设施建设的重点，对基础设施建设重点项目和建设资金来源，也提出了不少好的意见。关于退耕还林还草，大家认为试点方案基本可行，试点期、试点范围的选择是适宜的，并对粮食、种苗补助、退耕范围和规模等具体问题提出了建议。

这次会议对于各地区各部门把思想和行动统一到中央重大决策上来，发挥了重要作用。与会同志普遍认为，中央提出的西部大开发战略完全正确、非常及时。国务院领导同志的讲话全面阐述了西部大开发的重大意义、指导思想和开发重点，明确了目标和任务，增强了信心和决心。国务院领导同志专门抽出时间与大家座谈，听取代表们的意见和建议，体现了党中央、国务院对西部大开发这样一个重大历史决策的审慎而科学的态度。西部地区的同志备受鼓舞，感到发展有了盼头，前进有了动力，致富有了希望。东部地区的同志纷纷表示，西部大开发对他们既是压力，又是机遇，要支援西部建设、开拓西部市场，为全国发展的大战略服务。中部地区的同志表示，要服从大局，发挥承东启西的优势，加快结构调整，更好地发展自己。

西部地区开发会议的召开，标志着西部大开发战略进入实施阶段，西部地区开启了发展的新纪元。

（原载于《党的文献》2010年第2期）

我眼中的“中西贸易新丝路”

王建明

由于工作关系，我是最早参与“义新欧”班列建设者之一，亲身经历和见证了“义新欧”班列发展历程。

创下5个第一

在确定2014年11月18日开通首趟“义新欧”（义乌—马德里）中欧班列后，为了做好宣传报道，当时《义乌商报》总编辑吴璀建亲自打电话给我，请我到报社与记者、编辑商讨新闻通稿。当我提出了“与其他“中欧班列”相比较，“义新欧”（义乌—马德里）中欧班列创下5个第一：第一是运输线路最长；第二是途经国家最多；第三是国内穿过省份最多；第四是境外铁路换轨次数最多；第五是唯一一个开通“中欧班列”县级城市。大家一致认可这个提法。第二天《义乌商报》头版采用了我“5个第一”的建议，大幅配发了我拍摄的现场照片。后来，外交部来义乌挂职的义乌市委常委、副市长熊涛与我讨论时提出“义新欧”中欧班列还可以加上“唯一一个民营企业运营、中国制造元素最丰富、商品种类最多……”等更多第一。

其实，途中过程非常复杂，“义新欧”（义乌—马德里）全程13052公里，每到一个国内铁路区间段或进入其他国家，都会更换火车头及司机。从铁路义乌西站出发到达杭州的乔司编组站，由杭州机务段的司机接手，然后交由合肥机务段，进入西安、乌鲁木齐则分别换当地的火车头及司机。“义新欧”班列出了新疆阿拉山口口岸以后，随即进入哈萨克斯坦第一个站——多斯托克火车站，“义新欧”班列在此处除了申报、验关外，要经历第一次换轨（换装），从国际标准轨道1435毫米，换成独联体国家特有的1524毫米的宽轨。两条并行的铁轨，一条是中国的国际标准轨道，另一条是哈萨克斯坦的宽轨。巨大的吊车将中国列车上的集装箱抓起，运至哈萨克斯坦的宽轨列车上方放下。从哈萨克斯坦出境后，再进入俄罗斯、白俄罗斯，在白俄罗斯的布列斯特火车站要进行第二次转关，然后驶入波兰的马拉舍维奇火车站进行第二次换轨（换装），离开波兰进入德国、法国，还需在法国与西班牙交界的伊伦进行第三次换轨（换装）。

在经过21天，13052公里的长途跋涉后，西班牙时间12月9日上午10时30分（北京时间17时30分），西班牙政府发展部和中国驻西班牙大使馆在马德里Aboriginal火车站举行隆重仪式，迎接一位特殊的“新客人”——由中国国家主席习近平亲自“代言”、从万里之外的中国义乌开来的首趟“义新欧”（义乌—马德里）中欧班列，共同庆祝中欧新“丝绸之路”的诞生。

马德里初印象

为推进“义新欧”中欧班列常态运行，省政府、义乌市政府于2015年5月中旬，将在西班牙马德里开展“中西贸易新丝路”——“义新欧”班列现场调研活动。

刚过完“五一节”突然接到领导通知，要我做好准备出国赴西班牙，随义乌市政府外事与侨务办公室王建新主任、侨务科毛文进科长及义乌市商务局副局长丁小娟、义乌市电视台新闻中心副主任姜明华等5人组成的活动筹备工作组首先赴西班牙马德里，主要安排随后来访的省政府和义乌市政府的代表团活动。

当时上海到马德里没有直飞航班，5月15日0点50分，从浦东出发，到卡塔尔多哈机场转机，飞了十多小时，由于中国到达马德里还是5月15日上午。

匆匆忙忙吃了午餐，就驱车前往马德里市郊阿布罗加尼铁路集装箱货运站，途中一边查看资料，一边询问，渐渐对马德里有了初浅认识。马德里有着深厚文化底蕴，是一座崇尚艺术的城市，最主要的表现就是各式各样大大小小的博物馆遍布市内各处。但是聊得最多的还是皇家马德里足球俱乐部、圣地亚哥·伯纳乌球场，还有文艺复兴时期西班牙小说家、剧作家、诗人塞万提斯和他的小说《堂吉诃德》，聊起的还有西班牙葡萄酒，伊比利亚火腿。

还没细细品尝西班牙美食、美酒，也没顾得上观赏马德里的美景，我们就在天盟实业有限公司设在铁路集装箱货运站里的马德里办事处与当地主要筹备人员召开工作会议，成立筹备工作领导小组，并细化明确各阶段活动的分小组及其成员和分工。还要确定活动的参观路线、调研活动各环节场地的布置和安排调研现场可能发生的突发状况，制定预案等等。

活动的各项方案在国内已初步拟定，但抵达马德里后与当地有关方面联系时，碰到了周末假期问题。5月的西班牙，色彩缤纷，热爱生活的西班牙人总是喜欢用鲜花来点缀自己的生活。到了5月正是花开之际，西班牙人也会举办相应的活动来欢庆。特别是5月15日开幕的圣伊西德罗节，为期1个月。该节日是为了纪念马德里的圣者，是该市最受欢迎的节日。按惯例居民必须穿上传统服装到圣者的草地上去朝圣并饮用圣水，小贩会出售各种点心，斗牛集市亦从此时开始，还会举行一系列音乐会和露天舞蹈会。

按照西班牙的习惯，周末、假期是私人休息时间，一般不工作、不参与公务活动。因此我们原来的计划都要进行调整，仪式举办地和座谈会等活动场地都无法布置，出席仪式和座谈会的外籍人员无法联系，筹备工作一时陷入僵局。

西班牙的“义乌小商品城”

5月16日是我们抵达马德里的第2天，第一小组前往富拉博拉达西班牙中国商城踩点，安排省长调研路线，第二小组在阿布罗加尼铁路集装箱货运站继续参与筹备工作。

5月17日是我们抵达马德里的第3天，约7点，赴机场接义乌市政府考察团。9点前，迎接浙江省政府代表团一行前往西班牙中国商城调研。Fuenlabrada（富拉博拉达）是马德里的卫星城市，总人口20多万。西班牙中国商城所在区域距离马德里市区只有10多公里，且周边有不少工业区和居民区，毗邻一条连接马德里市区的高速公路，交通十分便利。中国商城被当地人称为仓库区，目前，经营总面积有100多万平方米，聚集了800多家中国小商品批发企业，这里批发的产品大部分来自义乌，因此也被不少人称为西班牙的“义乌小商品城”，是西班牙乃至欧洲南部地区最大的小商品集散地。

走进西班牙中国商城仿佛置身于中国某地的小商品城，满目可见林立的“中国商贸城”“新广州箱包”“东方餐厅”等中西文招牌；还有“浪莎袜业”“欧罗内衣”等熟悉的义乌品牌；听声音，更是一声声亲切的浙江口音……

我们走进周氏内衣，这是浙江盟德进出口有限公司周旭峰董事长的母亲、妹妹经营的店铺，主要经营各式内衣、泳衣。2014年在首趟义乌到马德里的“义新欧”中欧班列上运载2个标箱的小商品开始，周旭峰成为了这趟班列的铁杆货主。他说：“这班列就像专为我开的似的。”他算过一笔账，货物走海运需要约40天，而“义新欧”班列只要20天，时间短了，资金周转也可以加快。他对我说：“如果货物走海运，抵达西班牙的港口后，还要再走陆运才能到马德里。陆运成本很高，一个集装箱需要1000欧元运费。”直达马德里的这趟班列将为他省去这笔昂贵费用。

红酒专列启程

5月18日是我们抵达马德里的第4天，天空湛蓝，马德里市郊阿布罗加尼铁路集装箱货运站，一辆经过简单装饰的列车已停在仪式场地旁，车头上贴上了“MADRID-YIWUTRAIN”标志，侧面则挂上了带有“义新欧”标识和中英文“马德里—义乌”大幅广告。西班牙方面场地布置人员认真地调试着音响，并在讲台旁插上中西两国的国旗。

当地时间9点多，在西班牙马德里访问的浙江省省长李强一行来到了阿布罗加尼铁路集装箱货运站，在天盟实业有限公司马德里办事处听取了“义新欧”班列运行线路介绍，察看了“义新欧”班列仓库内货物的储存、配送情况。

在列车前，李强省长与西班牙发展部国务秘书戈麦斯·博麦尔、中国驻西班牙大使吕凡、西班牙铁路公司代表西格吕利斯等分别发表了热情洋溢的讲话。专列启程前，李强省长、吕凡大使和西铁代表西格吕利斯登上火车头与司机亲切交谈，预祝专列顺利抵达。西班牙铁路公司向李强、戈麦斯·博麦尔、吕凡赠送了机车模型纪念品并合影留念。

在汽笛的长鸣声中，列车头牵引着装载60个标准集装箱货物的车厢缓缓驶出站台，首趟“义新欧”（义乌—马德里）中欧班列在试运行6个月后，今天又返程了。本次返程运回以红酒为主的西班牙特色产品，因而被称作“红酒专列”。这次返程列车启程仪式的举行，标志着从义乌到马德里的“义新欧”班列从去年11月开始试运行之后，正式实现了双向常态化运行。

浙江省代表团的到访和“义新欧”红酒专列启程，得到了西班牙政府和当地华侨商会代表的高度重视。在随后召开的“中西贸易新丝路——义新欧建设座谈会”上，李强省长、吕凡大使和西铁代表西格吕利斯与参会代表进行了广泛的交流。首先大家对“义新欧”班列给予极高的期望，无论是从中国运往西班牙的商品，还是将欧洲商品运往中国，“义新欧”班列都具有巨大的潜力。

李强省长指出：“‘义新欧’班列为提升中西经贸合作开辟了崭新的通道，是一条名副其实的合作之路、互惠之路、友谊之路。浙江愿与沿线国家共同努力，推进‘义新欧’班列常态化运营，使之成为‘一带一路’建设的示范工程，更多地惠及两国人民。”

送走了“红酒专列”，当天晚上工作组人员就乘EK144航班离开了马德里，在迪拜转乘EK304航班飞往上海浦东机场，再返回义乌。

才过了半个多月的6月4日，在义乌国际会展中心“2015中国义乌进口商品博览会”上我再次见到李强省长，由我当讲解员介绍“义新欧”中欧班列图片展，当李强省长看到上个月他在马德里召开“中西贸易新丝路——义新欧建设座谈会”上的照片时，称赞说：“这么快啊，你们工作做得好，辛苦了！”告别时再次与我握手。

“钢铁驼队”朋友圈越来越大

“义新欧”中欧班列从无到有、从少到多，不断发展壮大，形成了与国际互联互通的新格局，开行不到四年，受到习主席多次点赞，班列频次加密，速度越开越快，出境口岸增多，集货半径增大，运输的货物种类繁多。有力助推了义乌“买全球，卖全球”，由此成为义乌与欧洲、中亚沿途国家的“黄金列车”。至2018年5月，义乌系中欧班列共开行至西班牙、伊朗、俄罗斯、阿富汗、白俄罗斯、英国、捷克、拉脱维亚、中亚五国等9条线路，辐射35个国家。

在“一带一路”国际合作高峰论坛上，“义新欧”班列被习近平总书记称为“亚欧大陆互联互通的重要桥梁和‘一带一路’建设的早期成果”；义乌西班牙交流基金会成立；西班牙前首相何塞·路易斯·萨帕特罗先生自称是“义新欧”班列宣传推介员，多次为“义新欧”班列与西班牙企业牵线搭桥；浙江省省长袁家军为“义新欧”（布拉格—义乌）中欧班列首发送行；义乌市政府与捷克乌斯季市政府签订了关于共商共建“一带一路”捷克站的谅解备忘录；义乌市政府与霍穆托夫市政府签订了友好城市谅解备忘录；中捷共建“一带一路”捷克站和义乌捷克小镇；中国华融资产管理股份有限公司、圆通速递股份有限公司作为战略投资者与“义新欧”运营平台强强联合；由义乌市陆港集团建设运营的义乌铁路口岸海关监管场所启用；义乌市陆港口岸局积极争取铁路口岸开放，争取进口肉类指定查验场正式启用，获批了进口水果、冰鲜水产品指定口岸；推动“义新欧”义乌至波兰的实体运邮测试……

这一切都是为了促进“义新欧”中欧班列做强做大，随着“义新欧”中欧班列不断“加密、增点、拓线、提效”，班列不仅把国内的小商品带到了沿线各国，也把沿线各国的商品带回义乌，成为国内消费者采购进口商品的重要通道。

国家各级相关部门、中国驻外使领馆、国内外新闻媒体对“义新欧”中欧班列的关怀支持从未断过，“义新欧”成了义乌对外开放的一张“金名片”。

“义新欧”（义乌—马德里）中欧班列开行以来，一列列“钢铁驼队”载着温情、友谊、合作和希望，疾驰在“新丝绸之路”沿线各国，进一步增强了这些国家打造利益共同体、责任共同体、命运共同体的意识，有力促进了沿线国家的经济社会发展。

浙江省委书记车俊在全省对外开放大会上提出：“整合力量、握指成拳，组建‘义新欧’物流联盟，把‘义新欧’班列打造成全省统一的中欧班列品牌，推动物流通道和贸易通道双拓宽，到2020年双向开行每天1列，力争全年1000列，成为我国运营效益最好、市场化程度最高、竞争力最强的中欧班列。”

（原载于《人民网·人民日报》2018年10月3日）

“如何建设新中国，建设一个什么样的新中国”

——七届二中全会召开全纪实

史进平

1949年3月5—13日，西柏坡春意盎然，中共七届二中全会在这里胜利召开。这是中国共产党在历史转折关头召开的一次重要会议，也是“进京赶考”前在最后一个农村指挥所召开的中央全会。会议紧紧围绕“如何建设新中国，建设一个什么样的新中国”，描绘了新中国的宏伟蓝图。

70年前的这次会议，注定要成为历史的一座丰碑。在这次会议上，毛泽东同志指出“夺取全国胜利，这只是万里长征走完了第一步”，并带着满满的自信说：“我们有批评和自我批评这个马克思列宁主义的武器。我们能够去掉不良作风，保持优良作风。”“我们不但善于破坏一个旧世界，还将善于建设一个新世界。”

为纪念七届二中全会召开70周年，笔者查阅了大量史料和当事人回忆资料，力求全景式展现那次春天的盛会。

七届二中全会提上日程

时至1949年春，中国共产党领导中国人民取得了前所未有的胜利。在军事上，取得了辽沈、淮海、平津三大战役的胜利，使解放战争取得决定性胜利；在政治上，赢得了各民主党派和社会贤达的广泛拥护，其纷纷北上，同商共议建国大计；政权建设上，通过华北人民政府一年多的探索与实践，已摸索出了建立人民政府的基本架构……这一切表明，党的工作重心由乡村转移到城市已迫在眉睫。七届二中全会就是在此关键时刻召开的一次中央全会。

1949年初，中共中央于1月6—8日召开政治局扩大会议，通过了《目前形势和党在一九四九年的任务》，其中明确提出："北平解放后，必须召集第七届第二次中央全体会议。"并规定了会议所要解决的具体问题："一、分析目前形势和规定党的任务；二、通过准备提交政治协商会议的共同纲领的草案；三、通过组成中央政府的主要成分的草案；四、批准军事计划；五、决定经济建设方针；六、决定外交政策；七、其他事项。"由此，召开七届二中全会正式提上日程。

1月31日，北平和平解放。中共中央开始了对七届二中全会与会人员的安排工作。2月11日，中共中央向各中央局和各前委工作的负责同志发出了《关于召开七届二中全会的通知》。《通知》指出："中央定于三月一日起在原驻地召开第二次中央全会，会期五天至七天。你们接电后，望即布置现在各中央局、中央分局、各前委工作的中央委员及候补中央委员除留必要的人主持工作外，均应尽可能地按时到达，并即将到会的与留下主持工作的同志的名单先行电告。"同时，中央对应参加会议的人员和能否来出席作了考虑和安排。

中共中央自从发出通知后，又多次根据时局变化和具体工作，对参会人员进行了调整。2月18日，周恩来在为中共中央起草的给平津战役总前委、华北局和平津两市委关于调整平津领导关系的补充通知中指出：“中央决定罗荣桓、薄一波、彭真、叶剑英、黄克诚五同志不参加七届二中全会，留在原地主持工作，其他现在华北的各中央委员、中央候补委员均于丑俭（1949年2月28日——编者注）前赶来中央开会。”

但由于战事繁忙，路途遥远，原定的3月1日开会时间改在了3月5日。贺龙、彭德怀、王震、习仲勋接到通知后，安排好工作于2月17日启程，经过长途跋涉，于3月4日才到达西柏坡。

积极筹备会议召开

中央决定，会议筹备工作由中央书记处书记周恩来总负责，由杨尚昆具体负责。之后，会议所需材料的准备与复印、会场布置、安全警戒、摄影摄像等各项工作，都紧锣密鼓地准备起来。

精心准备会议材料

七届二中全会作为中央在进城前的最后一次中央全会，将明确党的工作重心由乡村转移到城市后，中国共产党在政治、经济、文化、外交、党建等方面的方针和政策。为此，中共中央特别重视政策学习，目的在于要求与会的每位代表更加全面地了解当时的革命发展形势及掌握近期党的革命任务，为建立和建设好新中国做好准备。

1949年2月26日晨，毛泽东写信给周恩来，要求为召开七届二中全会做好学习材料的准备工作。

信中首先指定的学习材料是《政策汇编》，它是由当时西柏坡中央政策研究室编辑的1948年以来党的重要文件专集，是一份党内文件的汇编，分为形势与任务、军事、城市政策、农村政策、群众工作、党的建设等八部分，主要汇集了中共中央各领导人的文章，中共中央以及新华社、中宣部等部门发布的文件、发表的文章等共107篇。还有“一月八日政治局决议”即1949年1月中共中央关于《目前形势和党在一九四九年的任务》的文件。

3月3日，毛泽东又函告周恩来，请其将中共六次大会的政治决议铅印若干份发给参加二中全会的各位同志，作为讨论经济政策问题的参考。同时，为了更有效地提高全党的政治理论水平，中央宣传部决定编译一套“干部必读”书目，毛泽东批示送七届二中全会审议，共十二册：《社会发展史》《政治经济学》《共产党宣言》《社会主义从空想到科学的发展》《帝国主义是资本主义的最高阶段》《国家与革命》《共产主义运动中的“左派”幼稚病》《论列宁主义基础》《联共（布）党史简明教程》《列宁斯大林论社会主义建设》《列宁斯大林论中国》《马恩列斯思想方法论》。这些成为新中国成立初期广大干部、群众学习马列主义理论的必备书籍，对培养干部，提高干部理论水平，起到了十分重要的作用。

可以看出，面对工作重心转移后的新形势和新任务，党中央意识到需要全面提高干部的素质，以保证党的干部能够适应复杂多变的革命和建设环境。所以，中央通过学习历史经验来提高干部的理论水平和业务管理能力，以胜任进城后的城市管理和建设等各项工作。

认真布置会场

七届二中全会的会议室白灰砸顶，土坯垒就，面积约112平方米，位于西柏坡中共中央大院的西北角。这是中央机关工作人员来后自己动手盖的机关大食堂，因为开会需要大屋子，就临时布置成会场。

中央办公厅对于这次重要会议的气氛营造下了功夫，指示会场布置由中央机关招待所所长陈心良负责。于是他们在屋内北墙上挂了一块绛紫色的幕布，上悬挂两面绣有“中国共产党”字样的党旗，党旗上方是领袖伟人的挂像。杨尚昆后来接受采访时曾讲道：“会场挂像也是几经调换。最初工作人员在会场上悬挂的是马克思、恩格斯、列宁、斯大林和朱德、毛泽东的画像，3月5日那天，毛泽东一进会场便提出批评：开会不要挂我们的像，这样不好，应该挂马、恩、列、斯的照片。于是，第二天就挂了四位国际伟人的像。可大家议论纷纷，你一言，我一语，说法不一，说中国共产党的会议应该挂自己领导人的照片，于是才将毛泽东和朱德的像挂上。”就在会议的最后一天，根据毛泽东的提议，大会通过了六条规定，其中最后一条就是不要把中国同志同马恩列斯平列。

幕布的两侧悬挂着“我们永远作你的好学生”和“没有人民的军队，就没有人民的一切”两面锦旗。为活跃气氛，又在东西两侧窗户间的白墙上各悬挂了四面党旗。主席台上铺了一张虎皮花纹毛毯，桌上放着笔架、蘸水笔，两侧是两张记录员用的方桌。当时由于条件有限，会场的椅子高低大小不一，前面是两排双人沙发，后面有长条靠背椅、木椅，还有一些躺椅，过道处备了两个茶几。这些都是从各院借来的，散会后有的搬回去，开会时再带来。最南墙上挂着一张向大会作汇报的全国形势图，是根据周恩来的指示，通过各地汇报综合绘制的最新形势图，截止日期是1949年3月4日夜间12时。

周密警戒　确保安全

为保证会议安全，杨尚昆指示第十九兵团政委罗瑞卿，派一个团到西柏坡为中央担任警戒任务。于是，第六十三军军长郑维山派一八七师参谋长杨尚德于3月1日赶到西柏坡。杨尚昆和方志纯、中央警卫团团长刘辉山给杨尚德交代了具体任务：“中央在此开会，你们这个团和高炮营担任外围警戒，准备对付敌人的空降、空袭，防止敌人来轰炸和捣乱，一定要保证会议的安全。”当即商定，二中全会会场的防空阵地设在东柏坡附近的山头上，为此西柏坡四面山坡上布置了高射炮。

为保证这次会议的绝对安全，周恩来专门要求负责大会警卫工作的方志纯汇报准备情况，并详细询问了警卫力量的分布和警卫点的设置、出现情况的处理方案等。并问如果出现最坏情况，能阻击多久。还指出，光有决心不够，要有切实的措施和精确的计算。要求不但要考虑地面上的敌人，还要想到国民党的空降部队。同时周恩来指出，这次会议很重要，要保证绝对安全，要依靠群众来做工作，同时要保密，但不要神秘。

拍摄留存图像

会议的摄影工作由晋察冀军区电影队的程默和苏河清负责。3月初，晋察冀军区接到任务后，派程默和苏河清带着助手到西柏坡执行任务。他们坐着驴车，拉着三脚架和手摇拍摄机，整整走了一天半时间才来到西柏坡。到西柏坡后，才知道是为七届二中全会服务。

为了竭尽全力完成好这次拍摄任务，他们设计了一套详细的工作方案，当晚向中央办公厅主任杨尚昆进行了汇报。杨尚昆向大家详细介绍了这次大会的主旨和任务、参加会议的领导、领导人来的具体时间、具体活动安排等，并指示除了大会活动外，如果需要拍摄领导人的个人活动情况，要提前与他打招呼，他会给摄影摄像安排时间，以免使大家的拍摄计划落空。

当时，苏河清用的是一台手摇式的法国机子。为了拍摄会场下面的场景，他们费尽心思，最后想出一个办法来：在开会前，他们从会场后门进去，藏在幕布后面，把三脚架稳固好后，把幕布拉开个口子，把机头从口子那儿探出去，来回摇着拍。当时屋里光线太暗，胶片感光太慢，便把速度由24改为16，借用西窗射过来的太阳光进行拍摄。

当时程默用的是一台艾姆小型摄影机和一台从苏联买来的基也夫照相机，拍摄时交替使用。虽然当时的摄影器材及设备十分陈旧，条件很差，特别是那些过了期的胶卷，感光度很低，但他们还是想尽一切办法，克服困难，通过采用摄影机降格的拍摄方法，使拍出来的照片既明亮又清晰，收到了意想不到的效果。由于拍摄工作得到了杨尚昆同志的大力支持，他计划安排的拍摄会议以及首长个人活动等工作都进行得非常顺利。全会期间，不仅为毛泽东、朱德、刘少奇、周恩来、任弼时等中央领导人分别拍下了他们进会场和做报告的许多镜头，还利用会外时间为与会人员拍下了一些生活照片，为七届二中全会留下了见证历史的珍贵影像。

4日下午，与会人员齐聚西柏坡。所有筹备工作一切就绪。

土坯房内描绘蓝图

1949年3月5日下午3时30分，中国共产党第七届中央委员会第二次全体会议在西柏坡胜利开幕。出席七届二中全会的中央委员34人，候补中央委员19人，列席人员11人。

开幕式上，先由周恩来报告会议日程、到会人数与缺席人员，接着由毛泽东宣布开始，对死难同志静默三分钟。之后，毛泽东开始做《在中国共产党第七届中央委员会第二次全体会议上的报告》。

这个报告为会议定了基调，也为中华人民共和国设计了宏伟蓝图。报告提出了促进革命迅速取得全国胜利和组织这个胜利的各项方针；说明了在全国胜利的局面下，党的工作重心必须由乡村转移到城市，城市工作必须以生产建设为中心；规定了党在全国胜利以后在政治、经济、外交等方面应当采取的基本政策；特别是着重分析了当时中国各种经济成分的状况和党所必须采取的政策，指出了中国由农业国转变为工业国，由新民主主义社会转变为社会主义社会的发展方向等。这是中国革命历史转折关头中国共产党绘制新中国蓝图的一次重要会议，它标志着中国革命由战争向和平、由革命向建设、由农村向城市的转变，这个报告则是实现党的各方面工作转变的总枢纽。

在报告的最后一部分，毛泽东谆谆告诫全党：

> 中国的革命是伟大的，但革命以后的路程更长，工作更伟大、更艰苦。这一点现在就必须向党内讲明白，务必使同志们继续地保持谦虚、谨慎、不骄、不躁的作风，务必使同志们继续地保持艰苦奋斗的作风。

毛泽东在开幕式上做报告从下午3点多开始，一直讲到晚上8点，除去晚餐和中场休息，讲了3个多小时。

在接下来几天的会议中，与会同志结合毛泽东同志的报告进行了发言。3月6日，发言的有朱德、滕代远、徐特立、林伯渠、陈毅、王首道；3月7日，发言的有邓子恢、邓小平、张鼎丞、李富春、饶漱石、王明；3月8日，因是国际“三八”妇女节，休会一天；3月9日，发言的有康生、李立三、林彪；3月10日，发言的有王稼祥、聂荣臻、习仲勋、云泽（乌兰夫）；3月11日，发言的有吴玉章、彭德怀、李先念、洛甫、陈伯达；3月12日，由刘少奇作长篇讲话《关于城市工作的几个问题》，王明也再次进行了检讨；3月13日，任弼时作了长篇讲话。

3月13日晚，七届二中全会胜利闭幕。在全会闭幕前，毛泽东作了总结讲话，他从马克思主义的普遍真理与中国革命的具体实践的统一、十月革命与中国革命的关系、如何帮助王明同志改正错误、人民代表会议制度和党的代表会议制度等几个方面谈起，简要评价了各地的工作，对个别问题作了补充并系统讲述了党委会的工作方法。在《党委会的工作方法》中，毛泽东从十二个方面进行了阐述，即：党委书记要善于当“班长”；要把问题摆到桌面上来；“互通情报”；不懂得和不了解的东西要问下级，不要轻易表示赞成或反对；学会“弹钢琴”；要“抓紧”；胸中有“数”；“安民告示”；“精兵简政”；注意团结那些和自己意见不同的同志一道工作；力戒骄傲；划清两种界限。这成为中国共产党历史上一篇关于提升党的领导水平和执政能力的光辉文献。

大会还批准了1945年6月七届一中全会以来中央政治局的工作报告，批准了由中国共产党发起的关于召开新的政治协商会议及成立民主联合政府的建议，批准了毛泽东《关于时局的声明》中以八项条件作为与南京国民政府进行和平谈判基础的声明，还通过了《关于军旗的决议》，规定：“中国人民解放军的军旗应为红底，加五角星，加‘八一’二字。”并根据毛泽东提议，通过了六条规定：一不做寿；二不送礼；三少敬酒；四少拍掌；五不以人名作地名；六不要把中国同志同马恩列斯平列。

休会间隙议事忙

借着这次七届二中全会，久未见面的老战友们重逢了，大家精神振奋，闲暇时间都要坐在一起，聊聊当前的大形势。

此时，毛泽东看到一起奋战了几十年的战友们，心里十分高兴。在会议之余，他频频会见各解放区和各战场上来的同志，一边了解各地情况，一边根据形势需要部署新的任务。据王稼祥回忆，七届二中全会期间，他受到毛泽东邀请，专门对定都问题进行了探讨。毛泽东直接问他首都定在哪里最为合适。王稼祥思考片刻，从当时国际政治格局和国家安全战略上考虑，说：我认为，北平离社会主义苏联和蒙古人民共和国近些，国界长但无战争之忧；而南京虽虎踞龙盘，地理险要，但离港、澳、台近些；西安又似乎偏西了一点。所以，我认为北平是最合适的地方。毛泽东听完，甚感欣慰，当即表示同意他的意见。在随后的会见中，毛泽东又就王稼祥工作安排征求了他的意见，决定让他出任建国以后的首任驻苏联大使，为新中国的外交工作打开新局面。

王震也在到西柏坡的当天就去拜见了毛泽东。他首先将自己所率领的部队在西北作战的情况作了汇报，随后把一份请缨率领部队到新疆工作的书面报告呈递了上去。当天晚上，毛泽东走进王震住所，对他的请求表示了赞同，并在七届二中全会上称赞了王震的全局观。

七届二中全会结束的次日，为迎接即将成立的新中国，中央专门召集了安排人事的座谈会，研究华东、山东、浙江、上海、东北等地的干部配备问题。会上决定：中共中央华东局由邓小平任第一书记，饶漱石任第二书记，陈毅任第三书记；中共上海市委由饶漱石任书记，陈毅任市长；刘伯承任南京市长兼市委书记；山东分局改为省委，由康生、张云逸等负责；浙江省委由谭震林、谭启龙负责；铁路部门党委书记由滕代远担任；高岗为东北局书记兼东北行政委员会主席与军区司令员兼政委，李富春为副书记兼东北行政委员会副主席。同时还决定由西北、东北、华东、华北、中原抽调53000名干部到新区（即将解放的国统区）工作。

业余生活多色彩

七届二中全会期间，除了紧张的工作之外，会务组还为与会人员安排了丰富的业余生活。

当时西柏坡的生活条件虽然有限，但为了丰富大家的生活，还是安排了放电影、演京剧等娱乐节目。据杨尚昆日记记载："3月5日，夜放电影苏联片《胜利国家的一日》、《东北民主》第九集；3月6日，晚放苏联电影《苏维埃乌克兰》及一部国民党制片厂的《热血》；3月8日，夜看电影，看庆祝三八节的平剧；3月9日，夜看苏联片《边疆的孩子》和《宣誓》；3月10日，夜看电影苏联片《宁死不屈》；3月13日，晚8点半七届二中全会结束，饭后看平剧，唐佩文演《拷红》。"

日记中所提到的平剧，即京剧。前来慰问演出的是华北京剧团，团长是李和曾，副团长是阿甲。这个剧团是由冀南军区平剧团和延安平剧院合并而成的，常在前方演出，深受军民喜爱。

据阎长林（曾在毛主席身边任警卫排长、卫士长）回忆，七届二中全会期间，戏是晚上7点半开演。毛主席执意要步行半小时，到距西柏坡3里多路的东柏坡看戏。一进大礼堂，见人都坐满了，除了原有的长条椅子外，还增加了许多小凳子，明亮的电灯照着一张张笑脸。毛泽东边走边说："这个礼堂比杨家岭的礼堂还好啊，杨家岭礼堂就没有电灯，这里的电灯这么亮。"

当晚演出的是《坐楼杀惜》《王佐断臂》和《失空斩》，李和曾扮演诸葛亮等角色。在延安的时候，毛泽东曾经看过这些戏，对戏的内容非常熟悉。演出期间，毛泽东不断以掌击膝，嘴里也哼着唱词。

第二天，毛泽东吃了晚饭后照样散步去看戏，说走路能锻炼身体，看戏又能休息脑筋，一举两得。路上人很多，有的青年走得很快，经过主席身边时打个招呼，又匆匆走去。在紧张的议程和丰富的业余生活中，大家觉得时间过得很快，几天的会议很快就结束了。

结语：以史鉴今，资政育人

弹指一挥间，中共七届二中全会召开已经70年了。70年来，七届二中全会以其特有的时代价值闪耀着历史的光辉。

2013年7月11日，习近平总书记在参观七届二中全会旧址后的座谈会上讲道：

在中国革命即将取得全国胜利之际，毛泽东同志在党的七届二中全会上向全党郑重提出“两个务必”，是经过了深入思考的。这里面，包含着对我国几千年历史上治乱规律的深刻借鉴，包含着对我们党艰苦奋斗历程的深刻总结，包含着对胜利了的政党永葆先进性和纯洁性、对即将诞生的人民政权实现长治久安的深刻忧思，也包含着对我们党坚持全心全意为人民服务根本宗旨的深刻认识，思想意义和历史意义十分深远。

这是习总书记对中国几千年历史的回眸和总结，是对“赶考永远在路上”的清醒指向，也是对实现中华民族伟大复兴中国梦的深刻思考……

2018年12月18日，在庆祝改革开放40周年大会的讲话中，习近平总书记大段引用了毛泽东同志在七届二中全会上的讲话。他带着70年前毛泽东带领中共中央进京“赶考”时的心态，向全世界宣布：

我们这么大一个国家，就应该有雄心壮志。毛泽东同志说：“夺取全国胜利，这只是万里长征走完了第一步。如果这一步也值得骄傲，那是比较渺小的，更值得骄傲的还在后头。在过了几十年之后来看中国人民民主革命的胜利，就会使人们感觉那好像只是一出长剧的一个短小的序幕。剧是必须从序幕开始的，但序幕还不是高潮。”“我们不但善于破坏一个旧世界，我们还将善于建设一个新世界。”

历史是最好的教科书，是最好的营养剂，也是最好的清醒剂。回眸历史，不忘初心，是为了更好地前行。在七届二中全会召开70年之际回望在历史转折关头召开的这次会议，愈能感知中国共产党人在进京执政前谦虚、谨慎和不懈奋斗的情怀及蕴含的革命精神，这已经成为一座丰碑、一座精神高地，永远激励着中国人民不忘初心，奋勇向前。

（原载于《纵横》2019年第3期）

中共中央发布“五一口号”始末

李红梅

1948年4月30日，中共中央发布纪念五一劳动节口号，提出召开没有反动分子参加的新政协会议。

“五一口号”迅速得到各民主党派、无党派人士和社会各界普遍而热烈的响应，开启了中国共产党领导人民、团结各民主党派和社会各界人士协商建国的辉煌历程。在中华人民共和国成立70周年和人民政协成立70周年之际，回顾和研究“五一口号”的起草及发布这段历史，对于我们深刻认识中国共产党的领导是全体中国人民的共同选择，从而增强“四个意识”，坚定“四个自信”，做到“两个维护”，具有重要的现实意义。

“五一口号”发布的背景

抗战胜利前后，中共中央主张与国民党及其他党派联合建立民主联合政府。1946年旧政协会议之后，中共中央判断“中国走上了和平民主的新阶段”，期待解决国内问题。

1946年6月，在国民党撕毁旧政协协议发动内战时，共产党也及时改变当初的乐观估计，以自卫战争粉碎国民党的进攻。但是，共产党并没有放弃和平建国的主张，国共两党遂出现打打谈谈、边打边谈的局面。

解放战争爆发后的第二年，战争形势向着人民方面发生重大转变，蒋介石在政治上更加孤立，军事上节节败退。中共中央1947年10月10日发表《中国人民解放军宣言》，在发出“打倒蒋介石，解放全中国”口号的同时，提出：“联合工农兵学商各被压迫阶级、各人民团体、各民主党派、各少数民族、各地华侨和其他爱国分子，组成民族统一战线，打倒蒋介石独裁政府，成立民主联合政府。”在这里，蒋介石集团已经被排除在共产党号召建立的联合政府之外。

毛泽东在当年12月底中共中央召开的“十二月会议”上重申了关于建立民主联合政府的主张。不过，这次会议仍然认为“组织革命的中央政府的时机目前尚未成熟，须待我军取得更大胜利，然后考虑此项问题”。

那么，何时才算时机成熟呢？毛泽东设想，在蒋介石当选总统后，“他的威信更加破产之后，在我们取得更大胜利，扩大更多地方，并且最好在取得一二个头等大城市之后，在东北、华北、山东、苏北、河南、湖北、安徽等区连成一片之后，便有完全的必要成立中央人民政府”。他推测，“其时机大约在一九四九年”。这是中共中央第一次明确表示要成立中央人民政府，并推出了建立新政权的时间表。

随着解放战争的高歌猛进，毛泽东所关注的力量、人心皆已具备。此时，国民党“行宪国大”召开，进一步暴露了其独裁专制的本质。各民主党派、社会各界纷纷发表声明，呼吁由全中国人民，包括一切民主党派及人民团体共同建立民主联合政府，通过民主的方式，产生真正的民主宪法。

在新的形势下，中共中央和毛泽东及时调整了建立新政权的步骤。4月25日，毛泽东致电在西柏坡的刘少奇、朱德、周恩来、任弼时等，通知他们即将召开的中共中央书记处会议拟讨论的问题，第一项就是“邀请港、沪、平、津等各地中间党派及民众团体的代表人物到解放区，商讨关于召开人民代表大会并成立临时中央政府问题”。随后，毛泽东在4月27日，写信给晋察冀中央局城市工作部部长刘仁，要他告诉张东荪、符定一两先生，中共准备召开各民主党派各人民团体的代表会议，讨论关于召开人民代表大会成立民主联合政府问题，以及关于加强各民主党派、各人民团体的合作及纲领政策问题。毛泽东在信中还指出：会议的名称拟定为政治协商会议。开会地点在哈尔滨，开会时间在秋季。上述两封信勾画出了筹建新中国的路线图。

革命胜利指日可待，成立民主联合政府是人心所向、大势所趋。中共中央认为，建立新政权、创立新中国的时机已经成熟，是时候向国内外择机发布了。

“五一口号”的起草

中国共产党有在重大节日发表口号、宣言，举行集会、游行，刊发社论、文章等惯例。作为中共领导人的毛泽东，是善于利用报刊的宣传家、组织家。新华通讯社（简称新华社）是中共中央的主要喉舌。转战陕北期间，毛泽东一手抓全军作战，一手抓新闻宣传。每逢需要发布重要主张，他都会精心组织宣传攻势，甚至亲自撰写重要社论和文章。他为新华社撰写和修改了大量文稿，包括新闻、社论、评论、发言人谈话、广播讲话等100多篇。这些作品大都脍炙人口，充满激情和斗志，在政治、军事、宣传上发挥着振聋发聩的作用。

为适应迅速传播中央声音的需要，1946年中共中央对新华社和《解放日报》进行改革。改组后，廖承志调任新华社社长。1947年中共中央撤离延安后，《解放日报》停刊，新华社肩负起通讯社、中央机关报、广播电台三项重任，成为党中央、毛泽东指挥解放战争、向国内外进行宣传报道的重要工具。由于新华社担负特殊的宣传功能，“五一”前夕，中共中央选择新华社第一时间发布建国主张就自然而然了。

1948年“五一”节前夕，中共中央组织起草文件，拟通过新华社发布政治主张。这个文件名称为“中国共产党发布一九四八年‘五一’劳动节口号”（简称“五一口号”）。

“五一口号”初稿是何人执笔起草的？由于缺乏可信的文献记载，目前众说纷纭。多数人认为是胡乔木。从当时胡乔木的身份来看，此说有一定的可信度。1947年3月中共中央离开延安后的一年内，胡乔木作为毛泽东的秘书，负责起草大量的文稿。中央给新华社的重要社论，基本上都出自胡乔木和陆定一之手，经周恩来、任弼时、毛泽东审阅、修改，再向全国播发。胡乔木的这一身份，可能自然成为这段重要历史的参与者。

如果中共中央收到廖承志的电报后才决定通过新华社发布政治主张，那么，“五一口号”初稿的起草时间只剩1948年4月底的最后几天。时间紧迫、任务重大，初稿很快完成，彰显了中共党内雷厉风行的工作作风。

毛泽东作了27处修改

“五一口号”初稿共25条。

初稿明确指出：“今年的‘五一’劳动节，是中国人民走向全国胜利的日子。”“是中国人民死敌蒋介石走向灭亡的日子，蒋介石做伪总统，就是他快要上断头台的预兆。”“是中国劳动人民和一切被压迫人民的觉悟空前成熟的日子……”

这份初稿内容并未超出1948年3月之前中共中央已发表的政治主张。毛泽东4月底在两封信中表明的建国构想，未被吸收在内。

当这份初稿送到毛泽东案头时，他那宏大的建国方略激荡于心。毛泽东对“五一口号”初稿作了重大修改。蕴含中国共产党建国思想、影响中国历史进程的“五一口号”因毛泽东的修改而闪烁着更加辉煌的光芒。

据统计，毛泽东共作了27处修改。一字一句，皆有深意。从毛泽东字斟句酌的修改，可以看出他对“五一口号”的重视程度。含义最为突出的有4处。

修改电头“总社”为“陕北”，以保守中共中央、毛泽东已到达西柏坡的秘密。

1947年3月到1948年3月这段时间，出于对中共中央机关和毛泽东转战陕北的保密需要，廖承志率领的新华社总社与范长江率领的小分队密切配合，把新华社电讯的电头改“延安”为“陕北”播发新闻，使新华社继续发挥中共中央的耳目喉舌作用，不间断地传播中央的声音。1948年4月，为便于中共中央对新华社的直接领导，新华总社由太行解放区涉县陆续北上。这月底，新华总社大部分仍在涉县，一部分已到平山县，但毛泽东仍将这份初稿的电头由“总社”改为“陕北”。毛泽东的这一修改，显然是在跟国民党军队唱一出“声东击西”的好戏，让蒋介石误以为中共中央、毛泽东还在陕北指挥作战。

修改第四条，巩固了统一战线的组成结构。毛泽东将初稿第四条“全国劳动人民团结起来，联合知识分子、自由资产阶级和其他爱国分子，组成反帝国主义、反封建主义、反官僚资本主义的统一战线，为着最后打倒蒋介石，建立新中国”，修改为“联合全国知识分子、自由资产阶级、各民主党派、社会贤达和其他爱国分子，巩固和扩大反对帝国主义、反对封建主义、反对官僚资本主义的统一战线，为着打倒蒋介石，建立新中国而共同奋斗”。修改后的这一条具有重要内涵，既进一步重申了“各民主党派、社会贤达”在统一战线中的地位和作用，又发出了为“打倒蒋介石，建立新中国”“共同奋斗”的号召。

修改第五条，正式发出召开政治协商会议、召集人民代表大会、成立民主联合政府的号召。毛泽东删除了初稿第五条“工人阶级是中国人民革命的领导者，解放区的工人阶级是新中国的主人翁，更加积极地行动起来，更早地实现中国革命的最后胜利”。他又重新起草了一条：“各民主党派、各人民团体、各社会贤达迅速召开政治协商会议，讨论并实现召集人民代表大会，成立民主联合政府！”修改后的第五条是“五一口号”的点睛之笔。这一修改，高度概括了中共中央的建国方略，正式向国内外宣告要成立新政权、建立新中国，开启了中国共产党协商建国的精彩华章。

修改最后三条，彰显了中国共产党人的胸襟和品格。毛泽东在修改时删除了初稿第二十三条“中国人民的领袖毛泽东万岁”和第二十四条“中国劳动人民和被压迫人民的缔造者，中国人民解放战争的领导者中国共产党万岁”，改第二十五条“中华民族解放万岁”为第二十三条。这充分反映了中共中央、毛泽东天下为公、虚怀若谷的精神境界和家国情怀。

1948年4月30日至5月7日，中共中央在城南庄召开了中央前委和中央工委会合以后的第一次书记处扩大会议，史称“城南庄会议”。出席会议的有毛泽东、刘少奇、朱德、周恩来、任弼时等。会议共有八项议题，第一项是研究“邀请港、沪、平、津等地各中间党派及民众团体的代表人物来解放区商讨关于召开人民代表大会并成立临时中央政府问题”。

会议对经毛泽东修改后的“中国共产党发布一九四八年‘五一’劳动节口号”进行了热烈讨论。周恩来指出，“五一口号”提出召开新政协，从形式上看是恢复1946年1月政协的名称，但性质和内容都不同了。周恩来专门强调，“五一口号”不是宣传口号，而是行动口号，这是今天形势发展的趋势，是全国人民的要求。刘少奇指出，目前召开新政协的国际国内形势已经成熟，我们先提政协这个口号，可以起号召作用，要争取90%的人，团结一切可以团结的力量。中国共产党在全国人民中取得50%以上的拥护是没有问题的，其他任何政党都没有我们这个地位。

会议经过认真讨论，决定以中共中央名义发布“五一口号”。至此，具有重大意义和深远影响的“五一口号”正式诞生。

“五一口号”发布过程

1948年4月30日城南庄会议通过“五一口号”的当天晚上，新华社正式对外发布；新华广播电台同日进行了全文播放。

新华社的电讯稿是针对全国各大报纸的。第一个刊登“五一口号”与广大读者见面的是《晋察冀日报》。《晋察冀日报》于1937年在太行山深处阜平县马兰村创刊，是中共中央晋察冀分局的机关报。1948年4月，晋察冀日报社驻地在城南庄新房村，中共中央、毛泽东从延安转移到晋察冀后，也住在城南庄。《解放日报》停刊后，中共中央发布的重大消息都由《晋察冀日报》刊登，因此，《晋察冀日报》成为首刊“五一口号”的报纸。

对于《晋察冀日报》发表“五一口号”的经过，时任《晋察冀日报》社长兼总编辑邓拓有这样一段回忆：

4月30日，我接到紧急通知，要我赶到城南庄参加一个紧急会议。当时，《晋察冀日报》驻在新房村，离城南庄只有一公里远。我见到主席后，主席紧紧地握住我的手，兴奋之情溢于言表。主席亲自把《纪念“五一”国际劳动节口号》手稿交给我，让我拿去打印。为了慎重起见，将“五一劳动节口号”打出清样后，我又送交主席审阅。4月30日深夜，主席亲自审改后，于5月1日在《晋察冀日报》第一版头条位置发表，共23条，口号上方还端端正正地印了毛泽东的侧身头像。

同一天，香港《华商报》也根据新华社电讯稿，全文刊登了“五一口号”。《华商报》是抗战期间中共在香港创办的报纸。抗战胜利后，到港人士中除了文化界，还有遭受国民党当局迫害的大批民主人士。《华商报》迅速成为民主力量在香港的喉舌，也是解放区以外能直接传播中共中央声音的唯一一张报纸。“五一口号”第一时间经《华商报》在香港发表后，立即引起民主人士和社会各界的高度关注和热议。

也是在5月1日这一天，《新台湾丛刊》第6辑（《台湾人民的出路》）在香港出版，并发表了“五一口号”。《新台湾丛刊》第6辑是第一份发表“五一口号”的刊物，也是最先对“五一口号”发表评论的报刊。

《新台湾丛刊》是台湾民主自治同盟创建初期，在香港以“新台湾出版社”名义创办，5月1日出版的第6辑共收稿11篇。开卷首篇是标明“新华社陕北三十日电”的新华社电讯稿“中国共产党中央委员会发布纪念五一劳动节口号”，标题为《纪念五一劳动节中共中央重要宣言从速召开民主党派团体会议商讨进行召集人民代表大会》。第二篇题为《一个响亮的号召》，对“五一口号”进行评论。这篇文章没有署名。第三篇题为《响应伟大的号召》，作者署名为“一个台湾人民”。

“五一口号”4月30日晚上才由新华社播发。5月1日该刊已相继发表评论，予以响应。该辑的第二篇《一个响亮的号召》在5月3日以香港《华商报》社评的形式原文发表。在如此短的时间内完成这篇稿件，并作为中共在香港的重要宣传阵地《华商报》的社评，从这一细节可以推知，《新台湾丛刊》第6辑发表的与“五一口号”相关的文章，应该是新华社电讯稿或中共香港分局策划组织赶写的。

5月2日，《人民日报》《群众日报》《解放日报》《东北日报》《晋绥日报》《冀鲁豫日报》等解放区报纸也纷纷全文刊发了“五一口号”。

随着电波和报纸，“五一口号”迅速传播到海内外。“五一口号”承载着中国共产党建立新政权的完整方略，像春雨，像惊雷，为在苦难中探索的中国人民带来希望和憧憬，带来喜慰和力量。

（原载于《人民政协报》2019年4月4日）

中国人民政协有关筹建新中国的四件重大决议案

王德渊

1949年9月21日至30日，中国人民政治协商会议第一届全体会议在北京召开，这是一次在中国共产党领导下各民主党派、各人民团体和无党派民主人士共同完成筹建新中国各项任务的盛会。9月27日，会议一致通过了四个决议案，即：“一、全体一致通过：中华人民共和国的国都定于北平。自即日起，改名北平为北京。二、全体一致通过：中华人民共和国的纪年采用公元。今年为一九四九年。三、全体一致通过：在中华人民共和国的国歌未正式制定前，以义勇军进行曲为国歌。四、全体一致通过：中华人民共和国的国旗为红地五星旗，象征中国革命人民大团结。”这四个决议案，以及1950年9月，中国人民政治协商会议第一届全国委员会第二次会议提出，经过中央人民政府第八次会议通过、决定国徽图案的决议案，都是关于新中国重要标记的决议案，均是中国各民主党派团结合作协商的结晶，并以它们所具备的划时代意义，永远载入中华人民共和国史册。

一

1949年春天，中国革命形势发生了根本变化，经过三大战役的战略决战，中国人民赢得人民解放战争胜利的趋势已经不可逆转，随着1949年4月23日人民解放军占领南京，统治中国22年的反动的南京国民政府一朝覆亡。在此同时，在中国共产党领导下，经过各民主党派、各人民团体共同努力，筹建新中国的各项准备工作也已完成。1949年9月21日，在中国共产党领导下创建新中国的中国人民政治协商会议第一届全体会议水到渠成地在北平中南海怀仁堂胜利召开。这次政协第一届全体会议正式制订出的，被称为当时中国人民共同遵守的大宪章——《中国人民政治协商会议共同纲领》规定“中华人民共和国的国家政权属于人民。人民行使国家政权的机关为各级人民代表大会和各级人民政府”；同时，还规定“在普选的全国人民代表大会召开以前，由中国人民政治协商会议的全体会议执行全国人民代表大会的职权”。鉴此，中国人民政治协商会议第一届全体会议开幕时，毛泽东在所致的开幕词中就郑重地指出：“中国人民政治协商会议宣布自己执行全国人民代表大会的职权。”根据这一原则，中国共产党领导各民主党派、各人民团体和其他民主人士通过这次会议，胜利完成了筹建新中国的各项任务，宣告了中华人民共和国的成立，并一致通过了关于新中国的国旗、国歌、首都、纪年四个决议案，为年轻的共和国镌刻下了崭新的、永不磨灭的标记。

事实上，关于新中国国旗、国徽的图案，国歌词谱的征集工作，早在这次会议召开之前已经开始，在1949年6月召开的新政协会议筹备会第一次会议上，就成立了由21人组成的筹备会常务委员会，处理日常工作，并决定在常务委员会下设六个小组，分别进行这次会议及成立新中国的各项具体筹备工作。常务委员会主任毛泽东，副主任周恩来、李济深、沈钧儒、郭沫若、陈叔通。而常委会领导下的六个小组，均为自愿报名参加。负责拟定国旗、国徽、国歌方案的是第六小组，组长马叙伦，副组长叶剑英、沈雁冰。组员有13人，即：张澜、郭沫若、陈嘉庚、马寅初、蔡畅、李立三、张奚若、廖承志、田汉、郑振铎、欧阳予倩、翦伯赞、钱三强。1949年7月4日，第六小组召开了第一次会议。这次会议决定，登报公开征求国旗、国徽图案和国歌词谱；设立国旗、国徽图案评选委员会和国歌词谱评选委员会；评选工作除由小组成员分别参加外，并需另聘专家参加。8月5日，第六小组委员会召开第二次会议，拟聘徐悲鸿、梁思成、艾青三位专家为国旗国徽图案初选委员会顾问。

征求国旗、国徽图案和国歌词谱的消息一公开见报，立即引起社会各方面人士极为热烈的反应。全国各地的工人、农民、解放军指战员、大学教授、中小学教师、机关干部、作家和其他职业者都纷纷应征。他们精心设计的用工笔绘制并附有详细说明的各种国旗图案，从解放区和待解放区联翩飞来。特别是还有大批的外国华侨设计的新中国国旗图案，远渡重洋，从美洲、欧洲、印尼、马来亚……飞回祖国。一个月之内，政协筹委会就收到国旗设计图案2992幅。

8月中旬，政协筹委会审阅了自国内、国外寄来的国旗设计图案，经过多次讨论，认为评选应注意三点：一、中国特征（如地理、民族、历史、文化等）；二、政权特征（工人阶级领导的以工农联盟为基础的人民民主专政）；三、庄严简洁为主。经过评选，应征稿件的构思设计符合上述三点要求的，大致可分为四类：锤斧交叉并加五角星；以两色或三色横条或竖条组成旗面，于左上角或中央置锤斧或五角星或嘉禾齿轮；旗面为红色或2/3为红色，1/3为白、蓝、黄各色，加以红色或黄色的五角星；也有旗面为红色，在左上角加上黄色一大四小五角星的，意即大星代表共产党，四个小星为工、农、小资产阶级和民族资产阶级四个阶级，象征着在中国共产党领导下的全国人民大团结。评选委员会从来稿中精选出38种国旗草图，编成《国旗图案参考资料》，供政协全国委员会第一次全体会议讨论。经过全国政协大会、小会反复讨论、认真评选，1949年9月25日晚，毛泽东在中南海召集了关于国旗、国徽、国歌、纪年、国都问题协商座谈会。出席座谈会的有周恩来、郭沫若、茅盾、黄炎培、陈嘉庚、张奚若、马叙伦、田汉、徐悲鸿、李立三、洪深、艾青、马寅初、梁思成、马思聪、马骥、贺绿汀等。在座谈会上，毛泽东拿出了两幅国旗设计图案：一幅是五星加一条横杠；一幅是现在的五星旗。经过座谈会的讨论，毛泽东听取了评委们的意见后说：过去我们脑子老想在国旗上画上中国特点，因此画上一条，以代表黄河，其实许多国家国旗也不一定有什么该国家特点。苏联之斧头镰刀，也不一定代表苏联特征。那一国也有同样之斧头镰刀。英、美之国旗也没有什么该国特点。毛泽东随即拿取五星红旗图案说：因此我们这个图案表现我们革命人民大团结。现在要大团结，将来也要大团结，因此现在也好将来也好，又是团结又是革命。毛泽东的意见得到了与会者的认同。经过政协第一次全体会议一致通过的决议案，作为新中国国旗的五星红旗就诞生了。数月后的1949年11月15日，新华社曾刊登专讯就国旗问题答读者问，并进一步指明："旗上的五颗五角星及其相互关系象征共产党领导下的革命人民大团结。星用黄色是为着在红地上显出光明，黄色较白色明亮美丽，四颗小五角星各有一尖正对着大星的中心点，这是表示围绕着一个中心而团结。"

二

关于共和国的国歌，在9月25日晚毛泽东召集的座谈会上，大家要求很高，开始有些冷场，先打破冷场局面的是徐悲鸿，他建议"用《义勇军进行曲》代国歌"。徐悲鸿的建议立即得到了周恩来的赞同。周恩来附议说：这支歌曲豪迈雄壮，有革命气概，节奏也很鲜明，适于演奏，作为代国歌是很合适的。他们的意见获得大家的纷纷赞同，于是关于代国歌的议案很快即获得与会者的一致通过，并作出了相应的决议案。众所周知，《义勇军进行曲》这首不朽的抗日救亡歌曲，极大地鼓舞着中国人民抗日救亡的信心和决心。但当新中国成立在即，中国历史已经发生翻天覆地变化之时，这次政协全体会议为什么仍决定一字不改地以《义勇军进行曲》作为国歌呢？正如周恩来曾经说的，就在于使我国人民"居安思危"，做到警钟长鸣，为振兴中华而努力奋斗。针对群众中对采用《义勇军进行曲》为新中国的国歌而未作修改的疑问，1949

年11月15日，新华社也在答读者问中，明确指出“《义勇军进行曲》是十余年来在中国广大人民的革命斗争中最流行的歌曲，已经具有历史意义。采用《义勇军进行曲》为中华人民共和国现时的国歌而不加修改，是为了唤起人民回想祖国创造过程中的艰难忧患，鼓舞人民发扬反抗帝国主义侵略的爱国热情，把革命进行到底”。新华社答读者问，还以18世纪德国资产阶级大革命后和20世纪初俄国无产阶级社会主义革命胜利后，法国和苏联采用的国歌为例，指出“这与苏联人民曾在长期间以《国际歌》为国歌，法国人民今天仍以《马赛曲》为国歌的作用是一样的”。

《国际歌》是全世界无产阶级的革命歌曲，歌词原为刚刚经历了保卫巴黎公社战斗的鲍狄埃于1871年6月写成的一首气壮山河的诗篇。1888年6月，又由法国工人狄盖特将它谱成歌曲，19世纪90年代，开始在法国和比利时流传，后传播到世界各地。列宁对它给予了很高的评价，他说：“一个有觉悟的工人，不管他来到哪个国家，不管命运把他抛到哪里，不管他怎样感到自己是异乡人，言语不通，举目无亲，远离祖国——他都可以凭《国际歌》熟悉的曲调，给自己找到同志和朋友。”俄国十月社会主义革命胜利后，从1917年至1944年，苏联一直使用《国际歌》为国歌，鲍狄埃的原诗为六段，苏联使用它为国歌，只采用原诗的一、二、六段。《马赛曲》是法国资产阶级大革命时期的革命歌曲。词、曲均为鲁日·德·李尔手笔，它作于1792年，歌曲的内容充分反映了当时在奥、普武装干涉法国革命的危急形势下，法国人民为争取民主、反对暴政的革命意志和爱国热情。歌曲原名为《莱茵军战歌》，因1792年在奥、普联军进犯巴黎，法国第二大城市马赛派出的500名志愿军在奔赴保卫首都巴黎的前线时唱着这首歌，因而有《马赛曲》之称。1795年8月，法国国民公会通过了新宪法时，亦决定把《马赛曲》定为法国国歌，到法兰西第二帝国时，当局害怕人们因唱这首歌而联想起法国革命，一度予以废除。到1879年第三共和国时《马赛曲》又被恢复为法国国歌，一直沿用至今。

中华人民共和国成立，标志着中国人民在中国共产党领导下反对帝国主义、封建主义和官僚资本主义的新民主主义革命业已取得伟大胜利。为此，1949年9月下旬召开的中国人民政治协商会议第一届第一次全体会议决定，以曾经鼓舞着我国人民前赴后继去争取抗日救国胜利的《义勇军进行曲》作为代国歌，其用意显然是为了号召我国人民在新的历史条件下不要忘记过去，继续发扬过去革命战争年代的艰苦奋斗精神，保卫祖国，建设新中国。

三

1949年9月25日晚，在毛泽东召集的关于国旗、国徽、国歌、纪年、国都问题协商座谈会上，除国徽一项未完成设计任务外，不仅对国旗图案和国歌词谱达成共识，而且还对新中国的纪年和国都设在何处问题，均取得了一致意见，从而保证了有关议案获得政协第一届全体会议的一致通过。纪元是历史上纪年的起算年代，新中国成立前，我国是沿用中华民国纪元，是以1912年作为中华民国成立元年起算年代。1949年，随着南京国民政府的覆灭和中华人民共和国的成立，我国已发生了具有划时代意义的伟大历史转折，因而不宜再沿用中华民国纪年，也“不宜用一种与世界其他国家不同的纪年方法”，为此，决定新中国的纪年方法，取与世界上多数国家一致，采用公元纪年。所谓公元纪年，也叫基督纪元，它是以耶稣基督的诞生为公元元年起算年代的。对此，新华社在1949年9月11日《人民日报》发表的答读者问中，亦明确指出：新中国之“采用公元，并无宗教意味”，因为这是“全世界绝大多数国家所公用的纪年方法，并不是基督教国家独用”。与此同时，鉴于北平为我国历史上辽、金、元、明、清及民国初年的故都，对于新中国定都北平也作出了决定，并将其从1928年起沿用下来的北平之名改为北京。

四

关于共和国国徽的图案，送来应征的图案虽然不少，但都无法采用，因为投稿者大都把国徽误为国标，把国徽设计成和国旗一样有国家标记的图案，所以在1949年9月25日晚毛泽东召集的座谈会上未能通过，仍由原负责该项工作的小组继续设计，直到1950年6月20日晚，由周恩来召开的全国政协国徽审查组最后一次讨论国徽方案的会议上确定下来。1950年6月23日，政协第一届全国委员会第二次会议讨论，提出了国徽图案及其对图案的说明，经中央人民政府委员会第八次会议通过后，于1950年9月20日，由共和国主席毛泽东签署命令正式公布。当天，《人民日报》还刊登了“中华人民共和国国徽图案说明”，指出“国徽的内容为国旗、天安门、齿轮和麦穗，象征中国人民自‘五四’运动以来的新民主主义革命斗争和工人阶级领导的以工农联盟为基础的人民民主专政的新中国的诞生”。该报同时刊登了“中华人民共和国国徽使用办法”，规定了可以悬挂国徽的中央机关和地方机关，国徽的悬挂方法，国徽之其他使用，以及不得使用国徽的场合，如不能用国徽图案作个人住室的陈设和点缀，不能用国徽图案作工商业品的标记及广告等。并为此发表了《尊敬国徽、爱护国徽》的社论。

1950年9月20日，在《人民日报》为共和国国徽的诞生而发表的社论中，还全面地阐释了国徽图案的内涵及其意义，对于我们了解国徽、尊敬国徽具有重要意义。

国徽上的天安门图案，意在使我们看到国徽，就“可以联想到中国人民为争取今天的胜利而进行了英勇的艰苦的革命斗争，特别是‘五四’以来的新民主主义革命斗争”。从1919年5月4日起，“中国人民就擎起了反帝反封建的大旗，前赴后继，向帝国主义、封建势力及其走狗进行了不屈不挠的斗争。人民群众的游行示威行列多少次从天安门前经过，每一次都更接近了中国人民的最后胜利。终于，这座天安门，中国工人、农民以血汗与智慧创造出来的伟大壮丽的建筑物属于了人民”。

社论要求我们看到壮丽的国徽，不能忘记是无数爱国志士和革命烈士用“他们可贵的鲜血与生命，使我们的国徽发出鲜艳的红色和灿烂的金光”。

看到国徽的齿轮和麦穗，“我们也不可能忘记我们勤劳勇敢的先辈、广大工农和一切劳动人民在祖国大地上进行的生产建设的劳绩和支援民族解放与人民解放战争所付出的力量。现在，我们的工农业生产力已从帝国主义、封建主义和官僚资本主义的桎梏下解放了出来，以高度的爱国主义精神参加各项生产建设事业，把生产力大大提高一步，建设起一个崭新的工业国家”。同时，我们看到美丽的国徽，“也就像看到中国众多的人民、丰饶的物产、悠久的历史、丰富的文化；而且也可以想象到新中国无限远大的充满光辉的前程”。

社论也郑重地告诉人们“中国是一个辽阔广大丰富复杂的国家，实现我们理想的远大目标，还要经过相当长的一个过程”。国徽启示我们：“必须加强以工人阶级为骨干的各民主阶级和各民族人民的革命的大团结，巩固工农联盟，巩固我们已建立的伟大的有威信的革命统一战线，稳步前进。”

对于从1949年9月中国人民政治协商会议第一届全体会议到1950年9月中国人民政治协商会议第一届全国委员会第二次会议，这一期间所通过的关于新中国的国旗、国歌、国徽、纪年和首都所在地等问题所作出的决议。1954年9月，第一届全国人民代表大会第一次会议通过新中国第一部根本大法——《中华人民共和国宪法》时，在该法案第四章第104条到106条的三个专门条款，正式明文规定：“中华人民共和国国旗是五星红旗”，“中华人民共和国国徽，中间是五星照耀下的天安门，周围是麦穗和齿轮”，“中华人民共和国首都是北京”。关于国歌，由于1949年中国人民政协的四个决议案中，指明“在中华人民共和国的国歌未正式制定前，以义勇军进行曲为国歌”，因此，新中国成立后，长期将它称为代国歌。直到1982年12月4日，中华人民共和国第五届全国人民代表大会第五次会议时，才就以《义勇军进行曲》作为新中国的国歌，以正式明文作出了决议。

1949年中国人民政治协商会议第一届全体会议所通过的四个决议案，记录下了中国人民政协在中国共产党领导下，对创建新中国作出的重要的历史贡献。同时也为新中国成立后，在中国共产党领导下各民主党派、各人民团体，通过协商，共同参与国家大事，参政议政，提供了成功的范例，更为在共产党领导下的多党合作和政治协商制度的形成发展奠定了坚实的基础。中国人民政治协商会议执行人民代表大会的职权，直到1954年9月，中国人民代表大会第一次会议召开时才告结束。但中国人民政协作为爱国统一战线的组织，作为中国共产党领导的多党合作和政治协商的重要途径和组织形式，作为各民主党派、各人民团体、各界各方面代表团结合作、参政议政的重要场所，仍然在我国政治生活中发挥着重要作用，在此基础上形成的中国共产党领导下的多党合作和政治协商制度，已经成为具有中国特色和独特优势的一项基本政治制度。

（原载于《纵横》2001 年第 5 期）

共和国国旗、国歌、国徽的诞生

孙　炜

新政协筹备会第六小组的责任是“拟定国旗、国歌、国徽方案”，他们率先发布征求国旗、国徽图案及国歌词谱的广告，引起了极大的社会反响

1949年6月15日，新政协筹备会正式在北平中南海勤政殿开幕，参加会议的有各民主党派、无党派民主人士及人民团体等23个单位，共134人。次日晚，新政协筹备会的19位常委正在举行第一次会议。筹备会临时主席周恩来主持了会议。会议通过《各单位代表参加小组的办法》。该办法规定本届会议设立六个小组，分别进行各项工作。其中第六小组的责任是“拟定国旗国歌国徽方案”。

第六小组的组长为马叙伦，副组长为叶剑英和沈雁冰，组员有张奚若、田汉、马寅初、郑振铎、郭沫若、翦伯赞、钱三强、蔡畅、李立三、张澜、陈嘉庚、欧阳予倩、廖承志，小组秘书为彭光涵。

新政协筹备会成立伊始，第六小组的组员公务繁忙；郭沫若被第五小组推定为“宣言初稿”的拟稿人之一，还负责社会科学方面参加新政协会议的名额分配工作，张澜当时尚未到达北平。更主要的原因是组长

马叙伦因患病而接受治疗，因此，第六小组的第一次会议日期推延至7月4日才在中南海勤政殿第一会议室召开。这次会议由北平市市长叶剑英主持。除了讨论国旗国徽国歌方案的征求条例外，还作出了两项重要决定：一是设立国旗、国徽图案初选委员会和国歌词谱初选委员会。国旗、国徽图案初选委员会由叶剑英、廖承志、李立三、郑振铎、张奚若、蔡畅、田汉、翦伯赞八人组成，叶剑英为召集人。国歌词、谱初选委员会由郭沫若、田汉、沈雁冰、钱三强、欧阳予倩五人组成，召集人由郭沫若担任。二是决定公开征求国旗、国徽图案和国歌词谱，截止日期拟定在8月，并推选郭沫若、沈雁冰、郑振铎三人草拟征集条例，呈送筹委会批准公布。

在这次会议上，除第六小组的职责范围主要是拟定国歌、国旗、国徽方案外，其他五个小组的主要任务分别是：第一小组拟定参加新政协会议的单位及代表名额；第二小组负责起草政协会议组织；第三小组起草政协会议的共同纲领；第四小组起草中央人民政府组织法；第五小组起草宣言。7月10日，周恩来同志亲自签发了《征求国旗国徽图案及国歌词谱启事（草案）》后，7月14日，新政协筹备会秘书处给《人民日报》《北平解放报》《新民报》《大众日报》《光明日报》《进步日报》和《天津日报》7家影响大的报纸送去了广告，规定各家报馆在刊登这则广告时，要“以最显著地位，自即日起连续刊登五天，五天以后，每间日刊登一次，直到8月15日为止。广告费请来本处结算”。

征求国旗、国徽及国歌的广告见报后，引起了极大的反响，收到应征稿件竟达4586件，其中国旗图案2992幅，国徽图案900幅，国歌歌词694首，另外还收到不附图案或词谱的意见书24封。其中有58件系两人以上的集体创作。一人所投的稿件，往往又包括两个以上的图案，甚至有十余件之多。

这一封封应征稿件，代表着四万万中国人的共同愿望。他们对这个正在母体中孕育并即将诞生的新政权——自己利益的代表，怀着满腔的热忱和无限的憧憬。这些投稿者中有工人、农民、大学教授、中小学教师、作家及自由职业者，更令人感动的是一些小学生，在粗劣的白纸上工工整整地画上了他们稚嫩的梦想，令人不解的是，还有四份神秘的应征稿来自当时尚未解放的地区。人们不知道这些作者是怎样获得信息，又是通过什么渠道转寄来北平的。他们没有留下姓名和地址。

第六小组的全体成员深感肩上责任的重大，当应征稿件陆续寄来北平的途中，8月5日，第六小组又召开了第二次全体会议。会议根据组员们的一致意见，决定聘请国内权威的专家来共同参与这项评选工作。经协商讨论后决定聘请参加国旗国徽图案评选委员会的专家是画家徐悲鸿、建筑学家梁思成和诗人艾青；聘请参加国歌词谱评选委员会的是马思聪、贺绿汀、吕骥和姚锦新。

周恩来最早建议用《义勇军进行曲》作代国歌，但有人提出要修改歌词。词作者田汉先生坚决反对，说："要么不用，要用的话，就不改！"

大批的应征稿件骤然涌向新政协筹备会，使得工作人员加班加点，忙于拆信和登记，仍招架不住这股信函的浪潮。不得已，秘书处长梁蔼然立即抽调其他小组的工作人员帮忙。

马叙伦、沈雁冰为了能及时了解情况，和组员商量后决定，自8月16日至20日在北京饭店四一三会客室特设临时选阅室，将所有应征来稿集中陈列、展示，这样就大大方便了本组组员及有关专家浏览和选阅。

马叙伦和沈雁冰对国旗来稿从构思设计上进行了归纳整理，大体上划分了四个类别：

第一类是用国际式的镰锤交叉并加五角星法，无论其形式如何变换，总有模仿苏联国旗的感觉，形式上既不美观，也达不到体现中国特点和工人阶级为领导的以工农联盟为基础的人民民主专政的政权特色。有的来稿把中国的古代农具替下了镰锤，效果更是不伦不类。

第二类用嘉禾齿轮法，形式上很难配合得当，且图案复杂，与“简洁”之旨不符。

第三类是一半模仿美国国旗，一半模仿苏联国旗，构思设计，均不足取。

第四类很有新意，且符合“简洁”要求。这一类中红色旗面三分之一加黄色长条，以五角星位于左上角。红色象征革命，五角星象征中国共产党领导的联合政权，黄色长条象征中华民族发祥地的母亲河——黄河。

第六小组的组员们对于第四类的构思设计极感兴趣，给予了很高的评价，不过等到最终正式确定共和国国旗为五星红旗时，仍走了不算短的路程。但征求到的国徽图案与国旗图案相比，更令人感到不安。前者不仅数量上与后者悬殊，而且在构思的质量上也差了一截。应征者都把国徽想象成普通的证章或是纪念章，既不庄严也不富丽，不是意味太重，就是过于纤巧，反复比较选择后仅筛选四五式，评选的委员们对此感到了很大的失望。

8月24日，第六小组举行了第三次全体会议。马叙伦向全体组员宣布：“为了照顾边远地区邮寄应征稿件的困难，征求国旗国徽国歌的工作比规定的时间延长了四天，至今日结束。截至本日止，我们共收到国旗图案的信函1865件，国歌歌词350件，国徽图案18件。”

由于征求国徽的应征稿件甚少，对第六小组组员的启发不充分，加上组员之间对未来国徽图案认识不统一，大家逐渐把讨论的焦点转移到国旗和国歌上来了。

最早建议用《义勇军进行曲》为代国歌的是周恩来。他请求大家讨论，而在一些应征稿件中，也有一些应征者提出同样的要求。虽然这是电影《风云儿女》的插曲，但她对中国革命事业的发展，起着不可低估的鼓舞作用。也有的人提出了自己的观点。说这首歌的曲谱没有问题，它强劲有力，富于时代的气势和节奏感，但歌词中的“中华民族到了最危险的时候”这句话不合时宜，建议修改。听到这种意见后，词作者田汉表示坚决反对。他说："要么不用，要用的话，就不改！"

争来争去，还是没有结果。最后，马叙伦说："这个问题就别争了，让我们报告筹备会常委会吧，请主席团裁决。"9月16日晚，在中南海勤政殿举行的新政协筹备会常务会议第六次会议上决定：国旗、国徽方案移由即将召开的一届政协全会主席团决定，同意原担任此项工作的第六小组直接向主席团提出报告。

在一届政协会议上确定了中华人民共和国的国旗、国歌（代）、纪年、国都，但国徽案未获通过。毛泽东劝慰大家说："现在留下一个国徽问题等待以后解决，也好嘛，这叫作好事多磨嘛。"

中国人民政治协商会议第一届全体会议在紧张、热烈和充满激情的气氛中按会议日程顺利进行。

9月22日，在全体会议上，来自45个单位的代表662人，通过了由主席团提议的设立六个分组委员会。新政协筹备会的第六小组扩大了职责范围，将"拟定国旗、国歌、国徽方案"的责任扩大到包括审查国都和纪年的方案。这个委员会的全称已改成"国旗、国歌、国徽、国都、纪年方案审查委员会"。"国旗、国歌、国徽、国都、纪年方案审查委员会"的成员是在新政协筹备会第六小组的基础上组成的，人员又有所增加，共由李克农、张东荪、滕代远、江渭清、茅以升等55人组成。召集人仍是马叙伦。秘书除彭光涵外，又加了徐寿轩。

当天下午，新政协筹备会第六小组在北京饭店召开第五次小组会议，重点对国都地点、纪年问题进行了研究，提出了初步方案。这初步方案是定都北平，采用公元纪年。会议指定张奚若、翦伯赞、郑振铎负责起草有关国都和纪年的政治、经济、历史、文化、地理方面的说明。

9月23日，大会工作人员将印刷的国旗和国徽图样分发给各位代表，并举行分组会议讨论。25日晚上，毛泽东主席在中南海丰泽园召开了国旗、国徽、国歌、纪年、国都协商座谈会。郭沫若、茅盾、黄炎培、陈嘉庚、张奚若、马叙伦、田汉、徐悲鸿、李立三、洪深、艾青、马寅初、梁思成、马思聪、吕骥、贺绿汀等参加了会议。会议由周恩来主持。

马叙伦先生介绍了新政协筹备会第六小组的工作情况，并把国徽方案不成熟的事由进行了解释。马叙伦提出：我们政府就要成立，而国歌目前情况一下子还制不出来，是否我们可暂时用《义勇军进行曲》替代国歌。有人提出：曲子是很好，但词中有“中华民族到了最危险的时候”不妥，最好词修改一下。梁思成则认为：该曲是历史性的产物，为保持她的完整性，我主张曲词都不修改。徐悲鸿表示：该进行曲只能暂代国歌。代表们各抒已见，有的建议只用曲谱，有的建议歌词要修改。最后，周恩来说：要吗就用旧的歌词，这样才能鼓动情感，修改后唱起来就不会有那种情感。毛泽东则表示：改还是要改，但旧的还是要。最后大家一致赞成用《义勇军进行曲》暂代国歌。

接着就是国旗，毛泽东拿着“复字32号”五星红旗图案说：过去我们脑子老想在国旗上画上中国特点，因此画上一条，以代表黄河。其实许多国家国旗也不一定有什么该国家特点。苏联之斧头镰刀也不一定代表苏联特征，那一国也有同样之斧头镰刀。英美之国旗也没有什么该国特点。因此，我们这个图案表现我们革命人民大团结。现在要大团结，将来要大团结。现在也好，将来也好，又是团结又是革命。毛泽东讲完后大家鼓掌表示完全赞同。

陈嘉庚站起来发言说：“我从东北回来就很关心国旗的问题，我完全赞同毛主席所讲的三十二号图案。

梁思成先生在毛泽东讲话的基础上，进行了概括。他说：“我觉得第三十二号图很好，而且与军旗也不相差很大，多星代表人民大团结，红代表革命，表示革命人民大团结。”

其他人一致赞同第三十二图为国旗图案并鼓掌通过。

接着，与会者的发言集中谈国徽的图案，大家均表示不满意。

毛泽东在会议结束前说："国旗决定，国徽是否可以慢一点决定，等将来再交政府去决定吧。"

26日是全体会议的休会日，但"国旗国徽国都纪年方案审查委员会"于下午3点仍在北京饭店东餐厅举行该委员会的第一次会议，对国旗、国徽、国歌、国都、纪年方案进行最后审查。决定了五个事项：

一国旗：拟采用国旗图案参考资料第三十二号图，并改正其说明：甲、红色象征革命，乙、星象征中国人民革命大团结。

二国徽：根据国徽图案参考资料，邀请专家另行拟制。

三国歌：在未制定正式国歌以前，拟暂以《义勇军进行曲》代之。

四国都：拟定于北平，并改名北平为北京。

五纪年：拟用公历。

在27日举行的全体会议上，讨论和通过了《中国人民政治协商会议组织法》《中华人民共和国中央人民政府组织法》和中华人民共和国国都、纪年、国歌、国旗四个议案：

一、全体一致通过：中华人民共和国的国都定于北平。自即日起，改名北平为北京。

二、全体一致通过：中华人民共和国的纪年采用公元。今年为一九四九年。

三、全体一致通过：在中华人民共和国的国歌未正式制定前，以义勇军进行曲为国歌。

四、全体一致通过：中华人民共和国的国旗为红地五星旗，象征中国革命人民大团结。

1949年10月1日下午3时，共和国的开国大典在北京天安门广场隆重举行。在国歌声中，毛主席亲手升起了中华人民共和国国旗——五星红旗。

人们早已认定，毛泽东亲手升起的这面国旗，是在中国领土上飘扬的第一面五星红旗。

然而，在远离北京的大南方——香港附近，有一个叫王母圩的农村小镇，也是在这一天，天刚蒙蒙亮，一面按国旗制作规定而制作的五星红旗已经升起。这面国旗的绘制工作是由中共粤桂边纵队参谋长杨应彬担任的。

还是在9月30日下午，香港《华商报》送去的新华社新闻稿中，公布了中华人民共和国的国号、国旗、国歌、首都的消息，并透露了定于10月1日举行开国大典。受命参加接管广州的近千名中共干部汇集在王母圩小镇上，决定在10月1日早晨举行庆祝活动，于是分头着手准备。毛泽东主席画像早就有了，国歌大家都会唱，只是国旗没样子，不知怎么设计？恰好新华社电讯稿中有详细的说明。纵队参谋长杨应彬学过军事，做过图上作业，算是知识分子，便自告奋勇承担了绘画工作，另请几位女同志用红、黄、白布加以剪裁和缝制。后来，部队进入广州，拿它与标准国旗对照，居然完全一致。

后来，杨应彬曾就此事回忆道：“升旗典礼是极庄严、隆重而欢快的。在南部中国的游击区，在还飘着米字旗的香港旁边，新中国的国旗，迎着晨风，在蓝天上飘扬招展。”

像所有的国家一样，新的政权诞生后，还遗留下许多工作，而我们共和国的国徽还是在新中国成立了一周年后，方才问世

新中国的国旗、国歌、国都和纪年方案在中国人民政治协商会议第

一届全会上通过后，由于国徽方案未被批准，因而“国旗、国徽、国都、纪年方案审查委员会”的工作也始终未能结束，所以该委员会仍有存在的必要，而未宣布解散。

1950年6月1日，马叙伦在国徽审查组报告中称：“现在国旗、国徽、国都、纪年方案审查委员会又据专家参考原来选出比较可供选择的五种国徽图案，另外拟制了两种：其中一种仍然取法原来五种的造意，而于形式上略加变更，另外一种则造意略有不同，着重于中国民族形式的表现。现在将这两种新拟的图案连同原有的五种一并送请审核，并请提交全国委员会全体会议作最后的决定。”

应该着重说明的是，中华人民共和国成立后，国徽图案绘制工作是在周恩来总理直接领导下进行的。当时被邀请参加这项工作的专家还有梁思成的夫人林徽因及李宗津、莫宗江、朱畅中、胡允敬、张昌龄、罗哲文、汪国瑜、高庄、张仃、张光宇、周令钊和张正宇等人。联系人是钟灵。马叙伦和沈雁冰的报告中提及送审的国徽图案，其中有张仃等人设计的以天安门为主要内容的图案；周令钊设计的以天安门为主体加国旗五星的图案。

这些图案共7种，送请全会常务委员会审查。在1950年6月10日举行的一届政协五次常务会议上，这7种图案均未获得认可，但是，常委们对以周令钊设计的天安门为主要内容的国徽图样表示出很大的热情，指示以此种方式为主，加以修正，另制图案。

第二天马叙伦主持召开了国徽组会议。沈雁冰、张奚若、梁思成、张光宇等参加。

马叙伦首先说：“关于国徽这件工作，我们筹备时间已相当长久，曾交大会审查未获得适当解决。昨天，第五次常委会决定采取天安门为主的图案，另行拟制，我想在今年的第一届全会第二次会议上能获得通过。”

张奚若因是常委而参加了昨天举行的第五次常务会议，对常委会上的决定也比较清楚，因此他在马叙伦先生的开场白之后接着说：“我们都觉得那幅天安门的图案不错，但我感觉到天安门这个图式中的屋檐的阴影部分可用绿色。有人批评这种斜纹式的房子像日本房，似乎有点像唐朝的建筑物，其中原因在于房子的斜纹斜到什么程度。现在的那个样子是否太过了些？能否适当些？其次是从房子的本身来说，不像天安门，却很像是我们唐朝的模式。之后，我与周总理说过此事，认为采取上述图样的房子是必须加以修改的。还有的人认为上面一条屋檐线太长，而下面的蓝色与红色的颜色配合得不一定适宜。”

建筑学家梁思成有着很强的个性，当常委会已决定采取天安门为主的国徽图案后，他个人对此仍保留着自己的想法。他说：“我觉得一个国徽并非是一张图画，也不是画一个万里长城，或是天安门的图式就算完事，其主要的是表示民族的传统精神，而西洋画家能画天安门，中国画家也能画出来，故画家眼里画出来的天安门都带有相同之处，这是职业的因素在起作用，然而并非真正能表现出我们中华民族的精神风貌，因此，我个人认为，采取天安门式不是国徽方案中最好的一种方法，最好是要用传统精神的东西来象征表现。”

张奚若与梁思成谈各自对天安门式图案的看法后，沈雁冰也谈了自己的看法。实际上，张奚若的意见是代表常委会决定的。沈雁冰说：“我听到很多人对国徽方案有分歧意见的，我们理想的国徽是代表工农联盟的斗争精神以及物产领土等方面，倘若把古代方式添上去，有许多不适当的。其次，民族意义用什么东西来代表，除工农联盟外再也找不出来什么。用车轮来搞是没有什么意义的，一般人看了，不能立刻感觉出来，还有人主张要有一种中国气派精神，那更是困难。同时，也有人认为国徽要让人一看就知道是什么国家，从图形上便能了解国家的一切，这意见虽然是正确的，但要做起来难乎其难，不光苏联没有做到这一步，其他欧洲各新民主主义国家更谈不到。中国过去根本没有国徽，若说有的话，都是些龙的图形。因此我同意采取天安门式，但最好里边不要写‘中华人民共和国’几个字，那样看起来太俗气了。”

张奚若、梁思成、沈雁冰的意见，大体上代表政协里大多数人对国徽方案的基本看法。

这次会议贯彻了五次常委会的精神，原则通过了天安门式的国徽方案，未解决的问题是国徽上是否加国名?

这次会议结束后，国徽审查组立即邀请梁思成、周令钊、张仃等，按这次会议决定的精神再行拟制。

6月15日晚8时，全委会第二次会议国徽组举行了第一次会议。马叙伦、张奚若、沈雁冰、郑振铎、陈嘉庚、李四光、张冲、田汉、梁思成、周恩来参加了会议。会议主席为马叙伦。

会议之前，当周恩来得知梁思成对天安门式的国徽图案有看法，便约见了他，并给予了启示。因此，国徽组第一次会议一开始时，梁思成就率先报告自己拟制的经过:

周总理提示我，要以天安门为主体，设计国徽的式样，我即邀请清华营建系的几位同人，共同讨论研究。我们认为国徽悬挂的地方主要是国外的大使馆和中央人民政府的重要地方，所以必须庄严稳重。因此，我们的基本看法是:

一、国徽不能像风景画。……我们的任务是设计以天安门为主体的国徽，而不要成为天安门的风景画。

二、国徽不能像商标。……有轻率之感。

三、国徽必须庄严。欧洲十七八世纪的画家开始用花带子，有飘飘然之感。我们认为国徽必须是庄严的，所以我们避免用飘带，免得不庄严。至于处理的技术，我们是采用民族形式的。随后，工作人员将梁思成、周令钊、张仃先生拟制的图及另外几幅图样传给各位会议参加者审阅。

诗人田汉说:“梁先生最避免的是国徽成为风景画，但也不必太避免。我认为最要考虑的是人民的情绪。哪一种适合人民的情绪，人民就最爱他，他也就是最好的。张仃先生设计的与梁先生设计的颇有出入，他们两方面意见的不同，非常重要。梁先生的离我们远些，张先生的离我们近些，所以我认为他们两位的意见需要统一起来。”

参加会议的代表同意田汉的建议，于是周恩来代表会议决定，将梁思成设计的国徽图样与周令钊、张仃设计的图样综合考虑。新中国国徽图案的基本形式就这样被确定下来了。

在政务院总理周恩来直接领导下，以表现共和国蓬勃兴旺、色彩明快的国徽模型塑造出来了。1950年9月20日，毛泽东为此签发了主席令

6月20日，在中国人民政治协商会议第一届全会第二次会议上，国徽组继续举行会议。会议的中心内容有两项：一是通过了国徽图样（梁思成等的重绘图），二是讨论了关于国徽、国旗、国歌作者的褒奖问题。会议主席由沈雁冰担任，张奚若、邵力子、马叙伦、李四光、张冲、陈嘉庚、郑振铎、蔡畅、邢西萍、周恩来和欧阳予倩出席了会议。

沈雁冰首先作了发言。他说："我们大家都同意梁思成先生的图，不过还须把上面的五星改小一点。"文学理论家郑振铎说："第二图在艺术上非常成熟，结构完整而统一，较第一图门洞显明，较第六图庄严。"

周恩来赞成郑振铎的看法，并补充说："图下面带子联结一起，象征着工农团结。印时用金色和红色，若用黄色和红色则不够美观，金色和红色表现了中国特点。"

马叙伦说："第六图红红绿绿，虽然明朗，但不够庄严。"

张奚若说："我们大家都赞同梁先生的图是没问题的。刚才我和郑先生（振铎）也讨论了这个图，认为天安门旁的一排小栏杆可以不要，因为这样显得太琐碎，不够大方，稻子也显得不整齐。"

大家发言结束后，周恩来提议搞一份国徽解释书，以便在全会表决国徽的时候，可以让大家对此图有更深切的了解。

会议还讨论了关于国歌、国旗、国徽作者的褒奖办法，决定设三个等级的奖励，即第一等，除由政务院发给奖励外，并奖给人民币一千万

元（解放初期的旧币制，下同），政协纪念册一套；第二等，由全委会或政务院给予感谢信外，并奖给五百万元，政协纪念册一本；第三等，初选入者，除由全委会或政务院给予感谢信外，各赠初选图案印册一本。此后，这份会议报告的附注说明中又规定，凡在国徽图案中有天安门内容的，奖五百万元。

这次会议之后，国徽审查小组委托清华大学营建系的高庄按梁思成等的国徽图样进行了浮雕的制作。

在此之前，周恩来要求国徽的形象要“向上”（意为新中国蓬勃兴旺）和“响亮”（色调明快）的指示，经过一个多月的探索试做和修改，终于将立体模型塑造出来了。

6月28日，中国人民政治协商会议第一届全国委员会第二次会议同意马叙伦委员代表国徽审查组的报告，并通过了国徽审查组所拟定的国徽图案，提请中央人民政府核准公布。

1950年8月18日，在政务院会议室举行“关于国徽使用、国旗悬挂、国歌奏唱办法及审查国徽图案座谈会”。在此之前，高庄已将浮雕原稿再行修正。

会议仍由沈雁冰担任主席，邵力子、余心清、王倬如、阎宝航、沈雁冰、梁蔼然、徐悲鸿和丁聪参加了座谈会。

会议除同意国徽使用、国旗悬挂、国歌奏唱三项办法草案，并加以修正外，还对高庄制作的国徽浮雕提出了修改意见。这些修改意见共三条，今天听起来像表扬信：

一、绸带的修改——新图较旧图更有力，更规律化。

二、稻粒的修改——仍有丰富感，但不零乱、琐碎。

三、将非正图改为正图——易于仿制，更明朗、更健康。

总的来说，修改稿较原稿庄严、统一，有组织、有规律、在艺术性上更完整。美中不足者，嘉禾叶子，稍嫌生硬，拟再略加修改。

1950年9月20日，经过一年零三个月的酝酿、征集、讨论，筛选和反复多次拟制，中华人民共和国国徽终于展现在全国人民和全世界面前：这个以“国旗、天安门、齿轮和麦稻穗”为内容的国徽，“象征中国人民自‘五四’运动以来的新民主主义革命斗争和工人阶级领导的以工农联盟为基础的人民民主专政的新中国的诞生”。中央人民政府主席毛泽东公布了中华人民共和国国徽图案的命令。

中央人民政府命令

中国人民政治协商会议第一届全国委员会第二次会议所提出的中华人民共和国国徽图案及对该图案的说明，业经中央人民政府委员会第八次会议通过，特公布之。

此令

毛泽东

一九五〇年九月二十日

在这一天里，还公布了“中华人民共和国国徽图案”“中华人民共和国国徽图案说明”“中华人民共和国国徽使用办法”“中华人民共和国国徽图案制作说明”“中华人民共和国国徽方格墨线图”“中华人民共和国国徽纵断面图”。

接着，在中央人民政府、政务院及外交部的大门上，在我国驻外使馆的正门上，在各大行政区政府、民族自治区政府、省、市、县政府及行政公署的大门上，都悬挂起庄严而富丽的共和国国徽。

在中华人民共和国的国书、条约、护照上，在中央人民政府主席、政务院总理、外交部及驻外各使领馆的对外用的信封、信笺和请柬上，也加印了国徽的庄严徽记。

就这样，熠熠生辉的共和国国徽伴随着新生的共和国一起，迎来了中华人民共和国的第二个国庆节。

（原载于《纵横》1999年第9期）

“人民大会堂”名称的由来

刘振华

人民大会堂是为迎接新中国成立十周年而兴建的首都十大建筑中规模最宏伟的一座。

1959年9月9日凌晨，毛泽东主席来到建筑工地视察，将这座建筑命名为“人民大会堂”。在视察期间，面对威严富丽、雄伟壮观的人民大会堂，毛泽东盛赞之。

建大会堂是毛泽东的夙愿

早在延安时期，1945年在延安杨家岭中央大礼堂召开中国共产党第七次全国代表大会，伴随着庄严的国际歌声，毛泽东环视着这座只能容纳几百人的礼堂说道：将来革命胜利了，一定要建一座能够容纳一万人开会的大礼堂，使党的领导人能够和群众一起共商国家大事。

新中国成立后不久，毛泽东又提出要建一座万人大礼堂的想法。在第一个五年计划时期，毛主席还问当时的建筑工程部部长刘秀峰：完全用我们自己的力量，能不能盖起一座万人大礼堂？1958年3月，在成都召开的中央工作会议上，毛泽东在谈到北京城的改建问题时，更是明确提出了要在北京建万人大礼堂的设想。

1956年，我国提前完成了第一个五年计划，中国共产党在全国各族人民心目中有着极高的威信，广大人民群众渴望能直接听到党中央的声音。这个呼声到1958年时更加高涨。1958年7月，北京市规划局专门派人去莫斯科考察，准备筹建一座能够容纳万人的礼堂。

1958年8月，毛泽东在北戴河的中央政治局扩大会议上决定实现这个梦想。中共中央作出指示，为庆祝新中国成立十周年，中央设想在北京建一批包括万人大礼堂在内的国庆重大建筑工程，这些工程还有革命博物馆、历史博物馆、军事博物馆、民族文化宫、农业展览馆等。这些重大建筑必须在1959年国庆节时投入使用。

万人大会堂从设计一直到完工，中央政治局的领导同志都非常关心工程的进展。毛泽东、刘少奇、周恩来、朱德、邓小平、彭真等都倾注大量心血。周恩来、彭真多次强调“人民是主人”设计思想。

中共北京市委第一书记兼市长彭真和第二书记刘仁，根据改建天安门广场的需要，多次指示北京市城市建设委员会，要做好改扩建天安门广场和建造万人大礼堂的准备。1958年9月8日，中共北京市委书记处书记、北京市副市长万里向在京的设计、施工单位的专家做动员报告。

1958年11月初，彭真等人来到中南海中央书记处会议室向中央书记处进行汇报。1958年12月底，中央政治局正式开会讨论国庆工程，毛泽东、刘少奇、朱德、邓小平、彭真等参加了会议。会议由周恩来主持并亲自作介绍，最后一致同意天安门广场规划和这些工程的方案。

从设计到施工中有关重大问题特别是安全问题，中央领导都亲自过问。大会堂体积大，结构复杂，特别是大礼堂两层挑台，二层挑台伸出29米，三层挑台伸出22米。大会堂全部建筑面积达17.4万平方米，体积约160万立方米。这样庞大复杂的结构，安全问题、防震措施等困扰着设计人员。

对此，1959年1月中旬的一天午夜，周恩来把万里、赵鹏飞和沈勃叫到中南海，详细询问大会堂的结构设计和材料、施工准备情况后，谆谆嘱咐说，一定要抓好大会堂的结构安全问题，否则会在世界上造成坏的影响。周恩来还谈及以往的经验教训，风趣地说：你们三个人抓结构安全，如果发生问题，那就是“三个人头一把火”！接着，周恩来讲了

“三个人头一把火”的典故。1938年11月，日军还没打到湖南长沙，国民党当局就慌忙放火，把长沙城烧成一片瓦砾。后来，面对广大群众的强大压力，蒋介石不得不把当时长沙警备司令、警备二团团长、公安局局长三个人枪毙了。

1月20日，周恩来主持召开座谈会，会上，周恩来强调大会堂的安全问题十分重要，大会堂的寿命起码要比故宫、中山堂长，不能少于350年。周恩来对施工、技术问题作出了指示。按照周恩来的指示，成立了大会堂结构安全小组和建筑艺术小组，由赵鹏飞抓材料质量和施工质量。

大会堂工程作为迎接新中国成立十周年“十大工程”之首，从1958年10月28日正式动工，在此期间，全国人民给予了巨大支援，先后有18个省、直辖市、自治区选派了7000多名优秀工人和技术人员来京直接参加了工程建设；有23个省、直辖市、自治区的500多家工厂克服各种困难，如期完成了定货，为大会堂赶制出了5000多项建设配件和设备。

在施工中，上万名建设人员昼夜苦干，开展了轰轰烈烈的劳动竞赛活动，其中张百发钢筋工青年突击队，300多人奋战九昼夜，完成了过去一个半月的工作，工地上出现了“学百发、赶百发”竞赛活动；李瑞环木工青年突击队负责铺设大会堂宴会厅的品花地板，研究出新式“推车式”地板刨，使原来要45天的工期，只用8天半时间就完成了。

经过紧张施工，1959年7月25日，大会堂验收委员会成立，随即对大会堂的各个部位进行了严格检查和验收，以确保安全投入使用。

为何叫“人民大会堂”

9月9日午夜零时，在中南海颐年堂，毛泽东同刘少奇、周恩来、朱德、陈毅谈话。凌晨2时30分，一同参观了即将竣工的大会堂。毛泽东来到大会堂工地视察，在万里、齐燕铭等人的陪同下来到工地。跟迎候的人们一一握手后，毛泽东穿过宴会厅，径直走进大礼堂，登上主席台。

当时，整个主席台上被灯光照射得绚丽多彩，工人们正在安装电动幕布，忽然有人喊了声：“毛主席来啦！”工人们放下手里的工作，激动地围在毛泽东身旁，情不自禁地鼓起掌来。毛泽东向工人们频频招手，脸上露出满意的微笑。毛泽东乘坐电梯来到了大礼堂的二层挑台，查看了二层的布局。他饶有兴趣地坐在新装的座椅上，试试合适不合适，能不能看清楚主席台。

毛泽东问身边的人：能在这儿吸烟吗？

陪同的工作人员回答：已经完工了，可以吸烟。

毛泽东从兜里掏出一盒香烟，让大家吸，自己也点燃了一支。毛泽东一边和大家亲切交谈，一边抬头看着葵花向阳的大顶灯和水天一色、满天星斗的天花板，满意地点头。离开二层挑台，毛泽东又来到宴会厅，询问了宴会厅的面积、高度和能够容纳的人数。在大厅前，毛泽东停下了脚步，若有所思，脸上流露出微笑。这里将要永久悬挂画家傅抱石和关山月以《沁园春·雪》为题，为大会堂创词意画《江山如此多娇》巨幅国画，此前毛泽东对画稿提了修改意见。（巨幅国画终于赶在国庆节之前完成，9月27日，毛泽东为画题写了“江山如此多娇”六个字。）

随后，毛泽东来到北京厅，坐下来休息。他向万里详细询问了工程的概况和施工的情况。当万里汇报到这个工程比故宫的全部建筑面积还大、仅用了十个月时间就完成了，而故宫却用了十年才初步建成时，毛泽东风趣地说：你是万里哟，你日行万里，施工进度快，好嘛！

万里谦虚地说：这是两万多名职工废寝忘食、日夜奋战和全国各地大力支援的结果。

毛泽东感慨地说：这些同志不为名、不为利，这样努力工作，应该给他们立个纪念碑。不过，人数太多喽，碑上也写不下那么多人的名字呀，我们应该提倡这种不为名、不为利的共产主义精神。

万里接着说：这个工程至今没有命名。周总理曾讲过，到时候要请毛主席命名。

毛泽东问：你们平时怎么叫呢？

万里说：工人们叫它大会堂工地，我们一般叫大会堂或人大会堂。有人提议叫人民宫。

毛泽东说："宫"嘛，有些封建。

万里又说：还有人建议叫全国人民代表大会堂。

毛泽东思考了一下说：太长了。打一个比方说：我们的总路线前面有主语，"全国人民团结起来，在中国共产党的领导下，鼓足干劲，力争上游，多快好省地建设社会主义"。但通常把它省略了，就是"鼓足干劲，力争上游，多快好省地建设社会主义"。人家要问老百姓：你到哪里去了？老百姓一定说：到人民大会堂去了。我看，就叫"人民大会堂"吧，因为它是属于人民的！

3时30分，毛泽东又回到了宴会厅的前边，走下楼梯，从北门离开了人民大会堂工地。从此，这座雄伟的建筑有了自己的名字——人民大会堂。

对于人民，毛泽东有着特殊的情感。

1945年党的七大上，毛泽东说：人民，只有人民，才是创造世界历史的动力。1948年4月，毛泽东在五台山附近的繁峙县伯强村与村干部、群众座谈，毛泽东指出：不要迷信庙里的佛爷，人民大众才是真正的佛爷！1948年党的九月会议上，毛泽东指出，我们是人民民主专政，各级政府都要加上"人民"二字，各种政权机关都要加上"人民"二字，如法院叫人民法院，军队叫人民解放军，以示和蒋介石政权不同。1949年10月1日，在开国大典上，当游行的人民欢呼喊"毛主席万岁"时，毛泽东向人民挥手致意，喊出"同志们万岁，人民万岁"。典礼后，毛泽东说：人民喊我万岁，我也喊人民万岁，这才对得起人民呀。1975年，毛泽东在会见南斯拉夫客人时说：人民就是上帝。

正是对人民的特殊情感，把大会堂命名为"人民大会堂"，也就顺理成章了。

9月10日，历时10个月零13天，人民大会堂正式竣工，并交付使用。与此同时，其他多项国庆工程项目也陆续建成。几经研究变更，最后确定的十大国庆工程项目是：人民大会堂、中国革命历史博物馆、军事博物馆、农业展览馆、北京火车站、北京工人体育场、民族文化宫、民族饭店、华侨大厦、钓鱼台国宾馆。而人民大会堂正如毛泽东所希望的那样，成为一座由人民设计、人民建造、造福于人民的议政大会堂。

1959年9月28日，中华人民共和国成立十周年招待会在新落成的人民大会堂举行，毛泽东、刘少奇、周恩来等参加。从此，人民大会堂肩负着时代的重托，担当起伟大的历史使命，成为我国政治、外交活动的重要场所，也是最高国家权力机关——全国人民代表大会举行会议的地方，党和国家在人民大会堂举行了各项重要活动。

（原载于《纵横》2016年第7期）

阿沛·阿旺晋美与西藏和平解放

刘明钢

半个多世纪以前，中国的雪域高原发生了震惊世界的事件，中央人民政府与西藏地方政府签订《关于和平解放西藏办法的协定》，从此，西藏从帝国主义侵略奴役和封建农奴制度的桎梏下摆脱出来，一个半殖民地的封建农奴制社会开始了历史性的跨越。

在一片主战的喧嚣声中，阿沛·阿旺晋美站出来大声疾呼

1949年10月1日，中华人民共和国成立以后，中央人民政府立即宣布废除民族压迫制度，实行民族平等团结政策。党中央和毛泽东主席从国内外形势和西藏的特殊情况出发，确定了和平解放西藏的方针。根据这一方针，1950年，中央人民政府在命令人民解放军进军西藏的同时，通知西藏地方政府派代表到北京同中央人民政府谈判有关和平解放西藏的事宜。为使和平解放西藏的愿望成为现实，经中共中央批准，西南局和西南军政委员会出台“十条公约”作为谈判的基础；从中央到西南局、西北局和进藏的前线部队，利用各种渠道、采用各种形式宣传中央和平解放西藏的精神与政策；不厌其烦地、苦口婆心地对西藏当局开展争取和平解放的工作。但是西藏当局完全听不进去。

当时西藏地方政权掌握在以摄政达扎·阿旺松绕为核心的少数分裂主义分子手里。他们在帝国主义分子的策划指使下，蓄意要搞西藏独立，并为此连续召开官员大会，讨论两大问题，一个是怎样阻止解放军进藏；另一个是要向美国、英国、印度、尼泊尔派出所谓的亲善代表团，向这些国家宣布所谓的“西藏独立”，乞求这些国家给以支持和军事援助。

就在一片主战的喧嚣声中，阿沛·阿旺晋美站出来，大声疾呼反对战争，主张和谈。

阿沛·阿旺晋美出生在拉萨以东墨竹工卡县甲玛沟的一个贵族世家，曾担任过昌都府粮饷总管等官职，以精明强干擢为噶厦政权的四大孜本之一。

阿沛·阿旺晋美是官员大会上第一位公开主和的高级官员。他认为：同共产党打仗，无异于以卵击石。国民党800万军队，还有美国精良武器支持，尚且不是共产党的对手；而把西藏男女老少都动员上战场，也不足百万人，武器更不如人，因此，采取谈判的方式解决问题，不失为上策。阿沛·阿旺晋美完全是从历史的、现实的、客观的角度独立思考后才提出反对战争的意见的。

但是，没有人认真考虑他的意见。

正当布达拉宫手足无措时，阿沛·阿旺晋美从昌都派人日夜兼程给在拉萨的达赖送信

中央争取和平谈判的种种努力都不见成效，被迫决定以武力解放昌都。

就在解放军陈兵金沙江东岸、战争一触即发之际，昌都府的行政长官任期已满，要求卸任。在拉萨的3个噶伦，虽然一个个都强烈主战，但谁也不愿去昌都接手这个苦差事，谁也不愿去战云笼罩的前线。结果

孜本阿沛·阿旺晋美被提升为增额噶伦，出任昌都基巧。即将出征的阿沛·阿旺晋美在面见摄政达扎后，提出了一条令满堂皆惊的意见：我去昌都后，暂不接任职务，而是直接找解放军谈判，一路东行，找到解放军为止。他的建议又没有被采纳。

阿沛·阿旺晋美走马上任，于1950年8月28日到达昌都，眼前的情况令他沮丧。辖区部分县仅七八户尚存糌粑，其余皆以圆根为食，乞丐成群，景象凄凉。更堪忧的是拉萨来的藏兵军纪废弛，奸淫扰民，各代本（团长）之间互不协作，此情此景，能战能胜吗？他向执政者建议：是否先通过与汉人接触，设法阻止解放军入藏，不要一上来就兵戎相见。可执政者仍欲将西藏的前途和生灵当赌注。

10月，解放昌都的战役如期打响。正像阿沛预料的那样，藏军一经打击便辙乱旗靡，仅八九天，解放军便兵临城下。阿沛下令弃城西撤，在西撤途中，继续派人与解放军联系。

昌都解放后，西藏政治形势发生了很大变化。西藏爱国人士和人民群众看到了希望，受到了鼓舞。特别是被释放、遣返的藏军，耳闻目睹了解放军是如何遵守政策纪律及关心爱护群众的，他们将这些情况讲述给亲朋好友和其他人，打破了很多谣言，减少了藏族同胞的恐惧心理，解除了很多疑虑，增加了对解放军的理解。许多藏族同胞不但不再惧怕解放军，反而急切盼望解放军的到来。

昌都战役也使西藏上层统治集团一片混乱，并发生分化，摄政达扎不体面地下台，达赖喇嘛提前亲政，任命洛桑扎西和鲁康娃为司曹（代理摄政）。

阿沛·阿旺晋美以及在昌都战役中投诚的近40名藏军高级军官，重新穿上他们的官服，并被请回原来的官邸。他没想到竟然会受到这样优厚的礼遇。

解放军十八军副政委王其梅来了，十八军民运部长、昌都工委副书记平措旺杰也来了，其他解放军的将领也纷纷前来看望阿沛·阿旺晋美。在阿沛居住的房间里，共产党的首长与他促膝长谈，一谈就是大半夜。

昌都地区的大活佛、大贵族，前昌都藏军的高级军官，更是络绎不绝地前来拜望阿沛·阿旺晋美。阿沛从他们的眉宇神态、谈吐笑声中感受到了他们喜悦的心境。阿沛·阿旺晋美的思想感情也发生了巨大的变化：如果说在昌都战役之前，他之所以主和是为了避免生灵涂炭；此时此刻，他考虑更多的则是西藏的前途和祖国的统一。阿沛·阿旺晋美主动联络了40多位官员联名给达赖写信，并派自己的亲信昼夜兼程送往拉萨。

这是一份十分重要的文献。它禀报了昌都之战的失败经过，以及投诚后广大官兵受到的良好待遇，信最后说：中央人民政府和毛主席希望和平解放西藏，要求噶厦速派和谈代表进京，并保证在达成协议之前不进军西藏。中央对达赖喇嘛的人身安全、西藏政教事业及贵族利益，保证不受侵犯。对上述各项，阿沛本人和在昌都的40多名僧俗官员完全可以担保。

阿沛的来信使乱作一团的布达拉宫稍微平静了一些，但少数掌权者策动达赖外走的计划仍在进行中。不久，西藏地方政府分为两摊，一是达赖和一部分主要官员离开拉萨撤至中锡（指锡金，原为锡金王国，今为印度共和国锡金邦）边境的亚东，以便见机行事，称亚东噶厦，掌握重权；洛桑扎西和鲁康娃等留在拉萨，称拉萨噶厦。西藏地方政府仍在观望，直到他们感到共产党军事上的强大、政治上的宽大，寻求外国对他们再援助又无多大结果时，达赖才于1951年1月27日和2月27日先后向中央报告他已亲政并决定派代表团赴京谈判。

1951年2月，西藏地方当局派遣以阿沛·阿旺晋美为首席全权代表的代表团前往北京谈判。代表团共5人，分两路进京。阿沛·阿旺晋美、土登列门、桑颇·登增顿珠等在解放军十八军联络部部长乐于泓与平措旺杰的陪同下，于3月下旬从昌都出发；而在亚东的凯墨·索朗旺堆和土丹达旦则转道印度、中国香港地区等地进京。

在阿沛·阿旺晋美出发的那天，昌都军民数千人夹道相送。阿沛的颈项上挂满了洁白的哈达，他的身前身后都是寄予殷切希望的藏族同胞。

阿沛·阿旺晋美发现谈判要比原来想象的困难得多

4月20日，山城重庆，一架飞机载着阿沛代表一行飞经西安去北京。中央人民政府关注着这架载有重大使命的飞机。中午12时50分，飞机降落西安机场加油，中央民委主任李维汉电话通知：因北京风大，请西藏和谈代表改乘火车来京。代表团一到北京，就受到热烈的欢迎。

4月28日晚，周恩来总理、李济深副主席、陈云副总理和黄炎培副总理举行招待会，宴请西藏和谈代表。会上宣布中央人民政府参加和谈的全权代表名单：首席代表、中共中央统战部部长、中央民族事务委员会主任委员李维汉；全权代表还有张经武、张国华、孙志远。周恩来在宴会上指出，这次和谈要以“十条”为准，“十条公约”规定的内容是谈判的基础。

到北京以后，阿沛才发现谈判比原来想象的要困难得多。困难之一，是双方的条件相差太远。由经印度的代表带来的西藏地方政府关于和谈的五项条件，表面上承认西藏是中国的一部分，但实际上是搞西藏独立，与中央人民政府的“十条”完全背道而驰。

困难之二，是阿沛·阿旺晋美发现经印度来的代表与从陆路来的代表在思想上存在很大的差异。从昌都来的代表与解放军有过一段时间的接触，亲自体察过党的政策，对实际情况比较了解；而经印度来的代表，听来的消息完全是谣言，对共产党充满了怀疑与恐惧。阿沛·阿旺晋美清楚地看到，统一思想认识，增加相互理解，对谈判的成功至关重要。因此在谈判前，阿沛·阿旺晋美抓紧做代表团成员之间的沟通工作；介绍了在昌都见到的解放军执行三大纪律八项注意，坚持民族团结、平等的情况。特别指出解放军不住寺庙，连老百姓家也不住，而是住帐篷，在条件十分艰苦的情况下，也从不损害老百姓的利益。桑颇和土登列门也介绍了亲眼看到的情况。通过这些沟通统一了代表团内部的思想认识。

代表团在思想统一后，又一致决定：在谈判中，一般问题不请示。阿沛·阿旺晋美认为这也是保证谈判成功的关键一招。如果事无巨细都要请示，不但会拖延时间，而且会将事情复杂化。其实，此次进京前，达赖喇嘛带来一份只给阿沛·阿旺晋美的内部指示，这个指示比前面所说的五条有所变化，承认西藏是中国的一部分，只是仍不同意在西藏驻军。在这个指示中还有一条由阿沛·阿旺晋美自己掌握：关于解放军进藏以及有可能发生的一些其他问题，都可以审时度势，自行处理。

跨过了第一道难关：
在解放军进驻西藏的问题上达成了一致

4月29日，中央人民政府和西藏地方政府的第一次谈判，在北京军管会交际厅举行。

第一次谈判气氛舒缓而融洽，双方代表互相验看了代表证书后，未谈具体问题，只是洽谈程序、步骤。李维汉说："我们是一家人，大家商量把事情办好。"

五一节那天，在天安门城楼上，阿沛·阿旺晋美第一次见到毛泽东主席。毛泽东对他说："你们长途跋涉来到这里，辛苦了。好好休息，你们来了好。"毛泽东没有提及有关和谈方面的问题，只是对西藏代表团的到来给予了肯定和欢迎，气氛非常融洽，招待也十分周到。

5月2日下午，谈判继续进行。双方集中讨论了中国人民解放军进驻西藏的问题。

阿沛·阿旺晋美说：噶厦政府的意见，我们必须坦诚地向中央人民政府报告，噶厦当局不赞成解放军进藏。西藏的东部、北部与内地相连，只有南面与印度比邻。如果边境有事，再请解放军进去。如果这样不行的话，还可以把藏军扩大，并编成解放军的一部分，对外宣称已有解放军了。

李维汉指出：进军西藏以解放与保卫边疆，是中央的既定方针，这一方针不能改变。首先，是保卫国防的需要，西藏交通不便，一旦有事，军队很难及时开进。其次，这样做对西藏人民、中华民族、中华人民共和国都有利。李维汉还逐一批驳了西藏地方当局不让解放军进藏的理由，并一针见血地指出：从噶厦的五个条件来看，西藏上层部分人士有三点错误和不切实际的想法：一是仍然不承认西藏是中国的一部分；二是想拖延时间以观国际形势的变幻；三是怀疑解放军进藏是为了整藏族。这不对，要整，打败了整更容易，何须和谈？

对此，西藏代表仍不予接受，谈判陷入了僵局。不过中央代表没有勉强西藏代表，只是建议休会两天，安排代表们参观、看文艺演出。据参加谈判的西藏代表土丹达旦回忆：“这两天，我越玩心里越急，越看演出越感到不安。我担心解放军像清朝皇帝派到西藏的军队那样，到拉萨后就夺噶厦政府的权，一切包办代替，同时，又怀疑解放军利用休会的时间，长驱直入，开进西藏。”因此，西藏代表便请阿沛出面，询问中央的意图。

阿沛是西藏和谈代表中最开明、最早倾向和谈的人，在休会期间，他频频与中央政府代表接触。中央人民政府的和谈代表，以历史文献说明，中央政府派军队入藏早有先例；而且西藏长期以来就是中国领土的一部分，中央人民政府派军队保卫自己的领土，保卫西藏人民，岂不是顺理成章之事？

在中央人民政府谈判代表持论有据、逻辑严谨的理念面前，阿沛·阿旺晋美首先感到，力拒解放军进藏，于情于理相悖，决定放弃不允解放军入藏的条款。阿沛·阿旺晋美又反复做代表团其他成员的工作，权衡利害，特别是注意争取藏军总司令凯墨·索朗旺堆、达赖姐夫彭措扎西的首肯，终于统一了认识。

谈判的第一道难关，跨越过去了。

一个灵感的提议打破僵局，班禅问题得以解决

协议草本已经拟定好了，附件草本也定了下来。就在这时，中央代表要把班禅问题写进协议条款。这个问题一提出，几乎使谈判破裂。

历史上，噶厦与扎什伦布寺之间发生不和，积怨很深。在这次谈判中提出承认班禅问题，所有的西藏代表都表示不能接受。阿沛·阿旺晋美说："现在是中央和西藏地方的谈判，要讨论解决中央和西藏地方的关系问题，而班禅是西藏内部问题，与这次谈判没有关系。"

李维汉则郑重地申明："班禅问题必须包含在协议之中，班禅在宗教上与达赖地位同等，在藏区有着极大的影响和感召力，并已明确表示拥护中央政府。如果班禅能同达赖及噶厦政权和解，返回西藏，对解放军进藏，对西藏地区在中央人民政府的领导下走向幸福繁荣，具有非同一般的意义。"

阿沛·阿旺晋美则说："我们来谈判，噶厦地方政府只交代我们谈和平解放的问题，根本没有交代谈与扎什伦布寺的关系。"

李维汉说："这是西藏内部的问题，过去国民党时期没有得到解决，现在共产党领导，不仅要解决汉藏民族间的团结，也要解决西藏民族内部的团结。因此，这次一定要解决。"

西藏代表团根本不愿再谈这个问题。

李维汉发火了，拍着桌子说："这个问题是你们的内部问题，但是，如不能解决，所有谈判达成的协议，都不能成立。"

阿沛也火了，大声地说："那好，已经达成的条款也可以不算！其他4个代表从哪里来的，请你们把他们安全地送回到哪里。我已是昌都解放委员会的副主任，你们让我回昌都也罢，不让我回去，留在这里也行。"

谈判不欢而散。西藏代表团也做好了返回西藏的准备。

谈判的气氛骤然炽烈起来。双方各持己见，使谈判僵持了好几天。

一天下午，孙志远打电话来，问明天9点是否愿意会晤？阿沛·阿旺晋美表示同意。第二天，他们在北京饭店单独会晤。这次晤谈持续了10个小时。阿沛·阿旺晋美详细介绍了达赖、噶厦同班禅、扎什伦布寺的历史渊源，进入20世纪后的矛盾瓜葛，以及接受班禅条款的难处等等，显然，是达赖和班禅之间源远流长的友好相处的历史，启发了孙志远，他提议：在关于达赖和班禅的条款中，是不是写上这样的内容：恢复九世班禅和十三世达赖和好时固有的地位和职权，这样行不行？

孙志远的一个灵感的提议，打破了谈判的僵局。阿沛·阿旺晋美想了一会儿说："这样写应该是可以的。"因为双方都维持和好时期的固有的地位和职权，既保障了达赖原有的地位、职权丝毫不受损伤地得到延续，也消除了班禅回藏后可能侵蚀达赖权威的疑虑。阿沛·阿旺晋美把这种表述跟其他代表一讲，他们一致说："这好说！那是好多代人形成的历史，没有什么可指责的。"

因为事关重大，而且西藏地方政府并未授权代表团谈判这个问题，阿沛·阿旺晋美马上给亚东噶厦发报请示。后来，亚东噶厦复电同意承认班禅灵童问题，至此所有问题都达成一致。

《十七条协议》的签订揭开了西藏历史的新篇章

历史的车轮终于驶向了那个伟大的时刻。

1951年5月23日下午4时许，在中南海怀仁堂举行了《中央人民政府和西藏地方政府关于和平解放西藏办法的协议》（以下简称《十七条协议》）签字仪式。主持签字仪式的朱德和李济深、陈云肃立在巨幅的五星红旗下，他的左首站立着中央代表团的4位全权代表。坐在长桌前签字的是阿沛·阿旺晋美等5位西藏和谈代表。他们使用着书写藏文所特用的竹笔。

自清代末期以来，西藏同内地中央政府关系危若垂丝的历史，以

《十七条协议》的诞生和尔后的落实而宣告结束。

签字的第二天晚上，毛泽东主席在怀仁堂举行盛大的宴会，庆祝《十七条协议》的签署。党和国家领导人及首都知名人士180余人作陪。中央特地把班禅和阿沛·阿旺晋美都安排在毛泽东同一桌。宴会充满着喜庆的气氛。毛泽东说："今后，在这一团结基础上，我们各民族之间，将在各方面，将在政治、经济、文化等一切方面，得到发展和进步。"

此后，阿沛·阿旺晋美亲眼见证了解放前的西藏和解放后的西藏的巨大变化和历史性的进步。他坚定不移地认为，是《十七条协议》的签订揭开了西藏历史的新篇章。他深为自己能够参加这样一件符合国家和本民族根本利益、顺应历史趋势、经得起历史检验的大事而感到欣慰。

（选自《新中国往事·步履写真》，
中国文史出版社 2011 年 1 月版）

三次起稿、三次命名的共和国“临时宪法”

王彦红

《共同纲领》在社会主义过渡时期具有“临时宪法”的性质和作用。新中国成立初期，曾卓有成效地推动和保证了新中国国民经济的恢复与发展以及各项社会改革运动的开展。起草《共同纲领》是成立新中国准备工作的主要任务之一。《共同纲领》从开始在西柏坡起草到经中国人民政治协商会议第一届全体会议通过，中间随着革命形势的发展变化，曾三次起稿、三次命名。

第一稿：《中国人民民主革命纲领草稿》首先在西柏坡起草

1948年初，中国共产党决定召开新的政治协商会议。1948年4月27日，毛主席在给中共北平市委书记刘仁的信中，让他明确告诉北平的民主人士，我党准备邀请他们来解放区开各民主党派各人民团体代表会议，讨论的事项包括：“（甲）关于召开人民代表大会成立民主联合政府问题；（乙）关于加强各民主党派各人民团体的合作及纲领政策问题。”“会议的名称拟称为政治协商会议。”这里把加强与会各党派、各团体的合作及为加强这一合作而制定为各方认同的“纲领政策”，作为新的政治协商会议的两大任务之一。4月30日，中共中央发布了以“打倒蒋介石，建立新中国而共同奋斗”为中心内容的纪念“五一”劳动节口号，正式向全国各民主党派、各人民团体、各社会贤达发出“迅速召开政治协商会议，讨论并实现召集人民代表大会，成立民主联合政府”的号召。这一号召得到各民主党派、无党派民主人士和海外华侨的热烈响应，5月5日，中国民主同盟、中国国民党革命委员会和其他民主党派负责人和无党派民主人士在香港联合致电毛泽东并通电海内外，认为中共“五一”口号“适合人民时势之要求，尤符同人之本旨”，表示要“共同策进，完成大业”。自8月起，各民主党派、各人民团体、各民主阶层的代表人士，陆续云集华北解放区中共中央城市工作部所在地河北省平山县李家庄和东北解放区中共东北中央局所在地哈尔滨，一个规模巨大、推动新中国诞生的新政协运动在全国兴起。

10月初，周恩来开始在西柏坡领导起草共同纲领草案的工作。8日，中共中央致高岗、李富春并中共中央东北局电，指示东北局领导人在同第一批到达东北解放区哈尔滨市的沈钧儒、谭平山、章伯钧、蔡廷锴等就商谈召开新政协的有关问题时，征询他们对共同纲领主要内容的意见，并指出：共同纲领问题和如何建立新中国中央政府问题，是新政协所应讨论和实现的“两个重要问题”。27日，在李维汉主持下起草了《中国人民民主革命纲领草稿》第一稿，然后上报周恩来。周恩来通过中央办公厅分送刘少奇、朱德、陆定一、胡乔木、齐燕铭等人审阅。该稿除简短的序言外，分总则、政治、军事、土地改革、财政经济、文化教育、社会政策、少数民族、华侨、外交十部分，共46条。这个草稿的着重点在“人民民主革命”方面。按照李维汉给周恩来的信的说法，稿子是“勉强凑来”，意即比较粗糙，但它还是把即将诞生的新中国应实行的最基本的纲领、政策规定了出来。这些规定，反映了我们党长期以来形成的新民主主义的立国思想，因此大都为后来各个稿本所采纳。

1949年初，形成《中国人民民主革命纲领草稿》第二稿。第二稿的结构不同于第一稿，它分为人民解放战争的历史任务、建立人民民主共和国的基本纲领、战时具体纲领三大部分。这一稿对成立中华人民民主共和国临时中央政府的程序，作了新的规定。1948年发布“五一”口号时提出：由政协“讨论并实现召集人民代表大会，成立民主联合政府”。在哈尔滨的民主人士讨论成立中央政府一项时，产生不同意见。这一稿明确规定：由新政协直接选举临时中央政府。这样，关于政协的使命，又有了新的规定。这一稿明显地带有宣言的性质，是宣言与纲领相结合的一个文件。同第一稿相比，它更着重于战时任务的规定。2月27日，周恩来批示将《纲领草案》（第二稿）和有关召开新政治协商会议的其他四个文件汇集在一起，以《新的政治协商会议有关文件》为名付印成册。

第二稿：《新民主主义的共同纲领》草案起稿

1949年初，解放战争已经取得了决定性的胜利，夺取解放战争彻底胜利的时间比原来所估计的时间大大提前了。原来起草的《中国人民民主革命纲领草案》（第二稿）显然不能适应飞速发展的形势的需要，必须重新起草。新起草的共同纲领必须把重点转移到更广泛地把全国人民的力量集中到医治战争创伤的国民经济的恢复上面，并在此基础上有步骤地进行国家的各项改革和建设。

4月23日，南京解放，国民党政权垮台。召开新的政治协商会议，成立民主联合政府，制定一个以建设新民主主义新中国为主题的共同纲领的时机已经成熟。

5月，周恩来、李维汉代表中共中央同在北平的各民主党派负责人频繁接触，商议通过成立新政协筹备会进行各项筹备工作的问题。经各方充分协商，6月15日，新政治协商会议筹备会宣告成立，提出了起草以建设新中国为主题的共同纲领的任务。16日，周恩来在新政协筹备会议第一次全体会议的发言中阐明了这个问题，并指出起草共同纲领是新政协筹备会的一项重要任务。会上，周恩来当选为新政协筹备会常委会副主任和第三小组即起草共同纲领小组组长，许德珩为副组长。18日，起草共同纲领小组成立。周恩来在小组第一次会议研究布置共同纲领的起草问题时指出：由我们小组负责起草的共同纲领，将“决定联合政府的产生，也是各党派各团体合作的基础”。这项任务很繁重、很紧迫，我们“必须加紧工作”。这次会议决定，委托中国共产党负责共同纲领的草拟工作。随即小组分为政治法律、财政经济、国防外交、文化教育和其他五个分组，分别就有关问题进行研究讨论，并写出具体条文，供起草者参考。

6月下旬，在周恩来领导下，再次草拟初稿。毛泽东的《在七届二中全会上的报告》和《论人民民主专政》两篇著作成为起草共同纲领的理论基础和政策基础。大约用了两个月时间，写出了一个草案初稿。由于我们所要建立的新中国是一个新民主主义性质的国家，所以把题目定为《新民主主义的共同纲领》（草案初稿）。8月22日，周恩来将初稿送交毛泽东审阅。毛泽东仔细阅读了这份初稿，并对其中的一些段落作了删改，重新改写了几段文字。

这份《新民主主义的共同纲领》（草案初稿），除简短的序言外，分为一般纲领和具体纲领两大部分。同前述《中国人民民主革命纲领》草案相比，它删除了“人民解放战争的历史任务”一部分，在具体条文的规定上，增添了不少新的内容。这个草案初稿已经把重点放到国家建设方面，而且具备了在宪法颁布前作为新中国的根本大法所应包含的基本内容。至此，共同纲领的基础已奠定。

第三稿：《中国人民政治协商会议共同纲领》的诞生

进入1949年9月以后，共同纲领的起草工作进入最后阶段。纲领的名称随着政协名称的变动而改为《中国人民政治协商会议共同纲领》。

其结构也做了改动，不再分一般纲领和具体纲领，而是在序言之后平列七章。这已是第三次起稿。根据档案材料，从9月3日至13日，毛泽东至少四次对草案稿进行了细心修改，改动总计有200余处。不仅如此，他还亲自校对和督促印刷。

此后，中共中央将这个《共同纲领（草案）》初稿正式提出，并由周恩来先后主持或指导召开了七次会议。其中三次共同纲领起草小组会议、两次政协代表会议和两次筹备会常务委员会议，广泛地吸收各方的意见。同时，在中共党内，毛泽东、刘少奇、周恩来等又先后对《共同纲领（草案）》初稿进行若干次修改。

经过以上充分的民主协商，沟通思想，反复讨论修改，使《共同纲领（草案）》日臻完善。

9月17日，新政协筹备会第二次全体会议基本通过《中国人民政治协商会议共同纲领》草案等三个文件，并决定将它们提交即将召开的中国人民政协第一届全体会议讨论通过。

《中国人民政治协商会议共同纲领》分序言和总纲、政权机构、军事制度、经济政策、文化教育政策、民族政策、外交政策七章，总计60条，7000余字。《共同纲领（草案）》既明确地规定了新中国的国体、政体，又完整地规定了新中国的政治、经济、文化、教育、民族、外交等各项政策的基本原则。

9月21日至30日，中国人民政治协商会议第一届全体会议在北平中南海怀仁堂举行。会上中国共产党、各民主党派和无党派民主人士对即将诞生的《共同纲领》都给予了积极的评价。刘少奇代表中国共产党指出，即将通过的《共同纲领》，“是总结了中国人民在近100多年来特别是近20多年来对帝国主义、封建主义和官僚资本主义的革命斗争的经验，而制定出来的一部人民革命建国纲领”，“这是目前时期全国人民的大宪章”，是全国人民革命大团结的“坚固的政治基础”。张澜代表中国民主同盟指出，“将要通过的《共同纲领》确定了新中国的政治理论和政治制度”。中国今天应做的、要做的和能够做的，这个纲领都一一标举出来了。中国将来应做的、要做的，但今日事实上还不能够做的，这个纲领就暂时保留而不说。它没有高调，它更没有空想。这真是切合实际、切合人民今天需要的《共同纲领》。他表示，要“立下宏愿、抱定决心”，“共同起来担负实现这个纲领的责任”。

29日，会议通过了起临时宪法作用的《中国人民政治协商会议共同纲领》。

（原载于《纵横》2002年第11期）

《共同纲领》的制定和通过

高建中

1949年9月29日，中国人民政治协商会议第一届全体会议一致讨论通过了新中国的根本大法——《共同纲领》。《共同纲领》确定了即将诞生的中华人民共和国的国家性质和政权制度，规定了国内各种经济成分的性质及它们之间的关系，规定了新中国的外交政策、民族政策、文化教育政策和人民的民主权利等基本政策。至1956年全国人民代表大会通过宪法之前，《共同纲领》起着临时宪法的作用。

周恩来亲自负责起草

1948年5月1日，中国共产党在《“五一”劳动节口号》中，号召“各民主党派、各人民团体、各社会贤达迅速召开政治协商会议，讨论并实现召集人民代表大会，成立民主联合政府”。6月15日，新政治协商会议筹备会第一次会议在北平中南海召开。会议确定建立新中国的各项筹备工作必须从速进行，并相应成立有关组织分别落实了任务。其中，负责起草《共同纲领》的工作，由第三小组负责，周恩来为组长，许德珩为副组长。

18日，负责起草《共同纲领》的新政协筹备会第三小组召开会议。周恩来主持了会议，他指出：“我们小组负责起草共同纲领，任务繁重”，“很紧迫，必须加紧工作”。

会议认真讨论和研究了纲领起草的诸方面问题，决定：小组成员分为政治法律、财政经济、国防外交、文化教育、其他等五班人马，分别起草纲领的具体条文，以供起草人参考。而具体执笔起草《共同纲领》草案的工作，大家觉得，还是要由中共方面派人承担，经过反复推选，认为由周恩来亲自担任更为合适。周恩来也觉得起草《共同纲领》非寻常之事，尽管他的日常工作十分繁杂，但仍有必要亲自动手，于是爽快地答应了下来。他挤出好几天时间，把自己关在中南海勤政殿，专心致志，起草《共同纲领》。

耐心的思想工作

在组织、筹备新政治协商会议，成立中央人民政府过程中，有不少人对即将成立的新中国的国家性质、各个阶级在国家中的地位、作用，国家的政治制度和经济、外交政策以及发展前途等一些重大问题，不清楚或不完全清楚。比如在关于实行新民主主义还是实行旧民主主义的问题上，各方面人士都十分关心，思想很活跃，也很复杂。在一部分民主人士主要是右翼人士中，确有人向往旧民主主义；有的人提出将来的共同纲领不写新民主主义，而用“民主主义”；有人主张政治和经济分而治之，政治上由中共领导，经济建设可由他们尽力；有人要求划定国营企业范围，以便私人企业的自由发展；对于土改政策，有人认为过火过激；对于外交政策，有人害怕封锁，幻想帝国主义支援，认为反蒋不必反美，希望在社会主义和资本主义两个阵营之间采取中立的态度，不要一边倒；等等。

这些思想，从其社会根源看，应当说是当时无产阶级和资产阶级之间阶级矛盾在统一战线内部的一种反映。因此，需要本着团结教育的方针，对他们进行政治思想工作，耐心细致地帮助他们了解党的政策，提高认识，同时也必须认真考虑和虚心接受他们的正确意见和合理要求，以加强和改进各方面的工作。当然，对于个别站在反动立场上，对人民革命事业恶意攻击的，则必须加以驳斥，以澄清是非。这样，才能使新政协的召开有共同的政治思想基础。

《共同纲领》的起草工作，是在这样的思想环境中进行的。《共同纲领》的任务，就是要回答和确定上述一些重大问题。统一思想工作难度之大可想而知。为此，周恩来亲自到各组倾听意见，他对民主党派代表和无党派民主人士代表的意见非常尊重，发现问题及时解决。针对民主党派成员中右翼人士的落后认识，他亲自反复说明，我们要实行的是新民主主义，不是旧民主主义；不是在朝党、在野党互相斗争，互相交替，而是以无产阶级为领导的各民主阶级的政治合作。这种合作是政治的分工合作，各民主党派各自联系不同方面的人，向共同的方向前进。这个共同的方向就是建设新民主主义的新中国。

当时，有人曾认为，政协不过是一个临时性组织，等到人民代表大会召开之后，就不再需要这个组织了，党派的存在也不会很久了。这种想法代表了一部分民主人士的思想。针对这个思想，周恩来在会下和大家谈心，在会上又专门讲了这个问题。他说：普选的全国人民代表大会的召开，固然还需要一个相当时间，就是在普选的全国人民代表大会召开以后，政协会议还将对中央政府的工作起协商、参谋和推动的作用。其次，新民主主义时期既有各阶级的存在，就会有各党派的存在。

在参加政协筹备会议的中共党员代表中，也有着各种不大全面的认识。如有的人要求将党的纲领写进《共同纲领》。针对这种意见，刘少奇在会议上反复解释说，在中国采取社会主义的步骤还是相当长久的将来的事情，如果在《共同纲领》中写上这一目标，很容易混淆我们在今天所要采取的实际步骤。中国将来的前途，是要走到社会主义和共产主义去的，但这是以后的事情。

陈毅则召集华东的代表开了两次大会。他着重讲了为什么暂时不将社会主义前途写进《共同纲领》。他的意见是：一、广大人民群众和民主人士的觉悟提高需要有一个过程，目前有不少人对社会主义还有疑虑，一下子难以接受；二、现阶段新民主主义革命尚未完全完成，国民党的残余力量有待肃清，经济亟待恢复，没收官僚资本和实行土地改革也须做大量工作；三、社会主义的大规模生产，必须有较为坚实的基础，目前我国经济非常落后，还不具备条件。他说，实行社会主义是要有思想上、组织上、物质上的保证的，目前各方面的条件均不成熟，过早地提出社会主义革命，是不合时宜的。他要代表们好好领会，回去要好好传达，使大家都领会《共同纲领》的重要性。陈毅还召集二野、三野党员代表单独开会，解释了什么是人民民主专政，阐述了中华人民共和国的性质，帮助党员理解《共同纲领》。他说："《共同纲领》是联合政府的纲领，这同党的纲领是不矛盾的。从新民主主义转变到社会主义，是作为《共同纲领》的一个目标而提出的。我们不能用党纲的标准来要求《共同纲领》，它不是共产党一党的纲领，而是统一战线的纲领。"

还有一些党员代表认为：《共同纲领》同党的最低纲领还有距离，是否调子太低了。为此，刘伯承几次找二野总部参加会议的几位部长，反复讲毛泽东、党中央筹备政协会议，拟订《共同纲领》的主导思想，说明这个《共同纲领》不但要共产党接受，而且全国人民、各民主党派、无党派民主人士和海外爱国华侨，一切热爱祖国的人都能接受，使反对我们的敌人也没有空子可钻。纲领不是宣言，要让全世界知道，新中国是一个民主的国家，不是一党专政的国家；是一个空前团结的国家，不是一个四分五裂的国家。刘伯承还让他们在组内多听意见，多做工作。

体现集体的思想智慧

《共同纲领》的起草，吸收和集中了许多领导同志的思想与智慧。

比如，新中国是实行民族区域自治还是采取苏联的做法实行联邦制，这是一个重大问题。毛泽东曾就这个问题专门征求意见。

时任中央统战部部长的李维汉对这个问题作了专门研究，他认为解决这个问题要从当时的历史条件和民族的存在形式以及发展前途出发。斯大林曾经把民族自治分为狭隘的行政自治，比较广泛的政治自治，更加扩大的自治和最高自治形式即条约关系四种形式。李维汉认为行政自治即民族区域自治比较适合我国的国情。理由是：我国是一个多民族的国家，但少数民族人口占的比例小，不到全国总数的百分之十，除了少数几个民族居住比较集中外，绝大多数是同汉族杂居或交错聚居，呈现出大分散小聚居的状态，和苏联当时的情况大不一样。特别是中国是一个半殖民地半封建的国家，屡遭帝国主义的侵略，各民族都有共同的反帝反封建历史。在中国各族人民共同获得解放后，帝国主义绝不甘心在中国的失败，仍将千方百计地破坏中国的独立和统一。如若像苏联当时那样民族可以分立，那正好被帝国主义所利用，有可能使已经获得解放的民族地区重新沦为帝国主义的殖民地。所以，中国的具体条件决定了解决国内民族问题的正确道路应是：各民族在中国共产党的领导下联合和团结起来，共同推翻帝国主义、封建主义和官僚资本主义的统治，对外摆脱帝国主义的压迫，实现民族独立，对内消灭民族压迫的制度，在各民族一切权利完全平等的基础上，建立各民族人民自愿联合的统一的人民民主专政的共和国，实行民族区域自治。

党中央采纳了这一建议，并得到了起草小组的一致赞成。因此，《共同纲领》规定："各少数民族聚居的地区，应实行民族的区域自治，按照民族聚居的人口多少和区域大小，分别建立各种民族自治机关。"后来，民族区域自治又明确载入宪法，成为我国的一项基本国策和基本制度。

正确的理论、政策奠定《共同纲领》的制定基础

1948年9月中共中央政治局会议和1949年3月中共七届二中全会，及时地提出了建立新中国的纲领和方针，规划了新中国的蓝图。在这两次具有历史意义的会议上，毛泽东和其他中国共产党的领袖，对新中国的

蓝图做出了新的描绘——关于国体和政体。

新中国是无产阶级领导的以工农联盟为基础的人民民主专政的国家。它不仅要团结全体工人、农民和广大的革命知识分子，同时要团结尽可能多的能够合作的小资产阶级、民族资产阶级站在一条战线上来，团结能够合作的城市小资产阶级和民族资产阶级的代表人物，他们的知识分子和政治派别。必须在中国共产党人的思想上和工作上确定同党外民主人士长期合作的政策，把大多数民主人士看成自己干部一样，同他们诚恳地坦白地商量和解决那些必须商量和解决的问题，作出成绩。新中国各级政府都要加上人民二字，各种政权机关都要加上人民二字，以示与蒋介石政权不同。政权制度采取民主集中制，不搞资产阶级的国会制和三权鼎立。

关于经济形态和经济政策，新中国经济中起决定作用的是归国家所有的国营经济。农业经济和手工业经济在一个相当长时期内还将是分散的和个体的，但必须谨慎地、逐步地而又积极地引导它们向现代化和集体化发展，组织生产的、消费的信用合作社，单有国营经济而没有合作经济，就不可能从新民主主义社会发展到将来的社会主义社会。私人资本主义经济是一个不可忽视的力量，在革命胜利后一个相当长的时期内还需要尽可能地利用城乡私人资本主义积极性，以利于国民经济的向前发展，但将在活动方面、税收政策、商场价格、劳动条件等几方面采取恰如其分的有伸缩性的限制政策。总之，社会主义性质的国营经济、半社会主义性质的合作社经济、私人资本主义经济、个体经济、国家和私人合作的国家资本主义经济，构成新民主主义的经济形态。

关于内外政策。中国内部的主要矛盾是无产阶级与资产阶级的矛盾，其次还有民族矛盾，包括汉族与少数民族的矛盾、少数民族与少数民族之间的矛盾，还有某一个民族的内部的矛盾。对外是中国同帝国主义国家的矛盾。新中国不承认国民党时代的一切卖国条约继续存在，不承认国民党时代的任何外国外交机关和外交人员的合法地位，取消一切帝国主义经济上、政治上和文化上的控制权。帝国主义的经济事业和文化事业可以暂时存在，但须由新中国政府加以监督和管制。对于普通外侨，则保护其合法利益，不加侵犯。按照平等原则同一切国家建立外交关系。帝国主义国家不改变敌视中国的态度，就不给其在中国的合法地位。要同外国人做生意，尽可能首先同社会主义国家和人民民主国家做生意，同时也要同资本主义国家做生意。

关于国家的中心任务。革命胜利使党的工作重心由乡村转移到城市，党必须用极大的努力去学会管理城市和建设城市，恢复和发展城市的生产是人民政权的中心任务。第一是国营工业的生产，第二是私营工业的生产，第三是手工业生产。必须用极大努力学习生产的技术和管理生产的方法以及同生产密切联系的商业工作、银行工作和其他工作。城市工作必须全心全意地依靠工人阶级，团结其他劳动群众。正是中国共产党有了正确的理论和政策用以指导《共同纲领》的制定，这项工作才得以按部就班地如期完成。而毛泽东等中共领导人更是在制定工作中耐心地对上述理论、政策进行宣传和阐释。

1949年6月24日，毛泽东写信给胡乔木，部署撰写纪念“七一”论文等工作，准备以纪念中国共产党诞辰28周年的形式，用马列主义国家理论学说，阐述新中国的有关重大理论问题。胡乔木把这项工作交给了廖盖隆。廖盖隆很快写了一篇纪念中国共产党诞辰28周年的文章，送给毛泽东。因作者当时不了解筹备政协过程中一些全局性情况，特别是不了解当时有必要集中阐述人民民主专政问题，因而，文章没有达到中共中央所期望的目的。在这种情况下，毛泽东废寝忘食，伏案连续作战，写出了《论人民民主专政》这篇重要论文，并在6月30日发表。

应该说，以毛泽东为首的中国共产党人，在28年的斗争中，尤其是在22年建立根据地的实践中，把马列主义的国家学说同中国社会实际相结合，创立了自己的新民主主义国家理论。《论人民民主专政》与《在中国共产党第七届中央委员会第二次全体会议上的报告》这两篇重要文献，阐述了人民民主专政的理论，发展了马克思列宁主义国家学说，这些理论建树也理所当然地成为制定和通过《共同纲领》的理论、政策基础，共同构成建立新中国的两块基石。

毛泽东亲自审阅和定稿

在《共同纲领》的拟稿修改到最后定稿的过程中，深深浸透着毛泽东等第一代中共中央领导集体成员殚精竭虑的心血。

每次成稿，毛泽东都要亲自审阅和修改、校对，付出了辛勤的劳动。能够看到的材料有：8月22日稿、9月5日稿、9月6日稿、9月11日稿、9月13日稿。

如：9月3日毛泽东写了一张便条给胡乔木，便条上写道："纲领共印三十份，全部交我，希望今晚十点左右交来，题目应是《共同纲领》。"

9月11日，毛泽东在稿上批道："乔木：即刻印一百份，于下午八时左右送交周副主席，但不要拆版，俟起草小组修正后，再印1000份。"

还有一张便条上写着："乔木：今晚付印的纲领，请先送清样给我校对一次，然后付印。"

最后，毛泽东看了《共同纲领》定稿说："这本书大致不错，相信每一个方面都会赞成。"

由于《共同纲领》的重要，在讨论和通过的过程中，各方代表都发表了重要的意见。其中，不少被最后定稿时吸收进去。正如周恩来后来在政协第一届全体会议上做《关于草拟中国人民政治协商会议共同纲领的经过及其特点》的报告中所述："除各单位自己讨论不计外，经过七次的反复的讨论和修改，计由先后到达北平的政协代表五六百人分组讨论两次，第三小组本身讨论了三次，筹备会常务委员会讨论了两次，广泛地吸收了各方面的意见，然后将草案提交筹备会第二次全体会议作了基本通过。"

因为准备工作深入细致，《共同纲领》吸收了方方面面的意见，得到了方方面面的赞同。9月29日，中国人民政治协商会议第一届全体会议一致通过《中国人民政治协商会议共同纲领》。

时光荏苒，半个世纪过去了，重新阅读《共同纲领》，我们会发现，这部纲领集中了全党和党外民主人士的思想智慧，反映了中国人民的集体意志，它经受住了历史和实践的检验，不愧为一部光辉的历史文献！

（原载于《纵横》1999 年第 9 期）

新中国第一部《婚姻法》起草始末

王彦红　周艳芝　刘志兰

1950年5月，《中华人民共和国婚姻法》正式颁布实施，成为新中国成立后颁布的第一部法律。《婚姻法》之所以能在新中国成立后不到一年的时间里迅速出台，是与西柏坡时期的起草工作密不可分的。

西柏坡，解放区妇女工作会议上，刘少奇布置新任务

1948年9月，解放战争进入全面战略反攻阶段。如何抓住时机，加强党对妇女工作的领导，更进一步发动妇女群众，为妇女自身解放创造根本条件，为建立新中国贡献更大力量，成为中央妇委的一项重要工作。中央妇委决定召开一次解放区妇女工作会议，这一建议很快得到中央批准。

1948年5月，分散在各地参加解放区土地改革的中央妇委同志陆续归来，很快健全了中央妇委的机构班子。在代理书记邓颖超（中央妇委书记蔡畅当时在东北）的领导下，积极筹备解放区妇女工作会议。

1948年9月20日至10月6日，解放区妇女工作会议在西柏坡隆重召开了。出席这次会议的有华北、西北、山东、华中、华南等解放区的妇女干部85人，还有中共中央直属机关80多名干部列席，总计100余人。

党中央十分重视这次会议，中央书记处讨论了妇女工作。刘少奇、朱德、周恩来出席了大会，并作了重要讲话。朱德代表党中央致开幕词，周恩来作政治报告，邓颖超代表中央妇委做工作报告。

中央妇委委员杨之华就婚姻问题、李培之就妇女干部问题、康克清就儿童保育工作、罗琼就妇女参加生产问题作了专题发言。会议对抗日战争以来特别是土改工作以来的解放区妇女工作作了总结，确定了今后解放区妇女工作的方针、任务、组织形式。会议还提出了加强与国际民主妇女联合会的联系，准备召开第一次全国妇女代表大会。

据时任中央妇委委员的罗琼回忆：会议期间的一天傍晚，邓颖超对妇委的同志们说："少奇同志让咱们过去一趟，要布置新的任务。"当时中央妇委驻东柏坡，从东柏坡到西柏坡也就二三里地，转过一个小土坡就到了。那时，刘少奇与王光美刚刚结婚不久，住在两间土墙泥顶的房子里。刘少奇热情地把我们迎进屋里，请我们吃花生和红枣。"会议开得不错吧！"刘少奇问。邓颖超说："太好了！大家认真总结了过去的工作，讨论了当前的方针任务，而且还要研究制订今后妇女运动方针。"刘少奇说："革命的形势发展很快，党中央领导的伟大战略反攻已经开始，中国人民的革命战争很快就要在全国范围内取得胜利，再有一年左右时间，我们就能从根本上打倒国民党反动统治，建立起一个新民主主义的国家。""新中国一成立，你们妇女工作者的任务更重了。有些工作现在就要开始着手准备和研究。今天找你们来，想先交给你们一项任务，先吹吹风。"听说有新的任务，大家都很高兴，邓颖超连忙说："少奇同志，请给我们布置吧！"刘少奇说："新中国成立后，不能没有一部婚姻法，我们这么个五亿多人口的大国，没有一部婚姻法岂不乱套了？这个任务交给你们中央妇委，你们马上着手，先做些准备工作。"说罢，刘少奇转身从那只从延安转战就带在身边的"奇字第3号"小书箱里，取出一本已经发黄的小册子："这本《中华苏维埃共和国婚姻条例》，是1931年毛泽东同志亲自签发的。这是从封建婚姻制度中解放妇女群众，实行真正男女平等、婚姻自由的条例，体现了婚姻法的基本原则；你们还要深入调查研究解放区的婚姻状况，总结解放区这些年来执行婚姻条例的经验教训，反复讨论，再动手起草。”邓颖超兴奋地说：“太好了！这些日子，大家通过在农村蹲点搞土改，更加深切了解贫苦农民，特别是妇女们深受封建婚姻统治的痛苦，她们迫切要求婚姻自由。”党中央的想法与群众的愿望正相吻合，中央妇委的同志很乐意接受了这项任务。

10月5日，会议闭幕前一天，刘少奇到会做重要报告。他在报告的最后部分专门讲到婚姻法问题。他说，婚姻问题是妇女工作的重要组成部分。最近我查阅了一些解放区政府颁布的婚姻条例，均不同程度地保留了封建婚姻的旧传统。新中国即将成立，我们这么大的一个国家，要有一部统一的婚姻法，现在的时机已经成熟了，你们现在就要组织力量起草新婚姻法，建立新民主主义的婚姻制度。先准备一个草案，新中国成立后，由党中央送交中央人民政府，广泛征求意见，修改审定后公布施行。

东柏坡，婚姻法起草小组成立，
几易其稿，婚姻法草案拟定

解放区妇女工作会议结束后，中央妇委立即成立了婚姻法起草小组。由邓颖超主持，成员有帅孟奇、杨之华、康克清、李培之、罗琼、王汝琪。

东柏坡是个群山环抱、只有十几户人家的小山村。中央妇委在东柏坡村借用了老乡前后两个小院，前院两间土屋，一铺土炕，几张桌子，办公用；几位大姐和工作人员，住后院两间土屋。

起草一部体现新民主主义婚姻制度的《婚姻法》，对于这些妇女领袖来说，是一场新的考验。起草小组成员中，真正学过法律的只有毕业于上海复旦大学法律系的王汝琪。但是，她们有着长期的革命斗争经

验，长期做妇女工作，对于广大群众特别是广大妇女渴望废除封建婚姻制度，建立新民主主义婚姻制度，感受极深。

她们派出工作组对婚姻问题进行专题调查。据调查材料表明，当时在山西、河北、察哈尔等省已解放的农村中，婚姻案件占民事案件的比例，少的占33.3%，最多的达99%。在北平、天津、西安、哈尔滨等已解放的城郊中，婚姻案件少则占民事案件的11.9%，多的占48.9%。在婚姻案件中离婚及解除婚约的，在上述农村中平均占54%，城市中或城郊中少则占51%，多则占84%。离婚原因主要是包办、强迫、买卖婚姻、虐待妇女、重婚、通奸以及遗弃等，女方是原告，提出离婚的占58%—92%。

由于刚刚从土改第一线回来，大家相互提供了许多新的情况。

邓颖超说，土改在改正成分时，有些农村拿"破鞋"作为帽子加在一些妇女的身上，或者拿"破鞋"作借口剥夺她们应得的土地权，甚至把这作为打击妇女的口舌，向妇女进行斗争。比如有一个不大的村子，就有80多个妇女被划为"破鞋"，这个"帽子"剥夺了她们应得的权利，甚至连她们的婚姻自由、选举权、被选举权都被剥夺。可怕的是，我们的一些干部在这个问题上也不加以区别。究竟什么样的叫"破鞋"？只有专门以卖淫为自己生活来源的少数妇女，才能称为"破鞋"。至于在农村中，贫雇农娶不起老婆，靠上一个女人；有的妇女守寡多年，靠上一个男人帮助干活，因而发生生活上的"互助"，这些应加以具体的区分。产生"破鞋"的根源，一方面是因为农民没有翻身，受经济压迫；另一方面是因婚姻不自由的制度所造成的。女人嫌男人丑，或男人嫌女人丑，愿意靠一个年轻漂亮一点的，或者一方是瞎子……这还不都是因婚姻的关系，而我们有些干部没有认清产生的根源，把农村中的男女关系问题不加本质的、轻重的区分，一律加于"破鞋"帽子，是错误的。

有些同志谈到，一些地方在土改中，以各种方式干涉群众婚姻自由，统治妇女、不准出村，甚至命令所有寡妇一定要嫁贫雇农光棍，把地富妇女当成胜利果实分配。

还有关于抗属的离婚问题，有些地方抗属提出离婚，没有经得前方军人的同意，便批准离婚，影响了军心。

……

当时，起草小组主要的参考资料是刘少奇送的那本《中华苏维埃共和国婚姻条例》。这个条例中的基本原则，是废除封建的包办强迫和买卖婚姻制度，实行男女婚姻自由、一夫一妻、男女权利平等、保护妇女和子女的利益。起草小组在讨论中，一致认为这个条例的基本原则符合人民群众的要求，法律基础也比较成熟。据罗琼回忆：在起草过程中，大家对一些条文有不同的看法，每次讨论都要发生争论。“当时争论最大的是有关离婚自由问题，1931年颁布的《中华苏维埃共和国婚姻条例》第9条规定：‘确定离婚自由，凡男女双方同意离婚的，即行离婚。男女一方坚决要求离婚的，亦即行离婚。’新的婚姻法要不要写进去，大家争论激烈。有的同志反对离婚自由，一种顾虑认为婚姻是人生大事，怕离婚太自由了不利于社会稳定。特别是在农村，离婚自由了，必定要触动一部分农民的切身利益，他们必然将成为反对派；另外一种顾虑是当时形势发展很快，马上就要进城了，怕进城以后，一些干部以‘离婚自由’为借口，另有新爱，把农村的原配抛弃了。”

邓颖超作为一名妇女运动领袖，一直在关注着民众的婚姻问题。结合长期的革命实践，这一次重新起草婚姻法，邓颖超态度鲜明，主张写上“一方坚持离婚可以离婚”这一条。

据罗琼回忆：“那时候的风气非常好，讨论问题时，大家开诚布公，畅所欲言。因为这是为新中国和五万万同胞起草的婚姻法，大家都意识到它的分量。光是框架就推倒重起好几次，每章每条都是字斟句酌。每次讨论都是大家先发表意见，王汝琪作记录；然后她再拿出新整理过的稿子，又供大家讨论。七八个人紧挨着围坐在炕上，西柏坡的冬天还是挺冷的，窗外寒风呼啸，屋里却讨论得热火朝天……”

由于当时中央妇委人手少，还要承担其他大量工作，婚姻法整个起草过程断断续续，大约花了半年的时间。经过几个月的努力，中央妇委拟定出了婚姻法草案。

1949年3月23日，中央妇委随中共中央和解放军总部一起离开西柏坡，迁往北平。10月1日，中华人民共和国成立。

群策群力，新中国第一部法律《中华人民共和国婚姻法》诞生

新中国成立后，迫切需要废除旧中国的婚姻制度，确立新的婚姻制度。在党中央的领导下，法制委员会配合中央妇委首先抓了婚姻法的立法工作。

1950年1月21日，中央妇委对婚姻条例草案又经过一番修改，呈送党中央，并附邓颖超亲笔信一封：

毛、刘、朱、任、周并王明同志：

送上中妇委修改的婚姻条例草案最后稿，请审阅！

这个婚姻条例草案，曾经过妇委正式讨论过五次，会外交换意见多次，并另邀请了中组部、中青委、法委、总政几方面同志，共同座谈过一次，历时两月有余，几经争论，几度修改，有些问题，已经得到解决，但争论的主要问题，即“一方坚持离婚即可离婚，不附任何条件”一则，至今仍意见分歧，尚未能取得一致（对于此点反对者是较多数人，赞成坚持者包括我及少数人）。现为了应各地的急电，且有关广大群众切身迫切的利益，不能再拖延不决。故大家商定，一致同意先以现在的草案（虽然我仍不完全同意，已经妇委多数同意了）最后稿，并将我们不同的意见一并附上（见另纸），请中央参阅作最后决定。另送了一份婚姻条例草案给法委，请法委将意见提交中央。

此外对送上之婚姻条例中之第三条，我不完全同意。可保留原文之前半至“纳妾”二字为止，其余指出的兼祧，是个别的少数人，且有“实行一夫一妻制”均可解决了。至原文规定禁止“及其他违反一夫一妻制的婚姻”，是不必要亦不妥当的，对第十条中“经调解无效”，乃是属于执行离婚条款时，采取的方法和步骤，可放在解释的文件中说明，不需写入条例条文中。至该款规定“确因思想感情根本不合”字样，从文字和形式来看，仍为附加条件，而实际则等于无条件的，那么又何必不干脆的明确简单规定哩。

我们争论之是非，要求中央给予指示！妇委同志希望中央审阅后，能和妇委同志一谈，或中央讨论时，允许妇委同志参加，究如何？由中央决定。

对该草案用何名义发表，写说明书着重那些问题？以及写社论的主要内容，亦请中央指示！

总政主张把革命军人婚姻条例，包括在一般婚姻条例内，我们不赞成，因为那是属于暂时的局部人的问题，应分开别定为好。此事亦请中央决定通知总政。

专此。敬礼！

邓颖超

一月二十一日

中央立即将该婚姻条例草案分别送各民主党派、中央人民政府、全国政协、法制委员会、政治委员会，以及政务院政务委员会议，各有关司法机关、群众团体征求意见。

为了制定好婚姻法，王明和法制委员会的同志们做了大量的工作。他们认真研究了党在战争年代制定的婚姻条例，还研究了几十份我人民法院工作报告、专题总结、判决书、调解书、安全、统计材料等，翻阅了有关婚姻问题的书、报、杂志，进行婚姻问题的实地调查等项工作，还学习了马、恩、列、斯关于妇女问题和婚姻、家庭和社会发展问题的学说，以及毛泽东《湖南农民运动考察报告》等著作中的论述。另外学习和参考了苏联、朝鲜、东欧等国家的经验。

婚姻法草案的内容和文字经过反复修改，在法制委员会与全国民主妇女联合会及其他有关机关代表联席会议原则通过后，曾经政务院政治法律委员会第四次会议修正通过，又经政务院第二十二次会议讨论，并经由毛泽东亲自主持，由中央人民政府委员会副主席、委员、政务院总理、副总理和委员以及政协全国委员会常务委员会委员等参加的联席座谈会讨论两次。另外在研究和草拟婚姻法草案过程中，经常受到中央人民政府委员会毛主席和刘少奇副主席等的指示和帮助，经常得到政务院的领导和政务院政治法律委员会的指导。

草案集中各方面意见修改后，1950年4月13日，《中华人民共和国婚姻法（草案）》提请中央人民政府委员会第七次会议通过公布。中央人民政府法制委员会主任委员陈绍禹（王明），代表中央人民政府法制委员会向中央人民政府委员会递交了《中华人民共和国婚姻法（草案）》，并作了《关于中华人民共和国婚姻法起草经过和起草理由的报告》。

《中华人民共和国婚姻法（草案）》，自中央妇委着手准备至定稿，历经一年半时间。草案的各章各条，都经过反复的研究、讨论和修改。除少数条文外，多的曾修改三十至四十次，少的也修改十至二十次。

1950年5月1日，中央人民政府正式颁发《中华人民共和国婚姻法》。这是新中国成立后颁布的第一部法律。

（原载于《纵横》2006年第2期）

新中国第一部宪法是怎样诞生的

刘振华

制定宪法源于斯大林的建议

1949年9月29日，中国人民政治协商会议第一届全体会议通过《中国人民政治协商会议共同纲领》（简称《共同纲领》）。作为全国各族人民意志的体现，在一个时期内起着临时宪法的作用。毛泽东等大多数中央领导人希望以《共同纲领》行使国家根本法的效力，待中国进入或基本上进入社会主义后再制定宪法。

1952年9月30日，应苏共中央的邀请，刘少奇率领中国代表团奔赴莫斯科，参加苏联共产党第十九次全国代表大会。在苏联期间，受毛泽东委托，刘少奇就社会主义过渡时期总任务和选举、立宪事宜向斯大林进行咨询。刘少奇递交给斯大林一封长篇通报信，主要谈及过渡时期的问题，特别是制定新宪法的问题。10月24日、28日，针对信中的具体内容，刘少奇与斯大林进行了会谈。斯大林一方面肯定了《共同纲领》实施三年来的效果，另一方面希望中共中央着手制定新的宪法。当年随团翻译阎明复回忆：

斯大林说：如果你们不制定宪法，不进行全民选举，敌人可以利用这个问题向工农群众进行宣传，反对你们。一是说你们的政府不是人民选举出来的；二是说你们国家没有宪法，人家还可以说你们的政权是建立在刺刀上的，是自封的。斯大林同意把《共同纲领》改变成宪法的意见，他说：有一部宪法比没有要好。……你们可以在1954年搞选举和宪法，这样做对你们是有利的。

很快，刘少奇将会谈的情况及建议于10月26日和30日两次电报毛泽东和中共中央。而后，中共中央接受了斯大林的建议。

1953年1月13日，中央人民政府委员会举行第二十次会议，讨论召开全国人民代表大会和制定宪法的问题。毛泽东说：就全国范围来说，大陆上的军事行动已经结束，土地改革已经基本完成，各界人民已经组织起来。因此，根据《中国人民政治协商会议共同纲领》的规定，召开全国人民代表大会及地方各级人民代表大会的条件已经成熟了。会议通过了《关于召开全国人民代表大会及地方各级人民代表大会的决议》，决定成立以毛泽东为主席，以朱德、宋庆龄、李济深、邓小平、李维汉等32人为委员的宪法起草委员会。此后，中共中央指定了宪法起草小组，由毛泽东领导，成员有陈伯达、李维汉、胡乔木和田家英等，并以政务院内务部为主组成宪法起草办公室，收集相关资料。

毛泽东重视“斯大林宪法”

1953年12月27日，毛泽东率宪法起草小组成员一行到达杭州。在杭州西湖畔，毛泽东和起草小组成员潜心筹备，制订工作计划，阅读、钻研各国宪法。毛泽东着重研究了1918年苏俄宪法和被称作“斯大林宪法”的1936年苏联宪法以及东欧人民民主国家的宪法。

1954年1月15日，毛泽东给在北京的刘少奇及中央各同志写了一封电报，通报了起草宪法的一整套工作计划：

宪法小组的宪法起草工作已于一月九日开始，计划如下：

（一）争取在一月三十一日完成宪法草案初稿，并随将此项初稿送中央各同志阅看。

（二）准备在二月上半月将初稿复议一次，请邓小平、李维汉两同志参加。然后提交政治局（及在京各中央委员）讨论作初步通过。

（三）三月初提交宪法起草委员会讨论，在三月份内讨论完毕并初步通过。

（四）四月内再由宪法小组审议修正，再提交政治局讨论，再交宪法起草委员会通过。

（五）五月一日由宪法起草委员会将宪法草案公布，交全国人民讨论四个月，以便九月间根据人民意见作必要修正后提交全国人民代表大会作最后通过。

同时，为便于2月中央政治局讨论，毛泽东亲自开列一批中外宪法文献，“望各政治局委员及在京各中央委员从现在起即抽暇阅看下列各主要参考文件”：

（一）一九三六年苏联宪法及斯大林报告（有单行本）；

（二）一九一八年苏俄宪法（见政府办公厅编宪法及选举法资料汇编一）；

（三）罗马尼亚、波兰、德国（应为民主德国——编者注）、捷克（应为捷克斯洛伐克。下同——编者注）等国宪法（见人民出版社《人民民主国家宪法汇编》，该书所辑各国宪法大同小异，罗、波取其较新，德、捷取其较详并有特异之点，其余有时间亦可多看）；

（四）一九一三年天坛宪法草案，一九二三年曹锟宪法，一九四六年蒋介石宪法（见宪法选举法资料汇编三，可代表内阁制、联省自治制、总统独裁制三型）；

（五）法国一九四六年宪法（见宪法选举法资料汇编四，可代表较进步较完整的资产阶级内阁制宪法）。

对这些宪法文献，毛泽东作了比较研究。从毛泽东开列的宪法文献看，这些宪法分属三类：社会主义国家的宪法、西方资本主义国家的宪法、新中国成立前的中国宪法。1954年6月14日，毛泽东在中南海勤政殿主持召开中央人民政府委员会第三十次会议，在会上作了关于宪法草案的讲话，谈及和上述三种类型宪法的关系的时候，他列举了清末以来颁布的八部宪法。毛泽东说："这个宪法草案也总结了从清朝末年以来关于宪法问题的经验"，"主要是总结了我国的革命经验和建设经验，同时它也是本国经验和国际经验的结合。我们的宪法是属于社会主义宪法类型的。我们是以自己的经验为主，也参考了苏联和各人民民主国家宪法中好的东西"。"我们对资产阶级民主不能一笔抹杀，说他们的宪法在历史上没有地位。但是，现在资产阶级的宪法完全是不好的，是坏的，帝国主义国家的宪法尤其是欺骗和压迫多数人的。"通过对比，毛泽东强调："这个宪法草案所以得到大家拥护，大家所以说它好，就是因为有这两条：一条是正确地恰当地总结了经验，一条是正确地恰当地结合了原则性和灵活性。如果不是这样，我看大家就不会赞成，不会说它好。"

将宪法称"毛泽东宪法"被拒绝

宪法草案以《共同纲领》为基础而发展、完善，同时还参考了苏联和东欧人民民主国家宪法。但是，我国宪法与苏联宪法又有着明显的区别，例如，关于宪法是否具有纲领性的问题，毛泽东说：

一个团体要有一个章程，一个国家也要有一个章程，宪法就是一个总章程，是根本大法。用宪法这样一个根本大法的形式，把人民民主和社会主义原则固定下来，使全国人民有一条清楚的轨道，使全国人民感到有一条清楚的明确的和正确的道路可走，就可以提高全国人民的积极性。

毛泽东说宪法“是一个总章程，是根本大法”，并没有直接讲宪法具有纲领性，但是含有纲领性的意义。而斯大林将宪法与纲领相区别，认为宪法不应具有纲领性，毛泽东明确表示不赞成。

又如，宪法草案中有中华人民共和国主席设立的内容，1936年苏联宪法并没有单设“主席”这个职位，而是代之以“最高苏维埃主席团”，以体现社会主义国家的集体领导特色。1954年3月23日，在宪法起草委员会第一次会议上，当谈到全国人民代表大会同国家主席与国务院总理的关系时，毛泽东说：

我们的主席、总理，都是由全国人民代表大会产生出来的，一定要服从全国人民代表大会，不能跳出“如来佛”的手掌。……苏联叫最高苏维埃，我们叫全国人民代表大会；苏联叫最高苏维埃主席团，我们叫全国人民代表大会常务委员会；苏联叫部长会议，我们叫国务院。我们就是多个主席。有个议长，还有个主席，叠床架屋，这个办法可以不可以？各人民民主国家中，捷克、民主德国是这样的制度，他们叫总统，我们叫主席。

当谈到我们的国家实行集体领导而以个人形式来表现时，毛泽东谈及设立国家主席这一职位的初衷：

主席也有些事做，不是专门吃饭。这是为保证国家安全起见，设了个主席。我们中国是一个大国，叠床架屋地设个主席，目的是为着使国家更加安全。有议长，有总理，又有个主席，就更安全些，不至于三个地方同时都出毛病。如果全国人民代表大会出了毛病，那毫无办法，只好等四年再说。设主席，在国务院与全国人大常务委员会之间有个缓冲作用。

而关于主席的职权，毛泽东指出，主席主要“担任国防委员会主席”，“在必要的时候召开最高国务会议”。

再如，关于宪法草案删除“中华人民共和国主席为国家之元首”的条文，毛泽东否认这样做是因为谦虚。他说：

有人说，宪法草案中删掉个别条文是由于有些人特别谦虚。不能这样解释。这不是谦虚，而是因为那样写不适当，不合理，不科学。

基于上述考虑，毛泽东将国家主席相关条款中关于“国家元首”的表述予以删改，是毛泽东政治智慧与革命意志的体现。也正是如此，针对有人建议仿效苏联将1936年宪法称作“斯大林宪法”的先例，将1954年宪法命名为“毛泽东宪法”的时候，毛泽东明确拒绝的做法，也就不难理解了。

宪法草案博采众长

宪法起草几易其稿。1954年1月9日开始起草，2月17日左右初稿完成。毛泽东带领起草小组又进行修改，2月24日、26日，分别拿出了二读稿、三读稿，派人送给在北京的刘少奇。刘少奇于2月28日、3月1日两次主持中央政治局扩大会议进行讨论。与此同时，中央决定由董必武、彭真、张际春等同志组成研究小组，对三读稿进行认真仔细的研究修改。3月9日，起草小组提交了四读稿，供中央政治局扩大会议讨论。至此，宪法草案初稿起草小组工作结束。

在宪法起草的整个过程中，毛泽东都进行了认真修改。

例如，宪法前面有一个序言，实际上是总纲。据史料记载，看到1918年苏俄宪法把列宁写的《被剥削劳动人民权利宣言》放在前面作为

第一篇，毛泽东从中受到启发，决定在宪法总纲的前面写一段序言。而“序言”这一个形式，也就成了中华人民共和国宪法的一个特点，一直保持到现在。

又如，在第一次修改时，第一次修正稿第32条有关全国人民代表大会行使罢免权的规定中，没有罢免国家主席的内容。毛泽东写了批语“国家主席的罢免”，要求补全。宪法起草小组人员认为，根据宪法产生的未来的国家主席无疑是毛泽东，因此，由他们来写主席罢免的规定，是很不适当的。虽然毛泽东也清楚自己将会是第一任国家主席，但他对此稿的缺漏并没有“疏忽”过去，这显示了毛泽东对宪法制定的负责态度和大度风格。

再如，根据中央档案，毛泽东重点在四读稿中，修改了十多处，另有五处打了问号。其中，关于全国人民代表大会常务委员会的职权的第四款为：“通过和发布具有法律效力的决议和条例。”毛泽东审阅时，删去了“和发布”三字，并批注：“此处不宜写‘发布’为宜，免与主席职权分歧。”在定稿中，这一款修改为“制定法令”。关于中华人民共和国主席的条款，在“主席因故临时离开职务时，由中华人民共和国副主席代行主席的部分职权”中，毛泽东在“离开职务时”后画一插入号，加入“或者受主席委托时”。定稿修改为：“中华人民共和国副主席协助主席工作。副主席受主席的委托，可以代行主席的部分职权。”

修改后的四读稿，成为宪法草案初稿，3月中旬经中央扩大范围讨论后，提交宪法起草委员会。3月23日，在宪法起草委员会第一次会议上，毛主席代表中国共产党向大会提出宪法草案初稿，当谈到宪法草案文字尽量通俗以便群众了解和掌握时，毛泽东说：

把什么什么“时”都改为“的时候”。讲话一般不说“我们在讨论宪法时”，而说“我们在讨论宪法的时候”。“为”字老百姓不懂，都改成了“是”字。什么什么“规定之”，“之”字在一句话的末尾，只是重复了上面的，毫无用处，也都去掉了。也许还有改得不彻底的地方，还可以改。

5月底，在刘少奇主持下，宪法起草委员会全体委员对宪法草案初稿进行认真讨论后，形成宪法草案修正稿。

与此同时，全国政协，各民主党派、人民团体以及中央和地方领导机关以及社会各方面代表8000多人，用两个多月时间，进行认真讨论，充分发扬民主，先后提出了5900条修改意见。宪法起草委员会对上述意见进行了认真研究和讨论，共采纳了其中的100多条。6月11日，宪法起草委员会召开第七次会议，一致通过宪法草案修正稿。

6月14日，在中央人民政府委员会第三十次会议上，毛泽东就宪法草案作了详细的说明，会议通过了《中华人民共和国宪法草案》和《关于公布中华人民共和国宪法草案的决议》，要求全国地方各级人民政府立即在人民群众中组织关于宪法草案的讨论，发动人民群众积极提出修改意见。

6月15日，《人民日报》刊登了宪法草案全文并发表社论，号召开展广泛讨论。一场轰轰烈烈的宪法草案讨论随即遍及全国。“新中国第一部宪法草案”一时变成街头巷尾的热门话题。此后，在近三个月内，参加讨论的人数达1.5亿，约占当时全国总人口的1/4，在全国范围内收到118万条修改意见和建议。宪法起草小组从中博采众长，集思广益，再次进行修改。

“宪法不是天衣无缝，总是会有缺点的”

在全国人大讨论宪法草案前，毛泽东更是夜以继日地修改。

1954年9月6日下午、晚上，毛泽东分别召集会议讨论宪法草案。9月7日晚上，在中南海菊香书屋继续召集开会讨论。9月8日，距第一届全国人民代表大会第一次会议开幕的日期只有七天，这天晚上，毛泽东又在中南海菊香书屋召集周恩来、彭真、邓小平、陈伯达、田家英开会。

9月9日晨，毛泽东批示机要秘书高智用电话通知：

请周、朱、陈、小平四位同志，今日下午五时以前及下午七时以后，看少奇同志宪法报告的头两章，以便晚上十一时左右，和少奇、伯达一起，到我处谈一下这两章中的有些问题。

9日下午，毛泽东在中南海勤政殿主持召开中央人民政府委员会第三十四次会议。会议讨论并修正通过《中华人民共和国宪法草案》，决定提交即将召开的第一届全国人民代表大会第一次会议审议。晚上，毛泽东在中南海菊香书屋召集刘少奇、周恩来、陈云、彭真、邓小平、陈伯达、胡乔木、田家英等开会，讨论刘少奇关于宪法草案的报告稿。

9月11日，毛泽东再次修改《关于中华人民共和国宪法草案的报告（修正稿）》。将“修正稿”改为“草稿”，并署上刘少奇的名字。9月13日晨，审阅修改《关于中华人民共和国宪法草案的报告（草稿）》，批示：“此件送陈伯达同志阅后，送交刘少奇同志：又作了一些修改，请阅酌。拟于晚上谈一下。”

根据中央档案，1954年9月14日，毛泽东主持召开中央人民政府委员会临时会议，最后审议第二天即将提交全国人大讨论的宪法草案。关于宪法草案的修改问题，毛泽东指出：

宪法草案有两个地方要修改，这是全国人民代表大会代表们提出的意见，改了比较好。一个地方是序言第三段：在“第一届全国人民代表大会”下面加“第一次会议”五个字。下面的年月日也填起来，写成“一九五四年九月日”。年月日前面没有“于”字，因为当初我们的两位语文顾问（语文专家）一致反对加“于”字，提出几次都通不过，我们多数只好服从他们少数。下面“我国的第一个宪法”改为“中华人民共和国宪法”。这些修改都是属于文字性的，但不改不行。……说这个宪法是“我国的第一个宪法”，不妥；说它是“中华人民共和国宪法”，则名副其实。这是属于文字性质的但是重要的修改，不改就不那么妥当。

在讲话中，毛泽东特别强调“宪法不是天衣无缝，总是会有缺点的”。同时，毛泽东称赞道：

这是一个比较完整的宪法了。最先是中共中央起草，然后是北京五百多高级干部讨论，全国八千多人讨论，然后是三个月的全国人民讨论，这一次全国人民代表大会一千多名代表又讨论。宪法的起草是慎重的，每一条、每一个字都是认真搞了的，但也不必讲是毫无缺点，天衣无缝。这个宪法是适合我们目前的实际情况的，它坚持了原则性，但是又有灵活性。

9月15日下午3时，第一届全国人民代表大会第一次会议在北京中南海怀仁堂隆重召开，毛泽东主持并致开幕词。9月20日，会议一致通过《中华人民共和国宪法》，时称“五四宪法”。

“五四宪法”的颁布实施，基本上确立了我国在新民主主义向社会主义过渡时期的宪政体制，对新中国民主法制的发展产生了深刻影响。对此，毛泽东说：我们这个宪法，是社会主义类型的宪法，但还不是完全社会主义的宪法，它是一个过渡时期的宪法。毛泽东这一论断，揭示了“五四宪法”的重要性和特点。

“五四宪法”参考了苏联和东欧人民民主国家宪法，是历史的必然。但随着时代的发展，它的弊端也日益暴露出来。由于社会主义改造的提前完成，“五四宪法”未作相应的修改，以致滞后于社会现实，相当一部分条款被搁置在文本上，没有对国家建设发挥指导与规范作用。

（原载于《纵横》2017年第2期）

《关于建国以来党的若干历史问题的决议》形成始末

沈传宝

20年前，正值开辟我们党和国家历史新时期的中共十一届三中全会结束不久，随着平反冤假错案大规模展开和各行各业拨乱反正深入进行，人们思想更趋活跃，对党和国家历史上曾发生的重要问题和重大事件，特别是对毛泽东以及“文化大革命”的评价等问题议论纷纭，社会上更是流传着各种各样的猜测，甚至在一部分人中间产生了思想混乱。因此，全面、彻底地清理“左”的错误，对历史问题作出全面总结，从指导思想上完成拨乱反正的任务，澄清人们的不正确认识，统一党内外的思想，团结一致向前看，成为以邓小平为核心的中共中央第二代领导集体亟须解决的当务之急。后来的历史证明，中共中央第二代领导集体以高超的政治艺术和智慧，出色地完成了这一重大历史任务，而《关于建国以来党的若干历史问题的决议》的形成及通过，就是上述历史任务圆满完成的集中标志。

“‘文化大革命’已经成为我国社会主义历史发展中的一个阶段，总要总结，但是不必匆忙去做。”

早在党的十一届三中全会前夕举行的中央工作会议上，邓小平就明确提出：关于“文化大革命”，也应该科学地历史地来看。……适当的时候作为经验教训总结一下，这对统一全党的认识，是需要的。“文化大革命”已经成为我国社会主义历史发展中的一个阶段，总要总结，但是不必匆忙去做。他的意见被会议所接受，并写进了随后的中共三中全会公报。在当时，不急于就一些重大历史问题作出结论，是因为邓小平考虑到，要对这些问题作出科学的评价，需要做认真的研究工作，有些事要经过更长一点的时间才能为人们较充分地理解，到那时再去评价和说明，可能更好。邓小平还率先对毛泽东和毛泽东思想给予科学评价，在这个关键问题上打开缺口，积极引导人们解放思想。他说，没有毛主席就没有新中国，这丝毫不是什么夸张。毛泽东思想培育了我们整整一代人。没有毛泽东思想，就没有今天的中国共产党，这也丝毫不是什么夸张，毛泽东思想永远是我们全党、全军、全国各族人民的最宝贵的精神财富。

随着拨乱反正工作的全面展开，对新中国成立后的历史进行认真全面的总结的时机也日臻成熟。1979年，新中国成立30周年前夕，中共中央决定由叶剑英代表中共中央发表一个重要讲话。这个讲话不是一般的讲话，而是要对过去30年作一个总结，对30年中的问题，特别是对“文化大革命”的问题，也作出一定的说明，但又不是全面的总结，因为这毕竟是一个庆祝讲话。

随后，以胡乔木为主的起草班子，对新中国成立以来的历史进行认真研究，并多次听取党内外的意见，反复斟酌和修改，写出了讲话稿，呈交9月25日至28日召开的中共十一届四中全会重点讨论。29日下午，庆祝中华人民共和国成立30周年大会在人民大会堂隆重举行。中共中央副主席叶剑英在讲话中，第一次明确地指出了“文化大革命”的错误，同时也对毛泽东和毛泽东思想的历史地位、指导作用，以及新中国成立三十年来的成绩给予充分的肯定。他还强调说：“中共中央认为，对过去三十年特别是‘文化大革命’十年的历史，应当在适当的时候，经过专门的会议，作出正式的总结。”实际上这次讲话对中华人民共和国成立以来三十年的历史，已经作了一个初步的总结。不少同志听了讲话以后认为，在这一讲话的基础上继续前进、充实、丰富、发展，我们的国史就好写了，党史也好写了。然而，也有不少同志认为，这个讲话距离给“文化大革命”作结论，距离给新中国成立三十年来的历史作全面具体的总结，还有很大的一步……这样，就新中国成立以来的重大历史问题作出决议以总结历史经验教训并统一思想，已经提上中共中央的议事和工作日程。

1979年10月30日，在北京市前毛家湾1号毛泽东著作编辑委员会办公室，胡乔木、邓力群等召集会议，传达了邓小平同胡耀邦、姚依林、邓力群等的重要谈话。邓小平指出，常委研究，准备为明年中共五中全会、中共六中全会和后年中共“十二大”做点准备工作，主要是思想工作。现在就要着手起草新中国成立以来党的历史问题决议，明年底中共六中全会讨论通过。邓小平还说，有了国庆讲话，历史决议就好写了，就是以讲话为纲要，考虑具体化、深化。传达完邓小平的指示后，胡乔木对起草决议工作做了布置，决定以起草国庆30周年讲话的班子为基础，再从新华社、人民日报社、解放军报社和档案部门调人组成起草班子。他还要求分四个阶段做准备，当天就开始脱产，分段看材料，借阅档案，找人访问、谈话。

此后不久，历史决议起草小组成员陆续集中到北京复兴门外万寿路的某处开始工作。

1979年12月13日，胡乔木同起草小组成员谈话，提出了起草决议的初步设想。他说，起草文件与研究历史的关系很密切，但毕竟是两件事。这个文件只能限于30年历史的若干问题，不能作为30年历史的读本提纲。关于这个文件与中共六届七中全会通过的历史决议的区别，胡乔木说，那个历史问题决议是把那些时期的问题归结为两条路线，然后作历史分析，而现在情况复杂多了。他提出，总的是不能说多了，说多了劳而无功，不能贪大求全。这次谈话为早日定下决议的轮廓打下基础。

"总的要求，或者说总的原则、总的指导思想，就是这么三条。其中最重要、最根本、最关键的，还是第一条。"

历史决议的起草工作是在中共中央政治局、中央书记处领导下，由邓小平、胡耀邦牵头主持的。起草小组日常工作主要由胡乔木具体负责，它的组织、协调和联络工作则由邓力群分管。邓小平非常重视和关心决议的起草工作，起草伊始，他就要求"决议要力求做好，能使大家的认识一致，不再发生大的分歧"。从1980年3月到1981年中共十一届六中全会，前后一年多的时间里，他一共有十六七次谈话，讲起草决议的指导思想、框架结构和基调。每次谈话，胡耀邦都参加，并同意和补充发挥了邓小平的意见。1980年2月中共十一届五中全会为刘少奇平反，是拨乱反正的重要一步，为人们实事求是地对待毛泽东，坚持毛泽东思想创造了条件。刘少奇的平反，是党内外大多数人的迫切愿望和要求，为国内外舆论所强烈关注，但也引起党内一定程度的思想异同：有人认为这样做违反了毛泽东思想；有人则认为，给刘少奇平反这件事证明毛泽东思想错了。这就提出了如何科学评价毛泽东和毛泽东思想的严峻课题。

于是，起草小组邀请社会各界人士进行座谈，听取对起草决议工作的意见和建议，以及他们对一些重大问题的看法。经过反复讨论、酝酿后，起草小组搞出一个供领导参阅的决议写作提纲，送给了邓小平审阅。

3月19日，邓小平找胡耀邦、胡乔木、邓力群三人谈话，提出他对决议的看法。他告诫大家，写决议不是写文章，不需要多方面展开论证，而是要对于重要的历史事件、重要的历史人物作出正确的判断，话不要多。不要担心，怕说这个判断根据是什么呀？为什么对呀？要论证一下。这样不好。

他说，中心的意思是三条。第一，最核心的一条是确立毛泽东同志的历史地位，坚持和发展毛泽东思想。不仅今天，而且今后，我们都要高举毛泽东思想的旗帜。邓小平提出，要写毛泽东思想的历史，毛泽东思想形成的过程。现在这一次，要正确地评价毛泽东思想，科学地确立毛泽东思想的指导地位，就要把毛泽东思想的主要内容，特别是今后还要继续贯彻执行的内容，用比较概括的语言写出来。

第二，对新中国成立30年来历史上的大事，哪些是正确的，哪些是错误的，要进行实事求是的分析，包括一些负责同志的功过是非，要作出公正的评价。“文化大革命”的十年，毛泽东同志是犯了错误的。在讲到毛泽东同志、毛泽东思想的时候，要对这一时期的错误进行实事求是的分析。

第三，通过这个决议对过去的事情做个基本的总结。这个总结宜粗不宜细，总结过去是为了引导大家团结一致向前看。争取在决议通过以后，在党内、人民中间思想得到明确，认识得到一致，历史上的重大问题的议论到此基本结束。当然，议论过去，将来也难以完全避免，现在要一心一意搞四化，团结一致向前看。

在这次谈话中，邓小平还对当时习惯使用的“十次路线斗争”的提法，发表了看法。可以看出，邓小平从一开始，就对起草决议提出了明确的指导思想。

根据上述三点基本要求，起草组人员又对提纲作了修改，并送到邓小平处。4月1日，邓小平把胡耀邦、胡乔木、邓力群找来，谈了对修改后的历史决议提纲的看法。他首先讲了1957年到1966年的十年间，我们党和国家经历的重大事件，并对这些事件作了基本评价。他说，总的说来，1957年以前，毛泽东同志的领导是正确的，1957年反右派斗争以后，错误就越来越多了。新中国成立后17年这一段，有曲折，有错误，但基本方面还是对的。社会主义革命搞得好，转入社会主义建设以后，毛泽东同志也有好文章、好思想。讲到这里，邓小平着重指出了总结历史教训的一个基本原则：讲错误，不应该只讲毛泽东同志，中央许多负责同志都有错误。在这些问题上要公正，不要造成一种印象，别的人都正确，只有一个人犯错误。这不符合事实。中央犯错误，不是一个人负责，是集体负责。在这些方面，要运用马列主义结合我们的实际进行分析，有所贡献，有所发展。邓小平还以“大跃进”为例，实事求是地进行了自我批评：“‘大跃进’，毛泽东同志头脑发热，我们不发热？刘少奇同志、周恩来同志和我都没有反对，陈云同志没有说话。”

在谈到如何安排决议的结构框架时，邓小平更以平等协商的口气问道：“整个设计，可不可以考虑，先有个前言，回顾一下新中国成立以前新民主主义革命这一段，话不要太多。然后，新中国成立以来十七年一段，‘文化大革命’一段，毛泽东思想一段，最后有个结语。结语讲我们党还是伟大的，勇于面对自己的错误，勇于纠正自己的错误。”这次他仍然强调，决议中最核心、最根本的问题，还是坚持和发展毛泽东思想。

在邓小平谈话前几天，胡乔木也看过决议提纲，他提出了送审的稿子中没有涉及的然而又难以解决的两个问题。一个是为什么发生“文化大革命”？他指出，说“文化大革命”是错误的不难，但是必须答复为什么发生这个错误，不答复这个问题，决议就失掉价值。一个郑重的马列主义政党，就得对这个问题有个科学的分析。另一个是毛泽东思想的实质是什么？我们讲坚持毛泽东思想，是讲坚持什么，不答复这个问题，坚持毛泽东思想的这个口号就没有力量。他还对解决两大难题做了具体说明，为起草决议提供了良好的思路。胡乔木关于两大难题的想法，解决了起草决议中的难点和重点问题，是对邓小平三条要求的重要落实和补充。

在起草时胡乔木、邓力群一致认为，讲历史要讲理论，不要陷到一件一件历史事件里面去，否则只见树木不见森林，说了许多历史，反而看不到历史。胡乔木说，写这个《决议》，理论部分要给予很大的注意，这方面确实要有跟中共“七大”前的那个《决议》差不多的分量，不然在党内国内树立不起信心。非常首要的就是要把中国革命究竟走了一条什么道路，要怎么继续走下去写出来，既要提出实际发展的道路，又要提出一种理想。所以，《决议》要有一种现实的力量、理想的力量。

起草小组的同志夜以继日，终于在5月23日再次起草出一个决议提纲；紧接着，又拿出了首次供中央书记处讨论的决议初稿。

“重点放在毛泽东思想是什么、毛泽东同志正确的东西是什么这方面。错误的东西要批评，但是要很恰当。”

《决议》初稿给邓小平看后，他并不满意，感到整个文稿写得太沉闷，不像一个决议。1957年以前的几部分，列举事实方面差不多，但叙述的方法、次序，特别是语调，要重新斟酌。6月27日，邓小平同胡耀邦、胡乔木、姚依林、邓力群等谈了他对决议初稿的意见。他表态说，不行，要重新来。现在这个稿子没有很好体现原先的设想，即要确立毛泽东同志的历史地位，坚持和发展毛泽东思想。要说清楚关于社会主义革命和社会主义建设，毛泽东同志有哪些贡献。我们要恢复毛泽东思想，坚持毛泽东思想，以至还要发展毛泽东思想，在这些方面，毛泽东同志都提供了一个基础。要把这些思想充分地表达出来，要给人一个很清楚的印象，究竟我们高举毛泽东思想旗帜、坚持毛泽东思想，指的是些什么内容。在座的人都明白，邓小平是对决议初稿没有重点论述毛泽东思想，特别是没有把毛泽东的正确与错误清楚地表达出来，感到不太满意。邓小平提醒在座的同志，单单讲毛泽东同志本人的错误不能解决问题，最重要的是一个制度问题。7月3日，在中央书记处开会讨论决议起草工作时，胡乔木就落实邓小平提出的要求发言，讲了几个原则问题。他说："在起草文件的过程中，小平同志找我们谈过几次，中心任务是要把毛泽东思想旗帜高高树起来，用它来统一党的思想。我们现在没有理由离开这个方向，要向对于这个方向有怀疑的同志做说服工作。这个决议就是说服那些同志的重要武器。"胡乔木并提出了解决难题的一条重要原则，这就是：要把毛主席晚年在思想上、行动上的错误同毛泽东思想加以区别；对毛泽东思想加以肯定，对毛主席晚年的错误的理论和实践加以评判。中央书记处同意了胡乔木提出的原则。为解决邓小平提出的起草决议的核心问题找到了答案，起草工作顿如柳暗花明，进度明显加快。

7月上旬，起草小组连续三天召开座谈会，随着讨论的展开和对邓小平所提要求的深入理解，起草工作渐入佳境。而这时胡乔木不仅参加稿子的修改，还亲自起草重点段落，"文化大革命"十年这一段即自始至终是他执笔的。到8月初，又拿出一稿，也有了正式的名称，即《关于建国以来党的若干历史问题的决议（1980年8月8日稿）》。

在中国共产党着手起草历史问题决议的时候，全世界都在关注着中共中央将如何评价毛泽东。8月21日和23日，邓小平连续接受了意大利著名记者奥琳埃娜·法拉奇的采访，法拉奇以提问题尖锐、泼辣而著称，邓小平也想借此向全世界宣示中国的态度。法拉奇开头便问："天安门上的毛主席像是否要永远保留下去？"名记者的提问一针见血，邓小平的回答也一语中的：永远要保留下去。尽管毛主席过去有段时间也犯了错误，但他终究是中国共产党、中华人民共和国的主要缔造者。拿他的功和过来说，错误毕竟是第二位的。他为中国人民做的事情是不能抹杀的。从我们中国人民的感情来说，我们永远把他作为我们党和国家的缔造者来纪念。

法拉奇又提出，中国人民把很多错误都归咎于“四人帮”，但他们说的是“四人帮”，伸出的却是五个手指。邓小平毫不回避，他说，毛主席的错误和林彪、“四人帮”问题的性质是不同的。毛主席一生中大部分时间是做了非常好的事情的，他多次从危机中把党和国家挽救过来。没有毛主席，至少我们还要在黑暗中摸索更长的时间。但是很不幸，在他一生的后期，特别在“文化大革命”中是犯了错误的，而且错误不小，给我们党、国家和人民带来许多不幸。毛主席犯的错误是政治错误。另外，错误被林彪、“四人帮”这两个反革命集团利用了，他们的目的就是阴谋夺权。所以，要区别毛主席的错误同林彪、“四人帮”的罪行。

法拉奇又问：“你们对‘四人帮’进行审判的时候，以及你们开下一届党代会时，在何种程度上会牵涉到毛主席？”邓小平明确回答：我们要对毛主席一生的功过作客观的评价。我们将肯定毛主席的功绩是第一位的，他的错误是第二位的。我们还要继续坚持毛泽东思想。毛泽东思想是毛主席一生中正确的部分。我们不会像赫鲁晓夫对待斯大林那样对待毛主席。

8月28日，法拉奇将这次采访的经过和内容全文发表在意大利报纸上，世界各国报刊纷纷予以转载和评论。其中，某外电这样评论道：“邓小平第一次宣布，在明年的党代会上，将不会像批判斯大林那样，全面批评毛泽东。但是将总结‘大跃进’以后的总路线，今后的中国将与毛泽东路线诀别，进行四个现代化。”邓小平后来回忆这次采访时不无幽默地说：“我同她谈了七八个小时，她给我出了许多难回答的题目，我总算通过了考试。”

与此同时，针对来自国际上的各种传说和国内的各种声音，许多老一辈革命家主动站出来，积极维护毛泽东的形象和毛泽东思想的指导地位。在8月召开的政治局扩大会议上，李维汉说：“现在的年青一代，不少人不能正确对待毛泽东思想，不能正确估价毛主席的功过，存在着不少问题。作为一种社会现象，这不能怪他们。因为他们不了解我们革命的历史，只看到毛主席晚年的错误，又受到林彪、‘四人帮’的毒害。这有待于用阐释毛泽东思想科学体系和实事求是地对毛主席功过的评价去教育他们……这样，我们就能理直气壮地高举毛泽东思想的旗帜，也有利于维护毛主席个人的形象。”老一辈无产阶级革命家对毛泽东实事求是的评价，表现出他们对历史的强烈责任感和对我国未来高度负责的精神，有力地推动了决议起草工作顺利开展和对毛泽东及毛泽东思想的评价沿着健康方向发展。

根据邓小平历次谈话精神，起草小组在9月10日再次改写出了完整的决议稿，即《关于建国以来党的若干历史问题的决议（1980年9月10日未定稿）》。未定稿大约6万字，基本上是按照邓小平的设计写出的。这个稿子曾发给各省、市、自治区第一书记座谈会讨论，胡乔木在会上对未定稿给予较高评价。他说：“这个稿子，我也说不上是第几次的稿子了，一些主要的骨架，大概就像现在这个样子了。要作很大的变化，实在说，我也变不出来了。经过大家交换意见，现在的写法跟原来的想法确实有了很多的变化。”可是，胡乔木没有想到，此后对决议稿又进行了不止一次的热烈讨论，不止一次的重大修改。这充分体现了中共中央对历史负责的精神和起草组人员强烈的责任感和使命感。

“毛泽东思想这个旗子丢不得。丢掉了这个旗子，实际上就否定了我们党的光辉历史。”

1980年10月12日中共中央发出通知，要求把《历史决议（1980年10月供党内高级干部讨论稿）》发到各省、市、自治区讨论。由于预定参加讨论人数是4000人，所以称作“四千人大讨论”。参加讨论的人员来自中央国家机关、中央直属机关、军队、地方，以及在中央党校学习的学员，中央书记处研究室的人员和起草小组成员分别参加了中央党政机关的讨论。这是一次规模空前的大讨论，是一次广泛深入地发扬党内民主的过程。这次讨论从10月中旬开始，到11月下旬结束，前后持续了一个多月时间。讨论情况不断用简报、快报等形式迅速、及时地反馈给起草小组和党中央，而一些重大的问题则写成综合报告、意见汇编等上报中央政治局。据统计，讨论期间共发快报88期、简报938期，这充分说明了“四千人大讨论”之热烈和党中央对此重视的程度。

对毛泽东和毛泽东思想的评价问题，仍然是讨论中争论的焦点。大多数同志对历史地科学地评价毛泽东与“文化大革命”，对肯定毛泽东思想，表示了赞同的意见。其中有些意见是相当好的，如压缩篇幅，去掉可以不说的内容等。此外，大家还普遍要求把粉碎“四人帮”以后这段写进去。但也有一些偏颇甚至相当极端的意见，对确立毛泽东和毛泽东思想的历史地位的重要性不大理解。

在这期间，邓小平曾找中央警卫局的同志交谈过（中央警卫局已把邓小平同法拉奇的谈话向战士们进行了宣读，并组织大家讨论），干部、战士都觉得这样好、能接受。邓小平还看了讨论的部分简报，密切关注讨论的进展，这样就可心中有底。10月25日，邓小平找胡乔木、邓力群谈话。一方面，他肯定大家畅所欲言，提出了一些很好的意见，要求把这些好的意见都吸收进来。另一方面，他也针对讨论中存在的思想混乱，着重讲了对毛泽东功过的评价和毛泽东思想的指导作用，重申了起草决议的指导原则。他语重心长地说，关于毛泽东同志功过的评价和毛泽东思想，写不写、怎么写，的确是个非常重要的问题。不提毛泽东思想，对毛泽东同志的功过评价不恰当，老工人通不过，土改时候的贫下中农通不过，同他们相联系的一大批干部也通不过。他尖锐指出：“毛泽东思想这个旗帜丢不得。丢掉了这个旗帜，实际上就否定了我们党的光辉历史。总的来说，我们党的历史还是光辉的历史。虽然我们党在历史上，包括新中国成立以后的30年中，犯过一些大错误，甚至犯过搞‘文化大革命’这样的大错误，但是我们党终究把革命搞成功了。中国在世界上的地位，是在中华人民共和国成立以后才大大提高的……对毛泽东同志的评价，对毛泽东思想的阐述，不是仅仅涉及毛泽东个人的问题，这同我们党、我们国家的整个历史是分不开的……这不只是个理论问题，尤其是个政治问题，是国际国内很大的政治问题。如果不写或写不好这个部分，整个决议都不如不做。”他以政治家特有的敏锐性严肃指出，实事求是地评价毛泽东同志的功过，肯定并且继续坚持毛泽东思想，在这个问题上丝毫不能让步。

邓小平还对如何评价毛泽东和毛泽东思想提出具体意见。他说，中共三中全会以后，我们就是恢复毛泽东同志的那些正确的东西嘛，就是准确地、完整地学习和运用毛泽东思想嘛。从许多方面来说，现在我们还是把毛泽东同志已经提出但是没有做的事情做起来，把他反对错了的改正过来，把他没有做好的事情做好。我们讲拨乱反正，就是拨林彪、“四人帮”破坏之乱，批评毛泽东同志晚年的错误，回到毛泽东思想的正确轨道上来。

他接着说，我们党用毛泽东思想教育了整整一代人，使我们赢得了革命战争的胜利，建立了中华人民共和国。“文化大革命”的确是一个大错误。但是我们党还是粉碎了林彪、“四人帮”两个反革命集团，结束了“文化大革命”，一直发展到今天。这些事情，还不是毛泽东思想教育的一代人干的？总之，不把毛泽东思想，即经过实践检验证明是正确的、应该作为我们今后工作指南的东西，写到《决议》里去，我们进行的革命、建设的分量，它的历史意义，都要削弱。不写或不坚持毛泽东思想，我们要犯历史性的大错误。

对于如何对待毛泽东的错误问题，他指出，对于错误，包括毛泽东同志的错误，一定要毫不含糊地进行批评；但是一定要实事求是，不能把所有的问题都归结到个人品质上。毛泽东同志不是孤立的个人，他直到去世，一直是我们党的领袖。对于毛泽东同志的错误写过头，给毛泽东同志抹黑，也就是给我们党、我们国家抹黑。这是违背历史事实的！

这是《决议》起草期间一次很重要的谈话。邓小平说理透彻精辟，尊重历史而又充满感情。在《决议》起草的最关键问题上，他直面“非毛化”的不和谐音符，“任凭风浪起，稳坐钓鱼台”，为《决议》起草工作指出和坚持了正确的方向。

在如何对待和总结历史的关键问题上，中纪委领导黄克诚也不计较个人恩怨，挺身而出。1980年11月，他在中纪委的会议上谈了如何对待毛泽东的态度问题。在回顾了毛泽东对于中国革命的重大贡献后，他说道："如果把新中国成立以来我们党所犯的错误都算在毛泽东身上，让他一个人承担责任，这样做不符合历史事实。过去解放新中国，建设新中国，我们这些老共产党员都尽了一份责任，功劳大家有份。现在如果把错误都算在一个人身上，好像我们没有份，这是不公平的。我们应当来分担应当分担的责任，那才符合历史事实，符合唯物主义。"黄克诚在1959年庐山会议上曾受到错误批判和处理，21年后，他能够以坦诚、公正的态度评价毛泽东，使许多人深为感动，也说出了老一辈无产阶级革命家的心声。

关于粉碎"四人帮"以后的历史，事情刚刚发生，如何写，争议比较大。胡乔木根据中央的意见，亲自执笔，反复修改，写出了对这四年的基本总结，送给各政治局常委审阅。各常委除李先念因为出国访问未看到文稿无法表态外，其他先后通过书面批示或电话答复表示了肯定态度，仅华国锋打电话说没有经过常委正式讨论，不赞成加上此段。邓小平、胡耀邦认为，既然有人不赞成，就先不加，等到"四千人大讨论"之后，如果大家觉得需要加，再加也不迟。因此，供4000人讨论的稿子，关于这四年的内容只有六行，100多字。果然，在讨论中许多同志提出不同意见，大多数同志主张，一定要对粉碎"四人帮"后的历史包括华国锋同志的错误，进行认真、全面、科学的总结，并写进决议。全国政协副主席屈武提出，要把最近四年写一段，并以中共三中全会为界，之前继承"文化大革命"路线，之后走上正确道路。中共中央党史资料征集委员会副主任童小鹏提出，粉碎"四人帮"后的四年，非写不可，有人不同意写，毫无道理。全国政协副主席刘澜涛也主张写近四年的一节。许多同志指出，华国锋在粉碎"四人帮"和此后揭批"四人帮"中有功劳，但是在他主持中央工作期间仍然承袭了"文化大革命"

的一套“左”倾理论、方针和口号，犯了不少错误。

“四千人大讨论”过后，胡乔木综合、研究各种意见，提出一个《对于修改历史决议草稿的初步意见》，一共12条，并且吸收大家的建议，对《决议》稿进行了较大幅度的修改和补充。

就在这一讨论进行前后，对林彪、江青这两个反革命集团案的审理也在加紧进行。由于这两大集团是在“文化大革命”中形成的，他们利用毛泽东晚年的错误，兴风作浪，作恶多端，因此两案审判也就与历史决议的起草，与对“文化大革命”和毛泽东的评价有着割不断的联系。在两案审理中，审判人员根据中央起草决议的精神，把握住一条根本原则，即只审判十名主犯的刑事犯罪，不审判其政治错误，这就避免了审判江青等人时牵涉到毛泽东晚年的错误，把林彪、江青等人的罪行与毛泽东的错误严格区分开来。1981年1月25日，最高人民法院特别法庭开庭宣判，林彪、江青反革命集团主犯分别被处以不同的刑罚。这是一个大快人心的时刻，人们以鄙夷的目光看着这帮曾经不可一世的反革命主犯，终于以被告的身份被押上了历史的审判台。而前述重大政治问题正确、恰当的处理，使评价毛泽东的感情问题得到合理解决，为决议尽快起草出定稿乃至以后通过决议扫清了障碍。

陈云建议专门加一篇话，讲讲解放前的历史，写党的60年。这样，确立毛泽东的历史地位，坚持和发展毛泽东思想，就有了全面的根据。邓小平说，这个意见很好，请转告起草小组。

转眼之间，起草《关于建国以来党的若干历史问题的决议》（以下简称《决议》）的工作已经进行了一年多。1981年3月18日，邓小平就此项工作当面向邓力群、吴冷西指示说，《决议》稿的轮廓可以定下来了。接着，他又对新中国成立以后的历史作了简要评论，说：新中国成立头七年的成绩是大家一直公认的。我们的社会主义改造是搞得成功的，很了不起。“文化大革命”前的十年，应当肯定，总的是好的，基本是在健康的道路上发展的。这中间有过曲折，犯过错误，但成绩是主要的。关于“文化大革命”这部分，他表示赞成胡乔木的意见，认为“要写得概括”，“文化大革命”同以前17年中的错误相比，是严重的、全局性的错误。在谈话中，邓小平还首肯胡耀邦的主张，即《决议》稿写出后多听听老一辈革命家、政治家和老干部，包括黄克诚、李维汉等人的意见。

3月24日，邓小平身体力行，乘到中南海陈云住处探望之机，专门征求了陈云对《决议》起草工作的意见。陈云则对《决议》稿提出了两点修改意见：一是要专门加一篇话，讲讲解放前党的历史，写党的60年。这样写，毛泽东的功绩、贡献就会概括得更全面，确立毛泽东的历史地位，坚持和发展毛泽东思想，也就有了全面的根据。二是建议中央提倡学习，主要是学习马克思主义哲学，重点是学习毛泽东的哲学著作。邓小平对陈云的建议非常重视，仅仅过了两天，即把起草小组负责人找来叮嘱道，陈云同志的第一条意见很好，请转告起草小组。历史决议中关于毛泽东同志对马克思主义哲学的贡献，要写得更丰富、更充实。结束语中也要加上提倡学习的意思。他还要求：“这些意见，请你报告胡耀邦同志。”

陈云对决议起草工作的关注，集中体现在他于这一年3月同邓力群的四次重要的谈话中。第一次谈话，陈云在谈到如何评价新中国成立以后32年间的错误时，明确要求：一定要写得很准确，论断要合乎实际，要把它“敲定”下来（“敲定”是上海话，就是说反复推敲、反复斟酌，使它能够站得住）。他表示同意邓小平确定的起草《决议》宜粗不宜细的原则，要求是成绩就写成绩，是错误就写错误；是大错误就写大错误，是小错误就写小错误。要分别不同情况，把它“敲定”下来。

第二次谈话，他讲《决议》要确定毛泽东同志、毛泽东思想的地位。在写法上要使大家能够从这个《决议》上看得清楚，就需要写一下党成立以来60年间毛主席的贡献、毛泽东思想的贡献。所以他建议增加新中国成立以前28年历史的回顾，把毛主席在60年间重要关头的作用写清楚，那么说毛主席的功绩是第一位的，错误是第二位的，毛泽东思想指引我们取得了胜利，就更能说服人了。

第三次谈话，陈云具体讲到了新中国成立前毛泽东和毛泽东思想在历史上的重要作用。他说，毛泽东同志的威望，是通过长期的革命斗争实践建立起来的。在中央领导同志中间，没有一个人能够同毛主席相比，包括少奇同志、恩来同志。即使在毛泽东同志犯错误的时候，许多老干部被整得那么厉害，可是大家仍然相信他，忘不了他的功绩，原因就在这里。

第四次谈话，他建议《决议》要写上国际对我们的帮助，我们党是在共产国际的帮助下成立的，建党初期共产国际起了好作用。在抗日战争期间和新中国成立初期，苏联还是给了我们援助，通过这些论断，再一次说明中国共产党人是公正的。

陈云的建议与邓小平的要求是一致的，都在解决如何确立毛泽东和毛泽东思想的地位的关键问题上，起到了关键的作用，对他们的意见，常委、书记处一致表示同意。《决议》稿也因此加了“前言”部分，对新中国成立前28年党领导新民主主义革命的历程作了简略的回顾，最后决议形成了3.6万多字的稿子。

1981年3月30日，胡耀邦主持召开中共中央书记处会议，就召开中共六中全会和有关历史决议问题进行讨论。会议决定，在中央政治局委员、书记处书记和部分老同志中再组织一次40多人的讨论。在这次讨论中，大家又提出了一些问题，如中共八届十二中全会和中共九大是否非法、在“文化大革命”中党还是否存在等。4月7日，邓小平约见起草小组负责人胡乔木、邓力群，针对议论较多的几个问题发表了看法。他说，如果否定中共八届十二中全会、中共九大的合法性，那我们说“文化大革命”期间党还存在，国务院和人民解放军还能进行许多必要的工作，就站不住脚了。党的组织生活虽然停止过一段时间，但是党实际上存在着，否则怎么能不费一枪一弹，不流一滴血，就粉碎了“四人帮”呢？他还结合自己在1974年出席联大特别会议引起轰动的事例，说明“文化大革命”期间外事工作取得了很大的成绩。

这次谈话后，起草组对这次讨论中的意见反复进行了鉴别、取舍、消化、吸收，终于又拿出了一个比较成熟的稿子，准备提供给政治局扩大会议讨论。

“现在的稿子，是合乎三项基本要求的。”“不能再晚了，晚了不利。”

在中国共产党诞生60周年前夕，党内党外、国际国内都在关注着中共中央对历史问题的看法。而国际上看中国，是怀疑我国安定团结的政治局面，其中也包括怀疑我们正在起草的《决议》是否拿得出来，是早拿出来还是晚拿出来。

这一时期，邓小平在会见外国政要和朋友时，反复谈到中国共产党对历史、对毛泽东的态度问题。1月26日，在会见澳大利亚外长斯特里特时邓小平称，世界上有人议论，说我们搞“非毛化”。我们没有搞“非毛化”，我们将坚持毛泽东思想。但毛泽东晚年的错误也要讲清楚。毛泽东思想是历史形成的，并且指导中国革命取得了胜利，这个财富不能丢。3月24日，邓小平在会见坦桑尼亚总统尼雷尔时，向他解释我们对“文化大革命”的否定意见，尼雷尔接受了。但是尼雷尔说，毛泽东思想无论如何不能丢掉。津巴布韦的穆加贝也对邓小平表示，“文化大革命”期间他在坐牢，所以“文化大革命”是怎么回事并不知道。但是津巴布韦搞成功，就是靠毛泽东思想，《毛泽东选集》一、二、三、四卷。他说，马恩列斯写的书很多，可是读了以后，同他们那个地方的情况对不上号，而《毛泽东选集》的很多内容容易懂，而且管用。国际友人的意见，表达了他们对中国能否正确评价毛泽东和毛泽东思想的担心。

在此前后，在多个场合，邓小平反复点出当时存在的一种片面看法，指出，很多人不知道我们党的历史，我们是怎样奋斗的，怎样成功的？他们只看到“文化大革命”“四人帮”，因此对毛主席持否定态度。

为了进一步统一全党思想，使《决议》修改工作再上一个新台阶，1981年5月19日，中央政治局召开扩大会议再度研讨，出席会议的74人有政治局委员、候补委员、书记处书记、老干部、中央党政军机关负责人，起草小组成员列席会议。在开幕会上，胡乔木对《决议》稿中涉及的诸如不用路线斗争等说法、毛泽东晚期思想表述、前十年的评价等原则问题作了几点说明。向来以作风果断、雷厉风行而闻名的邓小平，以特有的语言风格发表了重要讲话。他说：这个《决议》，过去也有同志提出，是不是不急于搞？不行，都在等。从国内来说，党内党外都在等，你不拿出一个东西来，重大的问题就没有一个统一的看法。国际上也在等。人们看中国，怀疑我们安定团结的局面，其中也包括这个文件拿得出来拿不出来，早拿出来晚拿出来。所以，不能再晚了，晚了不利。他在充分肯定了一些好的想法和起草组所下的功夫后指出，这个稿子是根据一开始就提出的三项基本要求写的，是在“四千人大讨论”和最近40多位同志讨论的基础上修改的，好多好的意见这里面吸收了。现在的稿子，是合乎三项基本要求的，缺点是长了点儿。他希望政治局扩大会议花点时间、花点精力，把稿子推敲得更细致一些，改得更好一些，把它定下来，然后提交到中共六中全会通过，在建党60周年时发表，到时候就不要做更多的文章了。

邓小平最后强调，中心是两个问题：一个是毛泽东同志的功绩是第一位，还是错误是第一位？另一个是，我们32年，特别是“文化大革命”前十年，成绩是主要的，还是错误是主要的？还有第三个问题，就是这些错误是毛泽东同志一个人的，还是别的人也有点份？这个《决议》稿中多处提到我们党中央要承担责任，别的同志要承担点责任，恐怕这比较合乎实际。第四个问题，毛泽东同志犯错误，是一个伟大的革命家犯错误，是一个伟大的马克思主义者犯错误。邓小平用短短的几句话，在几个关键的，也是争论最厉害的问题上做了高度概括，体现了作为政治家的坚定的原则性和远见卓识。

根据邓小平的安排，中央政治局扩大会议从5月21日起分组讨论，一直到29日结束。在讨论中，大家对稿子普遍给予较高的评价，认为再进一步修改后可以送中共六中全会讨论。另外，这次讨论又提出了一些很好的意见。如关于新中国成立以前的历史，要照顾到各个方面、各条战线，增加一些对重要历史事件的叙述；关于毛泽东思想的评价，应充实毛泽东在社会主义建设方面、在革命的战略策略、思想政治工作等方面的内容，以更加全面、科学地反映毛泽东思想的面貌与贡献；增写周恩来在“文化大革命”期间所起的特殊的好作用的文字；等等。6月4日，起草组吸收了以上意见，随即改出新的稿子。而对于问题重要而又争议较多的部分，起草组则作了专门的汇报说明。讨论中，有人不同意稿子里面“毛泽东晚期思想”的说法。程子华说，毛泽东晚期思想的提法不科学，还是提毛泽东晚年的错误比较好。周扬、宋时轮等也有大致相同的看法。这个建议当时没有被采纳，但最后“决议”定稿时采取了“毛泽东晚年的错误”的提法。

在中国的革命和建设过程中，各民主党派和中国共产党风雨同舟，和衷共济。在如此重要的历史决议形成过程中，不能不考虑他们的意见。中共十一届六中全会前夕，1981年6月22日至25日，中共中央在中南海怀仁堂邀请在京的各民主党派、全国工商联负责人及无党派人士、全国政协部分老同志座谈，征求他们对《决议》稿的意见；中共中央副主席李先念主持会议。他说，总结党的60年的历史，特别是新中国成立32年的历史，是个很大的事情。这段历史经过了许多曲折，胜利过也失败过。这些问题只在中国共产党内讨论还不够，不少党外人士对中国共产党的历史比较了解，希望花点时间认真地帮助党总结历史，以便统一思想，集中精力，团结一致搞好现代化建设。

在座谈会上，大家进行了认真细致的研究和讨论，提出了许多宝贵的意见。有的民主人士和知识分子提出，把知识分子当作所谓“资产阶级学术权威”加以打倒，这也是重要的问题；有人发言指出，中共中央把新中国成立以来每个历史阶段的成绩加以肯定，把工作中的错误包括个人的责任实事求是地指出来，使人信服，令人振奋，这是中共十一届三中全会精神的继续和发展；许多人认为，《决议》对毛泽东的评价实事求是、恰如其分，既充分肯定了他的成绩，又毫不含糊地指出了他的错误，这样的评价是对人民负责，对历史负责。另外，由于《决议》要翻译成少数民族文字和外文，参加翻译的同志包括外国专家也提出不少中肯意见，文稿修改时也力求予以吸收。

通过这次讨论和征求意见，统一了党外人士的认识，为在党的中央全会上顺利通过《决议》打下了广泛的社会基础。

“总的来说，这个决议是个好决议，现在这个稿子是个好稿子。”

1981年6月，党的十一届六中全会举行预备会议，对提交的《关于建国以来党的若干历史问题的决议（草案）》进行第四轮大讨论。从6月15日起，预备会议开始分组讨论，起草小组成员分别在各小组对《决议》的起草和修改情况作说明。各位中央委员按照会议要求，独立思考，对党负责，认真讨论了8天。在这期间，中央还征求了在京党政军机关近千人的意见。

6月22日下午，中央常委召开各组召集人碰头会，了解讨论的情况，几位常委相继发表了讲话。邓小平在讲话中对《决议》草案给予了高度评价，他说：“总的来说，这个《决议》是个好《决议》，现在这个稿子是个好稿子。我们原来设想，这个《决议》要高举毛泽东思想的伟大旗帜，实事求是地、恰如其分地评价‘文化大革命’，评价毛泽东同志的功过是非，使这个《决议》起到像1945年那次历史决议所起的作用，就是总结经验，统一思想，团结一致向前看。我想，现在这个稿子能够实现这样的要求。”邓小平铿锵有力的声音响彻在宽敞的会议大厅。

接着，他具体谈了三点：第一，核心问题是对毛泽东同志的评价，稿子的分寸是掌握得好的。第二，为什么我们这次要强调恰如其分？就是在前一段时间里，对毛泽东同志有些问题的议论讲得太重了，应该改过来。这样比较合乎实际，对我们整个国家、整个党的形象也比较有利。第三，这个决议里面写上华国锋同志的名字，指出他的错误，对于全党、对于人民有益，有好处，对华国锋同志本人也有极大的好处。如果不点名，就没有理由变动他的工作。

在这次碰头会上，邓小平还对“路线斗争、路线错误”的说法作了解释。与会同志也纷纷插话，会议气氛十分热烈。邓小平说，我们不提“路线错误”，是考虑到“路线斗争、路线错误”这个提法过去我们用得并不准确，用得很多很乱。过去我们讲党的历史上多少次路线斗争，现在看，明显地不能成立，应该根本推翻的就有刘少奇及彭（真）、罗（瑞卿）、陆（定一）、杨（尚昆）这一次和彭（德怀）、黄（克诚）、张（闻天）、周（小舟）这一次。

陈云插话说，讲路线，历史上用惯了，用到谁的头上谁就不得翻身，还要上挂下联。“文化大革命”用得就更滥了。如果讲中共十一大是路线错误，那问题就大了，包括叶帅，包括先念同志，包括好多人。

邓小平接着说，还有一个理由。过去党内长期是这样，一说到不同意见就提到路线高度，批判路线错误。所以，我们要很郑重地来对待这个问题，这是改变我们的党风的问题。当然，并不是说“路线”两个字就一概不能用了。党内斗争是什么性质就说是什么性质，犯了什么错误就说是什么错误，原则上不再用“路线斗争”的提法。

躺在病榻上的叶剑英则亲自给政治局常委和与会者写信，表达了自己的意见。他指出："在小平同志的亲自主持下和参加写作的同志辛勤努力下写出了《决议》修改稿，又经过同志们认真细致的讨论修改，最后形成了《决议》。虽然由于我长期在病中，未能详尽地研究，但我是同意和拥护中央所做的这一决定的。《决议》中确立毛泽东同志以及毛泽东思想的历史地位，这对于我们党的千秋大业无疑是十分重要的。"

在统一认识的基础上，与会人员同意委托政治局常委会定稿，提交中央全会审议通过。会后，胡乔木、邓力群根据这次会上提出的新问题，对《决议》草案进行了提交中共六中全会审议前的最后修改，可谓一丝不苟，精益求精。陈云看后，旋即请秘书转告起草组人员，称赞道："改得很好，气势很壮。"

1981年6月27日至29日，中共中央十一届六中全会在北京举行。经过充分讨论，全会一致通过《关于建国以来党的若干历史问题的决议》。在29日的闭幕会上，陈云作了简短讲话，他说："中央开了一次很重要的会议，解决了几个重大的问题。党的建设和国家建设的任务还很重，中央和全党同志必须兢兢业业工作。"邓小平最后讲话，言简意赅，直奔主题。他说，我确信，我们这次全会解决的两个问题，解决得非常好。其中一个，就是关于新中国成立以来党的若干历史问题的决议，真正是达到了我们原来的要求。这对于我们统一党内的思想，有很重要的作用。相信这个《决议》能够经得住历史考验。

《决议》运用马克思主义世界观和方法论，既对多年来的"左"倾错误和毛泽东晚年的错误作了科学的分析和评论，同时也坚决顶住了否定毛泽东和毛泽东思想的错误思潮，维护了毛泽东的历史地位，肯定了毛泽东思想的指导作用。《决议》对新中国成立32年来党的重大历史事件特别是"文化大革命"作出了正确总结，科学地分析了这些事件中党的指导思想的正确与错误以及产生错误的主观因素和社会原因。

《决议》对新中国成立以来的历史作出全面总结后，指出："我们的社会主义制度还处在初级的阶段"，"我们的社会主义制度由比较不完善到比较完善，必然要经历一个长久的过程”。这是对我国国情认识的新突破。《决议》在总结新中国成立以来正反两方面的经验，特别是“文化大革命”的沉痛教训基础上，初步总结出中共三中全会以来我们党逐步确立的、适合我国情况的社会主义现代化建设的正确道路的十个主要点，这标志着邓小平建设有中国特色社会主义理论和在这一理论指导下的党的基本路线的初步形成。

和1945年的《决议》相比，这个《决议》有以下特点：多了历史的论证，少了一些理论的论证；前者着重总结十年内战的经验，对毛泽东同志的功绩论述较多，对其他领导同志的贡献提得较少。后者虽然只是在“新中国成立以前28年历史的回顾”中用了5000多字，但内容丰富得多了。对毛泽东和毛泽东思想评价也更加全面和准确。前者在分析犯“左”倾错误原因时着重从阶级根源上分析，指出小资产阶级的摇摆性是犯错误的根源，失之于简单，后者则没有这样讲；前者把我党的历史归结为两条路线斗争史，后者则更加科学和实事求是。以上对比充分证明：中国共产党在政治上、理论上更加成熟了。

《决议》通过以后，引起了国内外的普遍注意和强烈反响。人们都说，现在对毛泽东同志的功过分清楚了，理直气壮了，心里的一块石头落了地了。一位干部对记者说：“过去毛泽东同志住在天上，他是神，我们敬他，可是总觉得离他远。如今党中央通过的《决议》把他的功过讲活了，就像把他从天上请到人间，和我们百姓在一起，我们都感觉他老人家也是人，离我们近了，我们对他老人家也就更加亲了。”言语真切，感情真挚，朴素的话语中蕴含了深刻的道理。西方舆论反应也很强烈。《华盛顿邮报》称，中共六中全会《决议》最重要的部分是对毛泽东思想的论述，《决议》是一篇有创新见解的论文，它“清除了过去的错误并为今后确定了正确的道路”。美国记者白修德（Theodore H.White）称赞《决议》“是非常出色的文件，用我们美国人的话说，就像‘动得非常干净的外科手术’。文件的思路很清楚，事实阐述得很明白”。合众国际社报道说，《决议》表明，中国最高领导人终于对过去取得了一致的看法，现在可以把注意力转向未来了。

同年7月6日，《人民日报》就《决议》的通过发表社论指出，这几年来，全世界都在议论和揣测“毛泽东以后的中国”。现在经过这次会议，有了这个《决议》，他们可以找到答案了：毛泽东以后的中国，是马列主义、毛泽东思想的社会主义中国。动乱的年代结束了，徘徊的岁月终止了，我们可以向过去告别了。

恩格斯曾说：“伟大的阶级，正如伟大的民族一样，无论从哪个方面学习都不如从自己所犯错误的后果中学习来得快。”《关于建国以来党的若干历史问题的决议》是在中国共产党人严肃对待自己历史基础上产生的，它将以在党的指导思想上完成拨乱反正的历史任务而载入史册。此后不久，我们党在新时期的历史进入了全面改革的新阶段。十年后，在举世瞩目的中共十四大上，江泽民总书记高度评价了《决议》的通过，他说：“随着国内局势的发展和国际局势的变化，越来越显示出党作出这个重大决策的勇气和远见。”而20年后的今天，历史已经进入了新的千年和新的世纪，当我们回顾历史时会发现，这一伟大的历史文献仍然经受住了严格而又公正的检验。《决议》的起草及通过，在中国当代历史发展以及保证党在建设有中国特色社会主义道路上继续前进，的的确确发挥了不可或缺的重要作用。

（原载于《纵横》2001 年第 7 期、第 8 期）

《中日和平友好条约》缔结始末

王泰平

今年是《中日和平友好条约》缔结40周年。条约以法律形式确认了《中日联合声明》的各项原则，为中日关系的全面发展奠定了政治基础，在中日关系史上具有重要意义。

条约全文虽不足1000字，但从酝酿到缔结经历了一个漫长的过程（历时六个春秋），其间中日双方各自国内的政局都发生了巨大变化，谈判的决策者和执行者也几经转换。中方的当事人先后有毛泽东、周恩来、华国锋、邓小平等国家领导人和姬鹏飞、乔冠华、黄华三任外长；日方有田中角荣、三木武夫、福田赳夫三届首相和大平正芳、木村俊夫、宫泽喜一、小坂善太郎、鸠山威一郎、园田直等六任外相。经过双方的共同努力，最终缔约成功，迎来了一个满意的结局。

缔约的主要考虑

缔结中日和平友好条约是周总理征得毛主席同意后，在中日复交前就明确提出的主张。周总理提出分两步走的主张，先复交，再缔约，但不仅仅是缔结和约，而是缔结和平友好条约。主要考虑有二：一是为提升两国关系；二是照顾日本的困难。

蒋介石集团1952年与日本签订和约时已败逃台湾，完全无权代表中国政府和人民。从中华人民共和国政府的立场来说，日台和约是非法的、无效的，绝不能承认。但对日本政府而言，日台和约毕竟是一段外交史，让它从正面否定，十分困难。在中日关系正常化谈判中，大平外相诉苦说："贵国认为'日华和约'是非法的、无效的，应予废除，我们十分理解贵国的这一见解，没有理由要求贵国改变这一见解。但是，从日本的立场来说，这个条约已经经过国会批准，所以日本作为当事国是负有责任的。如果日本完全同意贵国的见解，就等于日本政府在过去20多年里欺骗了国会和国民。"

日方恳请中方理解日本的难处，要求以《联合声明》或《联合宣言》形式实现关系正常化，而不是以缔约方式，这样就可以不经国会批准。日方保证：一旦实现邦交正常化，日台和约自然失效，日台自然"断交"。周恩来总理正是在这种情况下才表示："在这个基础上，我们可以照顾日本政府面临的局部困难，这是我们对你们的友好态度的回答。"所以，在中日恢复邦交时，采取的是发表《中日联合声明》的方式，而不是缔约的方式。

田中态度积极，谈判起步顺利

中日两国政府根据《中日联合声明》中"同意进行以缔结和平友好条约为目的的谈判"条款，于1974年把缔约问题提上日程。

中日复交两周年之际，中国外交部部长乔冠华正式向日本外相木村俊夫提出了尽早缔约的提案。日方接到这个提案后，很快作出了积极反应。

1974年11月，外交部副部长韩念龙与日本外务次官东乡文彦就缔约问题举行第一次预备会谈。这次会谈气氛友好，韩念龙提出了中方的初步设想：在条约前言中应明确肯定《中日联合声明》，条约正文中应包括和平共处五项原则、不诉诸武力、不谋求霸权并反对建立这种霸权的努力、发展经济和文化关系等。

为推动谈判，韩念龙代表中方主动提出，在明确肯定和重申联合声明的情况下，台湾问题可不再提及。韩念龙还表示，钓鱼岛问题可以挂起来，不在缔约时解决。日方对中方提出的条约内容设想表示愿积极地予以考虑。据此，中日双方有不少人士都认为，缔约会很快实现。

三木主政期间，谈判停滞不前

1974年12月初，日本政坛响起一声霹雷：田中角荣首相因涉嫌洛克希德案辞职，三木武夫上台组阁。三木上台伊始就表示要“促进日中和平友好条约的签订”，说“日中和平友好条约谈判正在顺利进行，谈判一旦达成协议，想尽早请国会批准”。

但是，在三木任内，中日缔约谈判经过几十个回合却无果而终。据说，三木本人后来为此感到万分遗憾。

双方的主要分歧是要不要在条约正文中写进“霸权”条款问题。“反霸”条款是中日发表《联合声明》时已达成一致并写进《联合声明》中的，但起初日方提出的条约草案中却根本没有“反霸”内容；后来，他们又提出把反霸条款“以某种表达形式写在前言里”。中国政府则主张，应完整地，即把这一条款的两层意思写进正文里（《中日联合声明》中这一条款内容为：“中日邦交正常化，不是针对第三国的。两国任何一方都不应在亚洲和太平洋地区谋求霸权，每一方都反对任何其他国家或国家集团建立这种霸权的努力。”）。后来，三木又提出对“反霸”含义进行解释，强调“不是以特定的第三国为对象的”。

对于三木内阁在“反霸”问题上犹豫不决、首鼠两端，日本有一种看法认为：三木非不为也，乃无力为之也。这种看法主要是说：三木派在执政党内是个小派，三木内阁是个“软体内阁”；三木本人与其前任田中相比，缺乏决断力和行动力；三木在党内历来被称为“鸽派”，当政之后必然受到“鹰派”的掣肘；三木不像田中首相一样有大平那样“一心同体”的好搭档；三木内阁有对苏绥靖倾向，怕得罪苏联；三木周围的智囊和军师中有人一心想同苏联拉关系，三木本人也希望任内在日苏关系上有所突破，解决北方领土悬案，缔结日苏和约，名垂青史，等等。

而当时，对中方来说，这是无论如何也无法妥协和接受的。时任中国常驻联合国代表黄华在他的回忆录《亲历与见闻》中谈及当时的情况时说："就深层次来说，在'极左'思潮泛滥、'四人帮'当道的年月，中国外交政策也受到很大干扰，对外交涉谈判中的某些灵活处理和策略妥协常常被说成是卖国投降。当时中国在霸权条款问题上，没有灵活的余地。"

福田上台后一段时间仍是光说不练

1976年12月24日，福田赳夫出任首相。1977年新年刚过，日本驻华大使小川平四郎就约见中国外交部礼宾司副司长高建中，转达了福田首相给华国锋总理的口信，表示"我有早日缔约的热情，期望能够以双方都能接受的方式达成协议"。

1月20日，来华访问的日本公明党委员长竹入义胜先后会见廖承志和华国锋时，又转达了福田首相给中方的口信，表示了与上次传话同样的热情。但这两次传话都强调达成协议要"双方意见一致"，"以双方都能接受的方式"。

1月22日，华国锋会见竹入时指出："反霸问题并不是一个文字上如何表达的问题，而是一个实质问题，是是否愿意签订中日和平友好条约、下决心搞好中日关系的问题。福田首相表示愿意忠实地履行《中日联合声明》，我们表示欢迎。如果真正下决心，问题就好办。现在，就我们知道的消息，好像福田首相并没有真正下决心。我们希望日本老朋友们在这方面促进。"

3月11日，回国述职后返任的小川大使会见中国外交部副部长余湛，又转达了福田首相的传话。这是福田第三次传话。传话原则上态度积极，表示"福田内阁忠实恪守《中日联合声明》，强烈希望缔结悬而未决的日中和平友好条约”，但强调“要在双方都感到满意，得到两国人民欢迎的情况下解决”，“日方决心在时机到来之际，一举谈成”。

由于这几次传话都是话中有话，中方每次听到传话后，都在重申关于缔约的原则立场后表示：福田首相是否下决心是关键所在，既然还没有下决心，认为时机不成熟，中方可以也只能等待。

邓小平复出后，一再敦促福田下决心

1977年9月初，复出后的邓小平副主席会见来华访问的日中友好议员联盟议长滨野清吾。在谈到缔约问题时，邓小平敏锐地抓住福田赳夫在施政演说中表示要推动缔结日中友好条约的动向，不无风趣地说：“既然福田首相声明要搞这件事，我们期待他在这方面作出贡献。其实这样的事只要一秒钟就解决了，不要很多时间。所谓一秒钟，就是两个字‘签订’。”

邓小平是在两个月之前刚刚恢复工作的。1976年10月粉碎“四人帮”后，经过一个阶段的拨乱反正，中央于1977年7月决定恢复邓小平原有的全部职务，主持中央工作，并分管外交。

此后，中国外长黄华和日本外相鸠山威一郎在联合国会晤，中心话题仍是缔约问题。鸠山说：“‘反霸条款’确实是造成谈判拖延的因素，现在日方已经决定把它写入正文。但《联合声明》第七条是声明的措辞，要把它写入条约，还需要修改。”黄华再次强调，《联合声明》第七条是缔约的基础，第七条的两层意思应该原原本本地写入条约正文，只能前进，不能后退。

10月14日，邓小平副主席会见日本前内阁官房长官二阶堂进。二阶堂说，来华前他见了福田首相。关于缔约问题，福田表示现在还不能够做出决断，希中方再等待一些时候。邓副主席说：“他不下决心，你有什么办法？我曾对滨野先生表明了两条：第一，我们对福田先生的政治见解是熟悉的；第二，问题在于福田先生下决心，只需一秒钟。我们期待福田先生下决心，这一点不变。”

1978年3月26日，邓小平会见飞鸟田一雄率领的日本社会党代表团。邓小平说：“现在的问题是要福田首相下决断。我们认为，从《联合声明》基础上有所前进最好，至少不要后退。”

4月16日，邓小平会见日本创价学会会长池田大作，通过他继续就霸权问题做福田政府的工作。邓小平指出：条约中写入反对霸权，无非有两个含义：一是中日两国都不在亚太地区称霸，我们愿意用这一条限制我们自己，至于日本，由于有历史的渊源，写上这一条，对日本改善同亚太地区国家关系是有益的、必要的；二是反对任何国家或国家集团在这一地区谋求霸权。日本反对在条约中写入反霸条款，是因为怕得罪美苏两个超级大国。其实，反霸条款是美国人写进中美上海公报的，所以，说得清楚一点，是怕得罪苏联。难道中国人民、日本人民还愿意和高兴苏联在亚太地区谋求霸权吗？

此后，邓小平副主席还会见了日中记者会友好访华团。他指出，缔约问题从外交角度是不可能解决的，要从政治角度考虑才能解决，从中日两国人民长远利益考虑就很容易解决。邓副主席还预言，日本同意签约，苏联也就无可奈何。他说：“它能用什么东西来报复？”

邓副主席的这几次谈话，对条约谈判起了很大的促进作用。5月31日，佐藤正二大使约见韩念龙副外长说，日本政府建议在北京恢复缔约谈判。韩副外长表示，谈判未宣布中断，所以谈不上“恢复”，应说是继续会谈。他表示欢迎继续谈判，希望早日达成协议。

6月14日，外交部亚洲司副司长王晓云约见日驻华使馆公使堂之胁光朗表示，中国政府同意在北京继续举行缔约谈判，建议谈判于7月举行。

关键时刻，中方提出灵活方案，谈判形势柳暗花明

经过邓小平的多次敦促和推动，缔约谈判于1978年7月21日下午在

北京继续举行。谈判时值盛夏，外面骄阳似火，谈判厅内的政治温度同样很高。双方都抱着早日达成一致的强烈愿望，谈判加紧进行，但在具体的案文表述上还是颇费周折。

在谈判进入关键阶段时，中共中央政治局常委们7月31日夜在首都体育馆参加完纪念“八一”建军节大会后，就在体育馆里开会，听取外交部关于缔结中日和平友好条约谈判的汇报。出席会议的有华国锋、叶剑英、邓小平、李先念和汪东兴。外交部有关同志和中国驻日大使符浩列席了会议。会议由华国锋主持，外交部亚洲司司长沈平汇报谈判进程、问题和答案。随后，韩念龙副部长发言。他说：“看来日方这次谈判想解决问题，提出的问题比较实际，在反霸权问题的措辞上也逐渐接近。现在到了一个关键时刻，请中央审定。”大家议论了一会儿，小平作了言简意赅的发言。他说：“同意外交部所提方案，要力求达成协议，中断和破裂对发展两国友好关系不利。同时也要做好达不成的思想准备。”

根据中央政治局常委会议的精神，在第二天举行的第九次谈判会议上，中方提出了一个较前有灵活性的方案，显示了缔约的最大诚意和积极态度。

在8月7日的谈判中，日方已同意把“反霸”条款全文写入条约正文，只是提出把这一原则的范围扩大到世界任何地区，以淡化其针对性。同时，日方还希望将我方提出的“不是针对第三国”的表述，改为“不影响缔约各方同第三国关系的立场”。

邓小平看过简报后，认为日方的表达“很简洁，符合我们的原意”，当即拍板同意。邓小平的这一意见为前方的谈判定了调。

美国哈佛大学教授、中日关系问题学者傅高义在他的著作《邓小平时代》中说：“经过8个多月的谈判后，邓小平为何突然决定打破外交僵局，同意日本把语气缓和的条款写入条约？一方面是由于邓确实急于搞现代化，但当时与越南发生冲突的前景也使加速谈判变得更为迫切。此前两周的7月3日，中国政府宣布从越南撤回全部中国顾问。当时邓小平感到越南很有可能入侵柬埔寨，此事一旦发生，中国就要被迫作出反应。为了不让苏联插手，邓小平希望尽快加强与日本和美国这两个重要大国之间的关系。”

到8月初，在北京的日方谈判人员已经充分相信，中国会在缓和条款语气上做出让步。于是，园田直外相于8月8日启程来到北京。

8月9日上午9时半，黄华和园田直在人民大会堂举行第一轮会谈。黄华外长发言对谈判以来所取得的成果和成为焦点的反霸条款问题作了概括，并阐明了中国方面的原则立场，强调这不是文字表述问题而是原则问题，是以缔约保证两国关系友好发展的实质性问题。他还指出，中日两国同处亚太地区，在当前的形势下都面临着重要课题，因此，应从全世界角度来关注面临的问题，从政治高度来思考问题。

园田说，他的到访正是为了推进会谈，以便早日缔约。他在强调了缔约对日中两国和亚洲乃至世界的意义后，谈到美国为了牵制苏联和说服其国内的慎重论者，也希望日中早日缔约。他说，苏联公开指责我，这倒使我更加要为早日缔约而努力。我们都在进行反霸斗争，但日中两国做法不同。日本过去有王道霸道之说，孙中山离开日本时也曾说过，“以实力操纵国家称作霸道，以人心操纵国家称作王道”，是劝日本友人勿走霸道。日本人坚决反对以实力相威胁。但是，日本国民不能接受只指责一个国家为霸权国家并采取与其敌对的政策，这不是顾忌苏联，而是想在理解和祝福的气氛中缔约。如果苏联要说挑衅的话，我们就要签订谴责它的条约。

黄华赞赏园田的坦率陈述，说中国的外交风格也是坦率和直截了当，但重申：我们只能在《中日联合声明》的基础上发展而不能倒退，更不能削弱它。他指出，《联合声明》所载入的反霸条款，反映了当今的世界形势。面对霸权主义的威胁，两国人民和世界人民必须与之斗争，这是深入人心的道理。进而强调“目前的国际形势比《中日联合声明》发表时更为紧张，根源就在于超级大国的争夺和一个超级大国更加疯狂地推行霸权。我们应正视当今现实，不怕威胁，坚守联合声明的精神，维护两国人民的利益，早日缔结条约”。

园田表示对于不削弱《联合声明》、不在此基础上倒退、争取早日缔约没有任何异议。接着，他谈了对中苏关系和亚洲国家关系的看法，说：“关于中苏关系问题，我理解目前关系紧张的原因。日本期待中苏关系缓和，日本决不会与苏联合作威胁中国，同时也不会与中国合作对苏联采取敌对行为。联系到霸权问题，我们的理解及与其斗争的方向是一致的。如果我们相互理解其真意，中国就会站在日本的立场上考虑缔结什么样的条约能得到日本人民的理解和祝福，而日本站在中国的立场上考虑中国今后在与第二、第三世界相处中，缔结何种条约不会给中国造成障碍，这样才能达到双方满意的结果。因此，早日达成协议对两国都很重要。如果双方都说等上几个月或一年半载也可以，那么，我和你黄华岂不成了世界人民的笑柄了嘛！”

园田表示了此行务求谈成的决心。他好动感情，越说话音越高，情绪越激动：“我是豁出政治生命和冒着生命危险来中国的。如果条约缔结不成，我就不能回日本了，只好在北京自杀。我没有退路，你们也一样。如果谈崩了，我和你黄外长都会遭到世界的耻笑！”

黄外长听完园田的话后，赶紧把话题拉了回来，表示“还是谈条约问题要紧”！黄华告诉园田，中国一直希望早日缔约，从来没有考虑要延期，只是因为在反霸条款上认识还有分歧，我们才请你来华，就这一关键问题进一步磋商。

园田发言说，霸权行径当然要反对，但日本不愿卷入和介入中苏对立之中，希望中方充分理解日方反霸的方式不同和日本基本外交方针的不同点，站在各自立场上进行“反霸”斗争，为亚洲及世界和平作贡献。

园田还直言，在先前召开的东盟外长会议上，大家也承认存在着苏联的威胁，同时对中国的未来也感到不安，就是说对中国能否永远不称霸和与各国友好相处还有疑虑。各国欢迎日中缔约，但是对条约的内容，特别是对“反霸”条款的表述，他们是非常关心的。因此，请黄华外长理解，一定要缔结能够消除东南亚人民和日本国民对“反霸”条款的不安和肯定中国真正要永远作为日本的朋友、彼此和睦相处的条约。日本一定要缔结让国民接受和满意的条约。希望中国也谋求缔结让日本、东南亚、美国和世界各国满意的条约。

会谈坦诚而热烈地进行着，早已过了午餐时间。黄华外长宣布休会，下午继续谈判。

下午，中日外长第二轮会谈举行。黄华肯定了园田外相对中日缔约的热情和中日双方代表团自7月21日以来所进行的14次会谈的成果后，按照中央的指示，表示为使双方的谈判一举达成协议，中方原则同意日方8月7日提出的建议，即在反霸条款上加进“本条约不影响缔约各方同第三国关系的立场”的内容，并同意在反霸条款上增加“其他任何地区”的字样，强调这是中方所作的又一次重大努力，希望阁下不虚此行。

黄华发言后，园田喜出望外，激动得热泪盈眶，立即站起来与他握手。后来据日本外务省条约局长东乡和彦说，当黄华外长接受了日方的措辞时，“我们非常高兴，我在桌子下面和我的上司紧紧握了一下手”。

园田发言说：“过去二十几年里，在日中问题上我一贯是积极的……我就任外相后，前往美国等国家进行过许多会谈，我的发言都是为了使贵国繁荣，有助于贵国的反霸斗争。这次克服很大困难，才访问贵国。如果这次缔约谈判不能成功，日中关系将出现一个相当长的停滞阶段，东盟各国同日本和中国携手合作争取和平繁荣的道路将会被堵塞。我作为政治家，这次是豁出自己的政治生命来中国访问的。这是因为我爱贵国，爱自己的国家，也爱亚洲。这是从战争的痛苦反省中产生出来的愿望和心情。部长阁下刚才的发言，使我感到谈判向着成功的方向大大前进了。这是中方着眼于日本和中国的将来以及亚洲和平的结果，对此应予高度评价，我衷心感谢你们。如果谈判达成协议，我将负责亲自向国内说，这是中国朋友、中国人民对于日本国民的友谊的体现，也是从真正希望亚洲和平的愿望出发达成协议的。”

他还说：“关于东南亚国家对日本的疑虑，也是我经常进行反省的。今后，日本将在中国、东南亚繁荣发展过程中寻求出路，用行动表明日本不再复活军国主义。”

随后，韩念龙副外长和佐藤正二大使根据两国外长达成的原则协议，于8月10日上午就条约的条文措辞进行具体磋商，并在11日上午举行的事务级谈判班子全体会议上，就条约的全部问题达成协议。双方商定，条约将在北京由两国外长正式签字，交换批准书在东京进行。

小平会见园田谈及钓鱼岛

8月10日下午，邓小平副总理会见园田外相和日方谈判班子的全体成员，气氛十分融洽，双方为条约基本谈成感到由衷的喜悦。

会见中，小平首先感谢园田外相的诚意，并语重心长地说：“中日两国有两千年的友好交往史，其中只有一小段走得不好。今后，我们的友谊应该超过过去历史上的两千年。恢复邦交是晚了一点，但复交之后，两国关系发展得不算慢，两国人民希望早日缔约，使两国的友好进一步确定下来。”

小平强调指出：“条约的中心内容就是反霸，虽然反霸不是针对第三国的，但是，谁搞霸权就反对谁，谁发动战争就反对谁，不单是第三国，也包括反对自己那样干。虽然这次写入条约的反霸条款文字上作了些修改，但保留了精神实质。我完全同意园田外相说的，这个文件不但是我们过去两国关系在政治上的总结，也是我们两国关系发展的新起点。”

园田直提到钓鱼岛问题，邓小平严肃强调，钓鱼岛等岛屿自古以来就是中国的领土。他说：“一如既往，搁置它20年、30年嘛！”

小平最后说：“在当前的国际形势下，我们是要取得你们的帮助，但我也深信，日本也要取得中国的某些帮助。我们两国并不是不存在一些问题，比如你们说的尖阁列岛，我们叫钓鱼岛的问题，还有大陆架的问题。在你们国内不是也有一些人企图挑起这样的事情来妨碍中日和平友好条约的签订吗？这样的问题不要牵扯进去，本着和平友好条约的精神，放几年不要紧，达不成，我们就不友好了吗？这个条约就可以不实行了吗？要把钓鱼岛问题放在一边，慢慢来，从容考虑。我们两国之间是有问题的，我们两国政治体制不同，处境不同，不可能任何问题都是同样语言，但我们之间的共同点很多，凡事都可以求大同，存小异。我们要更多地寻求共同点，寻求相互合作、相互帮助和相互配合的途径。条约的性质就是规定了这个方向，正如园田先生说的，是一个新起点。”

条约谈判成功，两国关系进入蜜月期

8月12日晚上7时许，人民大会堂安徽厅灯火辉煌，《中日和平友好条约》签字仪式在这里举行。华国锋总理、邓小平副总理和全国人大常委会副委员长廖承志出席了仪式。黄华外长和园田直外相分别代表本国政府在条约上签字，双方共同举杯庆贺。至此，历时4年多的缔约谈判终于大功告成了。

四天之后即16日，中国的全国人大常委会开会审议批准了该条约。

日本众、参两院也先后于10月16日和18日以起立表决方式顺利批准了《中日和平友好条约》。

中日缔约在中日两国深得人心，受到广泛欢迎和支持。签约当晚，成千上万的日本国民兴高采烈地观看了电视转播，签约仪式的电视实况转播收视率之高又一次打破纪录。各政党连夜发表声明或谈话，欢迎条约的缔结。日本经济界人士也纷纷发表谈话，赞扬条约为发展两国经贸关系开辟了道路。

8月18日晚，日中友好十团体联合举行庆祝大会，各界代表纷纷发言，场面热烈非凡。签约后一个多月内，日本47个都道府县中就有东京都和31个府县分别举行了官民联办的庆祝会。

几年来一直为缔约奔走呼号并起了巨大推动作用的日中友好议员联盟的朋友们感到欢欣鼓舞。他们除了在日本举行庆祝活动外，还派出20人组成的“日中议联庆祝日中缔约友好访华团”前来北京，与中国朋友同贺。

9月1日，中日友好协会等11个团体在人民大会堂举行庆祝缔约的盛大酒会，滨野清吾会长率领日中议联祝贺团专程前来参加。当时在北京访问的其他日本代表团、日本驻华使馆外交官、日本企业和机构常驻北京代表以及在北京的日本专家、留学生等1600多人应邀出席。滨野会长的祝贺团按照日本的习惯，带来了红小豆饭和特大年糕，还有两大桶日本清酒，使酒会锦上添花，别开生面。中国国家领导人华国锋总理、邓小平副总理和全国人大常委会委员长叶剑英同中日各界人士欢聚在人民大会堂宴会厅，共同庆祝中日关系史上这一具有重大意义的盛事。

这个条约不但是过去中日两国关系在政治上的总结，也是中日两国关系发展的新起点。条约继承了《中日联合声明》的各项原则，通过法律的形式把两国间的和平友好关系固定了下来。条约的缔结为增进两国人民的传统友谊，开展两国的经济、文化、科技交流开辟了更加广阔的前景，为加速中国的经济发展创造了有利的条件。中日缔约后，中日关系迎来了大发展时期。

1978年10月22日至29日，当时中国的最高决策者、副总理邓小平作为国家领导人战后首次正式访问日本。这次访问，是为了出席互换《中日和平友好条约》批准书仪式，也是邓小平在酝酿中国现代化大战略的过程中所做的一次考察、取经和向日本发出强烈的合作信号之旅，对中日关系的推动，对中国后来的发展，其作用难以估量。

（原载于《纵横》2018年第10期）

澳门回归备忘录

邓开颂　谢后和

一、新中国对澳门的政策

1949年中华人民共和国成立后，中国政府曾多次严正申明香港和澳门是中国的领土，中国不承认帝国主义强加于中国人民的不平等条约。香港和澳门问题是历史上遗留下来的，等待时机成熟时，通过和平谈判解决，在未解决前暂时维持现状。

1955年10月26日，针对澳葡当局举办所谓纪念澳门开埠400周年活动的计划，《人民日报》发表题为“警告澳门葡萄牙当局”的评论员文章，严正指出：“澳门是中国的领土。中国人民从来没有忘记澳门，也从来没有忘记他们有权利要求从葡萄牙手中收回自己的这块领土。……澳门至今还没有归还中国，并不等于说中国人民容忍澳门遭受侵占的情况长期继续下去。……我们要警告澳门的葡萄牙当局：现在的中国已经不是6年前的中国，更不是400年前的中国。如果澳门葡萄牙当局以为可以利用中国的和平政策向伟大的中国人民进行挑衅，那它就错了。中国人民从来不容许挑衅者得逞，挑衅者必将自食其果。”

1961年12月，葡占果阿被印度政府武力收回后，在国际上引起了强烈反响。1963年3月8日，《人民日报》在社论中再次重申中国政府对港澳问题的立场：“我国政府在中华人民共和国成立时就宣布，对于历史遗留下来的历届中国政府同外国政府所订立的条约，要分别按其内容，或者承认，或者废除，或者修改，或者重订。……事实上，历史上的许多条约有的已经失效，有的已经废除，有的则被新的条约所代替。还有一些历史遗留下来悬而未决的问题，我们一贯主张，在条件成熟的时候，经过谈判和平解决，在未解决以前维持现状，例如香港、九龙、澳门问题，以及一切未经双方正式划定的边界问题，就是这样。”这是中国政府第一次公开申明对港澳的政策和解决这一历史问题的方法。

1971年10月25日，中国恢复在联合国的席位。次年3月8日，中国常驻联合国代表黄华代表中国政府致函联合国非殖民化特别委员会主席，信中声明：“香港澳门属于历史遗留下来的帝国主义强加于中国的一系列不平等条约的结果。香港澳门是被英国和葡萄牙当局占领的中国领土的一部分，解决香港、澳门问题完全属于中国主权范围内的问题，根本不属于通常的所谓‘殖民地’范畴。我国政府主张，在条件成熟时，用适当的方式和平解决港澳问题，在未解决之前维持现状。”

3月10日，在联合国大会上，黄华重申这一立场：“香港和澳门系英国和葡萄牙政府所占领的中国领土；香港和澳门问题的解决完全是属于中国主权范围内而不能等同于其他殖民地。中国政府一贯认为，关于港澳问题，应在时机成熟时，以适当方式解决，联合国无权讨论此问题。”11月2日，联合国大会通过决议，将香港和澳门从殖民化地区的名单中剔除。

新中国成立后，我国政府对香港、澳门的基本方针，是人们所熟悉的八个字——“长期打算，充分利用”，即暂时不考虑收复香港、澳门，但要充分利用港澳的特殊环境和有利条件，为中国的社会主义建设、国家的统一事业和外交战略服务。

二、中葡谈判与联合声明

中葡建交

1974年，葡萄牙“四二五”政变后建立的新政府宣布实行非殖民化政策，放弃葡在海外的殖民地，撤出军队，移交政权。在此种背景下，中葡关系和澳门问题随之出现了一些新的变化。

1975年1月，葡萄牙宣布同台湾国民党政府断绝外交关系。1976年秋天，葡萄牙总统埃亚内斯在联合国与中国常驻联合国代表黄华就中葡关系和澳门问题进行了商谈，并由此揭开了中葡建交谈判的序幕。1979年2月8日，中葡两国签署建交公报，建立正式外交关系。

两国建交公报中未提及澳门问题，但是双方在建交谈判的同时就澳门问题进行了实质性的磋商，并签订了一份谅解备忘录。主要内容是：葡萄牙共和国政府承认澳门是中国的领土；目前由葡国管理；适当时候将由中葡两国政府通过友好协商解决。由于双方考虑到解决澳门问题的时机没有完全成熟，这份备忘录当时没有公开，直到1987年中葡关于澳门问题谈判结束时才由葡方公布。

中葡建交之后，两国从此开始进入了发展友好合作关系的新阶段。特别是中葡关于澳门问题谅解备忘录的签订，明确了澳门的地位，为澳门问题的最终解决扫除了障碍。

中葡谈判

同解决香港问题一样，解决澳门问题也是在邓小平同志的理论指导和亲自领导下进行的。他为此倾注了大量的心血，进行了精心的指导，从根本上保证了这一历史任务的顺利完成。

1985年5月24日，邓小平在会见葡萄牙总统埃亚内斯时明确表示：“中葡之间没有矛盾，更没有必要吵架。我们之间只有一个澳门问题，这个问题原则上在1979年已经解决。”

1984年10月3日，邓小平在人民大会堂西大厅接见港澳同胞国庆观礼团全体成员时说：“澳门问题将会像香港一样，用同一种方式解决。”他又说：“澳门问题的解决也离不开‘一国两制’，时间比香港早些好还是同时好，这个问题我正在考虑，想听一下大家的意见。”

1984年10月6日，邓小平在接见澳门知名人士马万祺时，着重谈到了解决澳门问题的原则。他指出，澳门问题也将按照解决香港问题那样的原则来进行，“一国两制”，澳人治澳，50年不变等等。澳门收回后，赌业可以继续存在下去。

1984年11月，中国国家主席李先念访问葡萄牙，这是中国最高领导人首次访葡，而且是在香港问题已经获得解决，澳门问题备受各方关注的时刻进行的，因而意义非同寻常。1985年3月，葡总统埃亚内斯应李先念主席的邀请回访北京。两国元首互访讨论的最主要议题之一就是澳门问题。

1984年，中英两国通过谈判解决了香港问题。当年12月19日，中英两国政府签署了《关于香港问题的联合声明》。中葡两国通过谈判解决澳门问题的条件已经成熟。

1985年5月23日，中华人民共和国外交部就葡萄牙总统埃亚内斯访华发表新闻公报，指出：中葡两国领导人在友好气氛中，就历史遗留下来的澳门问题进行了会谈。双方满意地回顾了1979年中葡建交时达成的谅解和在此基础上两国政府在处理澳门事务中的良好合作，双方同意于近期内通过外交途径就解决澳门问题举行谈判。

1986年5月20日，中葡两国宣布将在6月最后一周举行有关澳门问题的两国政府会谈。此后不久，中葡双方公布了两国政府代表团名单。

从1986年6月末到1987年3月下旬，在八个多月的时间里，中葡两国政府代表团先后举行了四轮会谈。

1986年6月30日至7月1日，举行了第一轮会谈。会谈开始时，中方提出了三项总议程的建议，即（1）中国政府对澳门行使主权的有关问题；（2）中国对澳门行使主权后的安排；（3）过渡时期的安排。对于中方提出的总议程，葡方表示完全同意。

关于主权问题，1979年中葡建交时已经达成谅解。1985年5月，葡总统埃亚内斯访华时重申：“1979年关于澳门是中国领土，中国对澳门拥有主权没有疑问这一点是已经确定了的。”在第一轮会谈的首天会议上，葡方团长在开场白中重申了1979年双方就澳门主权问题达成的谅解，并宣读了谅解备忘录全文。中方对此表示确认。因此，澳门主权这个根本问题业已解决这一点已取得共识。在澳门主权这个根本问题上没有发生争执，没有花费太多的时间和精力即获得解决，是中葡澳门问题谈判与中英香港问题谈判最大的区别之一，也是中葡友好合作关系的具体体现。

1986年9月9日至10日，在北京举行了第二轮会谈。在首天会议上，中方提交了中葡联合声明附件一“中华人民共和国政府对澳门的基本方针政策的具体说明”草案和关于国籍问题的中方备忘录草案。在翌日的会议上，中方又提交了附件二“关于过渡时期的安排”草案并分别作了说明。中方指出，中国政府恢复对澳门行使主权后在澳门执行的基本方针政策，从原则上来说完全属于中国的内政范围，因此采取由中国政府单方面作出声明的方式加以阐述。尽管如此，中方仍愿意在会谈过程中听取葡方的意见。这些附件在最后定稿后，将同中葡联合声明本身一样付诸实施，并与声明本身具同等约束力。中方在起草这些附件时，遵循实事求是的原则，充分考虑到澳门的实际情况和特殊问题，充分照顾了葡方的利益，特别是对有葡萄牙血统的澳门居民，即土生葡人问题作出了专门的规定，给予了特殊的照顾。

1986年10月20日至21日，中葡两国代表团举行关于澳门问题的第三轮会谈。会上，葡方对中方一、二轮会谈时提交的文件（联合声明及附件一、附件二与国籍问题备忘录）作出了总的评论。双方还讨论了设立工作小组的问题。

1986年12月8日，工作小组开始在北京举行第一阶段会谈。工作小组中方组长为政府代表团成员、外交部港澳办公室副主任赵稷华，小组成员为外交部港澳办公室处长密世衡、国务院港澳办公室澳门处处长谢后和及外交部条法司处长尹玉标；葡方组长为政府代表团成员拉莫斯，成员有政府代表团成员谢兆时、加斯柏。工作小组讨论了修改联合声明主体文本和联合声明附件的问题。

1987年3月18日至23日，中葡两国代表团举行了关于澳门问题的第四轮会谈。经过前三轮会谈和工作小组几个月的努力，中葡联合声明主体文本及其两个附件的绝大部分问题已经得到解决，只剩下少数几个分歧较大的实质性问题需要深入磋商。双方经过几天的不懈努力，这些问题也都一一得到了解决。

联合声明的签署

3月26日上午，中华人民共和国政府和葡萄牙共和国政府关于澳门问题的联合声明，在北京人民大会堂草签。中国政府代表团团长周南副部长和葡萄牙政府代表团团长梅迪纳大使，分别在协议书上签字。

1987年4月13日，中葡关于澳门问题的联合声明在北京人民大会堂西大厅隆重举行正式签署仪式。两国总理分别代表本国政府在联合声明文本上签字。中共中央顾问委员会主任邓小平、中华人民共和国主席李先念、国务委员姬鹏飞、外交部部长吴学谦和参加中葡谈判的两国政府代表团成员、工作人员，以及葡外长德米兰达等出席了签字仪式。数十位澳门各界知名人士出席了签字仪式的观礼。

《中葡联合声明》确认中华人民共和国于1999年12月20日恢复对澳门地区行使主权，从而圆满地解决了中葡两国之间的历史遗留问题，并对澳门未来的社会稳定和经济发展作出了相应的安排，完全符合包括澳门同胞在内的中国人民和葡萄牙人民的愿望和利益。

联合声明签署后，中国的最高权力机关全国人大常委会和葡萄牙国会分别于当年6月和10月批准了中葡联合声明。1988年1月15日，中葡两国在北京互换了关于澳门问题联合声明批准书。中葡关于澳门问题联合声明自即日起开始生效。澳门进入为期12年的过渡时期。

谈判中的“风波”

中葡谈判总的来说比较顺利，但是谈判之中也有“风波”出现。双方曾在一些重大问题上立场相距甚远，经过谈判桌上的反复交锋和谈判外的艰难磋商，通过互谅互让，在全部谈判结束前的最后一刻才得到妥善的解决和安排。

双方分歧最大的问题是中国收回澳门的时间。中方在谈判开始就明确表示，考虑到中葡之间的友好关系，中方拟将先前确定的同时收回港澳的安排改为与香港错开，比香港晚一年，即1998年恢复对澳门行使主权。这样做，有利于澳门的平稳过渡，也充分照顾葡方的尊严与面子。但葡方强调，澳门与香港不同，中方应给葡方更多的过渡时间，至少不能少于给予香港的12年过渡期，否则，葡国内各派政治力量都会对执政党和谈判代表团群起而攻之，将造成谈判的极大困难。1986年下半年，在葡国和澳门，曾经就澳门回归的年期问题掀起了不少的风波。葡萄牙社民党的领导人甚至公开提出移交澳门政权的日期应为2017年，即葡萄牙占据澳门460周年时才将澳门交还中国。澳门一些葡文报刊也推波助澜，认为葡国应在下个世纪交回澳门。双方反复磋商，到第三轮会谈结束时，中国收回澳门的时间仍是分歧最大的问题。

1986年11月，中国外交部副部长周南对葡萄牙进行了访问。结束访葡时，在机场对记者表示："20世纪末之前完成港澳回归祖国大业，是中国人民的意愿，也是中国政府的决心。"1986年12月31日，中国外交部发言人发表谈话时更明确指出："在2000年以前收回澳门是中国人民包括澳门同胞在内的十亿人民不可动摇的立场和愿望。任何关于2000年以后交回澳门的主张都是不能接受的。"

鉴于中国政府强烈要求在20世纪末收回澳门，1987年1月，葡国召开最高国务会议专门讨论此事。会议认为，保持和发展与中华人民共和国的友好合作关系，对于维护澳门的稳定与繁荣、维护葡萄牙在澳门及远东的利益有着十分重要的意义。会议同意于1999年12月31日将澳门交回中国。中方对葡方的决定表示欢迎，但同时表示，这个日期离2000年太近了，许多事情不好处理，并建议提前到1999年12月20日。1987年3月21日，葡总统埃亚内斯再次主持召开最高国务会议，接受了中方的建议。

中葡谈判的另一较大分歧是关于澳门部分居民的国籍问题。葡方坚持认为所有持有葡国护照的澳门居民都具有葡国国籍。中方认为，澳门回归后，中国的国籍法必须在澳门实施。澳门的中国公民不得再具有葡国国籍。但是，从澳门的历史和现状出发，为了照顾葡方和澳门居民的利益，澳门回归后，允许原持葡国护照的澳门中国居民继续使用该护照作为一种旅行证件到其他国家和地区旅行。由于双方在这个问题上最终未能达成共识，只能在联合声明中以备忘录的形式各自阐述自己的立场。

此外，在谈判过程中，双方还在澳门主权交接的表述、澳门居民的基本权利保障以及中葡联络小组的工作时间等问题上一度存在分歧。但通过中葡双方认真磋商与友好合作，矛盾很快被一一化解，所有问题都得到妥善解决。

三、基本法的制订

1988年4月，七届全国人大第一次会议决定成立一个人大属下的工作机构——澳门基本法起草委员会，负责澳门基本法的起草工作。同年9月5日，七届全国人大常委会第三次会议通过并颁布了澳门基本法起草委员会名单。委员由内地和澳门各方面人士及专家共50人组成，姬鹏飞任主任委员，胡绳、王汉斌、马万祺、何鸿燊、雷洁琼、钱伟长、何厚铧、薛寿生、李后、周鼎任副主任委员，鲁平任秘书长，委员中，内地28人，澳门22人（包括三名中国政府驻澳机构负责人）。委员中不但有有关部门负责人，也有法律、工商、劳工、专业、教育、新闻及宗教等各界代表人士，还有两名著名的澳门土生葡人代表，代表性十分广泛。10月25日起草委员会举行首次全体会议，通过了起草工作的大体规划和步骤，并委托在澳门的起草委员筹组一个民间性的基本法咨询委员会，广泛收集澳门居民的意见和建议。

基本法的起草工作受到澳门同胞的热烈欢迎和普遍关注。他们以各种不同方式积极参与这一伟大实践，或撰文，或研讨，或座谈。各个社团纷纷成立了基本法的关注委员会，并推荐其代表担任咨询委员，更有不少社会精英人士毛遂自荐。最后经过反复磋商，从工商界、金融地产界、法律界、专业人士、传播媒介、劳工及社会服务团体、宗教界及其他八个界别中邀请90位人士担任咨询委员。1989年5月28日，澳门基本法咨询委员会宣告成立，并选举出常委会及三个职能委员会，即工作程序委员会、专题小组委员会和财务审计委员会。咨询委员会还聘请了澳门12位著名人士担任顾问。

1989年5月9日至10日，澳门基本法起草委员会第二次全体会议在北京举行。会议审查通过了《中华人民共和国澳门特别行政区基本法起草委员会工作规划》，会议还就基本法的结构和内容初步交换了意见和看法，并决定成立以秘书长鲁平为召集人，由胡厚诚、刘焯华、许崇德、肖蔚云、吴荣恪、吴建璠、黄汉强参加组成基本法结构（草案）起草小组，负责起草澳门基本法结构（草案）。同年9月，结构起草小组的内地委员到澳门进行为期13天的咨询工作。在咨询委员会的帮助下，访问了工厂、学校、居民区，与各界代表举行了13次座谈会，广泛听取了咨询委员及各界代表的意见和建议。在对这些意见和建议进行认真研究的基础上，于10月下旬拟订了《澳门基本法结构（草案）讨论稿》，再广泛征求各方面的意见后进行修改。

1989年11月18日至20日，澳门基本法起草委员会第三次全体会议在广州举行。会议审查通过了《中华人民共和国澳门特别行政区基本结构（草案）》和《中华人民共和国澳门特别行政区基本法起草委员会关于设立专题小组的决定》，成立了中央和澳门特别行政区关系、居民的基本权利和义务、政治体制、经济、文化和社会事务五个专题小组。

从这时起，到1991年7月起草委员会第七次全体会议为止，经过长达21个月的工作，起草委员会先后举行四次全体会议；五个专题小组共举行了55次小组会议；16名内地委员先后两次到澳门听取各界人士的意见；澳门的咨询委员先后三批组团赴内地反映澳门各界的意见。在上述工作的基础上，1991年7月，起草委员会在第七次全体会议上通过了《关于公布〈中华人民共和国澳门特别行政区基本法（草案）征求意见稿〉和展开征询工作的决定》，决定以四个月的时间广泛征求内地及澳门各界的意见。

同年9月，起草委员会的内地委员再次到澳门直接听取各界人士对征求意见稿的意见，共举行座谈会19次，与会者近1000人次。这年10月，澳门的咨询委员会组织了第四批交流参观团到北京，向起草委员会直接反映澳门居民对征求意见稿的意见和建议。在四个月的咨询期内，澳门基本法咨询委员会收集到各种意见书326份，具体意见1734条。咨询委员会将这些意见整理后原原本本送达起草委员会，成为起草委员会进一步修改和完善基本条文的重要参考依据。

1992年3月5日至8日，澳门基本法起草委员会第八次全体会议在广州举行。会议审议了秘书长鲁平所作的《澳门特别行政区基本法（草案）讨论稿的说明》和五个专题小组的工作报告。会议以无记名投票表决的方式逐条地通过了澳门基本法草案，然后提交全国人大常委会审议和颁布。

1992年3月16日，全国人大常委会通过并颁布了《澳门特别行政区基本法（草案）》，并决定从3月16日至7月31日在全国范围内展开为期四个半月的第二轮咨询工作。在咨询期内，基本法起草委员会主任姬鹏飞率领内地委员访问团于5月16日到达澳门，进行为期8天的访问，同澳门各界人士广泛接触，认真听取他们的意见和建议。

第二轮咨询期结束后，澳门基本法起草委员会五个专题小组于1992年9月23日至28日在兰州举行会议，对基本法（草案）再次进行了认真的修改，使之更加完善。

1993年1月13日至15日，澳门基本法起草委员会第九次也是最后一次全体会议在北京举行。会上进行逐条表决，以三分之二以上多数票通过的修改条文取代了原来的条文。会议还通过了区旗、区徽设计图案（草案）和提请第八届全国人大第一次会议审议澳门基本法的决定。这样，历时四年之久的澳门基本法起草工作终于圆满地胜利结束了。

1993年3月20日，起草委员会主任姬鹏飞向第八届全国人大第一次会议做《关于中华人民共和国澳门特别行政区基本法（草案）和有关文件起草工作的说明》的报告。3月31日，八届全国人大第一次会议审议通过了《中华人民共和国澳门特别行政区基本法》及其附件，以及澳门特别行政区的区旗、区徽图案。同日，国家主席江泽民以第三号主席令正式颁布了《中华人民共和国澳门特别行政区基本法》。随后，由五星、莲花、大桥、海水组成的图案作为澳门特别行政区的区旗和区徽，也在这一天由全国人大正式颁布。

四、实现平稳过渡

以1993年3月31日八届全国人大一次会议通过澳门特别行政区基本法为标志，澳门进入了后过渡时期。

中葡合作续有进展

保持和发展中葡友好合作关系，是保证澳门平稳过渡的重要条件。因此，两国高层十分重视这种关系的发展。几年间，中葡两国高级领导人互访不断，友好合作关系不断发展。1993年11月，中国国家主席江泽民成功访问葡萄牙。1994年4月，葡总理席尔瓦继1987年4月来京签署中葡联合声明之后第二次访问北京。1995年4月，葡总统埃亚内斯访华。同年12月，中国国家副主席荣毅仁赴澳出席澳门国际机场通航典礼。1997年2月，葡新任总统桑帕约首次访华，时值中国改革开放总设计师邓小平逝世，江泽民主席致完悼词后，悲痛的心情尚未平静，即会见葡总统，使葡总统深受感动。1998年4月，葡萄牙新任总理古特雷斯访问北京，取得了圆满成功。1999年3月，桑帕约总统在澳门再次与中国领导人会晤。六年多来，中国政府朱镕基总理，钱其琛、邹家华副总理，全国人大李鹏委员长及几位副委员长，全国政协叶选平副主席，军委迟浩田副主席等先后访问过葡萄牙。葡方的不少部长及澳督韦奇立亦先后访问过中国。这种高层互访促进了双方的友好合作关系，促进了澳门后过渡期工作的开展，也建立了两国领导人之间的友谊。

澳门居民积极参与过渡期事务

澳门居民的积极参与，极大地促进了后过渡期事务的开展。澳门进入过渡时期以来，澳门居民的参与意识不断提高，在后过渡期的这六年，情况益发令人鼓舞。这几年间先后发生的第六届立法会选举、第三届市政议会选举，特别是澳门筹委会的工作等，广大澳门居民都以主人翁的精神满腔热情地参与。1996年9月22日举行的第六届澳门立法会的选举，是澳葡管治下的最后一届立法会选举。由于这一届立法会的任期将跨越1999年至2001年，格外引人瞩目。被喻为“世纪之战”的这一届选举，战况空前激烈，参选组别12组，参选人数近50人，比以往五届参选人数最多的第五届增加了20多人；选民人数达到11.6万人，比第五届的4.8万人增加了6.8万人，增加了一倍多；投票人数也打破历史纪录。第六届立法会选举成为澳门立法会成立20年来最受关注、争议最多的一次选举。第六届立法会的直接选举，无论在动员和教育选民，提高选民公民意识以及推动澳门的民主化进程等方面，都具有积极意义。人们参选活跃，投票踊跃，表现澳门居民对前途充满信心，选民登记的增加反映出澳门居民的参政意识和公民意识正不断提高。

1997年6月22日的澳门第三届市政议会选举，是另一次群众大参与的实践。市政议会每三年选举一次，本届市政议会也将跨越1999年。澳门地区共有两个市政厅，即澳门市政厅和海岛市政厅，每个市政议会各九名议员，其中直选、间选、委任各三名。这次选举，报名参选的组别及候选人均超过历史纪录。这说明居民的参与精神日益强烈。选举的结果，反映了选民的意愿，体现了居民民主参政意识的日趋成熟，有利于平稳过渡和1999年后“澳人治澳”的落实。

特区筹委会工作

1993年八届全国人大第一次会议通过澳门特别行政区基本法时，同时通过了全国人大关于澳门特别行政区第一届政府、立法会和司法机关产生办法的决定。根据该决定，全国人大设立了澳门特别行政区筹备委员会（以下简称“筹委会”）。筹委会由内地委员和不少于50%的澳门委员组成。成立筹委会，是筹组特区政府，实现平稳过渡的最重要、最核心的工作。

1998年4月29日，九届全国人大常委会第二次会议通过了澳门特别行政区筹委会组成人员名单。在100名委员中，澳门委员60人，内地委员40人。5月5日，筹委会成立暨第一次全体会议在北京举行。中共中央总书记、国家主席江泽民等党和国家领导人会见了全体委员，并作了重要讲话。筹委会的成立，标志着我国对澳门恢复行使主权的准备工作进入了新的阶段。

筹委会是全国人大下设的一个工作机构，同时也是一个权力机构。筹委会的职责和任务是“负责筹备成立澳门特别行政区的有关事宜”。凡属这一系列的事宜，都由筹委会按照基本法的规定和全国人大及其常委会的有关决定，进行研究、作出决定或提出建议，并加以落实。

1998年4月20日，全国人大常委会召开委员长会议，通过提交全国人大常委会审议的《关于全国人民代表大会澳门特别行政区筹备委员会组成人员名单草案的说明》，其中为筹委会规定了九项大的任务。这些任务实际上分为两大类，即与1999年澳门政权顺利交接和筹建澳门特别行政区直接相关的问题，这是筹委会工作的主题和基本任务。其次，是对澳门过渡期的一系列事务，特别是长期存在或经常发生的，有着重大社会影响的问题，给予足够关注，提出意见。

根据有关任务，筹委会设立了政务、法律、经济和社会文化四个小组。成立一年多来，筹委会举行了45次小组会议，九次全体会议，对筹组澳门特别行政区的一系列具体问题进行了深入的讨论和研究，通过了

20多个有关的决定、办法、建议和意见。在全体委员共同努力下，筹组特区的工作取得了重大进展。

组建了澳门特别行政区第一届政府推选委员会。推委会由200名澳门永久性居民组成，具有广泛的代表性。推选委员会的顺利产生，为随后澳门特别行政区第一任行政长官人选的产生奠定了基础。

推举第一任行政长官人选。1999年5月15日，推委会根据基本法和全国人大的有关决定，在澳门以无记名投票的方式选举何厚铧为澳门特别行政区第一任行政长官人选。整个过程贯穿了公平、公正、公开、民主和廉洁的原则。5月20日，国务院全体会议决定任命何厚铧为澳门特别行政区第一任行政长官。朱镕基总理签署了国务院第264号令，任命何厚铧为澳门特别行政区第一任行政长官。

审查澳门原有法律。澳门法律属于大陆法系。澳门回归后，根据“一国两制”的方针政策，澳门原有法律将基本保留不变。但对澳门原有法律还有个审查工作，同基本法相抵触的不能过渡为特区的法律。到7月初，经筹委会审查的法律已近800项。

制定了筹组澳门特别行政区司法机关的相关办法。这是按照基本法和全国人大的决定，为确保未来特别行政区在“一国两制”的原则下行使独立的司法权和终审权开展的工作。制定了澳门原市政机构过渡的办法。

建议全国人大常委会就中国国籍法1999年后在澳门的实施问题作出了解释。

围绕澳门经济平稳过渡的一系列问题，进行调查研究，提出意见。内容包括澳门特区土地基金、1999年度及2000年度财政预算编制、1999年后处理澳门与内地的经济关系和金融关系的有关政策等处理与政权交接有关的社会文化事务。如澳门邮票的过渡、1999年12月20日至30日及2000年全年的节假日安排、基本法第24条第二款关于澳门永久性居民规定的具体实施、特别行政区政府及其公共行政机构的徽记、印章、旗帜问题等。

1999年7月2日至3日举行的筹委会第九次全体会议，就行政长官何厚铧提前工作问题作出决定。经中央人民政府任命及特区筹委会授权之后，何先生正在抓紧组建特区领导班子。在这方面，澳门与香港情况有所不同，香港基本上是原机构和原班人马过渡，澳门则因政务司全部是葡人而要撤换，七个政务司将改为五个政务司，机构、人员面临较大变动。现行司法机构也存在与基本法不衔接的地方，需作出适当的变动。立法会直选、间选产生的议员过渡为特区第一届立法会议员需经筹委会确认，原属澳督委任的议员则须改由特首重新委任。

澳门回归是继香港回归后中华民族的又一盛事。澳门回归的各项准备工作正在紧张有序地进行。我们相信，依靠全澳居民共同努力和中葡双方的友好合作，澳门的平稳过渡一定能够实现。澳门的未来一定更加美好。

（原载于《纵横》1999 年第 12 期）